권별주삶

아가페 주삶

• 주야로 묵상하는 삶 •

마가복음

주삶의 정신 1

『주삶』은 에티오피아 내시에게
말씀을 해석해 준 빌립 집사의 역할을 하기 원합니다.

말씀을 올바르게 깨닫기 위해서는 빌립과 같은 신령한 조력자가 필요합니다.
이제 『주삶』은 '객관적이고 정확한 절별 해설'을 통해
그리스도인의 매일 말씀묵상을 돕고자 합니다.

주삶의 정신 2

'묵상'은 하루 중 가장 방해받지 않는
귀중한 시간에 하는 것입니다.
그리고 깨달은 말씀을 종일 생각하는 것입니다.

진정한 그리스도인이 되기 위해서는 묵상한 말씀을 늘 되새겨야 합니다.
그것이 주야로 묵상하는 삶이며 '주삶의 정신'입니다.

주삶의 정신 3

'오늘 말씀묵상을 하지 않으면 밥을 먹지 않겠다.'
참된 성도는 굳은 결심의 소유자여야 합니다.

매일 말씀묵상을 하지 않으면 영혼이 병들고 성장하지 않기 때문입니다.
일주일에 한두 끼만 먹는 사람이
건강한 삶을 살 수 없는 것과 같은 이치입니다.

Contents

● 해설 집필자 소개

김일우 목사_ 마가복음

· 총신대학교 동신학대학원 졸업(M.Div)
· 리폼드신학교(Reformed Theological Seminary) 목회학 박사 과정(D.Min) 수학
· 아름다운만남교회 담임목사

이민욱 목사_ GBS 및 해설서

· 침례신학대학교신학대학원 졸업(M.Div)
· 웨스트민스터신학대학원대학교 기독교경제학과 사회윤리 과정(Th.M) 수료
· 뿌리깊은교회 담임목사

권별주삶

아가페

주삶

• 주 야 로 묵 상 하 는 삶 •

마가복음

AGAPE
(주)아가페출판사

아가페 주삶 단체 활용법

「권별주삶」의 특징

- 「**권별주삶**」은 가족, 교회 소그룹, 직장 신우회 등 각종 성경공부 모임에 활용하면 좋습니다.
- 「**권별주삶**」은 날짜에 구애받지 않는 5일 동안의 개인 묵상과 1일의 주간성경공부(GBS)로 구성되어 있습니다.

「권별주삶」의 단체 활용법

➤ 5일 동안 개인적으로 묵상하고, 1주일에 1회씩 모여 GBS 모임을 가지면 좋습니다.

- 주중 첫날부터 5일째까지 개인묵상 시간을 통해 말씀을 묵상하고, 6일째는 지난 5일간 주신 메시지를 거듭 기억하며 복습합니다.
- 7일째 주간성경공부 모임에서, 한 주 동안 묵상한 말씀을 삶에 적용하고 체험과 깨달음을 서로 공유합니다.

➤ 단체 성경공부 모임의 말씀묵상을 하면서 아래의 구체적인 활용법을 따라하세요.

예) 토요일이나 일요일에 GBS 모임을 할 경우

1주차	GBS	2주차	GBS	3주차	GBS	…	6주차	GBS
월,화,수,목,금	1	월,화,수,목,금	2	월,화,수,목,금	3	…	월,화,수,목,금	6
01~05회		06~10회		11~15회			26~30회	

예) 금요일에 GBS 모임을 할 경우

1주차	GBS	2주차	GBS	3주차	GBS	…	6주차	GBS
토,월,화,수,목	1	토,월,화,수,목	2	토,월,화,수,목	3	…	토,월,화,수,목	6
01~05회		06~10회		11~15회			26~30회	

「**권별주삶**」은 각종 성경공부 모임의 계획에 맞춰 차별화 된 스케줄 구성이 가능합니다.

아가페

주삶 개인 활용법

「권별주삶」의 특징

- 「권별주삶」은 날짜가 특정되지 않아 순차적으로 깊이 있는 말씀묵상이 가능합니다.
- 「권별주삶」은 개인별 맞춤 스케줄에 따라 시간을 활용함으로써, 하나님의 말씀을 거듭 상고하고 깊이 체험할 수 있게 도와줍니다.

「권별주삶」의 개인 활용법

➤ 아래 「권별주삶」의 개인 활용법을 따라 꾸준히 묵상하면서 하나님과 동행하세요.

- 먼저 묵상을 시작하는 날짜를 기록합니다. 개인 스케줄에 맞춰 날짜와 관계없이 성경을 이어서 빠짐없이 묵상할 수 있습니다.
- 주중 첫날부터 5일째까지 개인묵상 시간을 통해 말씀을 묵상하고, 6일째는 지난 5일간 주신 메시지를 거듭 기억하며 복습합니다.
- 7일째 주간성경공부 모임에서, 한 주 동안 묵상한 말씀을 삶에 적용하고 체험과 깨달음을 서로 공유합니다.
- 교훈과 묵상한 것을 메모합니다. 묵상과 적용이 「권별주삶」의 깊이 있는 해설과 곁들여져 말씀을 더욱 쉽게 이해하는 나만의 묵상노트가 됩니다.
- 「권별 주삶 시리즈」를 권별로 모아두세요. 성경의 문맥을 살려 그 자체로 말씀을 쉽게 이해하게 해주는 훌륭한 성경해설서로 활용할 수 있습니다.

*** 「권별주삶」을**

나만의 묵상노트이자 성경해설서로 만든다는 목표를 가지고 꾸준히 하면,

하나님과의 친밀한 교제 안에서 변화된 자신을 체험할 수 있습니다.

아가페

주삶 활용법

1 날짜 기록

묵상한 날짜를
기록합니다.

2 찬양과 기도

먼저 찬양한 후, 성령님의
도우심을 구하는 기도를
드립니다.

3 본문요약

'본문요약'을 읽고
흐름을 파악합니다.

4 개역개정성경 읽기

성경 본문을 정독합니다.

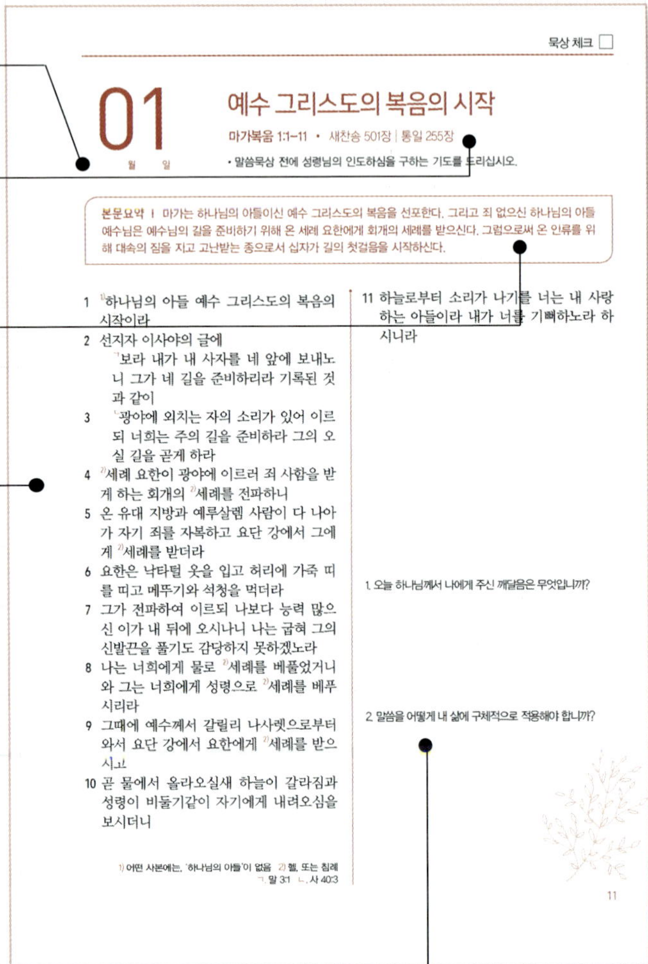

묵상 체크 □

01
월 일

예수 그리스도의 복음의 시작

마가복음 1:1-11 • 새찬송 501장 | 통일 255장

• 말씀묵상 전에 성령님의 인도하심을 구하는 기도를 드리십시오.

본문요약 | 마가는 하나님의 아들이신 예수 그리스도의 복음을 선포한다. 그리고 죄 없으신 하나님의 아들 예수님은 예수님의 길을 준비하기 위해 온 세례 요한에게 회개의 세례를 받으신다. 그럼으로써 온 인류를 위해 대속의 짐을 지고 고난받는 종으로서 십자가 길의 첫걸음을 시작하신다.

1 [1]하나님의 아들 예수 그리스도의 복음의 시작이라
2 선지자 이사야의 글에
[ㄱ]보라 내가 내 사자를 네 앞에 보내노니 그가 네 길을 준비하리라 기록된 것과 같이
3 [ㄴ]광야에 외치는 자의 소리가 있어 이르되 너희는 주의 길을 준비하라 그의 오실 길을 곧게 하라
4 [2]세례 요한이 광야에 이르러 죄 사함을 받게 하는 회개의 [2]세례를 전파하니
5 온 유대 지방과 예루살렘 사람이 다 나아가 자기 죄를 자복하고 요단 강에서 그에게 [2]세례를 받더라
6 요한은 낙타털 옷을 입고 허리에 가죽 띠를 띠고 메뚜기와 석청을 먹더라
7 그가 전파하여 이르되 나보다 능력 많으신 이가 내 뒤에 오시나니 나는 굽혀 그의 신발끈을 풀기도 감당하지 못하겠노라
8 나는 너희에게 물로 [2]세례를 베풀었거니와 그는 너희에게 성령으로 [2]세례를 베푸시리라
9 그때에 예수께서 갈릴리 나사렛으로부터 와서 요단 강에서 요한에게 [2]세례를 받으시고
10 곧 물에서 올라오실새 하늘이 갈라짐과 성령이 비둘기같이 자기에게 내려오심을 보시더니
11 하늘로부터 소리가 나기를 너는 내 사랑하는 아들이라 내가 너를 기뻐하노라 하시니라

1) 어떤 사본에는, '하나님의 아들'이 없음 2) 헬, 또는 침례
ㄱ. 말 3:1 ㄴ. 사 40:3

1. 오늘 하나님께서 나에게 주신 깨달음은 무엇입니까?

2. 말씀을 어떻게 내 삶에 구체적으로 적용해야 합니까?

11

7 묵상과 적용

'묵상과 적용' 질문을 통해 깨달은 말씀과
적용한 내용을 적습니다.

'말씀묵상'은

말씀과 기도를 통해 날마다 하나님의 음성에 귀 기울이고 그 음성을 따라 살아가고자 하는 그리스도인을 위한 경건의 시간입니다. '말씀묵상'은 하루 중 가장 귀중한 시간에 아무도 방해하지 않는 곳에서 해야 합니다. 그리고 깨달은 말씀을 주야로 묵상하는 것입니다.

5 쉬운성경 읽기

쉬운성경을 정독하며
본문을 대조합니다.

6 절별 해설

'절별 해설'을 참고하며 읽습니다.

8 저자의 묵상

절별 해설 집필자가 묵상 후
전하는 메시지입니다.

9 무릎 기도

'무릎 기도'로 기도합니다.

10

한글과 영어 본문(ESV)
대조를 통해
본문의 바른 뜻을
파악할 수 있습니다.

절별 해설

1 하나님의 아들 예수 그리스도의 복음의 시작이라 이 구절은 마가복음의 제목이라고 할 수 있다. 여기서 예수님께 두 가지 칭호가 붙는데, "하나님의 아들"과 "그리스도"다. 이 칭호는 예수님이 구약에 예언된 메시아이자 하나님의 아들이라는 신분을 분명하게 보여준다. 그런데 이런 신분을 알아본 사람은 예수님의 제자들이 아닌, 예수님의 십자가 죽음을 목격한 이방인 백부장이었다(15:39). 또 마가는 이 책을 예수 그리스도의 "복음"(*헬*. 유앙겔리온)이라고 규정한다. 로마시대에 이 용어는 주로 왕위를 이을 후손의 출생이나 황제 등극 같은 소식을 표현할 때 사용되었다. 만약 마가가 이런 용법을 염두에 두고 이 단어를 사용했다면, 이 제목을 통해 세상의 진정한 왕은 로마 황제가 아니라 하나님의 아들인 예수 그리스도시며, 본서는 바로 그분의 소식을 전하는 책이라는 의미를 선언하려는 것으로 볼 수 있다.

2-5 세례 요한이 광야에 이르러 죄 사함을 받게 하는 회개의 세례를 전파하니 마가는 예수님의 오심을 전하기에 앞서 구약의 세 구절(출 23:20; 사 40:3; 말 3:1)을 연결하여, 예수님의 오심을 준비하는 자로서 세례 요한을 소개한다. 유대인들은 이스라엘의 멸망 원인이 죄에 있다 생각했고, 그것을 회복하는 길은 회개라고 믿었다(참고. 레 26: 38-43). 당시 유대인들은 로마에 주권을 빼앗긴 상태여서, 요한이 베푸는 "회개의 세례"를 이스라엘의 주권 회복을 위해 여호와의 길을 예비하는 행위로 여겼다.

6 요한은 낙타털 옷을 입고 허리에 ... 와 석청을 먹더라 유대인들은 마지... 가 나타나서 주의 날을 준비할 것으... 4:5). 그런데 요한의 복장은 엘리야의... 시켰고, 그 결과 요한의 회개 선포는... 응을 불러일으켰다.

7-8 나보다 능력 많으신 이가 내 뒤에 ... 의 신발끈을 풀기도 감당하지 못하겠노... ...시지를 선포한다. 첫째, 자신이 메시... 오시는 분이 메시아다. 둘째, 자신은... 아는 성령 세례를 베푸실 것이다. ... 대해서는 여러 의견이 있다. 여기서... 적인 활동이 사람들의 심령에 회개와... 을 부어주시는 역사를 일으킨다는 사... 령 세례'라는 표현을 사용한 것으로...

9-11 예수께서 갈릴리 나사렛으로부터 ... 에게 세례를 받으시고 곧바로 마가는...

쉬운성경

1 하나님의 아들이신 예수 그리스도의 복음은 이렇게 시작되었습니다.

2 이사야 예언자의 글에 이렇게 쓰여 있습니다.

"보아라. 내가 네 앞에 사자를 보낸다. 그가 네 길을 준비할 것이다."

3 "광야에서 외치는 자의 목소리가 들린다. '주님의 길을 준비하여라. 그분의 길을 곧게 펴라.'"

4 세례자 요한이 광야에 나타나서 죄 용서를 위한 회개의 세례를 선포하였습니다.

5 그래서 온 유대 지방 사람들과 예루살렘 사람들이 요한에게 나아갔습니다. 그들은 자신들이 지은 죄를 고백하고, 요단강에서 요한에게 세례를 받았습니다.

6 요한은 낙타털로 만든 옷을 입고, 허리에는 가죽띠를 띠고, 메뚜기와 들꿀을 먹었습니다.

7 요한은 사람들에게 이렇게 선포하였

과 직후에 일어난 신비한 현상을 묘사한다. 특히 하늘의 열림, 성령의 강림, 하늘로부터 들려온 음성, 이 세 가지를 통해 하나님의 아들이자 그리스도이신 예수님의 신분을 분명히 밝힌다.

저자의 묵상

마가복음은 하나님의 아들 예수 그리스도가 전한 하나님의 복음을 소개하는 책이다. 당시 '복음'(헬. 유앙겔리온)이라는 용어는 주로 왕손의 탄생이나 황제 등극 같은 소식을 표현할 때 사용되었다. 그런데 마가는 이 용어를 사용함으로써 세상의 진정한 왕이 로마 황제가 아니라 하나님의 아들 예수 그리스도이며, 마가복음은 바로 그분이 오신 소식을 전하는 복음서임을 선언한다. 그런 예수님이 공생애를 시작하기 전 제일 먼저 하신 일은 세례 요한에게 '회개의 세례'를 받는 것이었다. 그때 들려온 하늘의 음성은 예수님이 하나님의 아들이심(시 2:7)과 여호와의 고난받는 종 메시아이심(사 42:1)을 분명하게 선포한다. 당시 유대인들은 로마를 정복하고 정치적 해방을 가져다줄 정치적 메시아를 기대했지만, 하나님은 시대를 초월해 온 인류를 죄에서 해방하기 위해 대신 죄 짐을 지고 회개할 메시아를 보내주셨다.

무릎 기도 하나님, 예수님이 저를 위해 죄 짐을 지고 고난당하심으로 구원의 기쁜 소식을 주시니 감사합니다. 구원의 은혜에 합당한 삶을 날마다 살아가게 하소서.

ESV - Mark 1

1 The beginning of the gospel of Jesus Christ, the Son of God.*

2 As it is written in Isaiah the prophet,* "Behold, I send my messenger before your face, who will prepare your way,

3 the voice of one crying in the wilderness: 'Prepare* the way of the Lord, make his paths straight,'"

4 John appeared, baptizing in the wilderness and proclaiming a baptism of repentance for the forgiveness of sins.

5 And all the country of Judea and all Jerusalem were going out to him and were being baptized by him in the river Jordan, confessing their sins.

6 Now John was clothed with camel's hair and wore a leather belt around his waist and ate locusts and wild honey.

7 And he preached, saying, "After me comes he who is mightier than I, the strap of whose sandals I am not worthy to stoop down and untie.

8 I have baptized you with water, but he will baptize you with the Holy Spirit."

9 In those days Jesus came from Nazareth of Galilee and was baptized by John in the Jordan.

10 And when he came up out of the water, immediately he saw the heavens being torn open and the Spirit descending on him like a dove.

11 And a voice came from heaven, "You are my beloved Son;* with you I am well pleased."

* 1:1 Some manuscripts omit *the Son of God*
* 1:2 Some manuscripts *in the prophets*
* 1:3 Or *crying: Prepare in the wilderness*
* 1:11 Or *my Son, my* (or *the*) *Beloved*

2 prophet 예언자, 선지자 prepare 준비하다 3 wilderness 광야 make ~ straight ~을 똑바르게 하다 4 baptize 세례를 베풀다 proclaim 선포하다 repentance 회개 5 confess 자백하다 6 locust 메뚜기 7 preach 설교하다, 전도하다 mighty 강력한, 전지전능한 strap 끈 stoop down 허리를 굽히다 untie 풀다, 끄르다 10 immediately 즉시 tear 찢어지다 descend 내려오다

"복 있는 사람은
악인들의 꾀를 따르지 아니하며
죄인들의 길에 서지 아니하며
오만한 자들의 자리에 앉지 아니하고
오직 여호와의 율법을 즐거워하여
그의 율법을 주야로 묵상하는도다"

- 시편 1:1-2 -

1 ~ 60 days

마가복음을 묵상하기 전에

저자와 기록시기

다른 복음서들과 마찬가지로 마가복음에도 저자 이름은 나와 있지 않다. 그러나 2세기 무렵부터 '마가에 의한 복음'(*헬*. 유앙겔리온 카타 마르콘)이라는 제목이 널리 붙여진 것으로 보아, 초대 교회는 마가를 저자로 본 것 같다. 다만 이 마가가 누구냐에 대해 의견이 분분했으나, 2세기 초 히에라폴리스의 주교 파피아스가 바울의 동역자인 바나바의 조카이자 베드로의 통역가로 활동한 요한 마가(행 12:12,25; 13:5,13; 15:37,39; 골 4:10; 딤후 4:11; 몬 1:24)를 저자로 지목했고, 이 주장이 4세기 제롬 때 정설로 받아들여졌다.

본서의 기록시기는 40년경부터 75년경까지 다양하게 보고 있다. 그중 60-70년 사이에 기록되었을 거라는 데 대다수의 학자가 동의한다. 특히 예루살렘 멸망(주후 70년)에 대한 예언(13장)이 모호하다는 점에서, 그 사건 이전인 로마-유대 전쟁이 발발하기 직전(65년)이나 직후(67년)에 기록된 것으로 본다. 그리고 상당수 학자들이 베드로의 사망(64/65년) 직전이나 직후에 기록되었을 가능성을 제시하기도 한다.

역사적 배경과 독자

2세기 인물인 알렉산드리아의 클레멘트는 마가가 로마에서 이 복음서를 썼다고 말한다. 이곳은 마가를 '내 아들'이라 부르던 베드로(벧전 5:13)가 순교당한 곳이기도 하다. 실제로 마가복음에 나오는 여러 이야기는 그 현장에 있지 않고는 알 수 없는 세부적인 묘사와 직접적인 증언에 기초하고 있다. 즉, 베드로를 비롯한 몇몇 제자만이 알 수 있는 내용이 등장하며, 특히 베드로의 실패와 실수를 자주 언급한다는 점에서 베드로와 마가 사이의 밀접한 관계를 바탕으로 본서가 기록되었음을 짐작할 수 있다.

마가는 일차적으로 로마인을 독자로 이 복음서를 쓴 것 같다. 물론 로마 제국에 흩어진 광범위한 이방인들도 그의 독자였을 것이다. 그렇게 추측하는 이유는, 이방인과는 관계없는 내용, 이를테면 그리스도의 족보, 구약의 예언과 성취, 유대법과 유대 관습에 관한 내용 등을 거의 기록하지 않았다는 점과, 아람어와 유대 관습을 언급할 때 헬라어로 설명한다는 점, 그리고 라틴어에 영향받은 단어를 많이 사용한다는 점 등을 들 수 있다.

이처럼 마가는 로마인을 비롯한 로마세계 전역의 이방인에게 예수님이 누구인지, 그분의 제자가 된다는 것이 무엇을 의미하는지, 그분이 선포하신 복음의 핵심이 무엇인지 등의 중요한 신학적 주제를 이야기 형식으로 풀어 명확하고 간결하게 제시하고 있다.

핵심 메시지와 특징

마가복음은 "하나님의 아들 예수 그리스도의 복음의 시작이라"(1:1)는 선언으로 시작하여, 예수님의 십자가 죽으심을 보고 "이 사람은 진실로 하나님의 아들이었도다"(15:39)라고 말하는 이방인 백부장의 고백으로 사실상 마무리된다. 이렇듯 "하나님의 아들"이 마가복음 전체를 앞뒤에서 감싸는 듯한 형식(수미쌍관법)을 사용하여, 마가복음의 전체 주제가 십자가에 못 박혀 죽임당한 예수 그리스도는 하나님의 아들이었다는 사실에 초점을 맞춘다. 나아가 이런 사실을 이방인 백부장의 입을 통해 고백하게 함으로써, 예수님은 유대인의 메시아를 넘어 온 인류의 구원을 위한 메시아임을 선포하고 있다.

이런 사실을 강조하기 위해 마가는 무엇보다 예수님의 죽으심을 강조한다. 그 증거로 다른 복음서와 달리 예수님 생애의 마지막 한 주에 전체 16장 중 무려 6장(11:1 이하)을 할애한다. 또 세 번에 걸쳐 예수님의 수난을 직접적으로 예고한다(8:31; 9:31; 10:33-34). 나아가 그 수난의 목적에 대해 "인자가 온 것은 섬김을 받으려 함이 아니라 도리어 섬기려 하고 자기 목숨을 많은 사람의 대속물로 주려 함이니라"(10:45)고 분명히 밝히고 있다.

둘째로, 마가복음은 예수님 사역을 시간의 흐름에 따라 기술하지 않고, 과감하게 재구성한 독특한 문학 작품이다. 실제로 예수님이 적어도 두세 차례 예루살렘을 방문하셨음에도, 마가는 이것을 과감하게 단순화하여 단 한 번 방문하신 것으로 묘사하며, 그 과정을 세 단계로 나누었다. 그래서 많은 학자들은 마가복음을 3막으로 구성된 희곡에 비유한다[제1막-갈릴리와 그 주변에서 예수님의 사역(1:14-8:26)/제2막-예루살렘으로 올라가시는 십자가 순례의 길(8:27-10:52)/제3막-예루살렘에서의 사역(11:1-16:20)].

마지막으로, 마가복음은 중요한 신학적 주제를 다루고 있다. (1) 예수님이 메시아임을 강조한다. 이를 위해 '하나님의 아들'을 비롯해 '다윗의 자손' '인자' '하나님의 종' 같은 구약의 메시아를 지칭하는 용어를 예수님께 사용한다. (2) 섬김의 제자도에 초점을 맞춘다. 예수님이 강조하는 제자도는 십자가의 길을 따르는 섬김의 삶이다. (3) 하나님나라의 현재성과 미래성을 균형 있게 강조한다. 즉, 하나님나라를 현실에 실현된 실체(현재성)인 동시에 앞으로 완성되어야 할 목표(미래성)로 제시한다.

단락 구분

1:1 표제

1:2–13 서언: 세례 요한의 사역과 세례 받으시는 예수님

1:14–8:26 제1막: 예수님의 갈릴리 사역

- 제1부: 갈릴리의 초기 사역(1:14–3:6)
- 제2부: 갈릴리의 후기 사역(3:7–6:6상)
- 제3부: 갈릴리 주변 지역에서의 사역(6:6하–8:26)

8:27–10:52 제2막: 예루살렘으로 향하는 십자가 순례의 길

- 제1부: 가이사랴 빌립보에서(8:27–9:29)
- 제2부: 갈릴리를 통과하며(9:30–50)
- 제3부: 요단강 건너편에서(10:1–52)

11:1–16:20 제3막: 예루살렘에서의 사역

- 제1부: 예루살렘 종교지도자들과의 충돌(11:1–12:44)
- 제2부: 예루살렘의 미래에 대한 가르침(13:1–37)
- 제3부: 예수님의 고난, 죽음, 부활(14:1–16:20)

01 예수 그리스도의 복음의 시작

월 일

마가복음 1:1-11 • 새찬송 501장 | 통일 255장

• 말씀묵상 전에 성령님의 인도하심을 구하는 기도를 드리십시오.

본문요약 I 마가는 하나님의 아들이신 예수 그리스도의 복음을 선포한다. 그리고 죄 없으신 하나님의 아들 예수님은, 예수님의 길을 준비하기 위해 온 세례 요한에게 회개의 세례를 받으신다. 그럼으로써 온 인류를 위해 대속의 짐을 지고 고난받는 종으로서 십자가 길의 첫걸음을 시작하신다.

1 [1]하나님의 아들 예수 그리스도의 복음의 시작이라

2 선지자 이사야의 글에
[ㄱ]보라 내가 내 사자를 네 앞에 보내노니 그가 네 길을 준비하리라 기록된 것과 같이

3 [ㄴ]광야에 외치는 자의 소리가 있어 이르되 너희는 주의 길을 준비하라 그의 오실 길을 곧게 하라

4 [2]세례 요한이 광야에 이르러 죄 사함을 받게 하는 회개의 [2]세례를 전파하니

5 온 유대 지방과 예루살렘 사람이 다 나아가 자기 죄를 자복하고 요단 강에서 그에게 [2]세례를 받더라

6 요한은 낙타털 옷을 입고 허리에 가죽 띠를 띠고 메뚜기와 석청을 먹더라

7 그가 전파하여 이르되 나보다 능력 많으신 이가 내 뒤에 오시나니 나는 굽혀 그의 신발끈을 풀기도 감당하지 못하겠노라

8 나는 너희에게 물로 [2]세례를 베풀었거니와 그는 너희에게 성령으로 [2]세례를 베푸시리라

9 그때에 예수께서 갈릴리 나사렛으로부터 와서 요단 강에서 요한에게 [2]세례를 받으시고

10 곧 물에서 올라오실새 하늘이 갈라짐과 성령이 비둘기같이 자기에게 내려오심을 보시더니

11 하늘로부터 소리가 나기를 너는 내 사랑하는 아들이라 내가 너를 기뻐하노라 하시니라

1) 어떤 사본에는, '하나님의 아들'이 없음 2) 헬, 또는 침례
ㄱ. 말 3:1 ㄴ. 사 40:3

1. 오늘 하나님께서 나에게 주신 깨달음은 무엇입니까?

2. 말씀을 어떻게 내 삶에 구체적으로 적용해야 합니까?

절별 해설

1 하나님의 아들 예수 그리스도의 복음의 시작이라 이 구절은 마가복음의 제목이라고 할 수 있다. 여기서 예수님께 두 가지 칭호가 붙는데, "하나님의 아들"과 "그리스도"다. 이 칭호는 예수님이 구약에 예언된 메시아이자 하나님의 아들이라는 신분을 분명하게 보여준다. 그런데 이런 신분을 알아본 사람은 예수님의 제자들이 아닌, 예수님의 십자가 죽음을 목격한 이방인 백부장이었다(15:39). 또 마가는 이 책을 예수 그리스도의 "복음"(*헬.* 유앙겔리온)이라고 규정한다. 로마시대에 이 용어는 주로 왕위를 이을 후손의 출생이나 황제 등극 같은 소식을 표현할 때 사용되었다. 만약 마가가 이런 용법을 염두에 두고 이 단어를 사용했다면, 이 제목을 통해 세상의 진정한 왕은 로마 황제가 아니라 하나님의 아들인 예수 그리스도시며, 본서는 바로 그분의 소식을 전하는 책이라는 의미를 선언하려는 것으로 볼 수 있다.

2-5 세례 요한이 광야에 이르러 죄 사함을 받게 하는 회개의 세례를 전파하니 마가는 예수님의 오심을 전하기에 앞서 구약의 세 구절(출 23:20; 사 40:3; 말 3:1)을 연결하여, 예수님의 오심을 준비하는 자로서 세례 요한을 소개한다. 유대인들은 이스라엘의 멸망 원인이 죄에 있다 생각했고, 그것을 회복하는 길은 회개라고 믿었다(참고. 레 26: 38-43). 당시 유대인들은 로마에 주권을 빼앗긴 상태여서, 요한이 베푸는 "회개의 세례"를 이스라엘의 주권 회복을 위해 여호와의 길을 예비하는 행위로 여겼다.

6 요한은 낙타털 옷을 입고 허리에 가죽 띠를 띠고 메뚜기와 석청을 먹더라 유대인들은 마지막 때에 선지자 엘리야가 나타나서 주의 날을 준비할 것으로 믿고 있었다(말 3:1; 4:5). 그런데 요한의 복장은 엘리야의 모습(왕하 1:8)을 연상시켰고, 그 결과 요한의 회개 선포는 유대인들의 뜨거운 반응을 불러일으켰다.

7-8 나보다 능력 많으신 이가 내 뒤에 오시나니 나는 굽혀 그의 신발끈을 풀기도 감당하지 못하겠노라 요한은 두 가지 메시지를 선포한다. 첫째, 자신이 메시아가 아니라 자기 뒤에 오시는 분이 메시아다. 둘째, 자신은 물 세례를 주지만 메시아는 성령 세례를 베푸실 것이다. 성령 세례가 무엇인지에 대해서는 여러 의견이 있다. 여기서 마가는 예수님의 전체적인 활동이 사람들의 심령에 회개와 죄 사함 그리고 성령을 부어주시는 역사를 일으킨다는 사실을 강조하기 위해 '성령 세례'라는 표현을 사용한 것으로 보인다.

9-11 예수께서 갈릴리 나사렛으로부터 와서 요단 강에서 요한에게 세례를 받으시고 곧바로 마가는 예수님의 세례 받으심

쉬운성경

1 하나님의 아들이신 예수 그리스도의 복음은 이렇게 시작되었습니다.

2 이사야 예언자의 글에 이렇게 쓰여 있습니다.

"보아라. 내가 네 앞에 사자를 보낸다. 그가 네 길을 준비할 것이다."*

3 "광야에서 외치는 자의 목소리가 들린다. '주님의 길을 준비하여라. 그분의 길을 곧게 펴라.'"*

4 세례자 요한이 광야에 나타나서 죄 용서를 위한 회개의 세례를 선포하였습니다.

5 그래서 온 유대 지방 사람들과 예루살렘 사람들이 요한에게 나아갔습니다. 그들은 자신들이 지은 죄를 고백하고, 요단 강에서 요한에게 세례를 받았습니다.

6 요한은 낙타털로 만든 옷을 입고, 허리에는 가죽띠를 띠고, 메뚜기와 들꿀을 먹었습니다.

7 요한은 사람들에게 이렇게 선포하였습니다. "나보다 더 강하신 분이 내 뒤에 오신다. 나는 그분 앞에 꿇어앉아 그분의 신발끈을 풀기에도 부족하다.

8 나는 너희에게 물로 세례를 주지만 그분은 너희에게 성령으로 세례를 베푸실 것이다."

9 그때, 예수님께서 갈릴리에 있는 나사렛 마을에서 요단 강으로 오셔서, 요한에게 세례를 받으셨습니다.

10 예수님께서 물에서 나오실 때, 하늘이 열리는 것을 보셨습니다. 그리고 성령님께서 비둘기처럼 자신에게 내려오는 것을 보셨습니다.

11 하늘에서 "너는 내 사랑하는 아들이다. 내가 너로 말미암아 매우 기쁘다"라고 말하는 소리가 들렸습니다.

* 1:2 말 3:1에 기록되어 있다.
* 1:3 사 40:3에 기록되어 있다.

과 직후에 일어난 신비한 현상을 묘사한다. 특히 하늘의 열림, 성령의 강림, 하늘로부터 들려온 음성, 이 세 가지를 통해 하나님의 아들이자 그리스도이신 예수님의 신분을 분명히 밝힌다.

저자의 묵상

마가복음은 하나님의 아들 예수 그리스도가 전한 하나님의 복음을 소개하는 책이다. 당시 '복음'(헬. 유앙겔리온)이라는 용어는 주로 왕손의 탄생이나 황제 등극 같은 소식을 표현할 때 사용되었다. 그런데 마가는 이 용어를 사용함으로써 세상의 진정한 왕이 로마 황제가 아니라 하나님의 아들 예수 그리스도이며, 마가복음은 바로 그분이 오신 소식을 전하는 복음서임을 선언한다. 그런 예수님이 공생애를 시작하기 전 제일 먼저 하신 일은 세례 요한에게 '회개의 세례'를 받는 것이었다. 그때 들려온 하늘의 음성은 예수님이 하나님의 아들이심(시 2:7)과 여호와의 고난받는 종 메시아이심(사 42:1)을 분명하게 선포한다. 당시 유대인들은 로마를 정복하고 정치적 해방을 가져다줄 정치적 메시아를 기대했지만, 하나님은 시대를 초월해 온 인류를 죄에서 해방하기 위해 대신 죄 짐을 지고 회개할 메시아를 보내주셨다.

무릎기도 하나님, 예수님이 저를 위해 죄 짐을 지고 고난당하심으로 구원의 기쁜 소식을 주시니 감사합니다. 구원의 은혜에 합당한 삶을 날마다 살아가게 하소서.

ESV - Mark 1

1 The beginning of the gospel of Jesus Christ, the Son of God.*

2 As it is written in Isaiah the prophet,* "Behold, I send my messenger before your face, who will prepare your way,

3 the voice of one crying in the wilderness: 'Prepare* the way of the Lord, make his paths straight,'"

4 John appeared, baptizing in the wilderness and proclaiming a baptism of repentance for the forgiveness of sins.

5 And all the country of Judea and all Jerusalem were going out to him and were being baptized by him in the river Jordan, confessing their sins.

6 Now John was clothed with camel's hair and wore a leather belt around his waist and ate locusts and wild honey.

7 And he preached, saying, "After me comes he who is mightier than I, the strap of whose sandals I am not worthy to stoop down and untie.

8 I have baptized you with water, but he will baptize you with the Holy Spirit."

9 In those days Jesus came from Nazareth of Galilee and was baptized by John in the Jordan.

10 And when he came up out of the water, immediately he saw the heavens being torn open and the Spirit descending on him like a dove.

11 And a voice came from heaven, "You are my beloved Son;* with you I am well pleased."

* 1:1 Some manuscripts omit *the Son of God*
* 1:2 Some manuscripts *in the prophets*
* 1:3 Or *crying: Prepare in the wilderness*
* 1:11 Or *my Son, my* (or *the*) *Beloved*

2 prophet 예언자, 선지자 prepare 준비하다 3 wilderness 광야 make ~ straight ~을 똑바르게 하다 4 baptize 세례를 베풀다 proclaim 선포하다 repentance 회개 5 confess 자백하다 6 locust 메뚜기 7 preach 설교하다, 전도하다 mighty 강력한, 전지전능한 strap 끈 stoop down 허리를 굽히다 untie 풀다, 끄르다 10 immediately 즉시 tear 찢어지다 descend 내려오다

02

월 일

예수 그리스도의 핵심 메시지

마가복음 1:12-20 • 새찬송 528장 | 통일 318장

• 말씀묵상 전에 성령님의 인도하심을 구하는 기도를 드리십시오.

본문요약 I 세례를 받으신 예수님은 곧바로 성령에 이끌려 광야로 가 사십 일 동안 시험을 받으시고 승리하신다. 그 후에 갈릴리에서 하나님의 복음을 선포하며 회개와 믿음을 촉구하신다. 이어서 하나님나라의 백성인 제자들을 부르심으로 본격적인 메시아 시대를 열어가신다.

12 성령이 곧 예수를 광야로 몰아내신지라
13 광야에서 사십 일을 계시면서 사탄에게
시험을 받으시며 들짐승과 함께 계시니
천사들이 수종 들더라
14 요한이 잡힌 후 예수께서 갈릴리에 오셔
서 하나님의 복음을 전파하여
15 이르시되 때가 찼고 하나님의 나라가 가
까이 왔으니 회개하고 복음을 믿으라 하
시더라
16 갈릴리 해변으로 지나가시다가 시몬과 그
형제 안드레가 바다에 그물 던지는 것을
보시니 그들은 어부라
17 예수께서 이르시되 나를 따라오라 내가
너희로 사람을 낚는 어부가 되게 하리라
하시니
18 곧 그물을 버려 두고 따르니라
19 조금 더 가시다가 세베대의 아들 야고보
와 그 형제 요한을 보시니 그들도 배에 있
어 그물을 깁는데
20 곧 부르시니 그 아버지 세베대를 품꾼들
과 함께 배에 버려 두고 예수를 따라가니
라

1. 오늘 하나님께서 나에게 주신 깨달음은 무엇입니까?

2. 말씀을 어떻게 내 삶에 구체적으로 적용해야 합니까?

절별 해설

12–13 마태나 누가와 달리 마가는 예수님의 광야 시험을 아주 간략하게 기술한다. 특히 광야를 시험이라는 주제와 연결하면서 사십 일을 언급한다. 이는 예수님의 사십 일 광야 시험을 출애굽 이후 이스라엘의 '광야 사십 년 생활'(시험)과 긴밀하게 연결한 것이다. 이스라엘 백성은 광야 시험에서 수없이 실패하였으나, 예수님은 시험을 이기고 승리하신다. 이러한 예수님의 광야 시험은 출애굽의 이미지를 통해 구원을 설명하는 것이다.

14–15 때가 찼고 하나님의 나라가 가까이 왔으니 회개하고 복음을 믿으라 이 단락은 본서의 서언과 본론을 연결하는 교량 역할을 할 뿐 아니라, 복음서 전체의 주제를 요약한다. 예수님이 전한 복음은 크게 세 가지 의미를 담고 있다. 첫째, 때가 되었다. 여기서 "때"(*헬.* 카이로스)는 메시아 시대를 의미한다. 따라서 선지자들이 예언한 메시아 시대가 예수님의 임재를 통해 이미 도래했다는 뜻이다. 둘째, 하나님나라가 가까이 왔다. 하나님나라는 어떤 시공간 속에 존재하는 국가를 지칭하는 것이 아니라, 하나님의 통치 혹은 그분의 왕권을 의미한다. 하나님의 아들이신 예수님의 임재가 곧 하나님나라와 그분의 통치가 시작되었음을 뜻한다. 셋째, 회개하고 복음을 믿어라. 예수님의 사역과 함께 시작된 새로운 시대, 새로운 나라의 백성이 되려면 거기에 합당한 반응을 보여야 한다. 그것이 바로 회개와 믿음이다. 이 두 가지 반응은 신약성경 전체에서 자주 언급되는 제자도의 기본이기도 하다(행 11:17–18; 20:21; 히 6:1). 따라서 복음을 믿는다는 것은, 하나님의 통치를 전적으로 받아들이고, 그분의 통치에 순종하는 것을 의미한다.

16–20 나를 따라오라 내가 너희로 사람을 낚는 어부가 되게 하리라 위대한 하나님나라의 선포 뒤에 제자들을 부르시는 이야기가 나오는 것은, 하나님나라와 그 나라 백성인 제자들의 공동체 사이의 밀접한 관계를 보여준다. 예수님은 제일 처음 시몬과 그의 형제 안드레를 부르시고, 이어서 세베대의 아들 야고보와 그의 형제 요한을 부르신다. 이들을 부르시는 모습에서 제자가 되는 것이 무엇인지를 세 가지로 살펴볼 수 있다. 먼저, 예수님이 제자들을 선택하셨다. 유대인의 일반적 풍습은 제자들이 스승을 선택한다. 그런데 예수님은 반대로 본인이 제자들을 선택하심으로, 절대적인 권위와 주권이 자신에게 있음을 보여주신다. 둘째, 부르심을 받은 제자들은 생업과 가족을 두고 예수님을 따랐다. 이것을 가리켜 '제자도의 대가'라고 부른다. 그들은 가족과 생업을 버린 것이 아니라, 예수님을 중심으로 삶의 방식과 관계를 새롭게 설정한 것이다. 셋째, 그들은 사람을 낚는 어부가 되어야 했다. 이것은 예레미야 16장

쉬운성경

12 곧 성령님께서는 예수님을 광야로 내보내셨습니다.

13 예수님께서는 사십 일 동안, 광야에서 사탄에게 시험을 받으셨습니다. 그 때 들짐승들과 함께 계셨는데, 천사들이 와서 예수님을 돌보아 드렸습니다.

14 요한이 감옥에 갇힌 뒤, 예수님께서는 갈릴리로 가셔서 하나님의 복음을 전하셨습니다.

15 예수님께서는 "때가 되었다. 하나님 나라가 가까이 왔다. 회개하고 복음을 믿어라!" 하고 말씀하셨습니다.

16 예수님께서 갈릴리 호숫가를 지나가시다가, 시몬과 그의 동생 안드레를 보셨습니다. 그들은 어부였는데, 호수에 그물을 던지고 있었습니다.

17 예수님께서 "나를 따르라. 내가 너희를 사람을 낚는 어부로 삼겠다" 하고 말씀하셨습니다.

18 그러자 시몬과 안드레는 얼른 그물을 놔두고 예수님을 따랐습니다.

19 예수님께서 조금 더 가시다가 세베대의 아들 야고보와 그의 동생 요한을 보셨습니다. 그들은 배에서 그물을 깁고 있었습니다.

20 예수님께서 그들을 부르시자, 그들은 아버지 세베대와 일꾼들을 배에 남겨 두고 예수님을 따라 나섰습니다.

16절을 배경으로 한다. 다만 사람을 모으는 목적이 예레미야서에서는 심판을 위한 것인데 반해, 예수님은 심판에서 구원하기 위함이라는 데 차이가 있다.

저자의 묵상

예수님의 사명은 하나님의 복음을 선포하는 것이다. 그 선포는 세 가지 내용을 담고 있다. '때가 되었다. 하나님나라가 가까이 왔다. 회개하고 복음을 믿어라.' 하나님나라가 그분의 통치와 왕권을 의미한다는 점에서, 이 말씀은 예수님의 사역을 통해 메시아 시대가 시작되고 그 나라의 확장이 진행되고 있음을 보여준다. 그리고 그 나라의 백성이 되기 위해서는 무엇보다 회개와 믿음으로 반응해야 한다. 그것을 가장 시각적으로 생생하게 보여주는 것이 바로 예수님이 제자들을 부르시는 모습이다. 갈릴리의 한 어촌에서 매우 평범해 보이는 몇몇 어부가 제자로 부르심을 받자, 그들은 기꺼이 가족과 생업을 뒤로 하고 주님을 따라 사람을 낚는 어부로 변한다. 오늘날 우리 역시 예수님의 제자가 되기 위해서는 그분을 중심으로 삶의 방식과 관계를 날마다 새롭게 리셋해야 한다.

무릎 기도 하나님, 주님의 부르심에 날마다 회개와 믿음으로 반응하며 삶을 리셋하게 하소서. 그리하여 사람을 낚는 참된 제자의 삶을 살아가게 하소서.

ESV - Mark 1

12 The Spirit immediately drove him out into the wilderness.

13 And he was in the wilderness forty days, being tempted by Satan. And he was with the wild animals, and the angels were ministering to him.

14 Now after John was arrested, Jesus came into Galilee, proclaiming the gospel of God,

15 and saying, "The time is fulfilled, and the kingdom of God is at hand;* repent and believe in the gospel."

16 Passing alongside the Sea of Galilee, he saw Simon and Andrew the brother of Simon casting a net into the sea, for they were fishermen.

17 And Jesus said to them, "Follow me, and I will make you become fishers of men."*

18 And immediately they left their nets and followed him.

19 And going on a little farther, he saw James the son of Zebedee and John his brother, who were in their boat mending the nets.

20 And immediately he called them, and they left their father Zebedee in the boat with the hired servants and followed him.

* 1:15 Or *the kingdom of God has come near*

* 1:17 The Greek word *anthropoi* refers here to both men and women

12 drive ~ out ~를 몰아내다, 내몰다 13 tempt 유혹하다 minister to ~ ~의 시중을 들다 14 arrest 체포하다 15 fulfill 다하다 at hand 가까이에 16 alongside 옆에, 부근에 cast (낚싯줄 등을) 던지다 fisherman 어부 19 mend 수선하다

03 예수 그리스도의 권위

월 일

마가복음 1:21-34 • 새찬송 471장 | 통일 528장

• 말씀묵상 전에 성령님의 인도하심을 구하는 기도를 드리십시오.

본문요약 | 본문은 가버나움에서 예수님이 안식일 하루 동안 하신 일을 자세히 알려준다. 먼저 회당에서 말씀을 가르치시고, 거기서 만난 귀신 들린 자를 고쳐주심으로 하나님의 아들로서 권위를 나타내신다. 이어 베드로의 장모를 고치심으로 예수님이 육신까지도 치유하는 분임을 보여주신다.

21 그들이 가버나움에 들어가니라 예수께서 곧 안식일에 회당에 들어가 가르치시매

22 뭇 사람이 그의 교훈에 놀라니 이는 그가 가르치시는 것이 권위 있는 자와 같고 서기관들과 같지 아니함일러라

23 마침 그들의 회당에 더러운 귀신 들린 사람이 있어 소리 질러 이르되

24 나사렛 예수여 우리가 당신과 무슨 상관이 있나이까 우리를 멸하러 왔나이까 나는 당신이 누구인 줄 아노니 하나님의 거룩한 자니이다

25 예수께서 꾸짖어 이르시되 잠잠하고 그 사람에게서 나오라 하시니

26 더러운 귀신이 그 사람에게 경련을 일으키고 큰 소리를 지르며 나오는지라

27 다 놀라 서로 물어 이르되 이는 어찜이냐 권위 있는 새 교훈이로다 더러운 귀신들에게 명한즉 순종하는도다 하더라

28 예수의 소문이 곧 온 갈릴리 사방에 퍼지더라

29 회당에서 나와 곧 야고보와 요한과 함께 시몬과 안드레의 집에 들어가시니

30 시몬의 장모가 열병으로 누워 있는지라 사람들이 곧 그 여자에 대하여 예수께 여짜온대

31 나아가사 그 손을 잡아 일으키시니 열병이 떠나고 여자가 그들에게 수종드니라

32 저물어 해질 때에 모든 병자와 귀신 들린 자를 예수께 데려오니

33 온 동네가 그 문 앞에 모였더라

34 예수께서 각종 병이 든 많은 사람을 고치시며 많은 귀신을 내쫓으시되 귀신이 자기를 알므로 그 말하는 것을 허락하지 아니하시니라

1. 오늘 하나님께서 나에게 주신 깨달음은 무엇입니까?

2. 말씀을 어떻게 내 삶에 구체적으로 적용해야 합니까?

절별 해설

24-25 나사렛 예수여 우리가 당신과 무슨 상관이 있나이까 우리를 멸하러 왔나이까 나는 당신이 누구인 줄 아노니 하나님의 거룩한 자니이다 당시 예수님이 권위 있는 선생님으로 인정받았다는 사실이 귀신 축출 사건을 통해 크게 드러난다. 게다가 귀신은 예수님을 가리켜 "하나님의 거룩한 자"라고 말함으로써 그분의 신분을 분명히 알고 있었다. 그러나 이런 놀라운 영적 지식을 소유했음에도, 귀신은 예수님을 영접하기는커녕 오히려 "무슨 상관이 있나이까"라고 외치며 예수님과의 관계 단절을 원한다. 이는 지식만으로 구원에 이를 수 없음을 확실히 보여준다.

잠잠하고 그 사람에게서 나오라 예수님은 한 마디의 꾸짖음으로 귀신을 쫓아내신다. 무슨 주문이나 의식이나 도구 없이 오로지 권위 있는 한 마디 명령으로 귀신 축출이 일어났다. 이 점에서 예수님의 메시아로서 권위를 다시금 실감할 수 있을 뿐 아니라, 마귀의 세력을 물리침으로 하나님나라를 확장해 가시는 모습을 볼 수 있다.

27-28 이는 어찜이냐 권위 있는 새 교훈이로다 예수님의 가르침이 다른 랍비들의 진부한 가르침과 달리 질적으로 새로울 뿐 아니라, 귀신들도 복종할 만큼 권위 있는 가르침이라는 사실을 보여준다. 이것은 사람들에게 큰 충격으로 다가왔고, 예수님에 대한 소문은 삽시간에 사방으로 퍼져나갔다.

29 시몬과 안드레의 집 본래 시몬 베드로는 벳세다 출신(요 1:44)이지만, 당시 가버나움에 이주해 살고 있었던 것 같다. 또 그 집에 장모와 형제 안드레도 함께 살고 있었다는 점에서 꽤 큰 집이었던 것 같다. 이 집은 예수님의 가버나움 사역의 근거지로 사용된다.

30-31 시몬의 장모가 열병으로 누워 있는지라 사람들이 곧 그 여자에 대하여 예수께 여짜온대 나아가사 그 손을 잡아 일으키시니 열병이 떠나고 귀신 축출에 이어 곧바로 치유 사건이 나오는 것이 흥미롭다. 32-34절은 이 두 가지가 예수님의 주요 활동이었음을 보여준다. 귀신 축출은 영적인 치유를, 질병의 치유는 육적인 치유를 의미한다. 예수님은 영혼과 육신을 모두 치유하시는 분임을 알 수 있다.

32-34 저물어 해질 때에 모든 병자와 귀신 들린 자를 예수께 데려오니 해가 졌다는 것은 안식일이 끝났음을 의미한다. 당시 유대인들은 안식일에 병 고치는 것을 금했기 때문에

쉬운성경

21 예수님과 제자들이 가버나움으로 가셨습니다. 안식일에 예수님께서 회당에 들어가셔서 가르치기 시작하셨습니다.

22 거기에 있는 사람들이 예수님의 가르침을 듣고 놀랐습니다. 그것은 율법학자들과는 달리, 예수님께서는 권위 있는 분처럼 가르치셨기 때문입니다.

23 회당에 더러운 귀신이 들린 사람이 있었습니다. 그가 소리쳤습니다.

24 "나사렛 예수여! 당신과 우리들이 무슨 상관이 있습니까? 우리를 없애려고 오셨습니까? 나는 당신이 누군지 압니다. 바로 하나님께서 보내신 거룩한 분입니다!"

25 예수님께서 "조용히 하고, 그 사람에게서 나가거라!" 하시며 그를 꾸짖었습니다.

26 그 더러운 귀신이 그 사람에게 발작을 일으켰습니다. 그리고 큰 소리를 지르면서 그 사람에게서 나왔습니다.

27 사람들은 모두 놀라서 "이게 어찌된 일이냐? 이것은 권위가 있는 새로운 교훈이다. 저 사람이 더러운 귀신에게 명령을 하니, 그것들이 복종하는구나"라고 하며 자기들끼리 서로 물었습니다.

28 그래서 예수님에 대한 소문이 갈릴리 모든 곳으로 빠르게 퍼져 나갔습니다.

29 예수님과 제자들이 회당에서 나온 뒤에, 곧바로 야고보, 요한과 함께 시몬과 안드레의 집으로 갔습니다.

30 시몬의 장모가 열이 나서 누워 있었습니다. 사람들이 바로 이 사실을 예수님께 말씀드렸습니다.

31 예수님께서 시몬의 장모에게로 가서, 손을 잡고 일으켜 세우셨습니다. 그러자

(참고. 3:1-6), 환자와 귀신 들린 자들이 안식일 규례를 범하지 않으려고 해질 때까지 기다렸던 것 같다. 이런 사역을 통해 예수님의 명성이 사방으로 퍼져나간다.

바로 열이 내렸습니다. 시몬의 장모는 예수님을 섬겼습니다.

32 그날 저녁 해가 지자, 사람들이 모든 병든 사람과 귀신들린 사람들을 예수님께 데리고 왔습니다.

33 온 마을 사람들이 문 앞에 모여들었습니다.

34 예수님께서는 온갖 환자들을 다 고쳐 주셨습니다. 그리고 많은 귀신들을 내쫓으셨습니다. 예수님께서는 귀신들에게 아무런 말도 하지 못하도록 하셨습니다. 그것은 그들이 예수님이 누구신지 알고 있었기 때문이었습니다.

저자의 묵상

본문은 예수님의 하루 일과를 밀착 취재하듯 자세히 기술한다. 그분의 주요 사역은 말씀을 가르치는 일과, 귀신 들린 자와 병든 자를 고치는 일이었다. 예수님의 남다른 가르침 덕분에 예수님은 권위 있는 분으로 인정받았으며, 귀신 축출을 통해 권위가 더욱 널리 알려지게 된다. 특히 회당에서 귀신을 쫓아내셨다는 것은 예수님이 다른 선생들처럼 지식만을 가르친 것이 아니라, 귀신의 고백처럼 "하나님의 거룩한 자" 즉 하나님의 아들 메시아이며, 이 땅에서 마귀의 권세를 물리치고 하나님나라를 확장하는 사명을 가진 분임을 확실하게 보여준다. 안타깝게도 귀신은 그런 예수님의 신분을 알고 있었음에도, 예수님을 영접하기보다는 관계 단절을 요구한다. 그런 점에서 믿음과 구원은 단순한 지식을 넘어 올바른 신앙고백과 삶을 통해 이루어짐을 알 수 있다(롬 10:10; 딛 1:16).

무릎기도 하나님, 우리의 몸과 영혼을 깨끗하게 고쳐주시어 주님을 온전히 섬기게 하소서. 또 지식으로만 믿는 믿음이 아니라 삶으로 살아내는 참된 신앙인이 되게 하소서.

21 And they went into Capernaum, and im-
mediately on the Sabbath he entered the
synagogue and was teaching.
22 And they were astonished at his teaching,
for he taught them as one who had authority,
and not as the scribes.
23 And immediately there was in their syna-
gogue a man with an unclean spirit. And he
cried out,
24 "What have you to do with us, Jesus of
Nazareth? Have you come to destroy us? I
know who you are—the Holy One of God."
25 But Jesus rebuked him, saying, "Be silent,
and come out of him!"
26 And the unclean spirit, convulsing him and
crying out with a loud voice, came out of him.
27 And they were all amazed, so that they
questioned among themselves, saying,
"What is this? A new teaching with author-
ity! He commands even the unclean spirits,
and they obey him."
28 And at once his fame spread everywhere
throughout all the surrounding region of
Galilee.
29 And immediately he* left the synagogue and
entered the house of Simon and Andrew, with
James and John.
30 Now Simon's mother-in-law lay ill with a
fever, and immediately they told him about
her.
31 And he came and took her by the hand and
lifted her up, and the fever left her, and she
began to serve them.
32 That evening at sundown they brought to him
all who were sick or oppressed by demons.
33 And the whole city was gathered together at
the door.
34 And he healed many who were sick with
various diseases, and cast out many demons.
And he would not permit the demons to
speak, because they knew him.

* 1:29 Some manuscripts *they*

21 Sabbath 안식일 synagogue 회당 22 astonished at ~ ~에 놀란 have authority 권위를 지니다 scribe 서기관 24 do with ~ ~와 관계가 있다 destroy 파멸시키다 25 rebuke 꾸짖다 26 convulse 경련을 일으키다 28 fame 명성, 인기 surround 둘러싸다 30 mother-in-law 장모 fever 고열, 열병 32 at sundown 해질 무렵에 oppressed 억압받는 34 cast out ~ ~을 내쫓다 demon 귀신, 악령 permit … to ~ …가 ~할 것을 허락하다

• MEMO •

04 예수 그리스도의 기도와 치유

월 일

마가복음 1:35-45 • 새찬송 472장 | 통일 530장

• 말씀묵상 전에 성령님의 인도하심을 구하는 기도를 드리십시오.

본문요약 I 전날 늦게까지 환자와 귀신 들린 자들을 고쳐주신 예수님은 육체의 쉼을 뒤로하고 이른 새벽에 기도하는 시간을 보내신다. 하나님과의 영적 교제와 더불어 사역을 준비하신 것이다. 그리고 나병환자를 고치심으로 자신이 메시아로서 죄 사함의 권세가 있음을 보여주신다.

35 새벽 아직도 밝기 전에 예수께서 일어나
나가 한적한 곳으로 가사 거기서 기도하
시더니
36 시몬과 및 그와 함께 있는 자들이 예수의
뒤를 따라가
37 만나서 이르되 모든 사람이 주를 찾나이
다
38 이르시되 우리가 다른 가까운 마을들로
가자 거기서도 전도하리니 내가 이를 위
하여 왔노라 하시고
39 이에 온 갈릴리에 다니시며 그들의 여러
회당에서 전도하시고 또 귀신들을 내쫓으
시더라
40 한 나병환자가 예수께 와서 꿇어 엎드려
간구하여 이르되 원하시면 저를 깨끗하게
하실 수 있나이다
41 예수께서 불쌍히 여기사 손을 내밀어 그
에게 대시며 이르시되 내가 원하노니 깨
끗함을 받으라 하시니
42 곧 나병이 그 사람에게서 떠나가고 깨끗
하여진지라
43 곧 보내시며 엄히 경고하사
44 이르시되 삼가 아무에게 아무 말도 하지
말고 가서 네 몸을 제사장에게 보이고 네
가 깨끗하게 되었으니 ㄱ모세가 명한 것을
드려 그들에게 입증하라 하셨더라
45 그러나 그 사람이 나가서 이 일을 많이 전
파하여 널리 퍼지게 하니 그러므로 예수
께서 다시는 드러나게 동네에 들어가지
못하시고 오직 바깥 한적한 곳에 계셨으
나 사방에서 사람들이 그에게로 나아오더
라

ㄱ. 레 14:2 이하

1. 오늘 하나님께서 나에게 주신 깨달음은 무엇입니까?

2. 말씀을 어떻게 내 삶에 구체적으로 적용해야 합니까?

절별 해설

35 새벽 아직도 밝기 전에 예수께서 일어나 나가 한적한 곳으로 가사 거기서 기도하시더니 예수님은 전날 밤 늦게까지 환자를 치유하고 귀신들을 쫓아내느라 심히 피곤하셨을 것이다. 그럼에도 육체적인 쉼보다 영적인 회복을 선택하신다. 새벽 기도를 통해 하나님과 영적 만남을 가질 뿐 아니라, 자신의 사역에 대한 영적 준비를 해나가신 것이다.

37-38 모든 사람이 주를 찾나이다 이르시되 우리가 다른 가까운 마을들로 가자 거기서도 전도하리니 내가 이를 위하여 왔노라 제자들이 예수님을 금방 찾은 것으로 보아 기도하시던 시간과 장소가 정해져 있었던 것 같다. 모든 사람이 예수님을 찾는다는 제자들의 말에서, 당시 사람들의 반응이 뜨거웠을 뿐 아니라, 예수님이 그런 소식을 기뻐하실 거라 생각했던 제자들의 마음을 엿볼 수 있다. 즉, 성공지향적이고 인기에 영합하려는 제자들의 모습을 볼 수 있다. 그러나 예수님은 다른 마을로 가자는 정반대 반응을 보이신다. 자신의 사역 목표는 전도이며, 그것을 위해 왔다고 말씀하신다. 예수님의 관심사는 오로지 하나님나라 복음을 널리 선포하는 것이었다.

40-41 원하시면 저를 깨끗하게 하실 수 있다이다, 내가 원하노니 깨끗함을 받으라 나병환자가 "원하시면"이라고 표현한 것은, 예수님의 치유 능력에 대해서는 익히 들어 알고 또 믿었지만, 과연 자신을 치료해 줄 의향이 있으신지에 대해 확신이 없었기 때문으로 보인다. 그래서 예수님은 "내가 원하노니"라고 분명히 의향을 밝히신다. 그런데 그 당시 나병은 하나님만 고치실 수 있는 병이라는 인식과 더불어, 그 병의 원인이 죄라고 생각했기 때문에 나병환자는 죄인 취급을 받아 마을에서 쫓겨나 인적이 없는 곳에 머물러야만 했다. 이런 까닭에 환자는 치유라는 말 대신 "깨끗하게" 해달라고 말함으로써 육체적인 치유를 넘어 죄 사함을 구한다. 이것은 예수님께 죄 사하는 권세가 있음을 믿었다는 뜻이기도 하다. 예수님은 손으로 그를 만져 깨끗하게 해주신다. 이런 행위는 예수님이 안식일에 병자를 고치심으로 안식일 규례에 얽매이지 않았듯이, 당시의 정결 규례(레 11:24-40; 14:46-47; 민 19:11-16)에도 얽매이지 않으심을 보여준다.

43-45 삼가 아무에게 아무 말도 하지 말고 가서 네 몸을 제사장에게 보이고 네가 깨끗하게 되었으니 모세가 명한 것을 드려 그들에게 입증하라 하셨더라 그러나 그 사람이 나가서 이 일을 많이 전파하여 널리 퍼지게 하니 나병환자의 경우 가정으로 돌아가 사회적 관계를 회복하려면 정결 규례에 따

쉬운성경

35 어둠이 채 가시지 않은 아침에 예수님께서 일어나셨습니다. 그리고 조용한 곳으로 가셔서 기도하셨습니다.

36 시몬과 그의 친구들이 예수님을 찾으러 왔습니다.

37 그들은 예수님을 찾자 "모든 사람들이 선생님을 찾고 있습니다"라고 말했습니다.

38 예수님께서 대답하셨습니다. "근처에 있는 다른 마을로 가자. 거기서도 내가 전도할 것이다. 내가 바로 그것을 위해서 왔다."

39 예수님께서는 갈릴리 모든 곳을 다니셨습니다. 회당에서 말씀을 전하시고, 귀신들을 내쫓으셨습니다.

40 어떤 문둥병 환자가 예수님께 와서 무릎을 꿇고 간청했습니다. "선생님께서 원하시면, 저를 깨끗하게 하실 수 있습니다."

41 예수님께서 그 사람을 불쌍히 보셨습니다. 그래서 손을 내밀어 그를 만지시며 말씀하셨습니다. "내가 원하니, 깨끗해져라!"

42 그러자 바로 문둥병이 떠나고 그가 나았습니다.

43 예수님께서 그에게 단단히 이르시고 보내셨습니다.

44 "아무에게도 이 일을 말하지 마라! 다만 가서 제사장에게 네 몸을 보여주어라. 그리고 네가 깨끗해진 것에 대하여 모세가 명령한 예물을 드려서, 사람들에게 증거로 삼아라."

45 그러나 그 사람은 가서 이 사실을 주저하지 않고 말하여, 소문을 냈습니다. 그래서 예수님께서는 마을에 드러나게 들어가실 수 없을 정도가 되었습니다. 예수님께서는 사람이 없는 곳에 머무셨습니다. 그래도 사람들은 예수님이 계신 곳이라면, 어디든지 상관하지 않고 사방에서 몰려들었습니다.

라 제사장의 확인을 받아야 했다. 그런데 예수님은 치유 사실을 아무에게도 전하지 말라고 신신당부하신다. 아마도 나병 치유가 메시아의 표적으로 간주되었으므로, 유대인들이 기대하던 정치적 군사적 메시아로 오해받는 것을 원하지 않으셨기 때문이었을 것이다. 그러나 치유 사실을 더 크게 소문냄으로 결국 예수님은 마을에 들어갈 수 없게 된다.

저자의 묵상

본문은 두 가지 주목할 만한 사건을 이야기한다. 하나는, 예수님의 새벽 기도다. 복음서 저자들은 중요한 사건이 있을 때마다 그 후에 예수님이 따로 기도하는 시간을 보내셨다고 기록한다. 마가도 이곳 외에 두 번 더 예수님의 기도를 언급한다(6:46; 14:32-42). 권위 있는 말씀과 치유와 축사의 능력을 가지신 예수님도 기도하셨다면 우리에게는 더더욱 기도가 필요하다.

또 하나는, 나병환자를 치유하신 사건이다. 나병은 우리나라에서도 천형(天刑)으로 여길 만큼 죄로 인한 저주받은 질병으로 인식되었다. 따라서 나병환자는 모든 사회적 관계가 단절된 채 유배되거나 격리된 삶을 살아야 했다. 이런 나병환자의 간절한 부탁에 예수님은 손을 내밀어 그를 만져주시며 깨끗하게 해주셨다. 육체의 질병뿐 아니라 죄인이라고 생각하는 마음의 병까지 고쳐주신 것이다. 예수님은 지금도 우리의 필요를 알고 만져주신다.

무릎 기도 하나님, 예수님의 기도를 본받아 더욱 힘써 기도하게 하소서. 또 우리를 만져주소서. 우리의 육적 영적 필요를 아시는 주님께 모든 것을 맡겨 드립니다.

ESV - Mark 1

35 And rising very early in the morning, while it was still dark, he departed and went out to a desolate place, and there he prayed.

36 And Simon and those who were with him searched for him,

37 and they found him and said to him, "Everyone is looking for you."

38 And he said to them, "Let us go on to the next towns, that I may preach there also, for that is why I came out."

39 And he went throughout all Galilee, preaching in their synagogues and casting out demons.

40 And a leper* came to him, imploring him, and kneeling said to him, "If you will, you can make me clean."

41 Moved with pity, he stretched out his hand and touched him and said to him, "I will; be clean."

42 And immediately the leprosy left him, and he was made clean.

43 And Jesus* sternly charged him and sent him away at once,

44 and said to him, "See that you say nothing to anyone, but go, show yourself to the priest and offer for your cleansing what Moses commanded, for a proof to them."

45 But he went out and began to talk freely about it, and to spread the news, so that Jesus could no longer openly enter a town, but was out in desolate places, and people were coming to him from every quarter.

* 1:40 *Leprosy* was a term for several skin diseases; see Leviticus

* 1:43 Greek *he;* also verse 45

35 depart 떠나다, 벗어나다 desolate 황량한 36 search for ~ ~을 찾다 40 leprosy 나병 implore 간청하다 41 pity 불쌍히 여김 stretch out one's hand 손을 뻗다 43 sternly 엄하게 charge 명령하다 44 see that ~ 반드시 ~하도록 하다 show oneself to ~ ~앞으로 나아가다, 보습을 보이다 priest 제사장 proof 증거 45 quarter 구역

05 죄 사함의 권세를 가진 예수님

월 일

마가복음 2:1-12 • 새찬송 421장 | 통일 210장

• 말씀묵상 전에 성령님의 인도하심을 구하는 기도를 드리십시오.

본문요약 I 예수님은 지붕을 뜯으면서까지 중풍병자를 데려온 네 사람의 믿음을 보시고 중풍병자를 치료해 주신다. 특히 죄 사함 선언을 통해 육신의 질병뿐 아니라 영혼의 질병인 죄를 먼저 사해 주신다. 이것을 통해 자신이 죄 사함의 권세를 가진 인자임을 드러내신다.

1 수 일 후에 예수께서 다시 가버나움에 들어가시니 집에 계시다는 소문이 들린지라

2 많은 사람이 모여서 문 앞까지도 들어설 자리가 없게 되었는데 예수께서 그들에게 도를 말씀하시더니

3 사람들이 한 중풍병자를 네 사람에게 메워 가지고 예수께로 올새

4 무리들 때문에 예수께 데려갈 수 없으므로 그 계신 곳의 지붕을 뜯어 구멍을 내고 중풍병자가 누운 상을 달아 내리니

5 예수께서 그들의 믿음을 보시고 중풍병자에게 이르시되 작은 자야 네 죄 사함을 받았느니라 하시니

6 어떤 서기관들이 거기 앉아서 마음에 생각하기를

7 이 사람이 어찌 이렇게 말하는가 신성 모독이로다 오직 하나님 한 분 외에는 누가 능히 죄를 사하겠느냐

8 그들이 속으로 이렇게 생각하는 줄을 예수께서 곧 [1]중심에 아시고 이르시되 어찌하여 이것을 마음에 생각하느냐

9 중풍병자에게 네 죄 사함을 받았느니라 하는 말과 일어나 네 상을 가지고 걸어가라 하는 말 중에서 어느 것이 쉽겠느냐

10 그러나 인자가 땅에서 죄를 사하는 권세가 있는 줄을 너희로 알게 하려 하노라 하시고 중풍병자에게 말씀하시되

11 내가 네게 이르노니 일어나 네 상을 가지고 집으로 가라 하시니

12 그가 일어나 곧 상을 가지고 모든 사람 앞에서 나가거늘 그들이 다 놀라 하나님께 영광을 돌리며 이르되 우리가 이런 일을 도무지 보지 못하였다 하더라

1) 또는 심령으로

1. 오늘 하나님께서 나에게 주신 깨달음은 무엇입니까?

2. 말씀을 어떻게 내 삶에 구체적으로 적용해야 합니까?

절별 해설

3-4 그 계신 곳의 지붕을 뜯어 구멍을 내고 중풍병자가 누운 상을 달아 내리니 당시 일반적인 가옥 구조는 단층으로, 그 위에 나무와 진흙을 엮어 평평한 지붕을 얹은 형태였을 것이다. 따라서 중풍병자를 데려온 네 사람의 지붕해체 작업은 힘들기는 했지만 불가능한 일은 아니었다.

5 예수께서 그들의 믿음을 보시고 중풍병자에게 이르시되 작은 자야 네 죄 사함을 받았느니라 예수님은 지붕을 뜯으면서까지 환자를 데려온 행동을 믿음으로 보셨다. 중요한 것은 환자 자신의 믿음이 아니라 그를 데려온 친구들의 믿음을 보시고 치유해 주셨다는 사실이다. 이는 공동체 신앙의 중요성을 강조한다. 중풍은 뇌혈관이 막히거나 터져서 뇌신경의 손상으로 인해 몸의 일부 내지는 전체가 마비되는 질병을 가리킨다. 그런데 예수님은 중풍병자에게 병이 나았다가 아니라 '네 죄 사함을 받았다'고 말씀하신다. 그에게 당장 필요한 것은 질병의 치유였으나, 그 질병의 원인이 죄라고 판단하였기에(참고. 요 9:2) 먼저 죄 사함을 선포하신다. 질병의 치유가 죄 사함의 표적으로 나타난 것이다.

6-7 신성 모독이로다 거기 있던 서기관들은 죄를 사한다는 예수님의 선언을 신성 모독으로 생각했다. 일반적으로 제사장들이 제사 후에 죄 사함을 선언할 수 있지만, 예수님은 제사장도 아닐뿐더러 제사도 드리지 않았는데 죄 사함을 선포했기 때문에 신성 모독으로 간주한 것이다. 예수님의 죄 사함 선언이 정당하려면 예수님이 하나님과 같은 분이거나, 하나님으로부터 죄 사함의 권세를 위임받은 분이어야 한다. 그러므로 예수님의 선언은 곧 자신의 정체에 대한 선언이기도 했다.

9 어느 것이 쉽겠느냐 사죄 선언과 치유 명령 중 어느 것이 더 쉽겠느냐는 예수님의 질문이다. 진정한 의미에서는 사죄 선언이 더 어렵지만, 가시적인 결과만 보면 치유는 당장 일어나야 하기 때문에 치유 명령이 더 어려운 것처럼 보인다. 아마도 서기관들은 치유 명령이 더 어렵다고 속으로 생각했을 것 같다.

10 인자가 땅에서 죄를 사하는 권세가 있는 줄을 너희로 알게 하려 하노라 예수님이 자신을 가리켜 인자라는 표현을 처음으로 사용하셨다. 이 용어는 다니엘 7장 13-14절에서 나온 호칭으로, 하나님의 권세를 위임받은 신적 존재를 가리키는 메시아적 칭호다. 아울러 예수님이 신성 모독으로 간주될 위험을 감수하면서까지 죄 사함을 선언하신 목적은, 자신에게 죄를 용서할 수 있는 권세가 있음을 보여주려 하심이다.

쉬운성경

1 며칠 뒤에 예수님께서 가버나움으로 돌아오셨습니다. 예수님께서 집에 계시다는 소문이 퍼졌습니다.

2 그러자 많은 사람들이 모여들어 가득 찼습니다. 심지어 문밖에도 서 있을 곳이 없었습니다. 예수님께서 그들에게 말씀하셨습니다.

3 네 명의 사람들이 예수님께 중풍병 환자를 데리고 왔습니다.

4 이들은 사람들 때문에 예수님께 들어갈 수가 없었습니다. 그래서 예수님이 계신 곳의 지붕을 뜯어 냈습니다. 이들은 뚫어낸 구멍으로 중풍병 환자가 누워 있는 침상을 아래로 내렸습니다.

5 예수님께서 이 사람들의 믿음을 보시고, 중풍병 환자에게 말씀하셨습니다. "아들아, 네 죄가 용서되었다."

6 마침, 거기에 율법학자 몇 명이 앉아 있었는데, 마음속으로 생각했습니다.

7 '어떻게 이 사람이 저런 말을 하는가? 하나님을 모독하고 있구나. 하나님 외에 누가 죄를 용서할 수 있다는 말인가?'

8 예수님께서는 이 율법학자들이 속으로 생각하는 것을 곧 영으로 아셨습니다. 그래서 그들에게 말씀하셨습니다. "어째서 너희가 마음속으로 그런 생각을 하고 있느냐?

9 이 중풍병 환자에게 '네 죄가 용서되었다'라고 말하는 것과 '일어나서 침상을 가지고 걸어라' 하고 말하는 것 중에 어느 것이 더 쉽겠느냐?

10 그러나 인자가 세상에서 죄를 용서할 수 있는 권세가 있다는 것을 너희에게 보여주려고 그랬다." 예수님께서 중풍병 환자에게 말씀하셨습니다.

11-12 내가 네게 이르노니 일어나 네 상을 가지고 집으로 가라 하시니 그가 일어나 곧 상을 가지고 모든 사람 앞에서 나가거늘 예수님의 치유 선언을 통해 중풍병자는 모든 사람이 보는 앞에서 일어나 걸어 나갔다. 사죄 선언이 질병의 치유를 통해 증명된 것이다. 이것은 예수님께 죄 사함의 권세가 있음을 증명한 것으로, 그분의 신분을 드러낸다.

11 "내가 네게 말한다. 일어나 침상을 가지고 집으로 가거라."

12 중풍병자는 일어나 침상을 들고 모든 사람이 보는 앞에서 걸어나갔습니다. 사람들이 놀라서 하나님께 찬송을 드렸으며 "우리는 이와 같은 일을 본 적이 없다!"라고 말하였습니다.

저자의 묵상

중풍병자가 치유받은 사건을 보면서 세 가지를 주목하게 된다. 무엇보다 예수님에게 죄 사함의 권세가 있음을 알 수 있다. 그리고 또 하나 주목할 것은 진정한 치유가 무엇인가 하는 점이다. 아마도 중풍병자는 자기 질병의 원인을 죄라고 여겼던 것 같다. 따라서 육체적인 질병의 치유만으로는 진정한 치유가 될 수 없음을 누구보다 잘 알고 있었을 것이다. 그런 그에게 예수님은 사죄 선언을 먼저 하심으로 육신뿐 아니라 영혼의 질병까지 고쳐주시는 전인적인 치유를 행하신다. 이것이 진정한 치유다. 마지막으로 중풍병자의 치유가 본인의 믿음이 아닌 그를 데려온 네 사람의 믿음에서 비롯되었다는 점이다. 이것은 공동체의 믿음이 한 사람의 죄 사함이나 치유에 기여할 수 있다는 가능성을 보여준다. 특히 인간적인 한계와 장애를 넘어 사회적인 난관을 극복하는 데는 개인의 신앙뿐 아니라 공동체의 신앙이 결정적임을 기억하자.

무릎 기도 하나님, 우리 몸과 영혼을 온전히 고쳐주시어 개인 신앙을 넘어 공동체 신앙으로 가게 하소서. 날마다 더 강하고 굳센 믿음으로 서게 하소서.

ESV - Mark 2

1 And when he returned to Capernaum after
some days, it was reported that he was at
home.
2 And many were gathered together, so that
there was no more room, not even at the
door. And he was preaching the word to
them.
3 And they came, bringing to him a paralytic
carried by four men.
4 And when they could not get near him
because of the crowd, they removed the roof
above him, and when they had made an
opening, they let down the bed on which the
paralytic lay.
5 And when Jesus saw their faith, he said to
the paralytic, "Son, your sins are forgiven."
6 Now some of the scribes were sitting there,
questioning in their hearts,
7 "Why does this man speak like that? He is
blaspheming! Who can forgive sins but God
alone?"
8 And immediately Jesus, perceiving in his
spirit that they thus questioned within
themselves, said to them, "Why do you
question these things in your hearts?
9 Which is easier, to say to the paralytic, 'Your
sins are forgiven,' or to say, 'Rise, take up
your bed and walk'?
10 But that you may know that the Son of Man
has authority on earth to forgive sins"—he
said to the paralytic—
11 "I say to you, rise, pick up your bed, and go
home."
12 And he rose and immediately picked up his
bed and went out before them all, so that
they were all amazed and glorified God,
saying, "We never saw anything like this!"

3 paralytic 중풍병자 4 get near 가까이 가다, 접근하다 let down ~ ~을 (아래로) 내리다 6 question 문제로 삼다
7 blaspheme 모독하다 8 perceive 알아채다 within oneself 마음속에 9 forgive 용서하다 take up ~ ~을 가지고 가다
12 glorify 찬미하다, 영광을 더하다

• MEMO •

06 새 술은 새 부대에

월 일

마가복음 2:13-22 • 새찬송 279장 | 통일 337장

• 말씀묵상 전에 성령님의 인도하심을 구하는 기도를 드리십시오.

본문요약 I 예수님은 세관에 앉은 레위를 제자로 부르신다. 이에 감격한 레위는 예수님 일행을 초대하여 잔치를 여는데, 세리와 죄인들과 함께 식사한다는 이유로 바리새인들이 예수님을 비난한다. 이에 예수님은 자신이 죄인을 부르러 왔다고 말씀하시면서 새 술은 새 부대에 담아야 한다고 하신다.

13 예수께서 다시 바닷가에 나가시매 큰 무
리가 나왔거늘 예수께서 그들을 가르치시
니라
14 또 지나가시다가 알패오의 아들 레위가
세관에 앉아 있는 것을 보시고 그에게 이
르시되 나를 따르라 하시니 일어나 따르
니라
15 그의 집에 [1]앉아 잡수실 때에 많은 세리와
죄인들이 예수와 그의 제자들과 함께 [2]앉
았으니 이는 그러한 사람들이 많이 있어
서 예수를 따름이러라
16 바리새인의 서기관들이 예수께서 죄인 및
세리들과 함께 잡수시는 것을 보고 그의
제자들에게 이르되 어찌하여 세리 및 죄
인들과 함께 먹는가
17 예수께서 들으시고 그들에게 이르시되 건
강한 자에게는 의사가 쓸데없고 병든 자
에게라야 쓸데 있느니라 나는 의인을 부
르러 온 것이 아니요 죄인을 부르러 왔노
라 하시니라
18 요한의 제자들과 바리새인들이 금식하고
있는지라 사람들이 예수께 와서 말하되
요한의 제자들과 바리새인의 제자들은 금
식하는데 어찌하여 당신의 제자들은 금식
하지 아니하나이까
19 예수께서 그들에게 이르시되 혼인 집 손
님들이 신랑과 함께 있을 때에 금식할 수
있느냐 신랑과 함께 있을 동안에는 금식
할 수 없느니라

1) 헬, 기대어 누워(유대인이 음식 먹을 때에 가지는 자세)
2) 헬, 기대어 누웠으니

20 그러나 신랑을 빼앗길 날이 이르리니 그
날에는 금식할 것이니라
21 생베 조각을 낡은 옷에 붙이는 자가 없나
니 만일 그렇게 하면 기운 새 것이 낡은
그것을 당기어 해어짐이 더하게 되느니라
22 새 포도주를 낡은 가죽 부대에 넣는 자가
없나니 만일 그렇게 하면 새 포도주가 부
대를 터뜨려 포도주와 부대를 버리게 되
리라 오직 새 포도주는 새 부대에 넣느니
라 하시니라

1. 오늘 하나님께서 나에게 주신 깨달음은 무엇입니까?

2. 말씀을 어떻게 내 삶에 구체적으로 적용해야 합니까?

절별 해설

14 알패오의 아들 레위가 세관에 앉아 있는 것을 보시고 그에게 이르시되 나를 따르라 하시니 레위는 구약에서 성전 봉사를 전담하던 지파였다. 따라서 이름을 레위라고 지은 이유는, 아마도 레위 지파처럼 하나님을 섬기기를 바라는 부모의 마음 때문이었을 것이다. 그러나 현실은 로마 황제를 위해 세금을 걷는 세리가 되었고, 이로 인해 사회적 천대를 받고 죄인 취급을 받았다(15-16절). 레위는 내적 갈등이 컸을 것인데, 그 상황에서 예수님의 부르심을 받자 곧바로 따라나선다.

15-17 건강한 자에게는 의사가 쓸데없고 병든 자에게라야 쓸데 있느니라 나는 의인을 부르러 온 것이 아니요 죄인을 부르러 왔노라 예수님의 부르심에 감격한 레위는 예수님 일행을 자기 집에 초대하여 잔치를 연다. 그런데 그 자리에 동료 세리들과 죄인들이 동석한 것을 본 서기관들이 정식으로 제자들에게 문제 제기를 한다. 그들의 눈에 죄인들과 함께 식사하는 것은 정결 규례를 어긴 행동이기 때문이다. 이에 예수님은 당시에 널리 유행하던 격언을 답변으로 인용하신다. 여기서 "건강한 자"와 "의인"은 예수님을 대적하는 종교지도자들을 가리키는 말로, 그들은 죄인이면서 의로운 척하는 자들이었다. 또 "병든 자"는 세리와 죄인을 가리키고, "의사"는 예수님 자신을 의미한다. 특히 예수님이 사용하신 '나는 A가 아니라 B이다'라는 어법은 '내게는 A보다 B가 더 중요하다'라는 뜻이다(참고. 9:37). 따라서 의인을 배제한다는 의미가 아니라, 의인보다는 죄인을 부르러 왔다는 뜻이다. 이 말씀을 통해 예수님은 선교 목적과 대상을 분명히 밝히신다.

18-20 어찌하여 당신의 제자들은 금식하지 아니하나이까, 혼인집 손님들이 신랑과 함께 있을 때에 금식할 수 있느냐 신랑과 함께 있을 동안에는 금식할 수 없느니라 예수님과 죄인들의 식사 교제는 정결 규례뿐 아니라 금식 규례에도 어긋났다. 그러자 불특정 집단이 예수님께 직접 문제를 제기한다. 당시 바리새인들은 구약에서 규정한 속죄일 금식 외에도 매주 월요일과 목요일에 자발적으로 금식했다(눅 18:12). 이에 대해 예수님은 이사야 62장 1-5절을 배경으로 메시아의 구원 사역을 혼인잔치에 비유하면서, 신랑인 예수님이 하객인 제자들과 함께 있는 동안에는 마음껏 먹고 즐기는 것이 마땅하다고 말씀하신다. 그리고 "신랑을 빼앗길 날"이 올 것인데 그때 금식하게 될 것이라고 말씀하신다. 이 말은 이사야 53장 8절에 나오는 것처럼 예수님의 죽음을 암시한다.

쉬운성경

13 예수님께서 다시 호수로 가셨습니다. 많은 사람들이 예수님께 나아왔고, 예수님께서는 그들을 가르치셨습니다.

14 예수님께서 호숫가를 걸으시다가, 알패오의 아들 레위가 세관에 앉아 있는 것을 보셨습니다. 예수님께서 그에게 말씀하셨습니다. "나를 따라오너라." 그러자 레위는 일어나서 예수님을 따랐습니다.

15 예수님께서 레위의 집에서 식사를 하고 계실 때였습니다. 여러 세리들과 죄인들이 예수님과 그 제자들과 함께 식사를 하고 있었습니다. 왜냐하면 이런 사람들이 예수님을 많이 따랐기 때문입니다.

16 바리새파 율법학자들이 예수님께서 세리들과 죄인들과 함께 식사하시는 것을 보고, 제자들에게 물었습니다. "어째서 너희 선생님은 세리와 죄인들과 먹고 마시느냐?"

17 예수님께서 이 말을 들으시고, 그들에게 말씀하셨습니다. "건강한 사람에게는 의사가 필요 없고, 병든 사람에게 의사가 필요한 것이다. 나는 의로운 사람을 부르러 온 것이 아니고, 죄인들을 부르러 왔다."

18 요한의 제자들과 바리새파 사람들은 금식을 하였습니다. 사람들이 와서 말했습니다. "요한의 제자들과 바리새파 사람의 제자들은 금식을 하는데, 어째서 선생님의 제자들은 금식을 하지 않습니까?"

19 예수님께서 대답하셨습니다. "신랑의 친구들이 신랑과 함께 있을 때, 금식을 하지 않는다. 그렇지 않느냐? 신랑이 자기들과 함께 있는 한, 그들은 금식하지 않는다.

20 그러나 신랑을 빼앗길 날이 올 것이고, 그날에 금식을 하게 될 것이다.

21–22 금식에 대한 답변으로 다시 예수님은 '새 천 조각 비유'와 '새 포도주 비유'를 말씀하신다. "낡은 옷"과 "낡은 가죽 부대"는 기존의 유대교 체제를 가리키며, "생베 조각"과 "새 포도주"는 예수님과 함께 도래한 하나님나라의 새로운 체제를 가리킨다. 결국 예수님이 주도하는 하나님나라의 구원 사역은 유대교라는 기존의 옛 체제에 담을 수 없기에 기독교와 교회로 대변되는 새로운 체제에 담아야 한다.

21 그 누구도 낡은 옷에 새 천조각을 대고 깁지 않는다. 만일 그렇게 하면 새로 댄 조각이 낡은 옷을 당겨 더욱 못 쓰게 될 것이다.

22 또한 그 누구도 낡은 술 부대에 새 술을 보관하지 않는다. 만일 그렇게 하면 술이 그 부대를 터뜨려, 술과 함께 술 부대가 다 못 쓰게 될 것이다. 새 술은 새 부대에 넣어야 한다."

저자의 묵상

좋은 의미로 시작된 전통이 세월이 흐르면서 의미는 사라지고 형식만 남아 사람들을 옥죄는 경우가 종종 있다. 예수님 당시의 정결 규례와 금식 규례가 그러했다. 특히 이런 규례를 근거로 유대 종교지도자들은 물론이고 일반 무리까지, 예수님이 선교 대상인 죄인들을 가까이하는 것에 문제를 제기하는 모습에서, 유대교라는 옛 체제로는 예수님의 하나님나라 사역을 할 수 없음을 실감하게 된다. 결국 예수님은 '새 술은 새 부대에'라는 말씀으로 새로운 질서체계를 주창하신다. 그것이 바로 오늘날의 기독교와 교회인 셈이다. 그런 의미에서 오늘날의 기독교와 교회가 새로운 체계로서 사명을 제대로 감당하고 있는지, 혹시 세월이 흐르면서 유대교처럼 옛 체계로 전락한 것은 아닌지 점검이 필요하다. 예수님의 뜻대로 병든 자와 죄인들을 위한 기독교와 교회가 되어야 할 것이다.

무릎 기도 하나님, 우리 자신과 교회가 하나님나라 운동을 마음껏 펼쳐가는 새 부대가 되게 하소서. 그리스도의 선명한 복음을 이 땅에 전하는 참된 제자 되게 하소서.

ESV - Mark 2

13 He went out again beside the sea, and all the crowd was coming to him, and he was teaching them.

14 And as he passed by, he saw Levi the son of Alphaeus sitting at the tax booth, and he said to him, "Follow me." And he rose and followed him.

15 And as he reclined at table in his house, many tax collectors and sinners were reclining with Jesus and his disciples, for there were many who followed him.

16 And the scribes of* the Pharisees, when they saw that he was eating with sinners and tax collectors, said to his disciples, "Why does he eat* with tax collectors and sinners?"

17 And when Jesus heard it, he said to them, "Those who are well have no need of a physician, but those who are sick. I came not to call the righteous, but sinners."

18 Now John's disciples and the Pharisees were fasting. And people came and said to him, "Why do John's disciples and the disciples of the Pharisees fast, but your disciples do not fast?"

19 And Jesus said to them, "Can the wedding guests fast while the bridegroom is with them? As long as they have the bridegroom with them, they cannot fast.

20 The days will come when the bridegroom is taken away from them, and then they will fast in that day.

21 No one sews a piece of unshrunk cloth on an old garment. If he does, the patch tears away from it, the new from the old, and a worse tear is made.

22 And no one puts new wine into old wineskins. If he does, the wine will burst the skins—and the wine is destroyed, and so are the skins. But new wine is for fresh wineskins."*

* 2:16 Some manuscripts *and*
* 2:16 Some manuscripts add *and drink*
* 2:22 Some manuscripts omit *But new wine is for fresh wineskins*

14 pass by 지나가다, 통과하다 sit at ~ ~에 둘러앉다 15 recline 기대다 tax collector 세리 disciple 제자 17 have need of ~ ~을 필요로 하다 physician 의사 18 fast 금식하다 19 as long as ~ ~하는 동안은 bridegroom 신랑 20 take away 빼앗다 21 sew 꿰매다, 깁다 shrink 수축하다 garment 옷 patch 헝겊 조각 tear away 억지로 떼어내다 22 wineskin 가죽부대 burst 터뜨리다

• MEMO •

묵상 체크

07
월 일

안식일의 주인이신 예수님

마가복음 2:23-3:6 • 새찬송 44장 | 통일 56장

• 말씀묵상 전에 성령님의 인도하심을 구하는 기도를 드리십시오.

본문요약 I 예수님의 제자들이 안식일 법을 어겼다고 고발당하자, 예수님은 다윗과 그의 부하들이 제사법을 어긴 사건을 예로 들어 안식일은 사람을 위해 존재하는 것이며, 자신이 안식일의 주인임을 선포하신다. 또 안식일에 회당에서 병자를 치유하심으로 안식일의 목적을 재확인하신다.

23 안식일에 예수께서 밀밭 사이로 지나가실
새 그의 제자들이 길을 [1]열며 이삭을 자르
니
24 바리새인들이 예수께 말하되 보시오 저들
이 어찌하여 안식일에 하지 못할 일을 하
나이까
25 예수께서 이르시되 [ㄱ]다윗이 자기와 및 함
께한 자들이 먹을 것이 없어 시장할 때에
한 일을 읽지 못하였느냐
26 그가 아비아달 대제사장 때에 하나님의
전에 들어가서 제사장 외에는 먹어서는
안 되는 진설병을 먹고 함께한 자들에게
도 주지 아니하였느냐
27 또 이르시되 안식일이 사람을 위하여 있
는 것이요 사람이 안식일을 위하여 있는
것이 아니니
28 이러므로 인자는 안식일에도 주인이니라
1 예수께서 다시 회당에 들어가시니 한쪽
손 마른 사람이 거기 있는지라
2 사람들이 예수를 고발하려 하여 안식일에
그 사람을 고치시는가 주시하고 있거늘
3 예수께서 손 마른 사람에게 이르시되 한
가운데에 일어서라 하시고
4 그들에게 이르시되 안식일에 선을 행하는
것과 악을 행하는 것, 생명을 구하는 것과
죽이는 것, 어느 것이 옳으냐 하시니 그들
이 잠잠하거늘
5 그들의 마음이 완악함을 탄식하사 노하심
으로 그들을 둘러 보시고 그 사람에게 이
르시되 네 손을 내밀라 하시니 내밀매 그
손이 회복되었더라
6 바리새인들이 나가서 곧 헤롯당과 함께
어떻게 하여 예수를 죽일까 의논하니라

1) 또는 가며 ㄱ. 삼상 21:6

1. 오늘 하나님께서 나에게 주신 깨달음은 무엇입니까?

2. 말씀을 어떻게 내 삶에 구체적으로 적용해야 합니까?

절별 해설

23-24 그의 제자들이 길을 열며 이삭을 자르니 바리새인들이 예수께 말하되 보시오 저들이 어찌하여 안식일에 하지 못할 일을 하나이까 바리새인들은 제자들이 길을 내며 이삭을 자른 행동을 추수로 간주하고, 이것이 안식일에 노동을 금한 율법을 어긴 것이라며 예수님께 문제를 제기한다.

25-26 이에 예수님은 다윗이 제사법을 어긴 사건(삼상 21:1-6)을 예로 드신다. 다윗과 그의 부하들이 제사장 외에는 먹을 수 없는 '하나님께 바친 떡'을 먹었음에도 하나님이 문제 삼지 않으셨다는 것이다. 다윗은 하나님의 기름부음 받은 구별된 인물이기에 율법의 요구를 뛰어넘어 행동할 수 있는 권위가 있었기 때문이다. 그렇다면 다윗이 '주'라고 고백한(12:37; 시 110:1) 메시아 예수님은 다윗보다 더 큰 분이기에 제사법보다도 하위법인 안식일 법을 뛰어넘어 행동할 수 있는 권위가 있다는 논리다.

27 안식일이 사람을 위하여 있는 것이요 사람이 안식일을 위하여 있는 것이 아니니 본래 안식일 법은 인간의 휴식, 특히 힘들게 일하는 노동자의 쉼을 위해 제정되었다(신 5:14-15). 그러나 바리새인들은 안식일 법을 기계적이고 율법적으로 지키게 함으로써, 쉼을 짐으로 바꿔버렸다. 이런 주객이 전도된 법의 본래 목적을 예수님이 분명하게 선포하신다.

28 이러므로 인자는 안식일에도 주인이니라 예수님은 인자라는 말을 사용하심으로써 모호한 언어적 유희를 보여주신다. 인자라는 말은 풀어 쓰면 '사람의 아들'이라는 뜻이며, 이는 사람을 의미하는 관용적인 표현이다. 따라서 이 말씀은 27절을 요약하여 '사람이 안식일의 주인'이라는 뜻으로 해석할 수 있다. 동시에 다니엘 7장 13-14절을 배경으로 메시아로 오신 예수님이 안식일의 목적, 즉 영원한 안식인 구원을 가져다주시는 분이라는 뜻으로 해석할 수도 있다.

2 사람들이 예수를 고발하려 하여 안식일에 그 사람을 고치시는가 주시하고 있거늘 예수님은 안식일에 손이 오그라진 사람을 치유하심으로 안식일에 대한 논란을 이어가신다. 랍비 문헌에 안식일에 치유활동을 금지하는 규정은 없지만, 이를 기정사실로 여기고 있었던 것 같다. 단, 생명이 위급한 상황에서의 치유활동은 예외로 허용했다. 따라서 안식일에 손이 오그라진 사람을 치유하는 것은 바리새인들의 기준으로 볼 때 생명이 위급한 상황이 아니므로 불법이자 악을 행하는 것이고, 따라서 그것을 고발의 근거로 삼으려 했다.

4 안식일에 선을 행하는 것과 악을 행하는 것, 생명을 구하는 것과 죽이는 것, 어느 것이 옳으냐 바리새인들과 달리 예수님은

쉬운성경

23 안식일에 예수님께서 밀밭 사이를 지나가실 때였습니다. 제자들이 길을 내면서 밀 이삭을 잘랐습니다.

24 바리새파 사람들이 예수님께 말했습니다. "보십시오. 어째서 선생님의 제자들은 안식일에 율법을 어깁니까?"

25 예수님께서 대답하셨습니다. "다윗과 그 부하들이 배가 고파 먹을 것이 필요했을 때, 다윗이 어떻게 했는지 읽어 보지 않았느냐?

26 아비아달 대제사장 때에 다윗이 하나님의 집에 들어가서 하나님께 바친 빵을 먹었다. 이것은 제사장 외에는 먹을 수 없는 것이었다. 그러나 다윗은 그 빵을 자기와 함께 있던 사람들에게 주기까지 했다."

27 예수님께서 바리새파 사람들에게 말씀하셨습니다. "안식일은 사람을 위해 생긴 것이지, 사람이 안식일을 위해 생긴 것이 아니다.

28 그러므로 인자가 안식일의 주인이다."

1 예수님께서 회당에 들어가셨습니다. 거기에는 손이 오그라진 사람이 있었습니다.

2 사람들은 예수님을 고발하려고 예수님께서 안식일에 그 사람을 고쳐 주시는지 지켜보고 있었습니다.

3 예수님께서 손이 오그라진 사람에게 말씀하셨습니다. "일어나서 나오너라."

4 그리고 그들에게 물으셨습니다. "안식일에 좋은 일을 하는 것이 옳으냐? 나쁜 일을 하는 것이 옳은 것이냐? 사람의 생명을 살리는 것이 옳으냐? 죽이는 것이 옳으냐?" 그러자 사람들이 아무런 대답도 하지 못했습니다.

안식일이 사람을 위해 존재하기에 사람의 유익을 위한 모든 행동은 곧 선행으로 여기셨다. 따라서 치유 행위가 얼마든지 가능하다고 말씀하셨다.

5-6 그들의 마음이 완악함을 탄식하사, 바리새인들이 나가서 곧 헤롯당과 함께 어떻게 하여 예수를 죽일까 의논하니라 예수님은 바리새인들의 침묵이 완악함에서 비롯된 것을 알고 분노와 슬픔을 느끼셨다. 아이러니하게도 예수님이 선을 행하신 안식일에, 바리새인들은 정치적 신앙적 대립관계에 있는 헤롯당 사람들과 예수님을 죽일 계획을 세우는 악행을 저지른다.

5 예수님께서 분노하시며 주위를 둘러보시고 사람들의 마음이 굳은 것을 아시고 슬퍼하셨습니다. 예수님께서 그 사람에게 말씀하셨습니다. "네 손을 펴 보아라." 그 사람이 손을 내밀자, 그 손이 나았습니다.

6 바리새파 사람들이 거기를 떠나 헤롯 당 사람들과 함께 예수님을 죽일 계획을 세웠습니다.

저자의 묵상

예수님은 새 포도주를 새 부대에 담아야 하는 이유, 즉 새로운 신앙 체계가 필요한 이유를 설명하기 위해 안식일 규정을 대표적인 예로 드신다. 디아스포라 유대인들은 금요일 저녁부터 토요일 저녁까지를 안식일로 준수했다. 이것은 할례와 더불어 유대인의 민족적 자부심을 보여주는 신앙 전통이었다. 그런데 동시에 그들은 안식일의 진정한 목적을 망각한 채 기계적이고 율법적인 준수를 강요했다. 게다가 아이러니하게도 바리새인들은 헤롯당과 공모하여 예수님을 죽일 계획을, 그것도 안식일에 모의한다. 이런 그들의 생각과 태도에 혁신이 필요했다. 이에 예수님은 안식일이 사람을 위해 존재하는 것이며, 자신의 구원 사역을 통해 영원한 안식을 가져다줄 것을 선포하신다. 그렇다면 이 시대의 안식일인 주일이 예수님이 선포하신 목적대로 진정한 안식과 구원의 감격을 회복하는 날로 바르게 지켜지고 있는가? 우리는 주일에 진정한 안식과 구원의 감격을 경험하고 있는가?

무릎 기도 안식일의 주인이신 하나님, 주일을 통해 참된 안식과 구원의 감격을 회복하게 하소서. 율법적인 신앙에서 벗어나 주님 안에서 참된 자유와 안식을 누리기 원합니다.

ESV - Mark 2-3

23 One Sabbath he was going through the
grainfields, and as they made their way, his
disciples began to pluck heads of grain.
24 And the Pharisees were saying to him,
"Look, why are they doing what is not lawful
on the Sabbath?"
25 And he said to them, "Have you never read
what David did, when he was in need and
was hungry, he and those who were with
him:
26 how he entered the house of God, in the time
of* Abiathar the high priest, and ate the
bread of the Presence, which it is not lawful
for any but the priests to eat, and also gave it
to those who were with him?"
27 And he said to them, "The Sabbath was
made for man, not man for the Sabbath.
28 So the Son of Man is lord even of the
Sabbath."

1 Again he entered the synagogue, and a man
was there with a withered hand.
2 And they watched Jesus,* to see whether he
would heal him on the Sabbath, so that they
might accuse him.
3 And he said to the man with the withered
hand, "Come here."
4 And he said to them, "Is it lawful on the
Sabbath to do good or to do harm, to save
life or to kill?" But they were silent.
5 And he looked around at them with anger,
grieved at their hardness of heart, and said
to the man, "Stretch out your hand." He
stretched it out, and his hand was restored.
6 The Pharisees went out and immediately
held counsel with the Herodians against him,
how to destroy him.

* 2:26 Or *in the passage about*
* 3:2 Greek *him*

23 grainfield 곡식밭 make one's way 나아가다, 가다 pluck 잡아 뜯다, 뽑다 24 lawful 합법적인 25 in need 곤경에 처하여, 궁핍하여 27 be made for ~ ~을 위해 만들어지다 1 withered 시든 2 accuse 고발하다 4 do harm 해를 끼치다 5 look around 주위를 둘러보다 grieve 슬퍼하다 hardness 완고함 stretch out one's hand 손을 뻗다 restore 회복시키다 6 hold counsel with ~ ~과 상의하다

• MEMO •

☐ 묵상 체크

08 열두 제자를 세우신 예수님

월 일

마가복음 3:7-19 • 새찬송 468장

• 말씀묵상 전에 성령님의 인도하심을 구하는 기도를 드리십시오.

본문요약 | 예수님이 다시 갈릴리에 오시자 병자와 귀신 들린 자들이 예수님을 찾아온다. 특히 귀신 들린 자들은 예수님을 하나님의 아들로 고백하였으나, 예수님은 그들을 엄하게 꾸짖으시며 잠잠하라고 하신다. 이어서 무리 가운데 열두 사람을 제자로 선택하여 사도로 임명하신다.

7 예수께서 제자들과 함께 바다로 물러가시
니 갈릴리에서 큰 무리가 따르며
8 유대와 예루살렘과 이두매와 요단 강 건
너편과 또 두로와 시돈 근처에서 많은 무
리가 그가 하신 큰 일을 듣고 나아오는지
라
9 예수께서 무리가 에워싸 미는 것을 피하
기 위하여 작은 배를 대기하도록 제자들
에게 명하셨으니
10 이는 많은 사람을 고치셨으므로 병으로
고생하는 자들이 예수를 만지고자 하여
몰려왔음이더라
11 더러운 귀신들도 어느 때든지 예수를 보
면 그 앞에 엎드려 부르짖어 이르되 당신
은 하나님의 아들이니이다 하니
12 예수께서 자기를 나타내지 말라고 많이
경고하시니라
13 또 산에 오르사 자기가 원하는 자들을 부
르시니 나아온지라
14 이에 열둘을 세우셨으니 이는 자기와 함
께 있게 하시고 또 보내사 전도도 하며
15 귀신을 내쫓는 권능도 가지게 하려 하심
이러라
16 이 열둘을 세우셨으니 시몬에게는 베드로
란 이름을 더하셨고
17 또 세베대의 아들 야고보와 야고보의 형
제 요한이니 이 둘에게는 보아너게 곧 우
레의 아들이란 이름을 더하셨으며
18 또 안드레와 빌립과 바돌로매와 마태와
도마와 알패오의 아들 야고보와 및 다대
오와 [1]가나나인 시몬이며
19 또 가룟 유다니 이는 예수를 판 자더라

1) 아람어에서 온 말로 열심당원이란 뜻이다.

1. 오늘 하나님께서 나에게 주신 깨달음은 무엇입니까?

2. 말씀을 어떻게 내 삶에 구체적으로 적용해야 합니까?

절별 해설

8 유대와 예루살렘과 이두매와 요단 강 건너편과 또 두로와 시돈 근처에서 많은 무리가 그가 하신 큰 일을 듣고 나아오는지라 예수님은 갈릴리를 중심으로 사역하셨으나, 다양한 지역에서 많은 사람들이 예수님의 소문을 듣고 찾아온다. "이두매와 요단 강 건너편"은 유대인과 이방인이 섞여 사는 지역이고, "두로와 시돈"은 주로 이방인들이 사는 지역이다. 이 지역에서까지 예수님을 찾아온다는 것은 그분의 대중적인 인기와 영향력이 얼마나 대단했는지를 보여준다.

9-10 예수께서 무리가 에워싸 미는 것을 피하기 위하여 작은 배를 대기하도록 제자들에게 명하셨으니 이는 많은 사람을 고치셨으므로 병으로 고생하는 자들이 예수를 만지고자 하여 몰려왔음이더라 예수님은 밀려드는 사람들로부터 어느 정도 거리를 확보하기 위해 배를 준비하라고 명하셨다. 동시에 배는 설교단 역할도 했을 것이다. 사람들이 치유를 기대하며 예수님을 만지려고 밀려들었던 것 같다. 혈루증 여인의 치유(5:25-34)와 장터에서 예수님의 옷자락을 만진 자들의 치유(6:56) 등이 그런 추측을 가능하게 한다.

11-12 더러운 귀신들도 어느 때든지 예수를 보면 그 앞에 엎드려 부르짖어 이르되 당신은 하나님의 아들이니이다 하니 예수께서 자기를 나타내지 말라고 많이 경고하시니라 병자뿐 아니라 귀신 들린 자들도 예수님을 찾아와 예수님 앞에 엎드려 "당신은 하나님의 아들이니이다"라고 고백한다. 영적 존재인 귀신들은 제자들도 미처 깨닫지 못한 예수님의 신분을 아는 영적 지식을 소유했던 것이다. 그런데 예수님은 자신의 신분을 드러내지 말라고 엄하게 꾸짖으신다. 그 이유는 크게 두 가지로 생각해 볼 수 있다. 하나는, 정치적 군사적 메시아를 기대하는 유대인들에 반해 예수님은 고난받는 종 메시아로 오셨다. 이로 인해 메시아에 대한 심각한 오해가 초래될 위험이 있었기 때문이다. 다른 하나는, 예수님을 아는 귀신들의 지식은 옳았으나 예수님을 따르지는 않았다. 진정한 믿음에서 우러나온 고백이 아니었기 때문이다.

13-15 이에 열둘을 세우셨으니 이는 자기와 함께 있게 하시고 또 보내사 전도도 하며 예수님은 자신을 따르는 많은 사람 가운데서 특별히 열둘을 구별해 세우신다. 여기서 12라는 숫자는 이스라엘의 열두 지파를 염두에 둔 것으로, 새로운 이스라엘을 설립하시려는 예수님의 목표를 상징적으로 보여준다. 또 그들이 장차 하나님의 진정한 백성인 새 이스라엘, 즉 교회를 대표하는 역할을 맡아서 선교적 사명(말씀 전파와 귀신 축사)을 감당할 것을 내다보시고, 그들을 가리켜 사도라고 부르셨다.

쉬운성경

7 예수님께서 제자들과 함께 호수로 가셨습니다. 그러자 갈릴리에서 온 많은 사람들이 예수님을 따라왔습니다.

8 그리고 유대와 예루살렘과 이두매와 요단 강 건너편, 두로와 시돈 지방에서도 많은 사람들이 예수님이 행하신 일에 대한 소문을 듣고 찾아왔습니다.

9 예수님께서는 몰려드는 사람들이 너무 많아 제자들에게 배를 준비하라고 말씀하셨습니다.

10 예수님께서 많은 사람들을 고쳐 주신 까닭에 병에 걸린 사람들이 예수님을 만지려고 밀려들었던 것입니다.

11 더러운 귀신들은 예수님을 보기만 하면, 앞에 엎드려서 "당신은 하나님의 아들이십니다!"라고 소리쳤습니다.

12 그러나 예수님께서는 귀신들이 예수님을 드러내지 못하도록 그들을 엄하게 꾸짖으셨습니다.

13 예수님께서 산 위에 올라가셔서, 원하시는 몇몇 사람들을 부르셨습니다. 그러자 그들이 예수님께 올라왔습니다.

14 예수님께서 열두 사람을 세우시고, 이들을 사도라고 부르셨습니다. 예수님께서는 그들과 함께하시면서, 그들로 하여금 나가서 말씀을 전하게 하셨습니다.

15 또한 귀신을 내쫓는 권세도 주셨습니다.

16 예수님께서 열두 사람을 세우셨는데, 그들은 예수님께서 베드로라는 이름을 지어 주신 시몬과

17 '천둥의 아들들'이란 뜻으로 예수님께서 보아너게라는 이름을 지어 주신 세베대의 아들 야고보와 그의 동생 요한,

18 안드레, 빌립, 바돌로매, 마태, 도마, 알패오의 아들 야고보, 다대오, 열심당 출신의 시몬,

19 그리고 예수님을 배반한 가룟 출신의 유다입니다.

16–19 복음서에 나오는 열두 제자의 목록에서 시몬이 항상 가장 먼저 언급되는 것으로 보아, 그가 열둘의 대표자이자 대변자의 역할을 하게 될 것을 예상할 수 있다.

저자의 묵상

본문에서 귀신들과 제자들을 비교해 주목해 볼 필요가 있다. 귀신들은 예수님을 만나는 순간 그분의 권위에 압도되어 하나같이 엎드려 "당신은 하나님의 아들이니이다"라고 고백한다. 그들은 예수님의 신분을 정확하게 알고 있었다. 그러나 그들의 지식은 예수님에 대한 순종과 헌신, 나아가 예수님을 따르는 제자도의 삶으로 이어지지 않았다. 반면, 제자들은 여전히 예수님의 정확한 신분을 이해하지 못했다. 그러나 예수님을 위해 가업을 뒤로 하고 예수님을 따르는 제자도의 삶을 선택했다. 예수님은 그들을 기꺼이 제자로 삼으셨을 뿐 아니라, 사도라 부르시며 말씀 선포와 귀신 축출의 권세를 위임해 주셨다. 결국 중요한 것은 지식이 아니라 지식에서 우러나오는 참된 헌신과 순종, 그리고 그것을 모두 담아내는 믿음이다. 믿음 없이는 하나님을 기쁘시게 하지 못한다(히 11:6).

무릎 기도 하나님, 하나님에 대한 올바른 지식 위에 참된 믿음을 가지고 순종과 헌신의 삶을 살게 하소서. 참된 믿음으로 하나님을 기쁘시게 하는 삶을 살기 원합니다.

ESV - Mark 3

7 Jesus withdrew with his disciples to the sea, and a great crowd followed, from Galilee and Judea
8 and Jerusalem and Idumea and from beyond the Jordan and from around Tyre and Sidon. When the great crowd heard all that he was doing, they came to him.
9 And he told his disciples to have a boat ready for him because of the crowd, lest they crush him,
10 for he had healed many, so that all who had diseases pressed around him to touch him.
11 And whenever the unclean spirits saw him, they fell down before him and cried out, "You are the Son of God."
12 And he strictly ordered them not to make him known.
13 And he went up on the mountain and called to him those whom he desired, and they came to him.
14 And he appointed twelve (whom he also named apostles) so that they might be with him and he might send them out to preach
15 and have authority to cast out demons.
16 He appointed the twelve: Simon (to whom he gave the name Peter);
17 James the son of Zebedee and John the brother of James (to whom he gave the name Boanerges, that is, Sons of Thunder);
18 Andrew, and Philip, and Bartholomew, and Matthew, and Thomas, and James the son of Alphaeus, and Thaddaeus, and Simon the Zealot,*
19 and Judas Iscariot, who betrayed him.

* 3:18 Greek kananaios, meaning *zealot*

7 withdraw to ~ ~로 철수하다 9 lest ~ ~하지 않도록 crush 누르다, 부수다 10 disease 질병 press 몰려들다 11 fall down 엎어지다 12 strictly 엄하게 13 desire 원하다 14 appoint 임명하다 apostle 사도 15 cast out ~ ~을 내쫓다 17 that is 즉, 다시 말해서 Thunder 우레 19 betray 배반하다

09 예수님의 진정한 가족

월 일

마가복음 3:20-35 • 새찬송 459장 | 통일 514장

• 말씀묵상 전에 성령님의 인도하심을 구하는 기도를 드리십시오.

본문요약 | 예수님의 가족은 예수님이 귀신 들렸다는 소문을 듣고 예수님을 잡으러 온다. 한편 서기관들은 예수님이 바알세불의 권세를 빌려 귀신을 내쫓는다고 주장한다. 예수님은 이런 잘못된 인식을 비유로 반박하신 후, 하나님의 뜻을 행하는 사람이 진정한 가족이라고 선포하신다.

20 집에 들어가시니 무리가 다시 모이므로 식사할 겨를도 없는지라
21 예수의 친족들이 듣고 그를 붙들러 나오니 이는 그가 미쳤다 함일러라
22 예루살렘에서 내려온 서기관들은 그가 바알세불이 지폈다 하며 또 귀신의 왕을 힘입어 귀신을 쫓아낸다 하니
23 예수께서 그들을 불러다가 비유로 말씀하시되 사탄이 어찌 사탄을 쫓아낼 수 있느냐
24 또 만일 나라가 스스로 분쟁하면 그 나라가 설 수 없고
25 만일 집이 스스로 분쟁하면 그 집이 설 수 없고
26 만일 사탄이 자기를 거슬러 일어나 분쟁하면 설 수 없고 망하느니라
27 사람이 먼저 강한 자를 결박하지 않고는 그 강한 자의 집에 들어가 세간을 강탈하지 못하리니 결박한 후에야 그 집을 강탈하리라
28 내가 진실로 너희에게 이르노니 [1]사람의 모든 죄와 모든 모독하는 일은 사하심을 얻되
29 누구든지 성령을 모독하는 자는 영원히 사하심을 얻지 못하고 영원한 죄가 되느니라 하시니
30 이는 그들이 말하기를 더러운 귀신이 들렸다 함이러라
31 그때에 예수의 어머니와 [2]동생들이 와서 밖에 서서 사람을 보내어 예수를 부르니

1) 헬, 인자들의 2) 또는 형제들

32 무리가 예수를 둘러 앉았다가 여짜오되 보소서 당신의 어머니와 [2]동생들과 누이들이 밖에서 찾나이다
33 대답하시되 누가 내 어머니이며 [2]동생들이냐 하시고
34 둘러 앉은 자들을 보시며 이르시되 내 어머니와 내 [2]동생들을 보라
35 누구든지 하나님의 뜻대로 행하는 자가 내 형제요 자매요 어머니이니라

1. 오늘 하나님께서 나에게 주신 깨달음은 무엇입니까?

2. 말씀을 어떻게 내 삶에 구체적으로 적용해야 합니까?

절별 해설

21 이는 그가 미쳤다 함일러라 유대인들은 정신이 나간 것을 귀신 들린 상태로 간주했다. 그래서 예수님의 가족들이 예수님을 '잡으러'(*헬.* 크라테이사, '체포하다') 왔다. 그들은 예수님과 육신적으로 가장 가까운 사이였으나 진정으로 예수님을 이해하지 못했다.

22-30 마가는 예수님의 가족이 예수님을 잡으러 왔다는 이야기(20-21절-A)를 하다말고, 갑자기 예수님과 서기관들 사이에 벌어진 바알세불 논쟁(22-30절-B)을 언급한다. 그리고 다시 이어서 예수님의 가족 이야기(31-35절-A')로 끝을 맺는다. 언뜻 보기에 별 상관 없는 이야기를 중간에 삽입해 놓은 이런 방식(A-B-A')을 가리켜 '샌드위치 구조'라고 부른다. 마가복음의 특징적인 기법이다. 여기서는 예수님의 가족과 서기관들이 모두 예수님이 귀신 들린 것으로 생각했다는 점을 부각하기 위해 이 문학적 기법을 사용했다.

22 그가 바알세불이 지폈다 하며 또 귀신의 왕을 힘입어 귀신을 쫓아낸다 하니 서기관들은 두 가지 연결된 주장으로 예수님을 비난한다. 하나는 예수님에게 바알세불이 들렸다는 것이고, 다른 하나는 예수님이 귀신 우두머리의 힘을 빌려 귀신을 내쫓는다는 것이다. 예수님은 이 두 가지 주장에 비유를 들어 반박하신다.

23-26 사탄이 어찌 사탄을 쫓아낼 수 있느냐 예수님은 분쟁하는 나라와 분쟁하는 가정을 비유로 들어 반론을 제기하신다. 즉, 사탄이 사탄을 쫓아내는 것은 스스로 망하는 길이라는 의미다.

27 힘센 사람의 집에 들어가 재산을 약탈하려면 그를 결박해야만 가능하듯, 예수님은 이미 사탄을 결박하셨기에 귀신 쫓아내는 일을 할 수 있다고 설명하신다.

28-30 누구든지 성령을 모독하는 자는 영원히 사하심을 얻지 못하고 영원한 죄가 되느니라 문맥상 "성령을 모독하는 자"는 예수님의 구원 사역 가운데 하나님의 영이신 성령님이 활동한다는 사실을 의식적으로 거부하는 사람을 가리킨다. 결국 유대 종교지도자들은 예수님의 치유와 축사 사역을 성령의 활동이 아닌 귀신의 활동과 연결시킴으로써 성령을 모독하는 죄를 범하였다. 비록 율법을 열심히 지킨다 할지라도 예수님 안에서 역사하시는 성령의 활동을 인정하지 않는다면 영원한 형벌에 처하게 되며, 이는 예수님의 가족도 결코 예외일 수 없다.

쉬운성경

20 예수님께서 집에 오시자, 다시 많은 사람들이 모여들었습니다. 그래서 예수님과 제자들은 식사도 할 수 없을 지경까지 되었습니다.

21 예수님의 식구들이 '예수가 정신이 나갔다'고 말하는 소리를 듣고, 그를 잡으러 왔습니다.

22 예루살렘에서 온 율법학자들은 이렇게 말했습니다. "예수가 바알세불이 들렸다. 예수는 귀신들의 우두머리의 힘을 빌어서 귀신을 내쫓는다."

23 예수님께서 사람들을 불러모으시고 비유로 말씀하셨습니다. "사탄이 어떻게 사탄을 내쫓을 수 있느냐?

24 만일 나라가 자기들끼리 나뉘어 싸우면, 그 나라는 제대로 설 수 없다.

25 만일 한 집안이 자기들끼리 나뉘어 싸우면, 그 가정은 제대로 설 수 없다.

26 만일 사탄이 자기들끼리 나뉘어 싸우려고 일어나면, 스스로 망할 것이다.

27 먼저 힘센 사람을 묶어 놓지 않으면, 그 사람의 집에 들어가 그의 재산을 약탈할 수 없다. 묶어 놓은 뒤에야 그 집을 약탈할 것이다.

28 내가 너희에게 진정으로 말하는데, 사람들이 무슨 죄를 짓든지 어떤 비방을 하든지 그것은 모두 용서받을 수 있다.

29 그러나 성령님을 모독하는 죄는 결코 용서될 수 없다. 그것은 영원한 죄이다."

30 이 말씀을 하신 것은, 율법학자들이 예수님께 더러운 귀신이 들렸다고 말했기 때문입니다.

31 예수님의 어머니와 형제들이 도착했습니다. 그들은 밖에 서서 사람을 보내 예수님을 불렀습니다.

32 사람들이 예수님 주위에 앉아 있다가 예수님께 말했습니다. "보십시오. 선생님의 어머니와 형제들이 밖에서 선생님을

31-35 누가 내 어머니이며 동생들이냐, 누구든지 하나님의 뜻대로 행하는 자가 내 형제요 자매요 어머니이니라 가족이 도착했다는 말을 들은 예수님은 갑자기 진정한 가족이 누구인지 물으신다. 그리고 스스로 대답하시기를, 진정한 가족의 유일한 기준은 '하나님의 뜻대로 행하는 것'이라고 선언하심으로 혈육마저도 가족의 기준에서 배제하신다. 이는 예수님의 진정한 가족이자 제자가 되는 것이 무엇인지 생각하게 한다.

찾고 있습니다."

33 예수님께서 대답하셨습니다. "누가 나의 어머니이고, 누가 나의 형제냐?"

34 주위에 앉아 있는 사람들을 둘러보시며 말씀하셨습니다. "보아라. 내 어머니와 형제들이다!

35 누구든지 하나님의 뜻대로 행하는 사람이 나의 형제와 자매이며 또한 어머니이다."

저자의 묵상

예수님의 가족 이야기가 열두 제자를 부르신 이야기(3:13-19) 바로 뒤에 나온다는 사실은, 이 이야기와 제자도가 밀접한 관계가 있음을 보여준다. 예수님의 진정한 가족, 진정한 제자가 되기 위해서는 무엇보다 그분에 대한 올바른 인식이 필요하다. 예수님을 적대시한 종교지도자들은 물론이고 심지어 예수님의 혈육인 가족까지도 예수님을 정신 나간 사람, 귀신 들린 사람으로 인식함으로써 예수님을 모욕했다. 그뿐 아니라 그분과 함께 역사하시는 성령님을 모욕하는 죄를 범하고 있다. 그 결과 예수님은 누구든지 하나님의 뜻대로 행하는 사람이 진정한 가족이라고 단호하게 선포하신다. 그런 의미에서 오늘 우리는 더 이상 혈육에 얽매이지 않고 하나님의 뜻을 행함으로 그분의 진정한 가족이 되어야 한다.

무릎기도 하나님, 오늘도 주님의 진정한 가족으로서 하나님의 뜻대로 행하는 삶을 살게 하소서. 참된 제자의 길을 걸어감으로 하나님나라를 이 땅에 펼쳐나가게 하소서.

20 Then he went home, and the crowd gathered
again, so that they could not even eat.
21 And when his family heard it, they went out
to seize him, for they were saying, "He is out
of his mind."
22 And the scribes who came down from
Jerusalem were saying, "He is possessed by
Beelzebul," and "by the prince of demons he
casts out the demons."
23 And he called them to him and said to them
in parables, "How can Satan cast out Satan?
24 If a kingdom is divided against itself, that
kingdom cannot stand.
25 And if a house is divided against itself, that
house will not be able to stand.
26 And if Satan has risen up against himself and
is divided, he cannot stand, but is coming to
an end.
27 But no one can enter a strong man's house
and plunder his goods, unless he first binds
the strong man. Then indeed he may plunder
his house.
28 "Truly, I say to you, all sins will be forgiven the
children of man, and whatever blasphemies
they utter,
29 but whoever blasphemes against the Holy
Spirit never has forgiveness, but is guilty of
an eternal sin"—
30 for they were saying, "He has an unclean
spirit."
31 And his mother and his brothers came, and
standing outside they sent to him and called
him.
32 And a crowd was sitting around him, and
they said to him, "Your mother and your
brothers* are outside, seeking you."
33 And he answered them, "Who are my mother
and my brothers?"
34 And looking about at those who sat around
him, he said, "Here are my mother and my
brothers!
35 For whoever does the will of God, he is my
brother and sister and mother."

* 3:32 Other manuscripts add *and your sisters*

21 seize 붙잡다 be out of one's mind 미치다, 제정신이 아니다 22 be possessed by (귀신이) 들리다, 씌우다 23 parable 비유 24 be divided against itself 내분이 일어나다 27 plunder 약탈하다 goods 소유물, 재산 bind 묶다 indeed 참으로 28 blaspheme 모독하다 utter 말하다 29 guilty 죄를 범한 eternal 영원한 34 look about 주변을 둘러보다

• MEMO •

10 씨 뿌리는 자의 비유

월 일

마가복음 4:1-9 • 새찬송 582장 | 통일 261장

• 말씀묵상 전에 성령님의 인도하심을 구하는 기도를 드리십시오.

본문요약 | 예수님은 여러 가지 교훈을 생생한 비유로 가르치신다. "들으라"는 명령어로 시작하여 끝나는 '씨 뿌리는 자의 비유'에서, 길 가와 돌밭과 가시떨기에 떨어진 씨앗들은 열매를 맺는데 실패한 반면, 좋은 땅에 떨어진 씨는 30배, 60배, 100배의 열매를 맺는다.

1 예수께서 다시 바닷가에서 가르치시니 큰
무리가 모여들거늘 예수께서 바다에 떠
있는 배에 올라 앉으시고 온 무리는 바닷
가 육지에 있더라
2 이에 예수께서 여러 가지를 비유로 가르
치시니 그 가르치시는 중에 그들에게 이
르시되
3 들으라 씨를 뿌리는 자가 뿌리러 나가서
4 뿌릴새 더러는 길 가에 떨어지매 새들이
와서 먹어 버렸고
5 더러는 흙이 얕은 돌밭에 떨어지매 흙이
깊지 아니하므로 곧 싹이 나오나
6 해가 돋은 후에 타서 뿌리가 없으므로 말
랐고
7 더러는 가시떨기에 떨어지매 가시가 자라
기운을 막으므로 결실하지 못하였고
8 더러는 좋은 땅에 떨어지매 자라 무성하
여 결실하였으니 삼십 배나 육십 배나 백
배가 되었느니라 하시고
9 또 이르시되 들을 귀 있는 자는 들으라 하
시니라

1. 오늘 하나님께서 나에게 주신 깨달음은 무엇입니까?

2. 말씀을 어떻게 내 삶에 구체적으로 적용해야 합니까?

절별 해설

1 예수께서 바다에 떠 있는 배에 올라 앉으시고 예수님은 다시 호숫가에서 가르치기 시작하셨고, 이번에도 수많은 사람이 예수님 주위로 몰려들었다. 그러자 예수님은 지난번(3:9-10)처럼 무리와 거리를 두기 위해 배에 올라가 가르치셨다. 이렇듯 예수님은 주변 환경을 적절하게 활용하여 말씀을 가르치셨다.

2 예수께서 여러 가지를 비유로 가르치시니 "비유"로 번역된 헬라어 '파라볼레'는 히브리어 '마샬'을 번역한 것인데, 비유라는 뜻 외에도 수수께끼, 속담, 격언 등의 의미가 있다. 따라서 예수님이 비유로 가르치신 것은 주변의 소재를 예로 들어 사용했다는 뜻도 되지만, 그 속에 수수께끼처럼 이해하기 어려운 함축된 의미가 담겨 있다는 뜻도 된다. 실제로 이 비유를 말씀하신 후에 제자들은 예수님께 그 의미를 묻는다(10절).

3-9 예수님은 주변에서 흔히 접할 수 있는 익숙한 소재를 비유로 사용하신다. 이 '씨 뿌리는 자의 비유'는 마태복음(13:3-9), 마가복음, 누가복음(8:5-8)에 공통으로 등장하며, 표면적으로는 씨앗의 다양한 운명과 땅의 다양한 속성, 그리고 그에 따른 결실 여부를 이야기한다. 그러나 그 이면을 살펴보면, 예수님이 전하신 하나님나라의 메시지와 그에 대한 사람들의 다양한 반응에 초점이 맞추어져 있다.

4-7 길 가, 돌밭, 가시떨기 이 세 장소에 떨어진 씨앗은 열매를 맺는 데 실패한다. 이러한 씨앗은 본서 1-3장에 등장하는 예수님의 말씀과 사역에 부정적인 반응을 보인 부류들(서기관, 바리새인, 예수님의 가족)을 암시한다.

8 더러는 좋은 땅에 떨어지매 자라 무성하여 결실하였으니 삼십 배나 육십 배나 백 배가 되었느니라 좋은 땅에 떨어진 씨앗은 성공적으로 열매를 맺는다. 누가는 100배만 이야기한 반면, 마태는 100배부터 30배로 감소하는 역순을 취하고, 마가는 세 번의 실패(길 가, 돌밭, 가시떨기)와는 대조적으로 세 번의 점증적인 성공을 강조하듯 30배, 60배, 100배의 순서로 언급한다. 이를 통해 예수님의 복음에 대한 올바른 반응의 중요성을 강조한다.

9 들을 귀 있는 자는 들으라 이 비유는 "들으라"는 말로 시작해서 "들으라"는 말로 끝난다. 이 단어는 이 비유의 주제와 깊은 연관이 있다. 복음 선포에 대한 적절한 반응은 '들음'이다. 이것은 단순히 소리를 듣는 청각 작용을 뜻하기보다는, 들려오는 말씀에 적극적으로 반응하여 순종하는 것을

쉬운성경

1 예수님께서 다시 호숫가에서 가르치시기 시작하셨습니다. 수많은 사람들이 예수님 주위로 모여들어서 예수님께서는 호수에서 배에 올라타 앉으셨습니다. 사람들은 호수 주변에 있었습니다.

2 예수님께서 비유를 통해 많은 것을 사람들에게 가르치셨습니다. 가르치는 중에 예수님께서 말씀하셨습니다.

3 "들어라! 한 농부가 씨를 뿌리러 나갔다.

4 농부가 씨를 뿌리는데, 어떤 씨는 길가에 떨어졌다. 그러자 새들이 와서 씨를 모두 먹어 버렸다.

5 어떤 씨는 흙이 거의 없는 돌무더기에 떨어져 곧 자랐으나, 땅이 깊지 않았다.

6 해가 돋자 싹이 말랐고, 뿌리가 없어서 시들어 버렸다.

7 또 다른 씨는 가시덤불 속에 떨어졌다. 가시가 자라서 싹이 자라지 못하게 했기 때문에 싹은 열매를 맺지 못했다.

8 또 다른 씨는 좋은 땅에 떨어졌다. 싹이 나고 자라서 열매를 맺어 어떤 것은 삼십 배, 어떤 것은 육십 배, 어떤 것은 백 배의 열매를 맺었다."

9 예수님께서 "들을 귀 있는 자여, 들어라!" 하고 말씀하셨습니다.

뜻한다. 그런데 아무나 들을 수 있는 것이 아니라 "들을 귀 있는 자"만 들을 수 있다. 즉, 비유의 문자적인 의미를 이해하는 것으로는 부족하고, 그 속에 담긴 하나님나라의 신비한 비밀을 깨닫는 것이 중요함을 강조한다.

저자의 묵상

마가복음에 등장하는 첫 번째 비유는 사람들의 주목을 환기하는 강한 명령어 "들으라"로 시작하여 "들으라"로 끝난다. 특히 마지막에 예수님은 "들을 귀 있는 자"는 들으라고 말씀하심으로 단순한 청각적 청취를 넘어 영적인 이해가 중요함을 강조하신다. 길 가와 돌밭과 가시떨기에 떨어진 씨앗들이 열매 맺는 데 실패한 사실이 그것을 보여준다. 이것은 예수님의 메시지에 부정적인 반응을 보이는 사람은 진정한 깨달음에 이를 수 없음을 의미한다. 같은 씨앗이라도 좋은 땅에 떨어진 씨는 30배, 60배, 100배의 열매를 맺었다. 따라서 중요한 것은 말씀에 대한 문자적인 이해가 아니라, 그 말씀에 적극적으로 반응하여 순종하는 것이다. 그러므로 참된 제자는 비유를 들음으로써 하나님과 더욱 가까워지고 더 많은 열매를 맺게 된다.

무릎 기도 | 하나님, 하나님의 말씀을 귀로 들을 뿐 아니라 말씀을 깨닫는 귀를 열어주소서. 그리하여 말씀을 삶으로 실천하고, 하나님과 더 가까워지며, 100배의 열매를 맺게 하소서.

ESV - Mark 4

1 Again he began to teach beside the sea. And a very large crowd gathered about him, so that he got into a boat and sat in it on the sea, and the whole crowd was beside the sea on the land.
2 And he was teaching them many things in parables, and in his teaching he said to them:
3 "Listen! Behold, a sower went out to sow.
4 And as he sowed, some seed fell along the path, and the birds came and devoured it.
5 Other seed fell on rocky ground, where it did not have much soil, and immediately it sprang up, since it had no depth of soil.
6 And when the sun rose, it was scorched, and since it had no root, it withered away.
7 Other seed fell among thorns, and the thorns grew up and choked it, and it yielded no grain.
8 And other seeds fell into good soil and produced grain, growing up and increasing and yielding thirtyfold and sixtyfold and a hundredfold."
9 And he said, "He who has ears to hear, let him hear."

3 sower 씨 뿌리는 자 sow (씨를) 뿌리다 4 seed 씨앗 path 길, 도로 devour 먹어치우다 5 rocky 바위투성이의 soil 흙 spring up 싹이 트다 6 scorch 말려 죽이다 7 thorn (식물의) 가시 grow up 자라다 choke 막다 yield 산출하다 8 ~ fold ~배의, ~겹의

☐ 묵상 체크

11 네 가지 반응과 네 가지 결과

월 일

마가복음 4:10-20 • 새찬송 94장 | 통일 102장

• 말씀묵상 전에 성령님의 인도하심을 구하는 기도를 드리십시오.

본문요약 | 예수님은 제자들의 요청에 따라 비유를 해석해 주신다. 하나님의 말씀인 씨앗이 다양한 상황 속에서 풍성한 열매를 맺으려면, 사탄과의 영적 싸움에서 이겨야 한다. 그뿐 아니라 환난과 박해 같은 외적인 압력, 세상 염려와 욕심 같은 내적 유혹 등을 극복해야 한다고 강조하신다.

10 예수께서 홀로 계실 때에 함께한 사람들
이 열두 제자와 더불어 그 비유들에 대하
여 물으니
11 이르시되 하나님 나라의 비밀을 너희에게
는 주었으나 외인에게는 모든 것을 비유
로 하나니
12 이는 ㄱ그들로 보기는 보아도 알지 못하며
듣기는 들어도 깨닫지 못하게 하여 돌이
켜 죄 사함을 얻지 못하게 하려 함이라 하
시고
13 또 이르시되 너희가 이 비유를 알지 못할
진대 어떻게 모든 비유를 알겠느냐
14 뿌리는 자는 말씀을 뿌리는 것이라
15 말씀이 길 가에 뿌려졌다는 것은 이들을
가리킴이니 곧 말씀을 들었을 때에 사탄
이 즉시 와서 그들에게 뿌려진 말씀을 빼
앗는 것이요
16 또 이와 같이 돌밭에 뿌려졌다는 것은 이
들을 가리킴이니 곧 말씀을 들을 때에 즉
시 기쁨으로 받으나
17 그 속에 뿌리가 없어 잠깐 견디다가 말씀
으로 인하여 환난이나 박해가 일어나는
때에는 곧 넘어지는 자요
18 또 어떤 이는 가시떨기에 뿌려진 자니 이
들은 말씀을 듣기는 하되
19 세상의 염려와 재물의 유혹과 기타 욕심
이 들어와 말씀을 막아 결실하지 못하게
되는 자요
20 좋은 땅에 뿌려졌다는 것은 곧 말씀을 듣
고 받아 삼십 배나 육십 배나 백 배의 결
실을 하는 자니라

ㄱ. 사 6:9, 10

1. 오늘 하나님께서 나에게 주신 깨달음은 무엇입니까?

2. 말씀을 어떻게 내 삶에 구체적으로 적용해야 합니까?

절별 해설

11 이르시되 하나님 나라의 비밀을 너희에게는 주었으나 외인에게는 모든 것을 비유로 하나니 여기서 비밀이란 인간의 통찰력이 아닌 하나님의 계시에 의해서만 드러나는 진리를 의미한다. 제자들은 하나님나라의 비밀을 자신들의 통찰력이나 노력으로 얻은 것이 아니라 하나님의 은혜로 얻은 것이다. 따라서 지식의 유무나 지위고하를 막론하고 하나님께로부터 "들을 귀"(9,23절)를 얻은 사람만이 능히 그 비밀의 의미를 깨달을 수 있다. 그런 의미에서 "외인"은 예수님의 메시지와 활동에 적극적으로 문제를 제기한 유대 종교지도자들을 비롯해 예수님의 사역을 의심하고 오해한 무리, 심지어 주님의 가족까지도 포함한다고 볼 수 있다.

12 이는 그들로 보기는 보아도 알지 못하며 듣기는 들어도 깨닫지 못하게 하여 돌이켜 죄 사함을 얻지 못하게 하려 함이라 '이는 ~하려 함이다'라는 구문은 헬라어 '히나'를 번역한 것인데, 목적(~하기 위하여)의 용법과 결과(그러므로 ~하게 된다)의 용법으로 해석할 수 있다. 이 구절의 경우는 비유로 말씀하신 목적보다는, 그 결과에 대한 서술로 보는 것이 더 자연스럽다. 즉, 예수님은 일부러 깨닫지 못하게 하려고 비유로 가르치신 것이 아니라, 비유로 가르치셨기 때문에 결과적으로 깨닫지 못하는 사람도 있을 수 있다는 뜻이다.

13-20 제자들의 요청에 따라 예수님은 비유를 설명해 주신다. 먼저 씨앗은 하나님의 말씀을 상징한다. 이것은 예수님이 전하고 계신, 그리고 앞으로 제자들이 전하게 될 하나님나라의 복음을 포괄적으로 지칭한다. 다음으로 씨앗이 떨어진 다양한 환경(길 가, 돌밭, 가시떨기, 좋은 땅)은 하나님 말씀에 대한 다양한 반응과 그에 따른 결과를 보여준다.

15 길 가 이 경우 말씀이 뿌려진 즉시 실패로 끝난다. 그 이유는 '새'로 비유된 사탄의 방해공작 때문에 반응이 일어나기도 전에 사라진다.

16-17 돌밭 두 번째 환경인 돌밭은 말씀을 기쁨으로 즉시 받아들이지만 환난과 박해라는 외적인 환경 때문에 뿌리를 내리지 못한 채 실패하는 상황을 비유한다.

18-19 가시떨기 앞의 두 부류와 달리 가시떨기는 말씀이 뿌리를 내리기는 하지만, 세상의 염려와 재물에 대한 유혹, 그리고 그밖의 여러 가지 욕심 때문에 열매 맺지 못하는 상황을 상징한다. 중요한 것은 살아남는 것이 아니라 열매를 맺는 것이다. 이런 의미에서 재물과 욕심으로 대변되는 물질만능주의의 위력이 얼마나 대단한지 알 수 있다. 결국 열매를 맺지 못한 이유는 욕심에서 비롯된 내적 요인 때문이다.

쉬운성경

10 예수님께서 혼자 계실 때, 열두 제자들과 예수님 주변에 있는 사람들이 이 비유에 대해서 여쭈었습니다.

11 예수님께서 말씀하셨습니다. "너희에게는 하나님 나라의 비밀을 알 수 있게 하였지만, 밖에 있는 사람들에게는 모든 것이 비유로 주어진다.

12 이는 '그들이 보기는 보아도 알지 못하고, 듣기는 들어도 깨닫지 못하게 하여 돌이켜 용서받지 못하게 하기' * 위함이다."

13 예수님께서 사람들에게 말씀하셨습니다. "너희가 이 비유를 이해하지 못하느냐? 그렇다면 어떻게 다른 모든 비유를 이해하겠느냐?

14 농부는 말씀을 뿌린다.

15 길가에 말씀이 떨어졌다는 것은 하나님의 말씀을 들었으나 곧 사탄이 와서 그 뿌려진 말씀을 빼앗는 사람을 말한다.

16 돌무더기에 씨가 떨어졌다는 것은 말씀을 들을 때, 기쁨으로 즉시 받아들이지만

17 속에 뿌리가 없어 오래가지 못하고 말씀 때문에 환난이나 박해가 일어나면 곧 넘어지는 사람이다.

18 가시덤불에 씨가 떨어졌다는 것은 말씀을 듣지만,

19 세상의 염려와 재물에 대한 유혹과 그 밖의 여러 가지 욕심이 말씀을 가로막아서 열매를 맺지 못하는 사람이다.

20 좋은 땅에 씨가 떨어졌다는 것은 말씀을 듣고 받아들여 삼십 배, 육십 배, 백 배의 열매를 맺는 사람이다."

* 4:12 사 6:9-10에 기록되어 있다.

20 좋은 땅 이것은 말씀을 듣고 받아들이는 사람을 의미하며, 주어진 능력과 상황에 따라 다양한 열매를 맺는다. 즉, 제자라고 해서 모두 천편일률적인 결과를 내는 것이 아니라 30배, 60배, 100배와 같이 다양한 생산성을 보여줄 수 있다.

저자의 묵상

이 비유에 대한 예수님의 해석은 격려인 동시에 경고와 도전의 메시지로 다가온다. 진정한 제자의 요건은 하나님의 말씀을 듣고 그 즉시 긍정적 반응을 보이는 것으로 끝나지 않기 때문이다. 오히려 외적인 압력과 내적인 유혹을 모두 이기고 열매를 맺어야 한다는 사실을 강조한다. 그러므로 풍성한 열매를 맺기 위해서는 크게 세 가지 대상과 영적 싸움을 해야 한다. 무엇보다 하나님의 말씀에 반응하지 못하게 우리를 강퍅하게 만드는 사탄과 싸워야 한다. 또 말씀이 뿌리내리지 못하게 방해하는 환난과 박해 같은 외적인 환경과도 맞서야 한다. 마지막으로, 말씀을 통해 열매를 맺지 못하게 우리 속에서 작용하는 세상 염려와 물질에 대한 욕심과 유혹이라는 내면의 적을 물리쳐야 한다. 따라서 하나님의 말씀에 어떻게 반응하는지의 문제는 결국 각자의 몫임을 깨닫고 항상 자신을 점검해야 할 것이다.

무릎 기도 하나님, 사탄의 공격과 외적인 압력 그리고 내적인 유혹이 우리를 강하게 압박해도 맞서 싸우며 이겨내게 하소서. 그리하여 좋은 땅에 뿌려진 씨앗처럼 풍성한 열매 맺게 하소서.

ESV - Mark 4

10 And when he was alone, those around him with the twelve asked him about the parables.
11 And he said to them, "To you has been given the secret of the kingdom of God, but for those outside everything is in parables,
12 so that "'they may indeed see but not perceive, and may indeed hear but not understand, lest they should turn and be forgiven.'"
13 And he said to them, "Do you not understand this parable? How then will you understand all the parables?
14 The sower sows the word.
15 And these are the ones along the path, where the word is sown: when they hear, Satan immediately comes and takes away the word that is sown in them.
16 And these are the ones sown on rocky ground: the ones who, when they hear the word, immediately receive it with joy.
17 And they have no root in themselves, but endure for a while; then, when tribulation or persecution arises on account of the word, immediately they fall away.*
18 And others are the ones sown among thorns. They are those who hear the word,
19 but the cares of the world and the deceitfulness of riches and the desires for other things enter in and choke the word, and it proves unfruitful.
20 But those that were sown on the good soil are the ones who hear the word and accept it and bear fruit, thirtyfold and sixtyfold and a hundredfold."

* 4:17 Or *stumble*

12 perceive 깨닫다 lest ~ ~하지 않도록 15 take away 빼앗다 17 endure 견디다 for a while 잠깐, 잠시 동안 tribulation 시련 persecution 박해 on account of ~ ~때문에 fall away 지지하지 않게 되다, 저버리다 19 care 걱정, 근심 deceitfulness 속임, 거짓 20 bear fruit 결실을 맺다

12 하나님나라에 관한 비유들

월 일

마가복음 4:21-32 • 새찬송 514장

• 말씀묵상 전에 성령님의 인도하심을 구하는 기도를 드리십시오.

본문요약 | 예수님은 하나님나라의 비밀을 비유로 말씀하시어 들을 귀를 있는 사람만이 듣고 깨달을 수 있게 하신다. 특히 하나님나라를 '씨앗과 겨자씨'에 비유하심으로써, 하나님나라가 그 시작은 미미하나 마지막에는 엄청난 영향력을 발휘할 것을 보여주신다.

21 또 그들에게 이르시되 사람이 등불을 가
져오는 것은 말 아래에나 평상 아래에 두
려 함이냐 등경 위에 두려 함이 아니냐
22 드러내려 하지 않고는 숨긴 것이 없고 나
타내려 하지 않고는 감추인 것이 없느니
라
23 들을 귀 있는 자는 들으라
24 또 이르시되 너희가 무엇을 듣는가 스스
로 삼가라 너희의 헤아리는 그 헤아림으
로 너희가 헤아림을 받을 것이며 더 받으
리니
25 있는 자는 받을 것이요 없는 자는 그 있는
것까지도 빼앗기리라
26 또 이르시되 하나님의 나라는 사람이 씨
를 땅에 뿌림과 같으니
27 그가 밤낮 자고 깨고 하는 중에 씨가 나서
자라되 어떻게 그리 되는지를 알지 못하
느니라
28 땅이 스스로 열매를 맺되 처음에는 싹이
요 다음에는 이삭이요 그 다음에는 이삭
에 충실한 곡식이라
29 열매가 익으면 곧 낫을 대나니 이는 추수
때가 이르렀음이라
30 또 이르시되 우리가 하나님의 나라를 어
떻게 비교하며 또 무슨 비유로 나타낼까
31 겨자씨 한 알과 같으니 땅에 심길 때에는
땅 위의 모든 씨보다 작은 것이로되
32 심긴 후에는 자라서 모든 풀보다 커지며
큰 가지를 내나니 공중의 새들이 그 그늘
에 깃들일 만큼 되느니라

1. 오늘 하나님께서 나에게 주신 깨달음은 무엇입니까?

2. 말씀을 어떻게 내 삶에 구체적으로 적용해야 합니까?

절별 해설

21-23 사람이 등불을 가져오는 것은 말 아래에나 평상 아래에 두려 함이냐 등경 위에 두려 함이 아니냐 드러내려 하지 않고는 숨긴 것이 없고 나타내려 하지 않고는 감추인 것이 없느니라 여기서 등불은 예수님을 통해 비유로 제시되는 하나님나라의 비밀을 가리킨다. 그런데 이 비밀은 감추어두는 것이 아니라 가능한 한 널리 알리는 데 목적이 있다. 그럼에도 이 비밀을 깨닫는 것은 자동으로 주어지는 것이 아니라, 깨닫기를 갈망하며 귀를 기울이는 자에게 주어진다.

24-25 너희의 헤아리는 그 헤아림으로 너희가 헤아림을 받을 것이며 더 받으리니 이 격언은 복음서 저자들에 의해 변형된 형태로 다양한 문맥에서 사용되고 있다(마 7:2; 눅 6:38). 다른 곳에서는 주로 타인을 비방하는 일을 삼가라는 의미로 사용된 것에 반해, 여기서는 복음을 수용하는 마음 자세, 즉 듣는 것의 중요성을 강조한다. 이 구절을 문자적으로 직역하면, 너희가 남을 재는 그 그릇의 크기로 너희의 크기가 측정될 것이라는 뜻이다. 즉, 타인에게 행한 것에 따라 보상받는 응보의 개념을 바탕에 깔고 있다. 그러나 단순히 대등한 보상이 아니라 "더 받으리니"라는 표현을 덧붙임으로써 예수님은 은혜 보상의 원리를 말씀하신다.

26-32 여기에 등장하는 두 비유는 '하나님의 나라는 ~와 같다'는 말로 시작한다. 그럼으로써 하나님나라와 관련성을 시사한다. 둘 다 씨에 초점을 맞추면서도, '저절로 자라는 씨'의 비유는 하나님의 전적인 은혜와 주권을 강조한다. 반면 '겨자씨 비유'는 하나님나라의 엄청난 영향력을 강조한다. 결국 이 두 비유는 하나님나라의 두 가지 성격을 상호보완적으로 보여준다.

28 땅이 스스로 열매를 맺되 이 비유에서 농부는 아무런 역할도 하지 않고, 오직 씨가 저절로 자라 열매를 맺는 것처럼 과장된 묘사가 나타난다. 이런 과장을 통해 주제를 부각한다. 즉, 하나님나라는 인간의 노력과 수고로 이루어지는 것이 아니라, 오직 하나님의 주권적인 통치와 은혜의 결과라는 뜻이다.

31-32 겨자씨 한 알과 같으니 땅에 심길 때에는 땅 위의 모든 씨보다 작은 것이로되 심긴 후에는 자라서 모든 풀보다 커지며 겨자씨는 각종 격언에서 가장 작은 것을 지칭할 때 주로 사용된다. 그러나 잘 자랄 경우 3~7m까지 자란다. 따라서 이 비유의 핵심은 하나님나라가 겨자씨처럼 시작할 때는 눈에 보이지 않을 정도로 미미하지만, 나중에는 놀라운 성장을 통해 엄청난 영향력을 미치게 된다는 것이다.

쉬운성경

21 예수님께서 그들에게 말씀하셨습니다. "등불을 침대 아래나 됫박 밑에 두겠느냐? 등잔대 위에 두지 않겠느냐?

22 숨긴 것은 나타나고, 비밀은 드러나게 마련이다.

23 들을 귀 있는 사람은 들어라!"

24 예수님께서 그들에게 말씀하셨습니다. "너희가 듣는 것을 마음에 새겨라. 너희가 다른 사람에게 주는 만큼 너희가 받을 것이며, 그 외에도 더 주실 것이다.

25 가진 사람은 더 받을 것이고, 가지지 못한 사람은 가진 것마저도 빼앗길 것이다."

26 예수님께서 말씀하셨습니다. "하나님 나라는 밭에 씨를 뿌리는 농부와 같다.

27 밤낮으로 자고 일어나는 동안, 씨가 싹이 나고 자란다. 사람은 그것이 어떻게 자라는지를 알지 못한다.

28 땅은 저절로 열매를 맺게 한다. 먼저 싹이 나고, 다음에는 이삭이 나오고, 마침내 낟알이 여문다.

29 곡식이 익으면 농부가 와서 낫으로 그것을 거두어들인다. 그것은 추수 때가 되었기 때문이다."

30 예수님께서 말씀하셨습니다. "하나님 나라를 무엇에 빗댈 수 있을까? 무슨 비유로 설명을 할까?

31 하나님 나라는 겨자씨와 같다. 겨자씨를 밭에 심을 때는 밭에 심는 씨앗 중에서 가장 작다.

32 그러나 심긴 후에는 그 어떤 밭 작물보다 더 크게 자란다. 커다란 가지를 내어, 하늘의 새들이 그 그늘에 둥지를 틀 정도가 된다."

큰 가지를 내나니 공중의 새들이 그 그늘에 깃들일 만큼 되느니라 이 그림은 에스겔 31장 3-9절의 백향목 비유를 연상시킨다. 거기서는 앗수르 제국이 수많은 나라를 거느리는 모습을 묘사한 반면, 여기서는 하나님의 나라가 열방을 품게 될 것을 보여준다. 실제로 하나님나라의 복음은 로마 제국을 정복하였고, 오늘날 전 세계에 놀라운 영향력을 미치고 있다.

저자의 묵상

예수님이 비유로 말씀하신 이유는 하나님나라의 비밀을 사람들에게 감추기 위함이 아니라, 오히려 드러내려는 데 있다. 다만 다같이 그 비유를 들어도, 들을 귀 있는 사람만 듣고 깨달을 수 있다는 점에서 경청과 순종의 중요성을 알 수 있다. 그리고 그렇게 귀 기울여 들은 사람은 은혜로운 보상을 받게 될 것을 강조한다. 그러나 다른 한편으로 하나님나라는 씨앗, 특히 겨자씨와 같아서 사람들의 눈에 띄지 않을 정도로 미미하게 시작하지만, 하나님이 정하신 때가 되면 엄청난 결과를 이루게 된다. 즉, 하나님이 그분의 시간 속에서 그분의 방법으로 당신의 나라를 이루어 가시고 궁극적 완성을 이루실 것이라는 확신을 보여준다. 따라서 우리는 조급한 마음을 버리고 하나님의 역사를 기다리는 믿음과 인내를 가져야 할 것이다.

무릎 기도 하나님, 우리에게 들을 귀를 열어주셔서 하나님나라의 비밀을 깨닫게 하소서. 또 하나님의 섭리에 따라 이루어 가시는 하나님나라의 완성을 기대하고 기다리게 하소서.

ESV - Mark 4

21 And he said to them, "Is a lamp brought in to
be put under a basket, or under a bed, and
not on a stand?
22 For nothing is hidden except to be made
manifest; nor is anything secret except to
come to light.
23 If anyone has ears to hear, let him hear."
24 And he said to them, "Pay attention to what
you hear: with the measure you use, it will be
measured to you, and still more will be added
to you.
25 For to the one who has, more will be given,
and from the one who has not, even what he
has will be taken away."
26 And he said, "The kingdom of God is as if a
man should scatter seed on the ground.
27 He sleeps and rises night and day, and the
seed sprouts and grows; he knows not how.
28 The earth produces by itself, first the blade,
then the ear, then the full grain in the ear.
29 But when the grain is ripe, at once he puts in
the sickle, because the harvest has come."
30 And he said, "With what can we compare the
kingdom of God, or what parable shall we
use for it?
31 It is like a grain of mustard seed, which, when
sown on the ground, is the smallest of all the
seeds on earth,
32 yet when it is sown it grows up and becomes
larger than all the garden plants and puts out
large branches, so that the birds of the air
can make nests in its shade."

22 manifest 분명하게 보여주다 come to light 알려지다, 밝혀지다 24 pay attention to ~ ~에 유의하다 measure 기준, 척도; 판단하다 be added to ~ ~에 추가되다 26 scatter 흩뿌리다 27 sprout 싹이 트다 28 by itself 저절로, 스스로 blade 잎사귀 ear 귀, 이삭 29 ripe 잘 익은 at once 곧, 즉시 sickle 낫 harvest 추수 30 compare 비유하다 31 mustard 겨자 32 put out (새잎, 싹 등이) 돋아나다 nest 둥지, 보금자리 shade 그늘

13

월 일

풍랑을 잠잠케 하신 예수님

마가복음 4:33-41 • 새찬송 432장 | 통일 462장

• 말씀묵상 전에 성령님의 인도하심을 구하는 기도를 드리십시오.

본문요약 | 하나님나라의 비밀을 비유로 들은 제자들은 그 깊은 뜻을 이해하지 못해 예수님께 설명을 듣는다. 그러나 지적 이해에 머물렀던 그들은 풍랑을 만나자 두려움에 사로잡히고 만다. 이에 예수님은 신적 권위로 풍랑과 바람을 잠잠케 하신 후 제자들의 믿음 부족을 책망하신다.

33 예수께서 이러한 많은 비유로 그들이 알
아 들을 수 있는 대로 말씀을 가르치시되
34 비유가 아니면 말씀하지 아니하시고 다만
혼자 계실 때에 그 제자들에게 모든 것을
해석하시더라
35 그날 저물 때에 제자들에게 이르시되 우
리가 저편으로 건너가자 하시니
36 그들이 무리를 떠나 예수를 배에 계신 그
대로 모시고 가매 다른 배들도 함께하더
니
37 큰 광풍이 일어나며 물결이 배에 부딪쳐
들어와 배에 가득하게 되었더라
38 예수께서는 고물에서 베개를 베고 주무시
더니 제자들이 깨우며 이르되 선생님이여
우리가 죽게 된 것을 돌보지 아니하시나
이까 하니
39 예수께서 깨어 바람을 꾸짖으시며 바다더
러 이르시되 잠잠하라 고요하라 하시니
바람이 그치고 아주 잔잔하여지더라
40 이에 제자들에게 이르시되 어찌하여 이렇
게 무서워하느냐 너희가 [1]어찌 믿음이 없
느냐 하시니
41 그들이 심히 두려워하여 서로 말하되 그
가 누구이기에 바람과 바다도 순종하는가
하였더라

1) 어떤 사본에, 어찌 아직도 믿음이

1. 오늘 하나님께서 나에게 주신 깨달음은 무엇입니까?

2. 말씀을 어떻게 내 삶에 구체적으로 적용해야 합니까?

절별 해설

33 예수께서 이러한 많은 비유로 그들이 알아들을 수 있는 대로 말씀을 가르치시되 비유는 사람들이 잘 알아듣지 못하도록 일부러 어렵게 가르치려고 고안한 방식이 아니다. 본 절에서 사람들의 눈높이에 맞추어 알아들을 수 있도록 가르치기 위한 방식임이 분명히 드러난다.

34 다만 혼자 계실 때에 그 제자들에게 모든 것을 해석하시더라 제자들은 비유의 표면적인 이야기는 쉽게 이해할 수 있었으나, 그 속에 담긴 깊은 뜻을 충분히 이해할 수 없었다. 그래서 예수님께 해석을 요청하고 자세한 설명을 듣는다. 그런 의미에서 비유에 대한 단순한 지적 이해가 중요한 것이 아니라, 그 속뜻을 깨닫고 그것을 삶의 원리로 수용하는 것이 중요하다.

35-36 그날 저물 때에 제자들에게 이르시되 우리가 저편으로 건너가자 하시니 그들이 무리를 떠나 예수를 배에 계신 그대로 모시고 가매 다른 배들도 함께하더니 이 구절은 기적이 일어나게 된 상황적인 배경을 묘사한다. 종일 비유를 통해 하나님나라의 비밀을 가르쳐주신 예수님은, 사람들을 피해 말씀을 가르치실 때 탄 배를 그대로 이용하여 호수 건너편으로 가기를 명하신다. 그러나 일부 사람들이 다른 배를 타고 예수님이 타신 배를 따라오는 상황이 벌어진다.

38 예수께서는 고물에서 베개를 베고 주무시더니 제자들이 깨우며 이르되 선생님이여 우리가 죽게 된 것을 돌보지 아니하시나이까 흡사 이 장면은 배 아래층에서 잠자던 요나를 선원들이 깨우는 모습을 연상케 한다(욘 1:6). 주무시는 예수님의 모습은 그분이 완전한 인간으로서 우리와 동일하게 육체적 피로를 느끼셨음을 보여준다. 특히 '베개를 베고 주무셨다'는 마가의 표현은, 그분의 인간적 측면을 인상적으로 부각한다. 이런 예수님의 모습은 당황하는 제자들의 모습과 극적인 대조를 이루면서, 기적이 일어나게 될 상황을 효과적으로 고조시킨다.

39-41 예수께서 깨어 바람을 꾸짖으시며 바다더러 이르시되 잠잠하라 고요하라 하시니 바람이 그치고 아주 잔잔하여지더라 이 기적은 예수님이 자연세계에서도 절대적 권위를 갖고 있음을 극적으로 보여준다. 아울러 예수님은 제자들의 두려움이 믿음의 부족에서 기인한 결과임을 말씀하신다. 즉, 제자들이 예수님의 정체를 분명히 알고 그분의 능력을 신뢰했다면 결코 두려워하지 않았을 텐데, 그렇지 않았다는 뜻이다. 이 사건 직후에 제자들이 던진 질문("그가 누구이기에 바람과 바다도 순종하는가")이 그것을 반증한다.

쉬운성경

33 예수님께서는 많은 비유를 사용하여, 사람들이 알아들을 수 있도록 말씀하셨습니다.

34 비유가 아니면 말씀하지 않으셨으나 제자들에게는 따로 모든 것을 설명해 주셨습니다.

35 그날 저녁이 되자, 예수님께서는 제자들에게 말씀하셨습니다. "호수 건너편으로 가자."

36 그래서 제자들은 사람들을 남겨 두고, 예수님께서 배에 타고 계신 그대로 모시고 갔습니다. 주위에 있던 다른 배들도 따라갔습니다.

37 그때 매우 강한 바람이 불어 와서, 파도가 배 안으로 덮쳐 들어왔고, 물이 배 안에 차게 되었습니다.

38 예수님은 배 고물에서 베개를 베고 주무시고 계셨습니다. 제자들이 와서 예수님을 깨우면서 말했습니다. "선생님, 우리가 죽게 되었는데 돌아보지 아니하십니까?"

39 예수님께서 일어나시더니 바람을 꾸짖고 호수에게 명령하셨습니다. "조용하여라. 잠잠하여라." 그러자 바람이 멈추었고, 호수가 잔잔해졌습니다.

40 예수님께서 제자들에게 말씀하셨습니다. "어째서 너희가 무서워하느냐? 아직도 믿음이 없느냐?"

41 제자들이 매우 두려워하며, "이분이 어떤 분이길래 바람과 파도도 순종하는 것일까?" 하고 서로에게 물었습니다.

저자의 묵상

비유를 통한 가르침이 표면적으로는 이해가 쉬웠으나, 그 속에 담긴 진정한 의미를 깨닫기는 쉽지 않았다. 그래서 제자들은 예수님의 특별한 설명을 듣고 깨달을 수 있었다. 그러나 정작 풍랑이라는 위기 앞에서 그들의 지식은 무용지물이 되고 만다. 이런 제자들의 모습에서 크게 두 가지 교훈을 얻는다. 먼저, 하나님나라의 비밀을 단순히 지적으로 이해하는 차원에 그쳐서는 안 된다는 점이다. 즉, 지적 이해를 넘어 삶의 원리와 태도로 승화시켜야 한다. 그렇지 못했던 제자들은 풍랑 앞에서 두려움에 사로잡힌다. 이와 관련해 또 하나 중요한 교훈은 예수님에 대한 올바른 인식이 필요하다는 것이다. 예수님이 자연세계도 굴복시키는 진정한 하나님이심을 제자들이 믿고 신뢰했다면, 두려움에 사로잡힐 것이 아니라 그분의 역사하심을 믿고 기다렸어야 했다. 확실한 지식에 바탕을 둔 확고한 믿음이 그 무엇보다 중요하다.

무릎 기도 | 하나님, 하나님에 대한 확실한 지식과 믿음을 소유함으로 두려움을 이기게 하소서. 날마다 역사하시는 하나님을 믿고 바라보며 신뢰하는 삶을 살게 하소서.

ESV - Mark 4

33 With many such parables he spoke the word to them, as they were able to hear it.
34 He did not speak to them without a parable, but privately to his own disciples he explained everything.
35 On that day, when evening had come, he said to them, "Let us go across to the other side."
36 And leaving the crowd, they took him with them in the boat, just as he was. And other boats were with him.
37 And a great windstorm arose, and the waves were breaking into the boat, so that the boat was already filling.
38 But he was in the stern, asleep on the cushion. And they woke him and said to him, "Teacher, do you not care that we are perishing?"
39 And he awoke and rebuked the wind and said to the sea, "Peace! Be still!" And the wind ceased, and there was a great calm.
40 He said to them, "Why are you so afraid? Have you still no faith?"
41 And they were filled with great fear and said to one another, "Who then is this, that even the wind and the sea obey him?"

34 privately 은밀히 37 windstorm 폭풍 break into ~ ~에 난입하다 so that (결과) 그래서, 그리하여 38 stern 고물, 선미 do not care 염두에 두지 않다 perish 죽다 39 rebuke 꾸짖다 cease 그치다, 멎다 calm 진정시키다

14 군대 귀신 들린 청년의 안타까운 삶

월 일

마가복음 5:1-10 • 새찬송 185장 | 통일 179장

• 말씀묵상 전에 성령님의 인도하심을 구하는 기도를 드리십시오.

본문요약 I 거라사 지방에 도착하신 예수님은 레기온이라는 더러운 군대 귀신 들린 사람과 만난다. 귀신은 그 사람을 매우 고통스럽게 했을 뿐 아니라, 자신을 제어할 수 없게 만들었다. 그러나 그런 강력한 귀신들도 예수님의 정체를 알고 그 앞에 엎드려 자신들을 쫓아내지 말아달라고 탄원한다.

1 예수께서 바다 건너편 거라사인의 지방에
이르러
2 배에서 나오시매 곧 더러운 귀신 들린 사
람이 무덤 사이에서 나와 예수를 만나니
라
3 그 사람은 무덤 사이에 거처하는데 이제
는 아무도 그를 쇠사슬로도 맬 수 없게 되
었으니
4 이는 여러 번 고랑과 쇠사슬에 매였어도
쇠사슬을 끊고 고랑을 깨뜨렸음이러라 그
리하여 아무도 그를 제어할 힘이 없는지
라
5 밤낮 무덤 사이에서나 산에서나 늘 소리
지르며 돌로 자기의 몸을 해치고 있었더
라
6 그가 멀리서 예수를 보고 달려와 절하며
7 큰 소리로 부르짖어 이르되 지극히 높으
신 하나님의 아들 예수여 나와 당신이 무
슨 상관이 있나이까 원하건대 하나님 앞
에 맹세하고 나를 괴롭히지 마옵소서 하
니
8 이는 예수께서 이미 그에게 이르시기를
더러운 귀신아 그 사람에게서 나오라 하
셨음이라
9 이에 물으시되 네 이름이 무엇이냐 이르
되 내 이름은 [1]군대니 우리가 많음이니이
다 하고
10 자기를 그 지방에서 내보내지 마시기를
간구하더니

1) 헬, 레기온. 로마 군대의 여단 규모

1. 오늘 하나님께서 나에게 주신 깨달음은 무엇입니까?

2. 말씀을 어떻게 내 삶에 구체적으로 적용해야 합니까?

절별 해설

1 바다 건너편 거라사인의 지방 거라사의 위치를 놓고 몇 가지 이견이 있다. 갈릴리 호수 남단에서 동남쪽으로 55km 떨어진 로마 도시 거라사라는 주장과, 호수 동쪽에서 10km 떨어진 가다라라는 데가볼리 지역의 도시라는 주장이 있지만, 둘 다 도시의 가까운 해안에 비탈 해변이 없다. 따라서 가장 유력한 곳은 이 본문의 사본에 언급된 게르게사라는 곳인데, 이곳은 갈릴리 호수 동편 비탈 해변을 가리키며 '거라사'나 '가다라'로 불리기도 했고, 오늘날 '엘 쿠르시'로 알려져 있다.

2 더러운 귀신 들린 사람이 무덤 사이에서 나와 예수를 만나니라 예수님이 배에서 내리자 그분을 만나러 온 사람은 다름 아닌 귀신 들린 사람이었다. 그는 더러운 영에 사로잡힌 사람이었고, 그의 행동은 자의가 아닌 더러운 귀신의 사주에 따른 것이었다. 여기서 더러운 영에 사로잡힌 사람과 세례 시에 거룩한 영, 즉 성령의 충만함을 받으신 예수님의 만남이 대조를 이룬다.

3-5 이 구절에서 마가는 귀신 들린 사람의 상태를 생생하게 묘사한다. 그는 무덤 사이에 살고 있었으며, 힘이 너무 세서 쇠고랑과 쇠사슬로도 묶을 수 없었다고 두 번이나 언급한다. 이로써 귀신의 강력하고 파괴적인 능력을 강조할 뿐 아니라, 그런 강력한 힘을 유익한 일에 사용하지 않고, 오히려 사람을 괴롭히고 자기 몸을 상하게 하는 데 사용했음을 보여준다.

6-8 지극히 높으신 하나님의 아들 예수여 나와 당신이 무슨 상관이 있나이까 원하건대 하나님 앞에 맹세하고 나를 괴롭히지 마옵소서 귀신 들린 자는 자발적으로 예수님을 찾아와 7절과 같이 탄원한다. 귀신은 예수님의 정체에 대해 정확한 지식이 있었을 뿐 아니라, 그분이 자신을 괴롭힐 수 있는 권세가 있다는 사실도 잘 알고 있었다. 그러나 귀신의 말은 예수님을 하나님의 아들로 인정하는 신앙고백이 아니라, 자신의 지식을 과시하려는 것이었다. 더 나아가 "나와 당신이 무슨 상관이 있나이까"라고 말함으로써 오히려 예수님께 적대적인 태도를 드러낸다. 이런 절박한 탄원을 한 이유는, 예수님이 귀신에게 그 사람에게서 나오라고 이미 명령하셨기 때문이다. 거룩한 영에 충만하신 예수님은 더러운 영인 귀신들과 결코 타협하지 않으셨고, 도리어 그들을 몰아내심으로 귀신 들린 사람을 구원하셨다.

9-10 이에 물으시되 네 이름이 무엇이냐 이르되 내 이름은 군대니 우리가 많음이니이다 하고 "군대"(*헬.* 레기온)는 로마군의 편제 단위로서 보병 6천 명으로 이루어진 부대를 가리킨다. 그렇다면 그 사람에게 들어간 귀신의 수가 정확히 6

쉬운성경

1 예수님과 제자들이 호수 건너편 거라사 지방으로 갔습니다.

2 예수님께서 배에서 내리시자, 더러운 귀신이 들린 어떤 사람이 무덤에서 나와 예수님을 만났습니다.

3 이 사람은 무덤 사이에서 살고 있었는데, 그 누구도 그를 묶을 수 없었고, 쇠사슬로도 묶을 수 없었습니다.

4 여러 번 쇠고랑과 쇠사슬로 그를 묶어 보았으나 그는 쇠사슬도 끊고, 쇠고랑도 부수었습니다. 아무도 그를 당해 낼 수 없었습니다.

5 그는 밤낮으로 무덤과 산을 돌아다니며, 소리를 지르고 돌로 자기 몸에 상처를 내곤 하였습니다.

6 귀신들린 자가 멀리서 예수님을 보고, 달려와 엎드려 절을 하였습니다.

7 그리고 큰 소리로 "가장 높으신 하나님의 아들이신 예수님, 저와 무슨 상관이 있으십니까? 제발 저를 괴롭히지 마십시오" 하고 외쳤습니다.

8 그것은 예수님께서 "더러운 귀신아! 그 사람에게서 나오너라" 하고 그에게 말씀하셨기 때문이었습니다.

9 예수님께서 그에게 물으셨습니다. "네 이름이 무엇이냐?" 그가 대답했습니다. "레기온*입니다. 이는 우리의 수가 많기 때문에 붙여진 이름입니다."

10 그는 예수님께 자신들을 또다시 이 지방에서 쫓아내지 말아 달라고 간청하였습니다.

* 5:9 개역 성경에는 '군대'라고 표기되어 있다. 로마 군대의 한 사단을 의미하며, 약 3,000-6,000명으로 이루어져 있다.

천은 아니더라도 대단히 많았으며, 나중에 돼지 2천 마리에 들어간 것으로 보아 적어도 2천은 되었던 것 같다. 이렇듯 강력한 군대 같은 귀신들이었음에도 예수님께 절박한 탄원을 올리는 상황을 볼 때, 예수님의 권세와 능력이 얼마나 대단한지를 역으로 알 수 있다.

저자의 묵상

4장에서 하나님나라의 비밀을 비유로 보여주었다면, 5장에서는 예수님의 기적을 통해 하나님나라의 능력을 보여준다. 바람과 풍랑을 잠잠하게 하심으로 자연법칙을 다스리는 권세를 보여주신 예수님이 이번에는 더러운 귀신, 그것도 강력한 부대를 연상시키는 군대 귀신을 물리치심으로 자신의 권세와 능력을 보여주신다. 아울러 그런 귀신에 사로잡힌 사람을 불쌍히 여기시는 예수님의 모습도 엿볼 수 있다. 특히 거룩한 영이신 성령에 충만하여 사역하시는 예수님은 결코 더러운 영인 귀신과 타협하지 않으시고, 오히려 그런 영에 사로잡힌 사람을 구원하는 데 가장 큰 목적을 두셨다. 아마도 예수님의 비유를 듣고 그 뜻에 대한 설명을 들은 제자들은 이 기적을 보면서 비유 속에 숨겨진 하나님나라의 무한한 능력을 직접 목격할 수 있었을 것이다. 오늘도 예수님은 사탄에 포로 된 영혼들을 구원하여 하나님의 자녀로 삼으신다.

무릎 기도 권세와 능력의 하나님, 죄악에 사로잡힌 우리를 구원해 주셔서 감사합니다. 우리도 주님을 모르는 세상 사람들에게 사랑의 마음으로 주님의 강력한 복음을 전하게 하소서.

ESV - Mark 5

1 They came to the other side of the sea, to
the country of the Gerasenes.*
2 And when Jesus* had stepped out of the
boat, immediately there met him out of the
tombs a man with an unclean spirit.
3 He lived among the tombs. And no one could
bind him anymore, not even with a chain,
4 for he had often been bound with shackles
and chains, but he wrenched the chains
apart, and he broke the shackles in pieces.
No one had the strength to subdue him.
5 Night and day among the tombs and on the
mountains he was always crying out and
cutting himself with stones.
6 And when he saw Jesus from afar, he ran
and fell down before him.
7 And crying out with a loud voice, he said,
"What have you to do with me, Jesus, Son of
the Most High God? I adjure you by God, do
not torment me."
8 For he was saying to him, "Come out of the
man, you unclean spirit!"
9 And Jesus asked him, "What is your name?"
He replied, "My name is Legion, for we are
many."
10 And he begged him earnestly not to send
them out of the country.

* 5:1 Some manuscripts *Gergesenes;* some *Gadarenes*

* 5:2 Greek *he;* also verse 9

2 step out of ~ ~에서 나오다 4 shackle 쇠고랑, 수갑 wrench 잡아떼다, 비틀다 break ~ in pieces ~을 산산조각으로 부수다 7 do with ~ ~와 관계가 있다 adjure 명하다, 간청하다 torment 괴롭히다 9 legion 부대, 다수 10 beg … to ~ …에게 ~을 간청하다, 부탁하다 earnestly 진정으로

15 예수님을 배척하는 거라사 사람들

월 일

마가복음 5:11-20 • 새찬송 320장 | 통일 350장

• 말씀묵상 전에 성령님의 인도하심을 구하는 기도를 드리십시오.

본문요약 I 귀신들은 돼지 떼에 들어가게 해달라고 예수님께 요청하고, 이를 허락받자 곧바로 2천 마리의 돼지 떼에 들어가 호수에서 몰사한다. 귀신 들린 자는 온전해졌지만, 이를 본 거라사 사람들은 충격을 받아 예수님을 환영하기는커녕 떠나기를 요청한다.

11 마침 거기 돼지의 큰 떼가 산 곁에서 먹고 있는지라
12 이에 간구하여 이르되 우리를 돼지에게로 보내어 들어가게 하소서 하니
13 허락하신대 더러운 귀신들이 나와서 돼지에게로 들어가매 거의 이천 마리 되는 떼가 바다를 향하여 비탈로 내리달아 바다에서 몰사하거늘
14 치던 자들이 도망하여 읍내와 여러 마을에 말하니 사람들이 어떻게 되었는지를 보러 와서
15 예수께 이르러 그 귀신 들렸던 자 곧 군대 귀신 지폈던 자가 옷을 입고 정신이 온전하여 앉은 것을 보고 두려워하더라
16 이에 귀신 들렸던 자가 당한 것과 돼지의 일을 본 자들이 그들에게 알리매
17 그들이 예수께 그 지방에서 떠나시기를 간구하더라
18 예수께서 배에 오르실 때에 귀신 들렸던 사람이 함께 있기를 간구하였으나
19 허락하지 아니하시고 그에게 이르시되 집으로 돌아가 주께서 네게 어떻게 큰일을 행하사 너를 불쌍히 여기신 것을 네 가족에게 알리라 하시니
20 그가 가서 예수께서 자기에게 어떻게 큰 일 행하셨는지를 데가볼리에 전파하니 모든 사람이 놀랍게 여기더라

1. 오늘 하나님께서 나에게 주신 깨달음은 무엇입니까?

2. 말씀을 어떻게 내 삶에 구체적으로 적용해야 합니까?

절별 해설

11-12 이에 간구하여 이르되 우리를 돼지에게로 보내어 들어가게 하소서 추방을 두려워한 더러운 귀신들은 돼지 떼 속으로 들어가게 해달라고 예수님께 요청한다. 거라사 지방은 이방인 지역이기 때문에 돼지를 많이 길렀던 것으로 보인다. 왜냐하면 유대인들은 돼지를 부정한 동물로 취급하여 먹지도 가까이 하지도 않았기 때문이다(레 11:7; 신 14:8). 따라서 더러운 귀신들이 부정한 짐승인 돼지에 들어가겠다는 간청은 지극히 적절해 보인다.

13 예수님이 귀신들의 요청을 허락하시자, 그들은 그 사람에게서 나와 돼지 떼에 들어갔고, 곧바로 2천 마리나 되는 돼지 떼가 호수에 뛰어들어 몰사하고 만다. 마가는 이런 묘사를 통해 귀신들의 파괴적 성향을 생생하게 부각한다. 여기서 분명히 해야 할 점은, 돼지 떼의 몰살은 예수님의 결정이 아니라 귀신들의 결정이었다는 점이다. 그래서 거라사 사람들은 예수님께 손해배상을 청구하지 않았다. 오히려 예수님이 이런 몰살을 적극적으로 막지 않으신 이유와 귀신들이 몰살을 결정한 이유를 찾는 것이 중요하다. 여기서 마가는 귀신 들린 사람이 온전해진 사실만을 강조한다. 이것이 곧 예수님의 관점이기도 하다. 예수님은 거라사 사람들에게 수많은 돼지 떼보다 귀신 들렸던 한 사람이 더 귀중하다는 사실과, 나아가 자신이 세상에 온 목적은 사탄의 세력을 정복하고 어떤 희생을 치르더라도 사람을 구원하는 것임을 공개적으로 보여주신 것이다. 반대로 귀신들은 돼지 떼를 몰살시킴으로써 그 지방 사람들이 예수님을 배척하게 하여 하나님나라가 그 지방에 도래하지 못하게 막으려 했다는 설명이 가장 합리적으로 보인다. 실제로 이 놀라운 광경을 본 그 지방 사람들이 예수님을 환영하기는커녕 떠나시기를 간청했다는 사실은 이런 해설을 뒷받침한다.

15-17 그들이 예수께 그 지방에서 떠나시기를 간구하더라 귀신 들린 자가 온전해진 기적을 본 사람들은 오히려 부정적인 반응을 보이며, 예수님께 떠나줄 것을 요구한다. 이로써 귀신들이 목표한 것이 달성된 듯 보인다. 예수님의 기적을 보았다고 모두가 하나님나라의 비밀을 깨닫고 구원의 축복을 얻는 것은 아니다.

18-20 귀신에게서 자유로워진 사람은 무리와는 반대로 예수님 따르기를 간청한다. 그러나 예수님은 이를 거절하시고 오히려 그의 가족과 친구들에게 이 큰 일과 그를 불쌍히 여기신 것을 전하라고 복음증거의 사명을 맡기신다. 이것은 마치 겨자씨를 뿌리는 모습을 연상케 한다. 실제로 나중에 예수님의 데가볼리 사역 때 수많은 사람이 몰려온 것이 이를 증명한다(7:31-8:9).

쉬운성경

11 마침 그곳 산허리에서 많은 돼지 떼가 먹이를 먹고 있었습니다.

12 더러운 귀신들이 간청했습니다. "우리를 저 돼지들에게 보내셔서 들어가게 해 주십시오."

13 예수님께서 그렇게 허락하셨습니다. 더러운 귀신들은 그 사람에게서 나와 돼지 떼 속으로 들어갔습니다. 그러자 거의 이천 마리나 되는 돼지 떼가 호수 쪽으로 산비탈을 내리달아 빠져 죽었습니다.

14 돼지를 치던 사람들이 달아나서, 읍내와 촌에 있는 사람들에게 이 사실을 알렸습니다. 그래서 사람들이 무슨 일이 일어났는지 보려고 왔습니다.

15 그들은 예수님께 와서, 귀신이 들렸던 사람, 곧 레기온 귀신이 들렸던 사람이 옷을 입고 제정신으로 돌아와 앉아 있는 모습을 보고 깜짝 놀랐습니다.

16 이 일을 목격했던 사람들이 그들에게 귀신들린 사람에게 어떤 일이 일어났는지에 대하여, 그리고 돼지 떼에 대하여 말해 주었습니다.

17 그러자 그들은 예수님께 자기네 지방을 떠나 달라고 요구하기 시작했습니다.

18 예수님께서 배에 앉으시자, 귀신들렸던 사람도 예수님을 따라가게 해 달라고 간청하였습니다.

19 그러나 예수님께서는 허락하지 않으셨습니다. 예수님께서 "네 가족 식구들과 친구들에게로 가거라. 그들에게 주님께서 네게 얼마나 큰 일을 해 주셨으며, 얼마나 큰 자비를 베풀어 주셨는지 이야기하여라" 하고 말씀하셨습니다.

20 그래서 그 사람은 돌아갔습니다. 그리고 데가볼리 지역에서 예수님께서 자기에게 얼마나 큰 일을 해 주셨는지를 사람들에게 이야기하자, 모든 사람들이 듣고 놀랐습니다.

저자의 묵상

레기온이라는 군대 귀신이 들린 사람이 치유되는 기적에서 가장 극명하게 대조를 이루는 한 가지 사실은, 인간을 향한 예수님과 거라사 사람들의 태도 차이다. 거라사 사람들은 귀신 들려 비참하게 살던 한 사람이 완전히 회복되어 온전한 인간이 되었다는 사실에는 별 관심이 없었다. 단지 자기들의 경제적 손실만 크게 보였다. 그래서 그런 놀라운 기적을 보고도 예수님을 환영하기는커녕 떠나달라고 요구한다. 이런 그들의 모습에서 씨 뿌리는 비유에 나오는 가시떨기에 뿌려진 씨앗을 연상하게 된다. 이들은 재물에 대한 염려와 유혹으로 열매를 맺지 못한 것이다(참고. 4:19). 그러나 예수님은 한 영혼의 가치와 존엄성을 수많은 돼지 떼보다 더 귀중히 여기셨고, 그를 겨자씨처럼 그 지역에 남겨두심으로써 더 큰 역사를 이루셨다. 이것이 바로 오늘 주님이 우리를 바라보며 우리에게 기대하시는 모습이다.

무릎 기도 하나님, 우리를 천하보다 더 귀하게 여기시니 감사합니다. 이제 우리도 잃어버린 한 영혼을 귀히 여기며, 그들이 주님의 품으로 돌아오도록 증인 된 삶을 살게 하소서.

ESV - Mark 5

11 Now a great herd of pigs was feeding there on the hillside,
12 and they begged him, saying, "Send us to the pigs; let us enter them."
13 So he gave them permission. And the unclean spirits came out and entered the pigs; and the herd, numbering about two thousand, rushed down the steep bank into the sea and drowned in the sea.
14 The herdsmen fled and told it in the city and in the country. And people came to see what it was that had happened.
15 And they came to Jesus and saw the demon-possessed* man, the one who had had the legion, sitting there, clothed and in his right mind, and they were afraid.
16 And those who had seen it described to them what had happened to the demon-possessed man and to the pigs.
17 And they began to beg Jesus* to depart from their region.
18 As he was getting into the boat, the man who had been possessed with demons begged him that he might be with him.
19 And he did not permit him but said to him, "Go home to your friends and tell them how much the Lord has done for you, and how he has had mercy on you."
20 And he went away and began to proclaim in the Decapolis how much Jesus had done for him, and everyone marveled.

* 5:15 Greek *daimonizomai* (demonized); also verses 16, 18; elsewhere rendered *oppressed by demons*
* 5:17 Greek *him*

11 a herd of pigs 돼지떼 13 permission 허가 steep 가파른 bank 둑, 제방 drown 익사하다 14 herdsman 목동 flee 저버리다, 달아나다 15 in one's right mind 제정신으로 16 describe 설명하다, 말하다 happen to ~ ~에게 일어나다 18 be possessed with ~ ~이 들리다, 씌우다 19 have mercy on ~ ~을 불쌍히 여기다 20 marvel 놀라다

16 혈루증 앓는 여인의 치유

월 일

마가복음 5:21-34 • 새찬송 472장 | 통일 530장

• 말씀묵상 전에 성령님의 인도하심을 구하는 기도를 드리십시오.

본문요약 I 예수님은 회당장 야이로의 부탁으로 그의 딸을 치료하러 가신다. 그때 수많은 군중 사이에서 혈루증 앓는 여인이 치유에 대한 믿음을 가지고 자신의 옷깃을 만진 사실을 곧바로 알아채신다. 예수님은 두려워하는 여인에게 그녀의 치유가 믿음의 결과임을 선언하신다.

21 예수께서 배를 타시고 다시 맞은편으로 건너가시니 큰 무리가 그에게로 모이거늘 이에 바닷가에 계시더니

22 회당장 중의 하나인 야이로라 하는 이가 와서 예수를 보고 발 아래 엎드리어

23 간곡히 구하여 이르되 내 어린 딸이 죽게 되었사오니 오셔서 그 위에 손을 얹으사 그로 구원을 받아 살게 하소서 하거늘

24 이에 그와 함께 가실새 큰 무리가 따라가며 에워싸 밀더라

25 열두 해를 혈루증으로 앓아 온 한 여자가 있어

26 많은 의사에게 많은 괴로움을 받았고 가진 것도 다 허비하였으되 아무 효험이 없고 도리어 더 중하여졌던 차에

27 예수의 소문을 듣고 무리 가운데 끼어 뒤로 와서 그의 옷에 손을 대니

28 이는 내가 그의 옷에만 손을 대어도 구원을 받으리라 생각함일러라

29 이에 그의 혈루 근원이 곧 마르매 병이 나은 줄을 몸에 깨달으니라

30 예수께서 그 능력이 자기에게서 나간 줄을 곧 스스로 아시고 무리 가운데서 돌이켜 말씀하시되 누가 내 옷에 손을 대었느냐 하시니

31 제자들이 여짜오되 무리가 에워싸 미는 것을 보시며 누가 내게 손을 대었느냐 물으시나이까 하되

32 예수께서 이 일 행한 여자를 보려고 둘러보시니

33 여자가 자기에게 이루어진 일을 알고 두려워하여 떨며 와서 그 앞에 엎드려 모든 사실을 여쭈니

34 예수께서 이르시되 딸아 네 믿음이 너를 구원하였으니 평안히 가라 네 병에서 놓여 건강할지어다

1. 오늘 하나님께서 나에게 주신 깨달음은 무엇입니까?

2. 말씀을 어떻게 내 삶에 구체적으로 적용해야 합니까?

절별 해설

22 회당장 중의 하나인 야이로라 하는 이가 와서 예수를 보고 발 아래 엎드리어 당시 회당장은 회당 건물의 관리와 예배를 총괄하던 인물로 대중의 존경을 받았다. 그런 야이로가 높은 신분에도 불구하고 예수님 발 아래 엎드렸다는 사실은, 그의 절박한 상황을 해결해 달라는 간구의 자세일 뿐 아니라 예수님의 진정한 권위를 인정하는 태도였다.

23-24 간곡히 구하여 이르되 내 어린 딸이 죽게 되었사오니 오셔서 그 위에 손을 얹으사 그로 구원을 받아 살게 하소서 야이로가 예수님의 발 아래 엎드린 이유는 죽어가는 딸을 치유해 달라고 부탁하기 위해서다. 그는 예수님께 자기 집에 오셔서 죽어가는 딸에게 손을 얹어 달라고 요청한다. 손을 얹는 행위, 즉 안수는 고대 사회에서 치유를 위한 행위로 간주되었으며, 실제로 예수님도 여러 차례 손을 얹어 치유하셨다(6:5; 8:23,25절).

25-29 열두 해를 혈루증으로 앓아 온 한 여자가 있어 회당장 야이로 이야기 사이에 혈루증 앓는 여인의 이야기가 끼어 있다. 이것은 본서에 자주 등장하는 문학적인 구조로서, 주제를 더욱 부각시킨다. 세 복음서 모두 혈루증 앓는 여인의 사건을 다루는데 마태는 가장 짧게 3절을, 누가는 6절을 할애한 반면, 마가는 10절을 할애하여 자세히 기록한다. 특히 마가가 강조하는 몇 가지 사실이 있다. (1) 여인의 질병이 회복이 불가능할 정도로 심각한 상태임을 보여준다(26절). 여인은 치유를 위해 여러 의사를 만나 많은 치료비를 쓰지만 병은 더욱 악화된다. (2) 예수님에 관한 소문을 들었다고 언급한다(27절). 여인은 예수님에 대한 좋은 소식을 듣고 그분의 옷만 만져도 치유가 되리라는 믿음을 갖게 된다. 즉, 복음이 믿음을 낳은 것이다. (3) 즉각적인 치유가 일어난다(29절). 마태와 달리 마가와 누가는 여인의 즉각적인 치유를 언급한다. 믿음으로 예수님의 옷깃을 만지는 순간 곧바로 여인의 치유가 시작되었고, 예수님의 선언(34절)으로 치유가 완성된다.

30-34 예수께서 이르시되 딸아 네 믿음이 너를 구원하였으니 평안히 가라 네 병에서 놓여 건강할지어다 여인은 자신의 병이 나은 것을 몸으로 곧 느꼈고, 예수님도 자신의 능력이 나가는 것을 곧 느끼셨다. 그래서 예수님은 곧장 돌아서서 누가 내게 손을 대었느냐고 물으셨다. 이 질문은 몰라서라기보다는 여인에게 치유에 대한 확신을 심어주고, 나아가 다른 사람들에게 여인과 같은 믿음의 결단과 행동을 촉구하려는 의도에서 하신 것으로 보인다. 그리고 두려워하는 여

쉬운성경

21 예수님께서 배를 타고 맞은편 쪽으로 다시 건너오셨습니다. 그러자 많은 사람들이 예수님 주위에 몰려들었습니다. 예수님께서 호숫가에 계셨습니다.

22 야이로라고 이름하는 어떤 회당장이 예수님을 찾아왔습니다. 그는 예수님의 발 앞에 엎드렸습니다.

23 그리고 예수님께 거듭해서 간청했습니다. "제 어린 딸이 죽어가고 있습니다. 제발 오셔서 그 아이에게 손을 얹어 주십시오. 그러면 건강해지고 살아날 것입니다."

24 그러자 예수님께서 그와 함께 가셨습니다. 많은 사람들이 예수님을 에워싸고 밀며 따라왔습니다.

25 그중에는 십이 년 동안 혈루증을 앓아 온 여자가 있었습니다.

26 그는 여러 의사에게 보이면서 고생을 했습니다. 그러나 가진 돈만 다 써 버리고 효과는 없었습니다. 오히려 병이 더 심해져 갈 뿐이었습니다.

27 그러던 중 예수님에 대한 소문을 듣고, 사람들 틈에 끼어 예수님을 따라가다가 예수님의 옷에 손을 대었습니다.

28 그 여자는 '옷에 손을 대기만 하여도 내가 나을 거야' 하고 생각했습니다.

29 그 즉시 피가 흐르는 것이 멈췄습니다. 그녀는 자신의 병이 나은 것을 몸으로 느꼈습니다.

30 바로 그때 예수님께서 자신에게서 능력이 나가는 것을 느끼셨습니다. 그래서 돌아서서 물으셨습니다. "누가 내 옷을 만졌느냐?"

31 제자들이 말했습니다. "사람들이 에워싸고 밀치고 있는데, 누가 손을 대었다고 말씀하십니까?"

32 그러나 예수님께서는 손을 댄 여자를 찾으려고 둘러보셨습니다.

인에게 34절의 선언을 통해 치유가 여인의 믿음의 결과임을 밝히신다. 즉, 여인의 치유가 옷을 만진 결과가 아니라 믿음의 결과인 것을 명확하게 말씀하신다.

33 여자는 자기에게 일어난 일을 알고
서 두려워 떨었습니다. 여자는 예수님
의 발 앞에 엎드려 절하며 모든 사실
을 말씀드렸습니다.

34 예수님께서 여자에게 "딸아, 네 믿
음이 너를 낫게 하였다. 안심하고 가거
라. 그리고 건강하게 지내라" 하고 말
씀하셨습니다.

저자의 묵상

유대 사회에서는 혈루증(유출병)을 앓는 사람은 부정한 자이며, 그 사람과 접촉한 물건이나 사람도 부정하다고 간주하였다(레 15:1-12). 따라서 그런 병을 가진 사람은 사회적으로 격리되어 불행한 삶을 살 수밖에 없었다. 그런 여인이 예수님이 베푸시는 치유에 대한 소식을 들었다. 그 소식이 여인에게는 복음이었고, 그 복음은 그분의 옷깃에 손만 대어도 병이 나을 것이라는 믿음을 갖게 했다. 그리고 그런 믿음은 피상적인 생각에 머무르지 않고 즉각적인 실천으로 이어져, 예수님의 옷을 만지는 용기 있는 행동으로 나타났다. 이런 여인의 행동에 예수님은 책망 대신 더 큰 격려와 구원에 대한 선언으로 보답하신다. 결국 혈루증을 앓던 여인은 믿음의 행동으로 육체의 질병을 치유받았을 뿐 아니라 사회적으로도 회복되었다. 이를 통해 복음과 믿음, 그리고 믿음에 근거한 행함이 얼마나 중요한지를 다시금 깨닫게 된다.

무릎 기도 하나님, 혈루증을 앓다 고침받은 여인처럼 하나님의 능력에 대한 믿음을 가지고 실천하는 신앙의 삶을 살게 하소서. 삶에서 믿음이 드러나게 하소서.

ESV - Mark 5

21 And when Jesus had crossed again in the
boat to the other side, a great crowd
gathered about him, and he was beside the
sea.
22 Then came one of the rulers of the syna-
gogue, Jairus by name, and seeing him, he
fell at his feet
23 and implored him earnestly, saying, "My little
daughter is at the point of death. Come and
lay your hands on her, so that she may be
made well and live."
24 And he went with him. And a great crowd
followed him and thronged about him.
25 And there was a woman who had had a
discharge of blood for twelve years,
26 and who had suffered much under many
physicians, and had spent all that she had,
and was no better but rather grew worse.
27 She had heard the reports about Jesus and
came up behind him in the crowd and
touched his garment.
28 For she said, "If I touch even his garments, I
will be made well."
29 And immediately the flow of blood dried up,
and she felt in her body that she was healed
of her disease.
30 And Jesus, perceiving in himself that power
had gone out from him, immediately turned
about in the crowd and said, "Who touched
my garments?"
31 And his disciples said to him, "You see the
crowd pressing around you, and yet you say,
'Who touched me?'"
32 And he looked around to see who had done
it.
33 But the woman, knowing what had happened
to her, came in fear and trembling and fell
down before him and told him the whole
truth.
34 And he said to her, "Daughter, your faith has
made you well; go in peace, and be healed of
your disease."

22 fall at one's feet 발아래 엎드리다 23 implore 간청하다 24 throng 모여들다 25 discharge 방출, 유출 26 suffer 고통받다 27 garment 옷 30 perceive 깨닫다 31 press 밀다 32 look around 둘러보다, 돌아보다 33 tremble 떨다 34 heal of ~ ~을 고치다

• MEMO •

17 달리다굼, 야이로 딸의 부활

월 일

마가복음 5:35-43 • 새찬송 300장 | 통일 406장

• 말씀묵상 전에 성령님의 인도하심을 구하는 기도를 드리십시오.

본문요약 | 야이로의 집으로 가시던 중 딸이 죽었다는 소식을 들은 예수님은, 두려워 말고 믿기만 하라고 확신을 더하신 뒤 야이로의 집으로 가신다. 모두 통곡하며 예수님을 의심하고 조롱하나, 예수님은 그 딸이 잠자는 거라고 말씀하신 뒤 "달리다굼" 하며 아이를 살리신다.

35 아직 예수께서 말씀하실 때에 회당장의
집에서 사람들이 와서 회당장에게 이르되
당신의 딸이 죽었나이다 어찌하여 선생을
더 괴롭게 하나이까
36 예수께서 그 하는 말을 곁에서 들으시고
회당장에게 이르시되 두려워하지 말고 믿
기만 하라 하시고
37 베드로와 야고보와 야고보의 형제 요한
외에 아무도 따라옴을 허락하지 아니하시
고
38 회당장의 집에 함께 가사 떠드는 것과 사
람들이 울며 심히 통곡함을 보시고
39 들어가서 그들에게 이르시되 너희가 어찌
하여 떠들며 우느냐 이 아이가 죽은 것이
아니라 잔다 하시니
40 그들이 비웃더라 예수께서 그들을 다 내
보내신 후에 아이의 부모와 또 자기와 함
께한 자들을 데리시고 아이 있는 곳에 들
어가사
41 그 아이의 손을 잡고 이르시되 달리다굼
하시니 번역하면 곧 내가 네게 말하노니
소녀야 일어나라 하심이라
42 소녀가 곧 일어나서 걸으니 나이가 열두
살이라 사람들이 곧 크게 놀라고 놀라거
늘
43 예수께서 이 일을 아무도 알지 못하게 하
라고 그들을 많이 경계하시고 이에 소녀
에게 먹을 것을 주라 하시니라

1. 오늘 하나님께서 나에게 주신 깨달음은 무엇입니까?

2. 말씀을 어떻게 내 삶에 구체적으로 적용해야 합니까?

절별 해설

35 당신의 딸이 죽었나이다 어찌하여 선생을 더 괴롭게 하나이까 23절에서 딸이 죽어가고 있다고 했는데, 본 절에 이르러 그 딸이 죽었다는 소식이 전해진다. 예수님을 괴롭게 하지 말라는 말 속에는 예수님이 죽은 자를 살릴 수 없다는 생각이 깔린 것으로 보인다.

36 예수께서 그 하는 말을 곁에서 들으시고 회당장에게 이르시되 두려워하지 말고 믿기만 하라 하시고 그 보고를 들으신 예수님은 야이로가 반응할 시간도 주지 않으시고 곧바로 "두려워하지 말고 믿기만 하라"고 명령조로 말씀하신다. 특히 "믿기만 하라"(*헬.* 피스튜에)는 현재 명령형 동사로서, 믿음을 계속 유지할 것을 촉구하는 의미를 담고 있다. 표면적으로 보면 야이로가 예수님께 도움을 요청하고 있는 중에 상황이 더욱 악화되었으므로, 예수님에 대한 믿음을 포기할 기로에 서게 된 셈이다. 그러나 예수님은 그런 악화된 상황에도 그에게 믿음을 포기하지 말라고 촉구하신다. 만약 야이로가 조금 전 본 혈루증 앓던 여인과 같은 믿음을 가지고 있었다면 결코 흔들리지 않았을 것이다. 따라서 예수님의 명령은 야이로에게 그 여인의 믿음을 상기시키며 그를 붙잡아주는 역할을 했다.

38-39 그들에게 이르시되 너희가 어찌하여 떠들며 우느냐 이 아이가 죽은 것이 아니라 잔다 야이로의 집에 도착했을 때 상황은 더욱 절망적이었다. 사람들은 딸의 죽음을 기정사실로 인정하고 소란스럽게 통곡했다. 반면 예수님은 아이가 죽은 것이 아니라 자는 것이라고 선언하신다. 이 선언은 잠시 후 아이가 다시 살아날 것을 암시하는 수사적인 표현이라고 볼 수 있다. 육체적으로 죽은 것이 사실이지만 잠시 후 다시 살아날 것이기 때문에, 아이의 상태를 영원히 죽은 것이 아니라 잠시 잠자는 상태에 비유하신 것이다.

40 그들이 비웃더라 예수께서 그들을 다 내보내신 후에 아이의 부모와 또 자기와 함께한 자들을 데리시고 아이 있는 곳에 들어가사 예수님의 선언에도 불구하고 다른 사람들은 소녀가 죽었다고 확정하고, 예수님의 능력을 불신하며 조롱한다. 여기서 야이로는 사람들의 반응과 예수님의 선언 사이에서 다시금 양자택일 해야 할 기로에 서나, 결국 예수님과 함께 아이가 있는 방으로 간다.

41-42 그 아이의 손을 잡고 이르시되 달리다굼 하시니 번역하면 곧 내가 네게 말하노니 소녀야 일어나라 하심이라 소녀가 곧 일어나서 걸으니 나이가 열두 살이라 "달리다굼"은 당시 팔레스타인에서 통용되던 아람어에서 유래한 말로, '달리다'(소녀야)와 '굼'(일어나라)의 합성어다. 이 말은 흔히 어머니가 아침에 아이를 깨울 때 사용하는 평범한 일상어였다. 마태와 누가는 번역한 말만 기록한 것에 반해, 마가는 이 말을 그대로 인용함으로

쉬운성경

35 예수님께서 계속 말씀하고 계실 때, 회당장의 집에서 사람이 와 회당장에게 말했습니다. "따님이 죽었습니다. 왜 예수님을 계속 번거롭게 하십니까?"

36 그러나 예수님께서는 이 말을 무시하시고, 회당장에게 "두려워 말고 믿기만 하여라" 하고 말씀하셨습니다.

37 예수님께서는 베드로와 야고보, 그리고 야고보의 동생인 요한 외에는 아무도 따라오지 못하도록 하셨습니다.

38 그들이 회당장의 집에 도착해 보니 몹시 소란스러웠습니다. 많은 사람들이 크게 소리를 내며 울고 있었습니다.

39 예수님께서 들어가셔서 사람들에게 "어째서 소란을 피우며 울고 있느냐? 이 아이는 죽은 것이 아니라 자는 것이다"라고 말씀하셨습니다.

40 사람들은 예수님을 비웃었습니다. 예수님께서는 사람들을 모두 내보내시고, 아이의 부모와 제자들과 함께 아이가 있는 방으로 들어가셨습니다.

41 그리고 아이의 손을 붙잡고 "달리다굼!"이라고 말씀하셨는데, 이는 번역하면 "어린 소녀야, 일어나라!"는 뜻입니다.

42 그러자 열두 살 된 소녀는 즉시 일어나 걷기 시작했습니다. 이것을 보고 사람들은 놀랐습니다.

43 예수님께서 아무에게도 이 일을 알리지 말라고 엄하게 말씀하셨습니다. 그리고 아이에게 먹을 것을 주라고 말씀하셨습니다.

써 사실성과 생동감을 부각한다. 아울러 번역을 함께 기록해 놓음으로써 아람어에 생소한 이방 독자들을 배려하고 있다.

43 예수께서 이 일을 아무도 알지 못하게 하라고 그들을 많이 경계하시고 이런 놀라운 기적은 예수님이 메시아라는 증거이며, 따라서 많은 사람에게 알리는 것이 옳다. 그러나 예수님은 이것을 강하게 막으신다. 아마도 사람들이 예수님을 정치적 군사적인 메시아로 오해하여, 인류의 구원이 아닌 이스라엘의 해방을 위한 방향으로 그분을 몰아가는 것을 막기 위함이었을 것이다. 이것은 예수님의 뜻과 전혀 맞지 않는 일이다.

저자의 묵상

야이로 딸의 죽음과 부활은 오늘 우리에게 크나큰 위로와 소망의 말씀으로 다가온다. 여기서 특별히 주목할 점은, 이런 부활의 축복에 이르기 전 먼저 믿음의 결단을 촉구하는 순간이 있었다는 사실이다. 야이로는 딸이 죽었다는 보고를 듣는 순간 딸의 죽음을 기정사실로 받아들이고 믿음을 포기할 것인지, 아니면 혈루증 앓는 여인을 치유하신 예수님의 능력을 끝까지 믿어야 할지 선택의 기로에 서게 된다. 우리도 동일한 선택의 기로에 설 수 있다. 이때 예수님은 "두려워하지 말고 믿기만 하라"는 명령으로 야이로에게 믿음을 촉구하셨고, 오늘 우리에게도 그렇게 말씀하신다. 기대한 상황이 악화되고 선택의 기로에 설 때, 그럼에도 믿음을 붙잡는 자에게는 모든 죽어 있는 영혼들에게 부활의 아침을 맞이하도록 깨우시는 예수님의 환희와 기쁨의 외침인 '달리다굼'이 주어질 것이다.

무릎 기도 | 하나님, 세상에서 소망을 잃고 삶의 의욕을 상실한 우리에게 달리다굼의 기적을 베풀어주소서. 늘 선택의 기로에 설 때 주저 없이 하나님을 믿는 믿음을 붙잡게 하소서.

ESV - Mark 5

35 While he was still speaking, there came from the ruler's house some who said, "Your daughter is dead. Why trouble the Teacher any further?"
36 But overhearing* what they said, Jesus said to the ruler of the synagogue, "Do not fear, only believe."
37 And he allowed no one to follow him except Peter and James and John the brother of James.
38 They came to the house of the ruler of the synagogue, and Jesus* saw a commotion, people weeping and wailing loudly.
39 And when he had entered, he said to them, "Why are you making a commotion and weeping? The child is not dead but sleeping."
40 And they laughed at him. But he put them all outside and took the child's father and mother and those who were with him and went in where the child was.
41 Taking her by the hand he said to her, "Talitha cumi," which means, "Little girl, I say to you, arise."
42 And immediately the girl got up and began walking (for she was twelve years of age), and they were immediately overcome with amazement.
43 And he strictly charged them that no one should know this, and told them to give her something to eat.

* 5:36 Or *ignoring*; some manuscripts *hearing*
* 5:38 Greek *he*

36 overhear 우연히 듣다 38 commotion 소동 weep 울다, 슬퍼하다 wail loudly 대성통곡하다 40 laugh at ~ ~을 비웃다 41 take ~ by the hand ~의 손을 잡다 42 overcome 압도하다 amazement 놀라움 43 strictly 엄격히 charge 명령하다

18 예수님의 배척당함과 제자 파송

월 일

마가복음 6:1-13 • 새찬송 538장 | 통일 327장

• 말씀묵상 전에 성령님의 인도하심을 구하는 기도를 드리십시오.

본문요약 | 고향 나사렛을 방문한 예수님이 회당에서 가르치자 고향 사람들은 놀란다. 그러나 그들은 예수님의 학력과 직업, 출신 등에 대한 선입견으로 결국 예수님을 배척한다. 고향을 떠난 예수님은 열두 제자를 불러 둘씩 파송하신다. 제자들은 예수님을 본받아 회개의 메시지를 전파하고 귀신 쫓음과 치유 사역을 감당한다.

1 예수께서 거기를 떠나사 고향으로 가시니
제자들도 따르니라
2 안식일이 되어 회당에서 가르치시니 많은
사람이 듣고 놀라 이르되 이 사람이 어디
서 이런 것을 얻었느냐 이 사람이 받은 지
혜와 그 손으로 이루어지는 이런 권능이
어찌됨이냐
3 이 사람이 마리아의 아들 목수가 아니냐
야고보와 요셉과 유다와 시몬의 형제가
아니냐 그 누이들이 우리와 함께 여기 있
지 아니하냐 하고 [1)]예수를 배척한지라
4 예수께서 그들에게 이르시되 선지자가 자
기 고향과 자기 친척과 자기 집 외에서는
존경을 받지 못함이 없느니라 하시며
5 거기서는 아무 권능도 행하실 수 없어 다
만 소수의 병자에게 안수하여 고치실 뿐
이었고
6 그들이 믿지 않음을 이상히 여기셨더라
이에 모든 촌에 두루 다니시며 가르치시
더라
7 열두 제자를 부르사 둘씩 둘씩 보내시며
더러운 귀신을 제어하는 권능을 주시고
8 명하시되 여행을 위하여 지팡이 외에는
양식이나 배낭이나 전대의 [2)]돈이나 아무
것도 가지지 말며
9 신만 신고 두 벌 옷도 입지 말라 하시고
10 또 이르시되 어디서든지 누구의 집에 들
어가거든 그곳을 떠나기까지 거기 유하라

1) 또는 예수로 말미암아 실족한지라
2) 헬, 동

11 어느 곳에서든지 너희를 영접하지 아니하
고 너희 말을 듣지도 아니하거든 거기서
나갈 때에 발 아래 먼지를 떨어버려 그들
에게 증거를 삼으라 하시니
12 제자들이 나가서 회개하라 전파하고
13 많은 귀신을 쫓아내며 많은 병자에게 기
름을 발라 고치더라

1. 오늘 하나님께서 나에게 주신 깨달음은 무엇입니까?

2. 말씀을 어떻게 내 삶에 구체적으로 적용해야 합니까?

절별 해설

2–3 예수님이 고향 나사렛을 방문하여 안식일에 회당에서 가르치자 고향 사람들은 그 가르침에 놀란다. 그러면서 세 가지 의문을 제기한다. 첫째 예수님의 가르침의 기원, 둘째 예수님의 지혜와 능력의 성격, 셋째 예수님의 가족 관계에 근거한 신분에 의문을 제기한다. 이런 의문은 예수님에 대한 잘못된 선입견을 낳았고, 결국 고향 사람들은 예수님의 가르침과 능력에 놀라면서도 선입견 때문에 배척하고 만다.

4 선지자가 자기 고향과 자기 친척과 자기 집 외에서는 존경을 받지 못함이 없느니라 고향 사람들의 냉담한 반응에 예수님은 자신의 처지를 속담에 비유하신다. 이와 유사한 형태의 속담이 유대와 헬라 문헌에 다양한 형태로 등장한다. 실제로 구약에서 예레미야 선지자는 고향 아나돗 사람들에게 살해 위협까지 당하는 일이 있었다(렘 11:18–23).

5–6 거기서는 아무 권능도 행하실 수 없어 … 그들이 믿지 않음을 이상히 여기셨더라 같은 사건에 대해 마태는 "거기서 많은 능력을 행하지 아니하시니라"(마 13:58)고 서술한 반면, 마가는 "거기서는 아무 권능도 행하실 수 없어"라고 표현한다. 마치 예수님이 무능력 상태에 있는 것처럼 말한다. 이런 과장된 표현을 통해 마가는 불신앙이 얼마나 무서운지를 보여줌과 동시에, 능력이 자동으로 일어나는 것이 아니라 상대방의 믿음을 전제로 함을 드러낸다.

7 열두 제자를 부르사 둘씩 둘씩 보내시며 더러운 귀신을 제어하는 권능을 주시고 마가복음의 핵심 주제 중 하나가 바로 '제자도'다. 제자는 단순히 예수님을 따라다닌 추종자가 아니라 성장과 발전을 통해 예수님을 닮아가는 존재다. 특히 예수님이 제자들을 파송하는 과정에서 몇 가지 특징이 나타난다. 첫째, 예수님의 부르심, 즉 소명이 있었다. 둘째, 예수님이 동행하지 않고 두 사람씩 짝지어 파송하신다. 셋째, 예수님이 동행하지 않는 대신 제자들에게 귀신 쫓는 권세, 즉 영적 전쟁을 감당할 능력을 위임하신다.

8–10 예수님은 제자들을 파송하면서 두 가지 주의사항을 명령조로 당부하신다. 첫째, 짐을 최대한 가볍게 하라고 말씀하신다. 아마도 그 당시에 여행 중인 교사들을 대접하는 것이 사회적인 관례였음을 염두에 두신 것 같다. 둘째, 한 번 거처를 정하면 옮기지 말라고 말씀하신다. 더 편안한 곳을 찾아다니지 말고, 불편한 곳이라도 불평하지 말라는 뜻이 담겨 있다.

쉬운성경

1 예수님께서 거기를 떠나 고향으로 가셨습니다. 제자들도 예수님을 따라 갔습니다.

2 안식일이 되자 예수님께서 회당에서 가르치기 시작하셨습니다. 많은 사람들이 예수님의 말씀을 듣고 놀라워하며 말했습니다. "이 사람이 어디서 이런 것을 얻었을까? 이 사람에게 있는 지혜는 어떤 것인가? 이 사람이 손으로 일으키는 기적은 어떤 것인가?

3 그는 목수가 아니냐? 그는 마리아의 아들이고, 야고보, 요세*, 유다, 그리고 시몬의 형이 아니냐? 그의 누이들도 우리와 함께 있지 아니하냐?" 그러면서 사람들은 예수님을 배척했습니다.

4 예수님께서 그들에게 "예언자가 고향과 친척과 자기 집을 제외하면 어느 곳에서나 존경을 받는다"라고 말씀하셨습니다.

5 예수님께서는 몇 명의 환자에게 손을 얹어 고쳐 주셨을 뿐, 많은 기적을 일으킬 수 없었습니다.

6 예수님께서는 그들이 믿지 않음에 놀라셨습니다. 그 후 예수님께서 마을을 두루 다니시며 가르치셨습니다.

7 예수님께서 열두 제자를 불러 두 사람씩 보내기 시작하셨습니다. 그리고 그들에게 더러운 귀신을 쫓는 권세를 주셨습니다.

8 예수님께서 제자들에게 명하기를, "여행할 때는 지팡이 외에 아무것도 가지고 다니지 말고, 빵이나 가방도 가지지 말며, 주머니에 돈도 넣고 다니지 마라"고 하셨습니다.

9 또한 "신만 신고 옷도 두 벌씩 갖지 마라"고 하셨습니다.

10 예수님께서 이어서 말씀하셨습니다. "어느 집에 들어가든지 마을을 떠날 때까지 거기 머무르도록 해라.

* 6:3 '요세'는 '요셉'의 다른 이름이다.

11 발 아래 먼지를 떨어버려 그들에게 증거를 삼으라 이 행동은 제자들을 배척하는 마을과 그런 사람들이 하나님나라와 아무런 관계도 없음을 상징적으로 보여준다. 그럼으로써 그들에게 경고 기능을 할 뿐 아니라, 마지막 심판 때 증거로 삼게 될 것이다. 동시에 그런 사람들의 소유에 대해서는 먼지조차도 가지려 하지 말라는 뜻이 담겨 있다.

13 기름 이것은 당시 의약품이자(참고. 약 5:14) 회복을 기원하는 축복을 상징한다(참고. 레 14:15-18). 즉, 기름을 바름으로써 외적인 상처의 치유뿐 아니라 내면의 치유도 도모했다.

11 너희를 받아들이지 않거나 말씀에 귀를 기울이지 않으면, 그곳에서 나올 때 신발에 묻은 먼지를 털어 버려서 그들에게 증거로 삼아라."

12 제자들은 가서 사람들에게 회개하라고 전하였습니다.

13 또 많은 귀신들을 쫓아내고, 많은 환자들에게 기름을 부어 병을 고쳐 주었습니다.

저자의 묵상

가버나움을 중심으로 한 예수님의 사역이 폭발적인 반응을 보였기에, 예수님의 고향 방문은 일종의 금의환향이 될 것이라는 기대를 불러일으켰다. 그러나 현실은 놀라움에 이은 불신앙과 배척이 나타난다. 고향 사람들은 예수님의 학력과 출신, 신분과 직업 등을 전제로 선입견을 가지고 예수님을 바라보았다. 그 때문에 예수님은 고향에서 거의 능력을 행하지 않으신 채 결국 그곳을 떠나신다. 잘못된 선입견과 불신앙이 초래하는 폐해를 극적으로 보여준다.

그런데 이렇게 배척당하신 후 예수님이 열두 제자를 파송하신 것은 의미심장하다. 오히려 이 일을 계기로 안주하지 않고 선교의 지경을 확장한다. 또 방법적인 면에서도 1인 선교에서 12인 파송 선교로 방향을 선회하신다. 위기를 기회로 극복하신 것이다. 제자들은 예수님을 귀감으로 삼아 회개의 메시지를 전파함과 동시에 귀신을 쫓고 병자를 치유한다. 이를 통해 사람들의 육체와 영혼을 치유하고 구원하는 데 주력한다. 우리도 선한 일을 하다가 배척당할 때 낙심하지 말고 그것을 전화위복의 기회로 삼아야 할 것이다.

무릎기도 하나님 아버지, 잘못된 선입견과 불신앙을 고쳐주시고, 주님의 제자로서 우리를 이 땅에 파송하신 목적과 뜻을 깨달아 선교의 사명을 감당케 하소서.

ESV - Mark 6

1 He went away from there and came to his hometown, and his disciples followed him.
2 And on the Sabbath he began to teach in the synagogue, and many who heard him were astonished, saying, "Where did this man get these things? What is the wisdom given to him? How are such mighty works done by his hands?
3 Is not this the carpenter, the son of Mary and brother of James and Joses and Judas and Simon? And are not his sisters here with us?" And they took offense at him.
4 And Jesus said to them, "A prophet is not without honor, except in his hometown and among his relatives and in his own household."
5 And he could do no mighty work there, except that he laid his hands on a few sick people and healed them.
6 And he marveled because of their unbelief. And he went about among the villages teaching.
7 And he called the twelve and began to send them out two by two, and gave them authority over the unclean spirits.
8 He charged them to take nothing for their journey except a staff—no bread, no bag, no money in their belts—
9 but to wear sandals and not put on two tunics.*
10 And he said to them, "Whenever you enter a house, stay there until you depart from there.
11 And if any place will not receive you and they will not listen to you, when you leave, shake off the dust that is on your feet as a testimony against them."
12 So they went out and proclaimed that people should repent.
13 And they cast out many demons and anointed with oil many who were sick and healed them.

* 6: 9 Greek *chiton,* a long garment worn under the cloak next to the skin

1 hometown 고향 2 Sabbath 안식일 astonished 깜짝 놀란 wisdom 지혜 mighty 강력한 3 carpenter 목수 take offense at ~ ~에 성내다, 노여워하다 4 relative 친척 household 가정 6 marvel 놀라다 8 journey 여행 9 tunic 겉옷 11 shake off the dust 티끌을 떨다 testimony 증거 12 repent 회개하다 13 anoint 기름을 바르다

• MEMO •

19 세례 요한의 죽음

월 일

마가복음 6:14-29 • 새찬송 586장 | 통일 521장

• 말씀묵상 전에 성령님의 인도하심을 구하는 기도를 드리십시오.

본문요약 I 예수님 사역의 소문을 들은 헤롯 왕은 세례 요한의 영이 환생한 것으로 여기고 두려워한다. 헤롯이 이렇게 두려워하는 이유는 그가 의롭고 거룩한 사람으로 여기던 요한을 참수하였기 때문이다. 마가는 이런 요한의 죽음을 통해 예수님의 죽으심을 미리 암시한다.

14 이에 예수의 이름이 드러난지라 헤롯 왕이 듣고 이르되 이는 [1]세례 요한이 죽은 자 가운데서 살아났도다 그러므로 이런 능력이 그 속에서 일어나느니라 하고

15 어떤 이는 그가 엘리야라 하고 또 어떤 이는 그가 선지자니 옛 선지자 중의 하나와 같다 하되

16 헤롯은 듣고 이르되 내가 목 벤 요한 그가 살아났다 하더라

17 전에 헤롯이 자기가 동생 빌립의 아내 헤로디아에게 장가든 고로 이 여자를 위하여 사람을 보내어 요한을 잡아 옥에 가두었으니

18 이는 요한이 헤롯에게 말하되 동생의 아내를 취한 것이 옳지 않다 하였음이라

19 헤로디아가 요한을 원수로 여겨 죽이고자 하였으되 하지 못한 것은

20 헤롯이 요한을 의롭고 거룩한 사람으로 알고 두려워하여 보호하며 또 그의 말을 들을 때에 크게 번민을 하면서도 달갑게 들음이러라

21 마침 기회가 좋은 날이 왔으니 곧 헤롯이 자기 생일에 대신들과 천부장들과 갈릴리의 귀인들로 더불어 잔치할새

22 헤로디아의 [2]딸이 친히 들어와 춤을 추어 헤롯과 그와 함께 [3]앉은 자들을 기쁘게 한지라 왕이 그 소녀에게 이르되 무엇이든지 네가 원하는 것을 내게 구하라 내가 주리라 하고

23 또 맹세하기를 무엇이든지 네가 내게 구하면 내 나라의 절반까지라도 주리라 하거늘

24 그가 나가서 그 어머니에게 말하되 내가 무엇을 구하리이까 그 어머니가 이르되 [1]세례 요한의 머리를 구하라 하니

25 그가 곧 왕에게 급히 들어가 구하여 이르되 [1]세례 요한의 머리를 소반에 얹어 곧 내게 주기를 원하옵나이다 하니

26 왕이 심히 근심하나 자기가 맹세한 것과 그 [3]앉은 자들로 인하여 그를 거절할 수 없는지라

27 왕이 곧 시위병 하나를 보내어 요한의 머리를 가져오라 명하니 그 사람이 나가 옥에서 요한을 목 베어

28 그 머리를 소반에 얹어다가 소녀에게 주니 소녀가 이것을 그 어머니에게 주니라

29 요한의 제자들이 듣고 와서 시체를 가져다가 장사하니라

1) 헬, 또는 침례 2) 또는 친딸이 들어와 3) 2:15 난하주를 보라

1. 오늘 하나님께서 나에게 주신 깨달음은 무엇입니까?

2. 말씀을 어떻게 내 삶에 구체적으로 적용해야 합니까?

절별 해설

14-16 이는 세례 요한이 죽은 자 가운데서 살아났도다 세례 요한을 죽인 헤롯은 헤롯 대왕의 아들로, 갈릴리와 베레아 지역을 통치했던 분봉 왕 헤롯 안티파스를 가리킨다(주전 4~주후 39년). 그는 예수님의 사역 소식을 듣고 자신이 죽인 요한의 영이 환생한 것으로 확신한다. 한편 당시 예수님을 엘리야나 선지자로 인식하는 사람들도 적지 않았던 것 같다.

17-18 이는 요한이 헤롯에게 말하되 동생의 아내를 취한 것이 옳지 않다 하였음이라 마가는 예수님에 대한 헤롯의 반응을 언급하면서, 자연스럽게 과거에 일어난 요한의 죽음에 얽힌 일을 회상한다. 먼저 헤롯은 요한을 옥에 가두는데, 그 이유는 요한이 자신의 재혼의 부당성을 공공연히 질책했기 때문이다. 실제로 그는 나바테아 왕 아레타스 4세의 딸을 첫째 부인으로 삼았다가 이혼한다. 그 뒤 헤로디아와 재혼하는데, 그녀는 자신의 이복형 아리스토불루스의 딸이자 또 다른 이복형제 빌립(헤롯 보에투스)의 아내였다. 즉, 자신의 조카이자 제수씨인 사람과 재혼한 것이다. 이것은 유대 율법에 어긋난 처사였다(참고. 레 18:16; 20:21). 따라서 요한이 이 사실을 반복적으로 지적하자, 헤롯은 백성 사이에서 자신의 위신이 실추되는 것을 우려해 그를 투옥한다.

19-20 세례 요한에 대한 헤롯과 헤로디아의 상반된 입장을 보여준다. 요한의 지적에 헤로디아는 그를 죽이고 싶다는 반응을 보인다. 반면 헤롯은 그를 의롭고 거룩한 사람으로 여기고 두려워하면서 그의 말을 즐겨 듣되 번민한다. 흥미롭게도 이런 세 사람의 긴장 관계는 엘리야 선지자에 대한 아합 왕과 이세벨의 반응을 떠올리게 한다(참고. 왕상 18:41-19:2).

21-25 마침 기회가 좋은 날이 왔으니 마가는 요한이 죽임을 당하게 된 사건의 경위를 비교적 상세하게 묘사한다. 헤롯의 생일잔치가 열렸고, 헤로디아의 딸이 춤을 추어 손님들을 즐겁게 한다. 그녀는 아마도 헤로디아의 전남편 빌립의 딸 살로메인 것으로 보이며, "소녀"라고 부른 것으로 보아 결혼할 수 있는 나이인 12세를 넘긴 것 같다. 그녀의 춤에 반한 헤롯은 무절제한 맹세를 반복해서 하고, 헤로디아는 이것을 요한을 죽이는 기회로 삼는다.

26-28 요한을 목 베어 소녀의 요청에 헤롯은 자신의 무책임한 맹세를 후회하지만, 결국 그녀의 요구대로 요한의 머리를 베어 소반에 담아 소녀에게 준다. 이런 요한의 죽음에 대한 일련의 묘사는 예수님의 죽으심을 미리 보는 듯한 인상을 주기에 충분하다. 몇 가지를 짚어보면, 먼저 헤롯이 요한의 처형을 주저

쉬운성경

14 예수님의 이름이 널리 알려져서 헤롯 왕도 예수님의 소문을 들었습니다. 사람들은 "세례자 요한이 죽은 사람들 가운데서 살아난 거야. 그러니까 이런 기적이 그분에게서 나오는 거야" 하고 말했습니다.

15 어떤 사람들은 이렇게도 말했습니다. "그분은 엘리야다." 또 다른 사람들은 "그분은 옛날에 있었던 예언자와 똑같은 예언자야"라고 말했습니다.

16 헤롯이 이런 소리를 듣고 말했습니다. "내가 목을 잘라 죽인 요한이 다시 살아났구나!"

17 예전에 헤롯은 요한을 잡아 오게 하여 감옥에 가두어 둔 적이 있었습니다. 이는 헤로디아와 관련된 일로, 헤롯이 자기 동생 빌립의 아내인 헤로디아를 아내로 삼아 버렸기 때문이었습니다.

18 요한은 헤롯에게 "자기 동생의 아내를 자기 아내로 삼는 것은 옳지 않습니다"라고 말하곤 하였습니다.

19 그래서 헤로디아는 요한을 미워하였습니다. 헤로디아는 요한을 죽이고 싶었지만 그럴 수 없었습니다.

20 그것은 요한이 의롭고 거룩한 사람이란 것을 아는 헤롯이 요한을 두려워했기 때문입니다. 그래서 요한을 살려두었습니다. 요한의 말이 듣기엔 괴로웠지만, 그의 말을 즐겨 들었습니다.

21 그런데 요한을 죽일 수 있는 좋은 기회가 왔습니다. 자기 생일에 헤롯은 고관들과 천부장들, 갈릴리의 귀빈들을 초청해서 잔치를 베풀었습니다.

22 헤로디아의 딸이 춤을 춰서 헤롯과 잔치에 참여한 손님들을 즐겁게 해 주었습니다. 그래서 헤롯 왕이 소녀에게 말했습니다. "네가 원하는 것을 말해라. 그러면 그것을 선물로 주겠다."

23 헤롯은 "네가 무엇을 달라고 하든지 다 주겠다. 내 나라의 절반이라도 말이다" 하고 맹세했습니다.

한 것처럼 빌라도 역시 망설인다. 그러나 헤롯이 주변의 압력에 의해 처형을 결정했듯, 빌라도 역시 유대 종교지도자들과 군중의 압력으로 예수님을 십자가에 처형한다. 무죄한 요한이 중대한 범죄자를 처형하는 로마식 참수형을 당한 것처럼, 무죄한 예수님도 반역자를 처벌하는 극형인 십자가형을 당하신다. 마지막으로 요한의 제자들이 그의 시신을 무덤에 묻었듯, 예수님도 그렇게 무덤에 장사된다.

24 소녀는 자기 어머니에게 가서 "무엇을 달라고 할까요?" 하고 물었습니다. 그러자 어머니가 대답했습니다. "세례자 요한의 머리를 달라고 해라."

25 소녀는 즉시 왕에게 돌아가서 "바로 이 자리에서 세례자 요한의 머리를 쟁반에 담아 주세요" 하고 요청했습니다.

26 왕은 매우 괴로웠지만, 자기가 한 맹세 때문에 그리고 잔치에 참여한 손님들 때문에 소녀의 요청을 거절할 수 없었습니다.

27 왕은 곧바로 시위대 군인을 보내 요한의 머리를 가져오라고 했습니다. 군인은 가서 감옥에 있던 요한의 머리를 잘랐습니다.

28 그리고 쟁반에 담은 그의 머리를 가져와 소녀에게 주었고, 소녀는 그것을 자기 어머니에게 가져다 주었습니다.

29 요한의 제자들이 이 소식을 듣고 가서 요한의 시체를 가져다가 무덤에 묻었습니다.

저자의 묵상

세례 요한은 세상적인 시각으로 보면 억울하고 비참한 최후를 맞는다. 하나님의 선택받은 종으로서 주의 길을 예비하는 사명을 감당하다가 죽임을 당한다. 하나님이 왜 그를 보호해 주지 않으셨는지 의문이 들 수도 있지만, 구원 역사라는 거시적인 관점에서 보면 그의 죽음은 곧 예수님의 죽음을 예비하는 그림자와도 같았다. 인간적으로는 불행해 보일지 모르나, 요한은 죽음으로써 사명을 완수하였다. 비록 우리가 의인에게 닥치는 예상 밖의 결과를 보면서 신앙적인 고민을 할 수는 있지만, 그 모든 일 가운데 하나님의 더 크신 계획이 있음을 믿어야 한다. 그래서 예수님은 기꺼이 십자가의 길을 가셨고, 오늘 우리에게도 자신처럼 각자의 십자가를 지고 따르라고 말씀하신다. 그리스도인의 삶은 이 세상에서 행복과 기쁨을 누리는 데 목적이 있는 것이 아니라, 하나님나라에서의 영원한 삶에 궁극적인 목적이 있음을 다시금 깨닫게 된다.

무릎 기도 하나님, 이 세상의 편안함과 행복에 도취되어 하나님나라와 영원을 망각하지 않게 하소서. 우리가 참된 기쁨과 영광을 누릴 곳은 영원한 하나님나라임을 믿습니다.

ESV - Mark 6

14 King Herod heard of it, for Jesus'* name had
become known. Some* said, "John the
Baptist* has been raised from the dead. That
is why these miraculous powers are at work
in him."
15 But others said, "He is Elijah." And others
said, "He is a prophet, like one of the
prophets of old."
16 But when Herod heard of it, he said, "John,
whom I beheaded, has been raised."
17 For it was Herod who had sent and seized
John and bound him in prison for the sake of
Herodias, his brother Philip's wife, because
he had married her.
18 For John had been saying to Herod, "It is not
lawful for you to have your brother's wife."
19 And Herodias had a grudge against him and
wanted to put him to death. But she could
not,
20 for Herod feared John, knowing that he was
a righteous and holy man, and he kept him
safe. When he heard him, he was greatly
perplexed, and yet he heard him gladly.
21 But an opportunity came when Herod on his
birthday gave a banquet for his nobles and
military commanders and the leading men of
Galilee.
22 For when Herodias's daughter came in and
danced, she pleased Herod and his guests.
And the king said to the girl, "Ask me for
whatever you wish, and I will give it to you."
23 And he vowed to her, "Whatever you ask me,
I will give you, up to half of my kingdom."
24 And she went out and said to her mother,
"For what should I ask?" And she said, "The
head of John the Baptist."
25 And she came in immediately with haste to
the king and asked, saying, "I want you to
give me at once the head of John the Baptist
on a platter."
26 And the king was exceedingly sorry, but
because of his oaths and his guests he did
not want to break his word to her.
27 And immediately the king sent an execu-
tioner with orders to bring John's* head. He
went and beheaded him in the prison
28 and brought his head on a platter and gave it
to the girl, and the girl gave it to her mother.
29 When his disciples heard of it, they came and
took his body and laid it in a tomb.

* 6:14 Greek *his*
* 6:14 Some manuscripts *He*
* 6:14 Greek *baptizer;* also verse 24
* 6:27 Greek *his*

14 hear of ~ ~에 대해 듣다 baptist 세례 주는 사람 miraculous 기적의, 놀랄 만한 16 behead 참수하다 17 seize 잡다 prison 감옥 for the sake of ~ ~을 위해서 18 lawful 합법적인 19 have a grudge against ~ ~에게 원한을 품다 put ~ to death ~을 죽이다 20 perplexed 당혹한 21 opportunity 기회 banquet 연회 noble 귀족 military 군대의 commander 지휘관 23 vow 맹세하다 25 with haste 급히 서둘러서 platter 큰 접시 26 exceedingly 몹시 oath 맹세, 서약 27 executioner 사형집행인

• MEMO •

20 오병이어와 남은 열두 광주리

월 일

마가복음 6:30-44 • 새찬송 198장 | 통일 284장

• 말씀묵상 전에 성령님의 인도하심을 구하는 기도를 드리십시오.

본문요약 I 사역을 마치고 돌아온 제자들은 예수님께 보고하고, 예수님은 그들에게 휴식을 명하신다. 그러나 무리는 예수님 일행을 계속 따라왔고, 그 수는 성인 남자만 5천 명에 이를 만큼 많았다. 예수님은 그들을 불쌍히 여기시고 오병이어 기적으로 배불리 먹이신다.

30 사도들이 예수께 모여 자기들이 행한 것
과 가르친 것을 낱낱이 고하니
31 이르시되 너희는 따로 한적한 곳에 가서
잠깐 쉬어라 하시니 이는 오고 가는 사람
이 많아 음식 먹을 겨를도 없음이라
32 이에 배를 타고 따로 한적한 곳에 갈새
33 그들이 가는 것을 보고 많은 사람이 그들
인 줄 안지라 모든 고을로부터 도보로 그
곳에 달려와 그들보다 먼저 갔더라
34 예수께서 나오사 큰 무리를 보시고 그 목
자 없는 양 같음으로 인하여 불쌍히 여기
사 이에 여러 가지로 가르치시더라
35 때가 저물어가매 제자들이 예수께 나아와
여짜오되 이곳은 빈 들이요 날도 저물어
가니
36 무리를 보내어 두루 촌과 마을로 가서 무
엇을 사 먹게 하옵소서
37 대답하여 이르시되 너희가 먹을 것을 주
라 하시니 여짜오되 우리가 가서 이백[1] 데
나리온의 떡을 사다 먹이리이까
38 이르시되 너희에게 떡 몇 개나 있는지 가
서 보라 하시니 알아보고 이르되 떡 다섯
개와 물고기 두 마리가 있더이다 하거늘
39 제자들에게 명하사 그 모든 사람으로 떼
를 지어 푸른 잔디 위에 앉게 하시니
40 떼로 백 명씩 또는 오십 명씩 앉은지라
41 예수께서 떡 다섯 개와 물고기 두 마리를
가지사 하늘을 우러러 축사하시고 떡을
떼어 제자들에게 주어 사람들에게 나누어
주게 하시고 또 물고기 두 마리도 모든 사
람에게 나누시매
42 다 배불리 먹고
43 남은 떡 조각과 물고기를 열두 바구니에
차게 거두었으며
44 떡을 먹은 남자는 오천 명이었더라

1) 은전의 명칭

1. 오늘 하나님께서 나에게 주신 깨달음은 무엇입니까?

2. 말씀을 어떻게 내 삶에 구체적으로 적용해야 합니까?

절별 해설

30-32 이르시되 너희는 따로 한적한 곳에 가서 잠깐 쉬어라 선교 보고를 받으신 예수님은 휴식을 허락하신다. 열심히 사역한 사람에게 쉼은 필수이며, 결코 낭비나 사치가 아님을 알 수 있다.

34 예수께서 나오사 큰 무리를 보시고 그 목자 없는 양 같음으로 인하여 불쌍히 여기사 이에 여러 가지로 가르치시더라 휴가를 떠나는 예수님 일행을 본 무리가 목적지에 미리 와서 기다리고 있었다. 예수님은 그런 무리를 불쌍히 여기시며 "목자 없는 양"같이 여기셨다. 이 표현은 구약에 여러 번 등장한다(참고. 민 27:17; 왕상 22:17; 겔 34:5-6; 슥 10:2-3; 13:7). 영적 지도자 없이 방황하는 무리의 안타까운 상태를 비유적으로 보여주는 표현이다.

37-44 오병이어 기적은 사복음서에 모두 기록된 유일한 기적이다(마 14:13-21; 눅 9:10-17; 요 6:1-14). 이 사건은 예수님의 정체와 복음을 이해하는 중요한 모티브가 된다.

37 대답하여 이르시되 너희가 먹을 것을 주라 하시니 여짜오되 우리가 가서 이백 데나리온의 떡을 사다 먹이리이까 시간적으로 날이 저물자, 공간적으로 빈 들에 머물던 예수님 일행과 무리는 저녁식사 문제를 해결해야 할 상황에 놓인다. 여기서 몇 가지 주목할 사실이 있다. 먼저, 예수님은 제자들에게 먹을 것을 주라고 명령하신다. 그러나 제자들은 이를 금전적인 방식으로 해결하려고 한다. 제자들은 무리를 먹이려면 최소한 200데나리온(성인 노동자의 200일 일당)어치의 떡이 필요하다고 보고 한다. 그들의 답변은 지극히 계산적이고 합리적인 판단에 근거한 것이지만, 예수님의 정체와 그분의 뜻을 읽어내지는 못했다.

38 떡 다섯 개와 물고기 두 마리가 있더이다 주님께 드려진 작은 헌신이 놀라운 결과를 낳는다. 예수님의 감사 기도 후 "떡 다섯 개와 물고기 두 마리"를 무리에게 나누자, 남자 어른만 5천 명에 그 가족들까지 계산하면 대략 2만 명 가까운 사람이 배불리 먹는 역사가 일어난다.

41-42 오병이어 기적은 최후의 만찬을 연상케 하며, 나아가 종말에 일어날 메시아 잔치를 미리 보여준다. 예수님이 오병이어를 통해 기적을 이루시는 과정을 묘사하는데 사용된 네 개의 동사(가지사, 축사하시고, 떼어 나누시매, 41절)는 최후의 만찬에서 그대로 사용된다(참고. 14:22). 또 오병이어 기적은 생명의 양식으로 오신 예수님의 인류 구원이라는 궁극적 목적을 보여준다. 50명씩 혹은 100명씩 떼를 지어 "푸른 잔디"에

쉬운성경

30 사도들이 예수님께로 돌아왔습니다. 그리고 자신들이 했던 일과 가르쳤던 것을 모두 예수님께 말씀드렸습니다.

31 예수님께서 말씀하셨습니다. "외딴 곳으로 따로 가서 잠시 쉬도록 하라." 이렇게 말씀하신 것은 오고가는 사람들이 너무 많아 예수님과 사도들이 식사할 시간조차 없었기 때문입니다.

32 그래서 그들은 외딴 곳으로 배를 타고 갔습니다.

33 그러나 떠나는 모습을 보고 사람들이 그들인 줄 알아챘습니다. 그래서 사람들은 여러 성읍에서 길을 따라 함께 달려가서, 그들보다 먼저 그곳에 이르렀습니다.

34 예수님께서 배에서 내리시면서 많은 사람들을 보셨습니다. 예수님께서는 그들을 불쌍히 여기셨는데 그것은 그들이 마치 목자 없는 양과 같았기 때문입니다. 예수님께서는 그들에게 많은 것을 가르쳐 주셨습니다.

35 이미 날이 저물었습니다. 제자들이 예수님께 와서 말했습니다. "이곳은 빈 들이고, 시간도 너무 늦었습니다.

36 그러니 사람들을 보내어 근처에 있는 농가나 마을에 가서 먹을 것을 사 먹게 하는 것이 좋겠습니다."

37 그러나 예수님께서 대답하셨습니다. "너희가 먹을 것을 주어라." 그들이 예수님께 말했습니다. "그러면 우리가 가서 이백 데나리온*어치의 빵을 사서 먹이라는 말씀이십니까?"

38 예수님께서 그들에게 물으셨습니다. "너희가 가진 빵이 얼마나 되는지 가서 알아보아라." 그들이 알아보고 나서 말했습니다. "빵 다섯 개와 생선 두 마리가 있습니다."

* 6:37 1데나리온은 하루 품삯에 해당된다.

앉게 하시는 모습은 선한 목자이신 주님이 목자 없는 양 같은 무리를 시편 23편처럼 인도하시는 모습을 떠올리게 한다.

43-44 열두 바구니, 남자는 오천 명 '12'라는 숫자는 제자들의 수를 넘어 이스라엘의 열두 지파를 상징한다. 그럼으로써 '남은 자 사상'의 핵심인 메시아를 통한 구원을 암시하는 것 같다. 또 당시 가버나움의 총 인구가 만 명 정도였다고 하는데, 성인 남성만 5천 명이 왔고 그들을 배불리 먹였다는 사실은 예수님의 위대한 능력을 강하게 부각시켜 보여준다.

39 예수님께서 사람들에게 무리를 지어서 풀밭에 앉으라고 하셨습니다.

40 사람들은 백 명 혹은 오십 명씩 떼를 지어 앉았습니다.

41 예수님께서 빵 다섯 개와 생선 두 마리를 들고, 하늘을 우러러보시며 감사 기도를 드리셨습니다. 그리고 제자들에게 빵을 떼어서 나누어 주도록 했습니다. 그리고 생선 두 마리도 나누어 주셨습니다.

42 모든 사람들이 배불리 먹었습니다.

43 제자들은 열두 광주리*에 남은 빵 조각과 물고기를 거두어들였습니다.

44 빵을 먹은 남자 어른은 오천 명이었습니다.

*6:43 바구니

저자의 묵상

오병이어 기적은 구약의 두 사건과 밀접하게 연결되어 있다. 하나는 엘리사 선지자가 보리떡 20개와 자루에 담은 채소로 100명을 먹이고 남은 사건을 연상시킨다(왕하 4:42-44). 이를 계산하면, 위대한 선지자 엘리사가 떡 한 개로 다섯 명을 먹였다면, 예수님은 떡 한 개로 천 명을 먹이신 셈이다. 이처럼 엘리사는 예수님의 그림자였고, 예수님은 그 그림자의 본체인 위대한 메시아임을 선명하게 보여준다. 또 하나의 사건은 출애굽 당시 광야에서 이스라엘 백성에게 만나가 기적적으로 제공되던 모습이다(출 16:1-36). 유대인들은 메시아가 오시면 만나를 다시 주실 것으로 믿었다. 예수님은 이런 만나를 최후의 만찬을 통해 육신의 양식을 넘어 영적인 양식으로 승화시키며 영적 구원의 모티브로 삼으셨다. 그리고 십자가에 자기 몸을 희생하여 진정한 구원을 완성하셨다. 사복음서 저자들이 모두 이 기적을 주목한 이유가 바로 여기 있다.

무릎 기도 선한 목자이며 생명의 양식이신 하나님, 유리하는 양 떼인 저희를 돌보아 주시니 감사합니다. 주님만 따름으로써 진정한 구원 잔치에 참여하는 복을 누리게 하소서.

ESV - Mark 6

30 The apostles returned to Jesus and told him
all that they had done and taught.
31 And he said to them, "Come away by
yourselves to a desolate place and rest a
while." For many were coming and going,
and they had no leisure even to eat.
32 And they went away in the boat to a desolate
place by themselves.
33 Now many saw them going and recognized
them, and they ran there on foot from all the
towns and got there ahead of them.
34 When he went ashore he saw a great crowd,
and he had compassion on them, because
they were like sheep without a shepherd.
And he began to teach them many things.
35 And when it grew late, his disciples came to
him and said, "This is a desolate place, and
the hour is now late.
36 Send them away to go into the surrounding
countryside and villages and buy themselves
something to eat."
37 But he answered them, "You give them
something to eat." And they said to him,
"Shall we go and buy two hundred denarii*
worth of bread and give it to them to eat?"
38 And he said to them, "How many loaves do
you have? Go and see." And when they had
found out, they said, "Five, and two fish."
39 Then he commanded them all to sit down in
groups on the green grass.
40 So they sat down in groups, by hundreds and
by fifties.
41 And taking the five loaves and the two fish,
he looked up to heaven and said a blessing
and broke the loaves and gave them to the
disciples to set before the people. And he
divided the two fish among them all.
42 And they all ate and were satisfied.
43 And they took up twelve baskets full of
broken pieces and of the fish.
44 And those who ate the loaves were five
thousand men.

* 6:37 A *denarius* was a day's wage for a laborer

31 come away 떨어지다, 벗어나다 desolate 황량한, 인기척이 없는 rest a while 잠깐 휴식하다 have no leisure 짬[겨를]이 없다 33 recognize 알아보다 ahead of ~ ~보다 먼저 34 ashore 해변으로 have compassion on ~ ~을 불쌍히 여기다 shepherd 목자 36 surrounding 주변의 countryside 농촌 지방 37 … worth of ~ … 어치의 ~ 38 loaf 빵 39 in groups 떼를 지어, 삼삼오오 41 divide 나누다 42 satisfy 만족시키다

• MEMO •

21 물 위를 걸어오신 예수님

월 일

마가복음 6:45-56 • 새찬송 134장 | 통일 84장

• 말씀묵상 전에 성령님의 인도하심을 구하는 기도를 드리십시오.

본문요약 | 오병이어 기적 후에 예수님은 서둘러 제자들을 배에 태워 보내시고, 사람들을 흩으신 후 산에 기도하러 가신다. 그러나 배에 탄 제자들이 바람을 만나 고생하자 예수님은 물 위를 걸어오셔서 그들을 구원하신다. 또 게네사렛에 도착하신 예수님은 수많은 환자를 치유하신다.

45 예수께서 즉시 제자들을 재촉하사 자기가
무리를 보내는 동안에 배 타고 앞서 건너
편 벳새다로 가게 하시고
46 무리를 작별하신 후에 기도하러 산으로
가시니라
47 저물매 배는 바다 가운데 있고 예수께서
는 홀로 뭍에 계시다가
48 바람이 거스르므로 제자들이 힘겹게 노
젓는 것을 보시고 밤 사경쯤에 바다 위로
걸어서 그들에게 오사 지나가려고 하시매
49 제자들이 그가 바다 위로 걸어 오심을 보
고 유령인가 하여 소리 지르니
50 그들이 다 예수를 보고 놀람이라 이에 예
수께서 곧 그들에게 말씀하여 이르시되
안심하라 내니 두려워하지 말라 하시고
51 배에 올라 그들에게 가시니 바람이 그치
는지라 제자들이 마음에 심히 놀라니
52 이는 그들이 그 떡 떼시던 일을 깨닫지 못
하고 도리어 그 마음이 둔하여졌음이러라
53 건너가 게네사렛 땅에 이르러 대고
54 배에서 내리니 사람들이 곧 예수신 줄을
알고
55 그 온 지방으로 달려 돌아 다니며 예수께
서 어디 계시다는 말을 듣는 대로 병든 자
를 침상째로 메고 나아오니
56 아무 데나 예수께서 들어가시는 지방이나
도시나 마을에서 병자를 시장에 두고 예
수께 그의 옷 가에라도 손을 대게 하시기
를 간구하니 손을 대는 자는 다 성함을 얻
으니라

1. 오늘 하나님께서 나에게 주신 깨달음은 무엇입니까?

2. 말씀을 어떻게 내 삶에 구체적으로 적용해야 합니까?

절별 해설

45–46 무리를 작별하신 후에 기도하러 산으로 가시니라 오병이어 기적 후에 예수님은 의외의 행적을 보이신다. 먼저 제자들을 배에 태워 벳새다로 보내시고, 이어서 따르던 무리를 해산하셨으며, 마지막으로 자신은 산에 기도하러 올라가셨다. 본문은 그 이유를 명확하게 설명하지 않지만, 요한복음은 예수님의 기적을 경험한 무리가 그분을 억지로 왕으로 삼으려 했다고 언급한다(요 6:14–15). 추측건대, 예수님은 자신이 가야 할 진정한 길이 고난과 십자가임을 아셨기에, 자신을 세상적인 왕으로 세우려는 무리의 유혹을 뿌리치고, 그런 하나님의 뜻에 순종하려고 기도의 길을 가신 것으로 보인다.

48 바람이 거스르므로 제자들이 힘겹게 노 젓는 것을 보시고 밤 사경쯤에 바다 위로 걸어서 그들에게 오사 지나가려고 하시매 예수님이 기도하는 동안 제자들은 호수 위에서 바람을 만나 항해에 고전하고 있었다. 육안으로 배를 볼 수 없는 상황에서 예수님은 기도 중에 신령한 능력으로 그들의 고생하는 모습을 보시고 한밤중에 호수 위를 걸어오신다. 예수님의 메시아 되심과 초자연적인 능력을 알 수 있다. 그러나 제자들의 눈에는 그렇게 걸어오신 예수님이 그들을 지나쳐 가려는 것처럼 보였다. 이러한 상황은 예수님에 대한 제자들의 인식이 얼마나 미흡한지를 보여준다.

49–50 제자들이 그가 바다 위로 걸어 오심을 보고 유령인가 하여 소리 지르니 그들이 다 예수를 보고 놀람이라 이에 예수께서 곧 그들에게 말씀하여 이르시되 안심하라 내니 두려워하지 말라 이 말씀에서 제자들의 반응과 예수님의 대응이 극적인 대조를 이룬다. 제자들은 물 위를 걸어오시는 예수님을 보고 자신들을 해치러 온 유령으로 생각하여 비명을 지르고 두려움에 떨었던 것 같다. 반면 그런 제자들에게 예수님은 책망 대신 위로의 말씀으로 격려하신다. 여기서 "내니"(*헬.* 에고 에이미)는 일상적으로 쓰는 표현이기도 하지만, 일부 학자들은 이것을 '나는 스스로 있는 자다'(출 3:14)라고 모세에게 하신 말씀에서 유래되어 구약에 여러 번 등장하는 하나님 자신에 대한 신적 표현(사 41:4; 43:10; 48:12)으로 보기도 한다.

52 이는 그들이 그 떡 떼시던 일을 깨닫지 못하고 도리어 그 마음이 둔하여졌음이러라 마가는 제자들이 두려워한 이유를 그들의 깨닫지 못하는 어리석음과 둔한 마음(경직성) 때문이라고 분석한다. 실제로 그들은 오병이어의 기적을 보고도 여전히 예수님을 온전히 알지 못하는 둔감한 상태였고, 이것은 영적으로 볼 때 심각한 문제였다.

쉬운성경

45 예수님께서 제자들에게 배를 타고 호수 건너편에 있는 벳새다로 먼저 가 있으라고 말씀하셨습니다. 그동안에 예수님께서는 사람들을 집으로 보내셨습니다.

46 사람들을 보내신 후, 예수님께서는 기도하러 산에 올라가셨습니다.

47 밤이 되었는데 배는 여전히 호수 위에 있었고, 예수님께서는 홀로 뭍에 계셨습니다.

48 바람이 불어와 제자들이 노를 젓느라고 애를 쓰고 있었습니다. 이 모습을 보시고 예수님께서 새벽 3시에서 6시 사이에 호수 위를 걸어오셨습니다. 그리고 제자들을 지나쳐 가시려고 하셨습니다.

49 제자들이 예수님께서 호수 위를 걸으시는 것을 보고 유령이라고 생각하여 비명을 질렀습니다.

50 그것은 그들이 모두 예수님을 보고 무서워했기 때문입니다. 예수님께서 즉시 그들에게 말씀하셨습니다. "안심해라! 나다! 두려워하지 마라."

51 예수님께서 배에 오르시자 바람이 가라앉았습니다. 그래서 제자들은 크게 놀랐습니다.

52 그것은 제자들이 빵의 기적을 보고도 아직 깨닫지 못하고 마음이 굳어져 있었기 때문입니다.

53 예수님과 제자들이 호수를 건너 게네사렛이란 곳에 도착하였습니다. 그리고 거기서 닻을 내렸습니다.

54 그들이 배에서 내리자, 사람들이 예수님을 즉시 알아보았습니다.

55 사람들은 온 마을을 다니면서, 예수님께서 계시는 곳마다 환자들을 침상에 눕혀 데려오기 시작했습니다.

56 예수님께서 마을이든 읍내이든 농촌이든 어디에 가시든지, 사람들은 병자들을 시장에 데려다 놓고 예수님의 옷깃이라도 만질 수 있도록 간청했습니다. 예수님을 만진 사람들은 모두 병이 나았습니다.

53–56 바람으로 인해 본래 목적지인 벳새다가 아닌 게네사렛에 도착한 예수님 일행은 그 지역 사람들로부터 열렬한 환대를 받는다. 또 수많은 환자들이 치유를 바라며 몰려왔고, 심지어 예수님의 "옷 가"라도 만진 사람들은 모두 병이 나았다. 이런 환자들의 모습은 혈루증 앓던 여인을 떠올리게 하며, 동시에 예수님의 놀라운 치유 능력을 보여준다.

저자의 묵상

대부분의 사람들은 큰 일 뒤에 교만에 빠지거나 자만하기 십상이다. 예수님의 제자들 역시 예외가 아니었을 것이다. 예수님을 왕으로 옹립하려는 무리의 움직임에 제자들은 세상적인 영광에 대한 기대로 한껏 들떴을지도 모른다. 그러나 예수님은 전혀 그렇지 않으셨다. 오히려 그 모든 상황을 신속히 정리하고 홀로 산에 기도하러 가셨다. 그분의 관심사는 무리의 반응이 아니라 하나님의 뜻이었다.
한편 미련을 가진 채 밤중에 배를 타고 호수를 건너던 제자들은 바람을 만나 고전한다. 그런데 그들을 구하러 오신 예수님을 유령으로 보고 두려움에 사로잡힌다. 마가는 그들의 깨달음 부족과 둔한 마음을 원인으로 제시한다. 이런 제자들의 모습은 예수님의 옷 가만 만져도 병이 나을 것이라고 믿고 그분께 나아와 치유를 받은 병자들의 모습과 극적인 대조를 이룬다. 인식의 차이가 곧 변화의 원인임을 알 수 있다.

무릎 기도 | 위로와 구원을 베푸시는 하나님, 우리의 부족한 깨달음과 굳은 마음을 변화시켜 주소서. 가난하고 부드러운 심령을 주사 전적으로 하나님만을 의뢰하게 하소서.

ESV - Mark 6

45 Immediately he made his disciples get into the boat and go before him to the other side, to Bethsaida, while he dismissed the crowd.
46 And after he had taken leave of them, he went up on the mountain to pray.
47 And when evening came, the boat was out on the sea, and he was alone on the land.
48 And he saw that they were making headway painfully, for the wind was against them. And about the fourth watch of the night* he came to them, walking on the sea. He meant to pass by them,
49 but when they saw him walking on the sea they thought it was a ghost, and cried out,
50 for they all saw him and were terrified. But immediately he spoke to them and said, "Take heart; it is I. Do not be afraid."
51 And he got into the boat with them, and the wind ceased. And they were utterly astounded,
52 for they did not understand about the loaves, but their hearts were hardened.
53 When they had crossed over, they came to land at Gennesaret and moored to the shore.
54 And when they got out of the boat, the people immediately recognized him
55 and ran about the whole region and began to bring the sick people on their beds to wherever they heard he was.
56 And wherever he came, in villages, cities, or countryside, they laid the sick in the marketplaces and implored him that they might touch even the fringe of his garment. And as many as touched it were made well.

* 6:48 That is, between 3 A.M. and 6 A.M.

45 get into ~ ~에 타다 dismiss 해산시키다 46 take leave 작별을 고하다 48 make headway (어렵게) 나아가다 painfully 수고하여, 애써 watch (고대의 시간 단위) 경(更) mean to ~ ~할 셈이다 50 terrified 무서워하는 take heart 용기를 내다, 힘내다 51 cease 그치다, 멎다 utterly 완전히 astounded 깜짝 놀란 52 hardened 완고한 53 moor 정박하다 shore 해안, 육지 56 fringe 가장자리

22 잘못된 전통의 허와 실

월 일

마가복음 7:1-13 • 새찬송 331장 | 통일 375장

• 말씀묵상 전에 성령님의 인도하심을 구하는 기도를 드리십시오.

본문요약 | 예수님의 제자들이 음식 먹을 때 손을 씻지 않자 유대 종교지도자들은 장로들의 전통을 근거로 제자들뿐 아니라 예수님까지도 비난한다. 그러나 예수님은 오히려 이사야의 예언을 근거로 그들의 위선적이고 외식적인 태도를 책망하신다. 특히 장로들의 전통인 고르반 서원이 부모 공경을 외면하는 구실이 된 것을 보고 책망하신다.

1 바리새인들과 또 서기관 중 몇이 예루살
렘에서 와서 예수께 모여들었다가
2 그의 제자 중 몇 사람이 부정한 손 곧 씻
지 아니한 손으로 떡 먹는 것을 보았더라
3 (바리새인들과 모든 유대인들은 장로들
의 전통을 지키어 [1]손을 잘 씻지 않고서는
음식을 먹지 아니하며
4 또 시장에서 돌아와서도 [2]물을 뿌리지 않
고서는 먹지 아니하며 그 외에도 여러 가
지를 지키어 오는 것이 있으니 잔과 주발
과 놋그릇을 씻음이러라)
5 이에 바리새인들과 서기관들이 예수께 묻
되 어찌하여 당신의 제자들은 장로들의
전통을 준행하지 아니하고 부정한 손으로
떡을 먹나이까
6 이르시되 이사야가 너희 외식하는 자에
대하여 잘 예언하였도다 기록하였으되
ㄱ이 백성이 입술로는 나를 공경하되 마음
은 내게서 멀도다
7 사람의 계명으로 교훈을 삼아 가르치니
나를 헛되이 경배하는도다 하였느니라
8 너희가 하나님의 계명은 버리고 사람의
전통을 지키느니라
9 또 이르시되 너희가 너희 전통을 지키려
고 하나님의 계명을 잘 저버리는도다
10 모세는 ㄴ네 부모를 공경하라 하고 또 ㄷ아
버지나 어머니를 모욕하는 자는 죽임을
당하리라 하였거늘

1) 또는 팔뚝까지 2) 또는 목욕하지 않으면
ㄱ. 사 29:13 ㄴ. 출 20:12; 신 5:16 ㄷ. 출 21:17; 레 20:9

11 너희는 이르되 사람이 아버지에게나 어머
니에게나 말하기를 내가 드려 유익하게
할 것이 고르반 곧 하나님께 드림이 되었
다고 하기만 하면 그만이라 하고
12 자기 아버지나 어머니에게 다시 아무 것
도 하여 드리기를 허락하지 아니하여
13 너희가 전한 전통으로 하나님의 말씀을
폐하며 또 이같은 일을 많이 행하느니라
하시고

1. 오늘 하나님께서 나에게 주신 깨달음은 무엇입니까?

2. 말씀을 어떻게 내 삶에 구체적으로 적용해야 합니까?

절별 해설

2, 5 어찌하여 당신의 제자들은 장로들의 전통을 준행하지 아니하고 부정한 손으로 떡을 먹나이까 유대 종교지도자들이 예수님께 제기한 문제는 "장로들의 전통"에 근거한 정결 규례, 즉 손을 씻는 관습에 관한 것이다. 그들이 제자들의 행동을 선생이신 예수님께 따져 묻는 이유는, 스승이 제자들의 행동을 책임지던 당시의 관례 때문이다.

3–4 장로들의 전통 미쉬나에 따르면, 모세가 시내산에서 율법을 받아 여호수아에게 위탁했고, 다시 그것을 장로들에게 위탁해 후세에 전한 것이 "장로들의 전통"이다(m. Aboth 1:1). 바벨론 포로에서 돌아온 에스라가, 이렇게 구전(口傳)으로 전해진 율법을 범한 죄로 이스라엘이 망했다(참고. 레 26:43)고 판단해 율법을 더 완벽하게 지킬 수 있는 세부 규정을 집대성한다. 이것이 나중에 미드라쉬, 미쉬나, 탈무드 등으로 발전한다. 문제는 후대인들이 이런 규정을 지나치게 중시한 나머지 율법 같은 구속력 있는 법으로 여기게 되었다는 것이다. 그 대표적인 예가 바로 손을 씻는 정결 규례다. 본래 이 규례는 제사장이 성물을 먹을 때나 시체 같은 부정한 것에 접촉했을 때 지키는 계명이었다(레 22:2–16; 출 30:18–21; 40:30–32). 그런데 이 계명을 보편화해 모든 유대인에게 적용함으로써 하나님의 계명처럼 엄격하게 지키게 한 것이 문제의 원인이었다.

6–8 이 백성이 입술로는 나를 공경하되 마음은 내게서 멀도다 … 너희가 하나님의 계명은 버리고 사람의 전통을 지키느니라 예수님은 이사야의 예언(사 29:13)을 인용해 이런 전통을 지키는 유대인들의 태도를 한마디로 위선, 즉 외식하는 행위로 단정하신다. 모세를 통해 주어진 율법은 하나님의 계명이시만, 그것을 지키기 위해 만든 규정은 결국 사람의 전통에 불과하다는 것이다. 따라서 후자를 지키기 위해 전자를 무시하는 태도야말로 마음은 하나님에게서 멀어진 채 입술로만 그분을 공경한다고 말하는 위선적인 태도라고 지적하신다.

11–12 고르반 곧 하나님께 드림이 되었다 예수님은 장로들의 전통을 앞세워 하나님의 계명을 무시하는 구체적인 사례로 '고르반 서원'을 언급하신다. 고르반은 '하나님께 드리는 예물이 되었습니다'라는 뜻의 서원으로, 어떤 물질에 대해 이 서원을 하면 다른 사람을 위해 그것을 사용할 수 없도록 한 규정이다. 그런데 부모님을 공경하는 데 써야 할 재정에 이런 서원을 함으로써 공경의 의무를 회피하는 구실로 삼았

쉬운성경

1 바리새파 사람들과 예루살렘에서 온 몇몇 율법학자들이 예수님께 왔습니다.

2 이들은 예수님의 제자들 가운데 몇 명이 더러운 손으로, 즉 씻지도 않은 손으로 빵을 먹는 것을 보았습니다.

3 바리새파 사람들과 모든 유대인들은 손을 씻기 전에는 결코 음식을 먹지 않습니다. 이것은 장로들의 전통을 지키는 것입니다.

4 시장에서 돌아오면 자신들의 몸을 깨끗하게 씻지 않고서는 음식을 먹지 않았습니다. 이 외에도 여러 가지 지켜야 할 일이 많았는데 컵이나 주전자, 냄비 그릇 그리고 침대를 씻는 것이었습니다.

5 바리새파 사람들과 율법학자들이 예수님께 말했습니다. "어째서 선생님의 제자들은 장로들의 전통을 지키지 않고 더러운 손으로 음식을 먹습니까?"

6 예수님께서 대답하셨습니다. "이사야가 너희와 같은 위선자들에 대하여 쓴 것이 옳구나. '이 백성들이 입술로는 나를 공경하나 마음은 내게서 멀구나.

7 헛되이 내게 예배를 드리고, 사람의 훈계를 교리인 양 가르친다.'*

8 너희는 하나님의 계명은 무시하고 사람의 전통만 지키는구나."

9 예수님께서 그들에게 말씀하셨습니다. "너희는 너희의 전통을 지키려고 하나님의 명령을 그럴듯하게 무시하는구나!

10 모세는 '네 아버지와 어머니를 공경하여라. 아버지나 어머니를 욕하는 사람은 반드시 죽으리라'고 하였다.

11 그러나 너희는 '아버지나 어머니에게 드리려던 것이 고르반, 즉 하나님께 드리

* 7:6–7 사 29:13에 기록되어 있다.

다. 결국 바리새인들은 이 고르반 서원을 이용해 부모를 공경하라는 제5계명(출 20:12; 신 5:16)과 부모를 욕하는 사람은 사형에 처하라는 계명(출 21:17)을 어기고 있는 셈이었다.

13 너희가 전한 전통으로 하나님의 말씀을 폐하며 본래 장로들의 전통은 하나님의 율법을 더욱 잘 지키기 위해 생겨났다. 그러나 실제로는 하나님의 계명을 회피하고 무효화하는 수단으로 전락하는 어처구니없는 결과로 변질되자 예수님은 이를 책망하신다.

는 예물이 되었다'고 하면 그만이라고 한다.

12 그래서 자기 아버지나 어머니에게 아무것도 드리지 못하게 한다.

13 그러므로 너희는 너희들의 전통으로 하나님의 말씀을 깨뜨리고 있다. 너희는 이와 같은 일을 많이 하고 있다."

저자의 묵상

예로부터 우리나라를 가리켜 동방예의지국이라고 불렀다. 그만큼 우리는 좋은 전통을 잘 계승하고 있다. 그러나 아무리 좋은 전통도 의미는 살리되 시대에 맞게 새로워져야 할 필요가 있다. 더욱이 전통의 형식만 남고 본질인 정신이 사라진다면 허례허식으로 전락하게 된다. 본문에서 예수님이 지적하신 두 가지 규례, 즉 정결 규례와 고르반 서원이 바로 이런 허례허식의 대표적인 사례라고 볼 수 있다. 하나님을 거룩하고 정결하게 섬기고자 하는 정신은 사라진 채 손과 몸을 씻는 형식만 남았다. 또 하나님께 기쁨으로 드리도록 만든 서원을 부모 공경을 회피하는 구실로 삼았다. 예수님은 이런 태도를 가리켜 외식하는 행위로 단정하셨다.

오늘날 교회 안에 있는 각종 신앙의 전통 가운데 위선이나 외식으로 전락한 것은 없는지 주의 깊게 살펴보아야 한다. 신앙 전통이 아무리 오래되고 중요하다 할지라도 하나님의 말씀보다 더 중요할 수 없다는 절대적인 진리를 기억해야 할 것이다.

무릎 기도 하나님 아버지, 입술로만 사랑을 외치고 마음으로는 미워하는 외식적인 신앙과 전통을 내세워, 하나님의 계명을 회피하는 무책임한 신앙이 되지 않게 하소서.

ESV - Mark 7

1 Now when the Pharisees gathered to him, with some of the scribes who had come from Jerusalem,
2 they saw that some of his disciples ate with hands that were defiled, that is, unwashed.
3 (For the Pharisees and all the Jews do not eat unless they wash their hands properly,* holding to the tradition of the elders,
4 and when they come from the marketplace, they do not eat unless they wash.* And there are many other traditions that they observe, such as the washing of cups and pots and copper vessels and dining couches.*)
5 And the Pharisees and the scribes asked him, "Why do your disciples not walk according to the tradition of the elders, but eat with defiled hands?"
6 And he said to them, "Well did Isaiah prophesy of you hypocrites, as it is written, "'This people honors me with their lips, but their heart is far from me;
7 in vain do they worship me, teaching as doctrines the commandments of men.'
8 You leave the commandment of God and hold to the tradition of men."
9 And he said to them, "You have a fine way of rejecting the commandment of God in order to establish your tradition!
10 For Moses said, 'Honor your father and your mother'; and, 'Whoever reviles father or mother must surely die.'
11 But you say, 'If a man tells his father or his mother, "Whatever you would have gained from me is Corban"' (that is, given to God)*—
12 then you no longer permit him to do anything for his father or mother,
13 thus making void the word of God by your tradition that you have handed down. And many such things you do."

* 7:3 Greek *unless they wash the hands with a fist,* probably indicating a kind of ceremonial washing
* 7:4 Greek *unless they baptize;* some manuscripts *unless they purify themselves*
* 7:4 Some manuscripts omit *and dining couches*
* 7:11 Or *an offering*

1 scribe 서기관 2 defile 더럽히다 3 properly 올바르게 hold to ~ ~을 지키다, 고수하다 4 observe 지키다 such as 예를 들어 copper 구리그릇 vessel 그릇 dining 식사, 정찬 couch 침상, 긴 의자 6 prophesy 예언하다 hypocrite 위선자 7 in vain 헛되이 doctrine 원칙, 교리 commandment 계명 9 reject 거절하다 in order to ~ ~하기 위하여 establish 제정하다, 확립하다 10 revile 비방하다 13 make void 무효로 하다 hand down 물려주다

• MEMO •

23 정말로 사람을 더럽히는 것

월 일

마가복음 7:14-23 • 새찬송 274장 | 통일 332장

• 말씀묵상 전에 성령님의 인도하심을 구하는 기도를 드리십시오.

본문요약 | 예수님은 비유를 통해 무엇이 사람을 더럽히는지 말씀하신다. 음식물처럼 밖에서 안으로 들어오는 것이 사람을 더럽게 하는 것이 아니라, 오히려 사람의 마음속에서 밖으로 나가는 것, 즉 악한 생각이 사람을 더럽게 한다고 분명하게 말씀하신다.

14 무리를 다시 불러 이르시되 너희는 다 내
말을 듣고 깨달으라
15 무엇이든지 밖에서 사람에게로 들어가는
것은 능히 사람을 더럽게 하지 못하되
16 사람 안에서 나오는 것이 사람을 더럽게
하는 것이니라 하시고
17 무리를 떠나 집으로 들어가시니 제자들이
그 비유를 묻자온대
18 예수께서 이르시되 너희도 이렇게 깨달음
이 없느냐 무엇이든지 밖에서 들어가는
것이 능히 사람을 더럽게 하지 못함을 알
지 못하느냐
19 이는 마음으로 들어가지 아니하고 배로
들어가 뒤로 나감이라 이러므로 모든 음
식물을 깨끗하다 하시니라
20 또 이르시되 사람에게서 나오는 그것이
사람을 더럽게 하느니라
21 속에서 곧 사람의 마음에서 나오는 것은
악한 생각 곧 음란과 도둑질과 살인과
22 간음과 탐욕과 악독과 속임과 음탕과 질
투와 비방과 교만과 우매함이니
23 이 모든 악한 것이 다 속에서 나와서 사람
을 더럽게 하느니라

1. 오늘 하나님께서 나에게 주신 깨달음은 무엇입니까?

2. 말씀을 어떻게 내 삶에 구체적으로 적용해야 합니까?

절별 해설

15 무엇이든지 밖에서 사람에게로 들어가는 것은 능히 사람을 더럽게 하지 못하되 예수님은 앞에 나온 정결 규례와 고르반 서원에 대한 결론을 격언 형식으로 마무리하신다. 이 비유적인 격언은 정결 규례뿐 아니라 구약의 음식법 전체를 뿌리째 뒤흔드는 새로운 원리를 제시한다. 예수님은 단순히 손이 더러워지는 것의 문제를 넘어 '사람을 부정하게 만드는 진정한 근원이 무엇인가?'라는 충격적인 주제를 다루신다. 이해하지 못한 제자들이 해석을 요청한다.

18 너희도 이렇게 깨달음이 없느냐 예수님의 충격적인 비유를 들은 제자들이 의미를 곧바로 깨닫지 못해 해석을 부탁하자, 예수님은 안타까운 마음을 표현하신다. 결국 제자들의 이런 더딘 깨달음은 나중에 결정적인 책망으로 이어진다(8:17-21).

19 예수님의 설명은 간단하고 분명했다. 입으로 들어가는 것, 즉 음식물은 사람을 더럽게 하지 못한다는 것이다. 유대 종교지도자들은 장로들의 전통에 근거한 정결 규례에 따라 부정한 손으로 먹은 음식이 사람을 부정하게 만든다고 주장했다. 오늘날 이슬람교도들이 '할랄'(허용된 것)과 '하람'(금지된 것)을 구분하는 것과 유사하다. 그러나 예수님은 모든 음식이 깨끗하다고 선언하신다. 결국 입으로 들어가는 음식은 배로 들어가서 뒤로 배설되기 때문에 육체에 영향을 끼칠 수는 있다. 그러나 음식이 사람의 마음(*헬.* 카르디아)속에 들어갈 수는 없기 때문에 사람의 인격이나 도덕성, 영성 등과 같은 인성의 본질적인 실체를 더럽힐 수는 없다.

20 사람에게서 나오는 그것이 사람을 더럽게 하느니라 앞에 나온 고르반 서원은 겉으로 볼 때는 선한 의도를 가진 것처럼 보이지만, 그 속에는 하나님의 계명(부모 공경)을 회피하려는 악한 의도를 담고 있다. 이것은 마음속에 있는 악한 생각에 뿌리를 둔다. 따라서 그런 악한 생각은 사람의 마음을 윤리적 도덕적 영적으로 부정하게 만든다. 이런 악한 생각에서 나오는 것이 사실상 사람을 더럽게 한다고 강조하신다.

21-23 속에서 곧 사람의 마음에서 나오는 것은 악한 생각 곧 음란과 도둑질과 살인과 간음과 탐욕과 악독과 속임과 음탕과 질투와 비방과 교만과 우매함이니 예수님은 고르반 서원 외에도 사람의 속에서부터 밖으로 나와 사람을 부정하게 만드는 것이 무엇인지 설명해 주신다. 그것은 한마디로 악한 생각이다. 그런 악한 생각은 그 뒤에 이어지는 구체적인 행동으로 표출된다. 특히 앞부분에 언급된 항목(음란, 도둑질,

쉬운성경

14 예수님께서 사람들을 다시 불러서 말씀하셨습니다. "너희 모두 내 말을 듣고 깨달아라.

15 무엇이든지 사람 밖에서 몸 속으로 들어가 사람을 더럽히는 것은 아무것도 없다. 사람에게서 나오는 것이 사람을 더럽힌다."

16 (없음)*

17 예수님께서 사람들과 헤어져 집에 들어오시자, 제자들이 이 비유에 대해 물었습니다.

18 예수님께서 말씀하셨습니다. "너희는 아직도 깨닫지 못하겠느냐? 바깥에서 사람 속으로 들어가는 것이 사람을 더럽히지 못한다는 것을 깨닫지 못하느냐?

19 그것은 사람의 마음속에 들어가는 것이 아니라, 배로 들어가서 뒤로 나간다." 그러므로 예수님께서는 모든 음식이 깨끗하다고 선언하셨습니다.

20 예수님께서 말씀하셨습니다. "사람에게서 나오는 것, 바로 그것이 사람을 더럽히는 것이다.

21 속에서부터, 즉 사람의 마음으로부터 악한 생각, 음란, 도둑질, 살인,

22 간음, 탐욕, 악의가 나오며, 속임수, 방탕, 질투, 욕지거리, 교만, 어리석음이 나온다.

23 이 모든 악한 것들은 사람의 속에서 나와 사람을 더럽힌다."

* 7:16 어떤 사본에는 "들을 귀가 있는 사람은 들어라"라는 구절이 첨가되어 있다.

살인, 간음, 탐욕)은 십계명의 6·7·8·10계명을 연상케 한다. 또 나머지 항목도 신약에서 자주 언급되는 악행이다(참고. 롬 1:29-31; 고전 6:9-10; 갈 5:19-21). 이런 행위는 먼저 자기 자신을 부정하게 만들고, 나아가 다른 사람까지도 부정하게 만드는 악영향을 끼친다.

저자의 묵상

예수님은 장로들의 전통에서 비롯된 잘못된 규례, 예컨대 정결 규례와 고르반 서원 같은 문제에 대한 결론으로, 무엇이 진정 사람을 더럽게 하는지 간단명료하면서도 충격적인 교훈을 제시하신다. 한마디로 입으로 들어가는 음식물은 사람을 더럽게 하지 않는다는 것이다. 당시의 엄격한 음식규례에 비춰볼 때 이 교훈은 대단히 충격적이었다. 물론 씻지 않은 손으로 음식을 먹을 경우 관련된 질병을 앓을 수는 있지만, 사람을 부정하게 만들지는 않는다는 것이 예수님의 설명이다. 정말로 부정하게 만드는 것은 사람의 마음에서 우러나오는 악한 생각이라고 단언하신다. 더군다나 악한 생각은 다양한 악행으로 나타난다는 점에서 매우 심각하다. 그래서 종교개혁자 루터는 "새들이 머리 위로 지나는 것을 막을 수는 없다. 하지만 새들이 머리 위에 둥지 트는 것은 막을 수 있다"고 지적했다. 악한 생각이 드는 것은 어쩔 수 없지만, 우리 마음에 자리 잡지 못하게 막는 것은 우리의 몫이다.

무릎 기도 하나님 아버지, 악한 생각이 마음에 뿌리 내리지 못하게 성령의 은혜를 충만하게 부어주소서. 마음을 잘 지켜 하나님 앞에서 정결한 삶을 살게 하소서.

ESV - Mark 7

14 And he called the people to him again and said to them, "Hear me, all of you, and understand:
15 There is nothing outside a person that by going into him can defile him, but the things that come out of a person are what defile him."*
17 And when he had entered the house and left the people, his disciples asked him about the parable.
18 And he said to them, "Then are you also without understanding? Do you not see that whatever goes into a person from outside cannot defile him,
19 since it enters not his heart but his stomach, and is expelled?"* (Thus he declared all foods clean.)
20 And he said, "What comes out of a person is what defiles him.
21 For from within, out of the heart of man, come evil thoughts, sexual immorality, theft, murder, adultery,
22 coveting, wickedness, deceit, sensuality, envy, slander, pride, foolishness.
23 All these evil things come from within, and they defile a person."

* 7:15 Some manuscripts add verse 16: *If anyone has ears to hear, let him hear*
* 7:19 Greek *goes out into the latrine*

19 stomach 배, 위 expel 배출하다 declare 선언하다 21 from within 안으로부터 sexual immorality 성적 문란 theft 도둑질 murder 살인 adultery 간통 22 covert 몹시 탐내다 wickedness 사악함 deceit 사기, 기만 sensuality 호색 envy 질투 slander 비방

24 고치시는 예수님

월 일

마가복음 7:24-37 • 새찬송 366장 | 통일 485장

• 말씀묵상 전에 성령님의 인도하심을 구하는 기도를 드리십시오.

본문요약 | 예수님은 수로보니게 여인이 귀신 들린 딸을 고쳐달라고 요청하자 개에 비유하며 냉담하게 거절하신다. 그러나 개라는 모욕을 참고 강청하는 여인의 믿음을 보시고는 딸을 고쳐주신다. 또 듣지 못하고 말이 어눌한 사람을 "에바다"라는 명령으로 치유하신다. 이러한 치유 사건은 이사야가 예언한 메시아의 모습을 그대로 보여준다.

24 예수께서 일어나사 거기를 떠나 두로 지
방으로 가서 한 집에 들어가 아무도 모르
게 하시려 하나 숨길 수 없더라
25 이에 더러운 귀신 들린 어린 딸을 둔 한
여자가 예수의 소문을 듣고 곧 와서 그 발
아래에 엎드리니
26 그 여자는 헬라인이요 수로보니게 족속이
라 자기 딸에게서 귀신 쫓아내 주시기를
간구하거늘
27 예수께서 이르시되 자녀로 먼저 배불리
먹게 할지니 자녀의 떡을 취하여 개들에
게 던짐이 마땅치 아니하니라
28 여자가 대답하여 이르되 주여 옳소이다마
는 상 아래 개들도 아이들이 먹던 부스러
기를 먹나이다
29 예수께서 이르시되 이 말을 하였으니 돌
아가라 귀신이 네 딸에게서 나갔느니라
하시매
30 여자가 집에 돌아가 본즉 아이가 침상에
누웠고 귀신이 나갔더라
31 예수께서 다시 두로 지방에서 나와 시돈
을 지나고 데가볼리 지방을 통과하여 갈
릴리 호수에 이르시매
32 사람들이 귀 먹고 말 더듬는 자를 데리고
예수께 나아와 안수하여 주시기를 간구하
거늘
33 예수께서 그 사람을 따로 데리고 무리를
떠나사 손가락을 그의 양 귀에 넣고 침을
뱉어 그의 혀에 손을 대시며
34 하늘을 우러러 탄식하시며 그에게 이르시
되 에바다 하시니 이는 열리라는 뜻이라
35 그의 귀가 열리고 혀가 맺힌 것이 곧 풀려
말이 분명하여졌더라
36 예수께서 그들에게 경고하사 아무에게도
이르지 말라 하시되 경고하실수록 그들이
더욱 널리 전파하니
37 사람들이 심히 놀라 이르되 그가 모든 것
을 잘하였도다 못 듣는 사람도 듣게 하고
말 못하는 사람도 말하게 한다 하니라

1. 오늘 하나님께서 나에게 주신 깨달음은 무엇입니까?

2. 말씀을 어떻게 내 삶에 구체적으로 적용해야 합니까?

절별 해설

24 두로 지방 두로는 갈릴리 북서부의 접경지역에 위치한 지중해 해안 도시로, 주로 이방인들이 거주했다. 부정함을 주제로 올바른 교훈을 주신 예수님은 곧바로 이방인 지역을 방문하여, 음식물이나 인종 때문에 부정해지지 않는다는 사실을 몸소 보여주신다.

27 자녀의 떡을 취하여 개들에게 던짐이 마땅치 아니하니라 귀신 들린 딸을 고쳐달라는 이방 여인의 요청에 예수님은 예상과 달리 냉담한 반응을 보이신다. 이것은 그 여인에게서 믿음의 반응을 이끌어내기 위한 것이다. 여기서 "자녀"는 유대인을 가리키며, "떡"은 일차적으로 귀신 쫓음이나 치유 같은 기적을 뜻하지만, 궁극적으로는 메시아를 통해 이루어지는 구원 잔치를 상징한다. 또 "개"는 당시 유대인들이 이방인을 비하해 부르는 표현이었다.

28-30 주여 옳소이다마는 상 아래 개들도 아이들이 먹던 부스러기를 먹나이다 … 돌아가라 귀신이 네 딸에게서 나갔느니라 예수님의 무자비한 반응에 여인은 반박하기보다 오히려 수긍하고 인정한다. 그녀는 유대인의 우선권을 인정하면서도, 상 아래 개들도 부스러기를 얻어먹는다고 말함으로써 유대인과 동시에 이방인도 구원에 참여할 수 있는 가능성을 제기한다. 같은 이야기를 다룬 마태는 이 여인이 큰 믿음의 소유자였다고 기록한다(마 15:28). 예수님은 그녀의 대답에 담긴 놀라운 믿음을 보시고 그 딸을 치유해 주신다.

32 귀 먹고 말 더듬는 자 여기서 "말 더듬는 자"에 해당하는 헬라어 '모기랄론'은 신약성경에서 이곳에 단 한 번 사용된 희귀 단어다. 구약성경을 헬라어로 번역한 칠십인 역에서도 이사야 35장 6절에 단 한 번 사용되었다. 마가는 이런 희귀 단어를 사용함으로써 여기에 등장하는 기적적인 치유 사건을 이사야 35장 5-6절에 언급된 메시아 예언과 연결하고 있다.

33-35 에바다 하시니 이는 열리라는 뜻이라 그의 귀가 열리고 혀가 맺힌 것이 곧 풀려 말이 분명하여졌더라 예수님의 치유 과정은 크게 4단계로 이루어졌지만, 궁극적으로 환자를 치유한 것은 안수나 침을 바르는 어떤 행위가 아닌 예수님의 권위 있는 명령이었다.

36-37 예수께서 그들에게 경고하사 아무에게도 이르지 말라 예수님이 소문내지 말라고 명령하신 이유는, 예수님에 대한 잘못된 열기를 경계하기 위함이었던 것 같다. 이사야 35장 5-6

쉬운성경

24 예수님께서 그곳을 떠나 두로 지방으로 가셨습니다. 예수님께서 어느 집에 들어가셨습니다. 그리고 이 사실을 아무에게도 알리지 않으려고 하셨습니다. 그러나 숨어 계실 수는 없었습니다.

25 예수님의 소문을 듣고, 어떤 여자가 얼른 예수님께 와서 무릎을 꿇었습니다. 그녀에게는 더러운 귀신이 들린 딸이 있었습니다.

26 그녀는 그리스 사람으로, 수로보니게 사람이었습니다. 그녀는 예수님께 자기의 딸에게서 귀신을 쫓아 달라고 간청했습니다.

27 예수님께서 그 여자에게 말씀하셨습니다. "자녀들을 먼저 먹여야 한다. 자녀들의 빵을 빼앗아서 개에게 던지는 것은 옳지 않다."

28 그 여자가 대답했습니다. "주님, 옳습니다. 그러나 상 아래 있는 개들도 그 아이들이 흘리는 부스러기는 얻어 먹습니다."

29 그러자 예수님께서 말씀하셨습니다. "네가 그렇게 말하니 돌아가거라. 귀신이 네 딸에게서 떠났다."

30 그 여자가 집에 돌아가서 침대에 누워 있는 딸을 보니, 귀신은 이미 나가 버린 후였습니다.

31 다시 예수님께서는 두로 지방을 떠나 시돈을 거쳐 데가볼리 지방에 있는 갈릴리 호수로 가셨습니다.

32 사람들이 예수님께 듣지 못하고 말도 못하는 사람을 데리고 와서는 그에게 손을 얹어 달라고 간청하였습니다.

33 예수님께서 그 사람을 데리고, 사람들로부터 떨어진 곳으로 데리고 가셨습니다. 그리고 손가락을 그 사람의 귀에 넣으신 뒤에, 손에 침을 뱉어 그의 혀를 만지셨습니다.

절에서 하나님이 오시면 "맹인의 눈이 밝을 것이며 못 듣는 사람의 귀가 열릴 것"이라고 했는데, 실제로 이 일이 예수님을 통해 나타났기 때문에 사람들이 예수님을 메시아로 추앙할 소지가 다분했다. 문제는, 예수님을 로마의 압제에서 유대인을 해방시켜줄 정치적 군사적 메시아로 여기는 것이었다. 따라서 왜곡된 메시아 관에 근거한 잘못된 열기가 오히려 예수님의 사역에 큰 걸림돌이 될 수 있었기에 치유를 숨기고자 하셨던 것 같다. 특히 37절에 나오는 인용문은 마가가 의도적으로 이사야 35장 5-6절을 이 사건과 깊이 연결시키려는 것으로 보인다.

34 그리고 하늘을 우러러보시며 깊은
숨을 쉬셨습니다. 그런 다음 그 사람에
게 "에바다!"라고 말씀하셨는데, 이는
"열려라"라는 뜻입니다.

35 그러자 그의 귀가 열리고 혀가 풀
려 말을 분명하게 하게 되었습니다.

36 예수님께서 사람들에게 아무에게
도 이 일을 말하지 말라고 명령하셨습
니다. 그러나 예수님께서 하지 말라고
하시면 할수록, 사람들은 더욱 널리 소
문을 퍼뜨렸습니다.

37 그들은 정말로 놀라워하며 "예수님
께서 하시는 것은 모두 훌륭하다. 듣지
못하는 사람을 듣게 하고, 말 못하는
사람도 말을 하게 해 주신다"라고 말
했습니다.

저자의 묵상

본문에 등장하는 두 가지 치유 사건은 예수님이 유대인뿐 아니라 이방인을 포함한 온 인류를 구원하기 위해 오신 메시아임을 암시한다. 여기서 주목할 점은 치유나 구원의 근거가 더 이상 혈통이 아니라 믿음이라는 사실이다. 예수님과 수로보니게 여인의 대화에서, 개에 비유되는 모욕을 당하면서도 끝까지 주님에 대한 믿음을 놓지 않고 간청하는 수로보니게 여인의 태도는 예수님을 감동시켰을 뿐 아니라, 모든 그리스도인의 본보기가 될 만하다. 또 귀 먹고 말 더듬는 자에게 "에바다"라고 명령하심으로 그를 고치신 사건은, 상징적으로 볼 때 영적으로 귀 먹고 말 더듬는 죄인들을 향한 예수님의 구원의 명령이라고 볼 수 있다. 교회에 다니고, 각종 봉사와 구제활동을 펼치고, 심지어 정의를 외치면서도, 정작 하나님의 방식을 외면하고 하나님의 음성을 듣지 못한 채 자기가 하고 싶은 대로 인간적인 수단과 방법을 사용하는 교회와 교인들이 있음을 보게 된다. 지금이야말로 에바다를 간구할 때다.

무릎 기도 하나님 아버지, 세상적인 자존심을 앞세우는 왜곡된 신앙을 버리고, 수로보니게 여인처럼 끝까지 믿음을 지키며 에바다의 명령대로 영적인 눈과 귀가 열리게 하소서.

ESV - Mark 7

24 And from there he arose and went away to
the region of Tyre and Sidon.* And he
entered a house and did not want anyone to
know, yet he could not be hidden.
25 But immediately a woman whose little
daughter had an unclean spirit heard of him
and came and fell down at his feet.
26 Now the woman was a Gentile, a Syro-
phoenician by birth. And she begged him to
cast the demon out of her daughter.
27 And he said to her, "Let the children be fed
first, for it is not right to take the children's
bread and throw it to the dogs."
28 But she answered him, "Yes, Lord; yet even
the dogs under the table eat the children's
crumbs."
29 And he said to her, "For this statement you
may go your way; the demon has left your
daughter."
30 And she went home and found the child lying
in bed and the demon gone.
31 Then he returned from the region of Tyre and
went through Sidon to the Sea of Galilee, in
the region of the Decapolis.
32 And they brought to him a man who was deaf
and had a speech impediment, and they
begged him to lay his hand on him.
33 And taking him aside from the crowd
privately, he put his fingers into his ears, and
after spitting touched his tongue.
34 And looking up to heaven, he sighed and
said to him, "Ephphatha," that is, "Be
opened."
35 And his ears were opened, his tongue was
released, and he spoke plainly.
36 And Jesus* charged them to tell no one. But
the more he charged them, the more zeal-
ously they proclaimed it.
37 And they were astonished beyond measure,
saying, "He has done all things well. He even
makes the deaf hear and the mute speak."

* 7:24 Some manuscripts omit *and Sidon*
* 7:36 Greek *he*

25 at one's feet 발밑에 26 gentile 이방인 by birth 태생은 27 throw ~ to the dogs ~를 내버리다 28 crumb 부스러기 29 statement 진술 32 deaf 청각장애의 speech impediment 언어장애 33 take ~ aside ~를 옆으로 데리고 가다 privately 은밀히 spit 침을 뱉다 34 sigh 한숨 쉬다, 탄식하다 35 release 풀어놓다 plainly 명백하게 36 charge 명령하다 zealously 열심히 37 astonished 깜짝 놀란 beyond measure 몹시, 대단히 mute 말 못하는

• MEMO •

25 사천 명을 먹이신 예수님

월 일

마가복음 8:1-13 • 새찬송 179장 | 통일 167장

• 말씀묵상 전에 성령님의 인도하심을 구하는 기도를 드리십시오.

본문요약 | 오병이어의 기적을 보이신 예수님이, 말씀을 듣느라 지쳐 있던 사천 명의 이방인에게 다시 한 번 떡 일곱 개와 작은 물고기 몇 마리로 배불리 먹고 일곱 광주리나 남기는 역사를 보여주신다. 한편 바리새인들은 예수님을 시험하려고 하늘로부터 오는 표적을 요구하나, 예수님은 그것을 거절하며 탄식하신다.

1 그 무렵에 또 큰 무리가 있어 먹을 것이 없는지라 예수께서 제자들을 불러 이르시되

2 내가 무리를 불쌍히 여기노라 그들이 나와 함께 있은 지 이미 사흘이 지났으나 먹을 것이 없도다

3 만일 내가 그들을 굶겨 집으로 보내면 길에서 기진하리라 그중에는 멀리서 온 사람들도 있느니라

4 제자들이 대답하되 이 광야 어디서 떡을 얻어 이 사람들로 배부르게 할 수 있으리이까

5 예수께서 물으시되 너희에게 떡 몇 개나 있느냐 이르되 일곱이로소이다 하거늘

6 예수께서 무리를 명하여 땅에 [1]앉게 하시고 떡 일곱 개를 가지사 축사하시고 떼어 제자들에게 주어 나누어 주게 하시니 제자들이 무리에게 나누어 주더라

7 또 작은 생선 두어 마리가 있는지라 이에 축복하시고 명하사 이것도 나누어 주게 하시니

8 배불리 먹고 남은 조각 일곱 광주리를 거두었으며

9 사람은 약 사천 명이었더라 예수께서 그들을 흩어 보내시고

10 곧 제자들과 함께 배에 오르사 달마누다 지방으로 가시니라

11 바리새인들이 나와서 예수를 힐난하며 그를 시험하여 하늘로부터 오는 [1]표적을 구하거늘

12 예수께서 마음속으로 깊이 탄식하시며 이르시되 어찌하여 이 세대가 [2]표적을 구하느냐 내가 진실로 너희에게 이르노니 이 세대에 [2]표적을 주지 아니하리라 하시고

13 그들을 떠나 다시 배에 올라 건너편으로 가시니라

1) 2:15 난하주를 보라
2) 또는 이적

1. 오늘 하나님께서 나에게 주신 깨달음은 무엇입니까?

2. 말씀을 어떻게 내 삶에 구체적으로 적용해야 합니까?

절별 해설

1 그 무렵에 또 큰 무리가 있어 먹을 것이 없는지라 마가와 마태는 내용이나 형식 면에서 오병이어 사건(6:30-44; 마 14:13-21)과 매우 흡사한 사건을 이야기한다. 그러나 마태와 마가는 여러 면에서 두 사건이 닮은 듯하면서도 다른 사건임을 분명히 한다. "또"라는 표현은 이를 뒷받침한다. 우선 오병이어 사건과 장소가 다르고(벳세다/데가볼리), 떡(5개/7개)과 물고기(2마리/두어 마리)의 수도 다르다. 또 먹은 무리의 수(5천/4천)와 남은 양(열두 바구니/일곱 광주리)도 각각 다르다. 무엇보다 오병이어는 유대인에게 주어진 반면, 여기서는 이방인에게 떡과 물고기를 먹이신다. 이런 사실은 예수님이 비슷한 기적을 상황과 대상에 따라 얼마든지 다르게 행하실 수 있음을 보여준다.

2-3 내가 무리를 불쌍히 여기노라 예수님이 무리를 불쌍히 여기시는 이유는, 그들이 예수님과 3일을 함께 지냈고, 개중에는 멀리서 온 사람도 있었기 때문이다. 예수님에 대한 그들의 기대와 갈망이 그만큼 컸다는 증거이고, 예수님은 그들의 필요를 채워주고 싶으셨던 것이다.

4 이 광야 어디서 떡을 얻어 이 사람들로 배부르게 할 수 있으리이까 이 구절은 제자들이 전에 오병이어의 기적을 보았음에도 여전히 불신앙의 상태에 있음을 보여준다.

5-9 떡 일곱 개, 작은 생선 두어 마리, 일곱 광주리, 약 사천 명 오병이어 기적에서 열두 바구니는 이스라엘 열두 지파를, 그 바구니에 가득한 떡은 메시아의 구원잔치를 상징한다. 여기서 일곱 개의 떡과 광주리는 완전한 숫자를 의미하는 '7'의 개념으로, 유대인뿐 아니라 이방인을 포함한 온 인류를 상징한다. 또 거기에 가득한 떡은 이방인을 포함한 온 인류를 위한 메시아의 구원잔치를 상징한다고 볼 수 있다.

11 바리새인들이 … 예수를 … 시험하여 하늘로부터 오는 표적을 구하거늘 바리새인들이 요구하는 표적(헬. 세메이온)은 예수님이 지금까지 행하신 기적을 지칭하는 용어가 아니다. 그것은 그들의 기준에서 볼 때 예수님의 신분을 입증할 만한 '하늘로부터 오는 특별한 기적'을 뜻하는 것으로, 구약의 선지자들이 하나님으로부터 받은 권위를 주장할 때 보여주던 기적적인 현상들을 의미하는 것 같다. 그런 증거를 구하는 것 자체가 문제 되지는 않으나, 진짜 문제는 그런 요구가 예수님을 시험하려는 의도에서 비롯되었다는 데 있다.

쉬운성경

1 또다시 많은 사람들이 있을 때 먹을 것이 없었습니다. 예수님께서 제자들을 불러 말씀하셨습니다.

2 "이 많은 사람들이 나와 함께 삼 일 동안이나 있었는데, 이제 먹을 것이 없어 안타깝다.

3 내가 이들을 허기진 채 집에 보내면 도중에 쓰러질 것이다. 이들 중에는 멀리서 온 사람도 있다."

4 예수님의 제자들이 물었습니다. "이 빈 들에서 어떻게 이 사람들을 배불리 먹일 빵을 구할 수 있겠습니까?"

5 예수님께서 물으셨습니다. "너희에게 빵이 얼마나 있느냐?" 제자들이 대답했습니다. "일곱 개가 있습니다."

6 예수님께서 사람들에게 땅에 앉으라고 지시하신 뒤, 일곱 개의 빵을 가지고 축복하셨습니다. 그리고 빵을 떼어 제자들에게 주시면서, 사람들에게 나누어 주도록 하셨습니다. 제자들이 사람들에게 빵을 나누어 주었습니다.

7 제자들에게 조그마한 생선도 몇 마리가 있었습니다. 예수님께서 축복하신 후, 마찬가지로 나누어 주라고 하셨습니다.

8 모든 사람들이 배불리 먹었습니다. 그리고 먹고 남은 빵 조각을 일곱 개의 커다란 광주리에 모았습니다.

9 그곳에는 약 사천 명 정도의 사람들이 있었습니다. 예수님께서 그들을 집으로 흩어 보내셨습니다.

10 그리고 즉시 예수님께서 제자들과 배를 타시고 달마누다 지방으로 가셨습니다.

11 바리새파 사람들이 예수님께 와서 시비를 걸기 시작하였습니다. 이들은 예수님을 시험하려고 하늘로부터 오는 증거를 보여 달라고 하였습니다.

12–13 전에 육체적으로 말하지도 듣지도 못하는 사람을 보고 깊이 탄식(*헬.* 스테나조)하셨던(7:34) 예수님이, 이번에는 영적 불구 상태에 있는 바리새인들을 보고 더 깊이 탄식(*헬.* 아나스테나조)하신다. 그리고 탄식의 대상도 바리새인을 넘어 이 세대로 확대하신다. 즉, 당시 예수님의 기적을 보고도 믿지 않던 유대인을 모두 문제로 보셨다. 그리고 그들의 요구를 단호히 거절하신 채 그들을 떠나신다.

12 예수님께서는 깊이 숨을 쉬시고 말씀하셨습니다. "이 세대가 어째서 증거를 찾느냐? 내가 너희에게 진정으로 말한다. 어떠한 기적도 이 세대에 보여 주지 않겠다."

13 예수님께서 바리새파 사람들에게서 떠나 다시 배를 타시고 호수 건너편으로 가셨습니다.

저자의 묵상

오병이어 기적은 예수님을 통해 이스라엘 백성에게 베풀어지는 메시아의 구원잔치를 상징하는 매우 중요한 사건이다. 이와 유사한 사건을 예수님이 이방인에게 베푸신다. 한마디로, 예수님의 구원은 이스라엘 백성뿐 아니라 이방인을 포함한 온 인류를 위한 것임을 의미한다. 여기서 우리는 세 종류의 시각을 보게 된다. 첫째, 무리를 불쌍히 여기시는 예수님의 눈을 볼 수 있다. 둘째, 예수님과 동행하며 그분의 기적과 능력과 말씀을 경험하면서도 여전히 불신앙의 상태로 바라보는 제자들의 눈을 볼 수 있다. 마지막으로, 예수님의 기적과 능력을 의심하고 또 다른 표적을 구하는 바리새인들의 눈을 볼 수 있다. 이런 세 가지 눈은 지금도 존재한다.

이 시대에도 여전히 세상을 불쌍히 여기는 주님의 눈을 가진 성도가 있는가 하면, 교회를 다니면서도 여전히 불신앙의 자리에서 벗어나지 못하는 교인이 있다. 그런가 하면 교회 안팎에는 여전히 의심하고 흠을 찾는 바리새인 같은 시선이 있다. 당신은 예수님의 눈으로 보고 있는가?

무릎 기도 백성을 불쌍한 눈으로 바라보시던 주님, 오늘 우리도 주님의 눈을 본받아 세상을 바라보게 하시고, 영적인 기갈로 고통받는 영혼들에게 주님을 전하게 하소서.

ESV - Mark 8

1 In those days, when again a great crowd had
gathered, and they had nothing to eat, he
called his disciples to him and said to them,
2 "I have compassion on the crowd, because
they have been with me now three days and
have nothing to eat.
3 And if I send them away hungry to their
homes, they will faint on the way. And some
of them have come from far away."
4 And his disciples answered him, "How can
one feed these people with bread here in this
desolate place?"
5 And he asked them, "How many loaves do
you have?" They said, "Seven."
6 And he directed the crowd to sit down on the
ground. And he took the seven loaves, and
having given thanks, he broke them and
gave them to his disciples to set before the
people; and they set them before the crowd.
7 And they had a few small fish. And having
blessed them, he said that these also should
be set before them.
8 And they ate and were satisfied. And they
took up the broken pieces left over, seven
baskets full.
9 And there were about four thousand people.
And he sent them away.
10 And immediately he got into the boat with
his disciples and went to the district of
Dalmanutha.*
11 The Pharisees came and began to argue
with him, seeking from him a sign from
heaven to test him.
12 And he sighed deeply in his spirit and said,
"Why does this generation seek a sign? Truly,
I say to you, no sign will be given to this gen-
eration."
13 And he left them, got into the boat again, and
went to the other side.

* 8:10 Some manuscripts *Magadan*, or *Magdala*

2 have compassion on ~ ~를 불쌍히 여기다 3 faint 기절하다 6 direct 지시하다 8 (be) left over (쓰고 난 뒤) 남다
10 district 지방, 지역 11 argue with ~ ~와 언쟁을 벌이다

• MEMO •

☐ 묵상 체크

26 아직도 깨닫지 못하느냐

월 일

마가복음 8:14-26 • 새찬송 545장 | 통일 344장

• 말씀묵상 전에 성령님의 인도하심을 구하는 기도를 드리십시오.

본문요약 | 예수님은 누룩을 비유로 들어 제자들에게 바리새인들과 헤롯의 나쁜 영향력에 물들지 않게 주의하라고 경고하셨으나, 제자들 역시 영적 무지에 빠져 예수님이 누구인지 진정으로 깨닫지 못한다. 그때 치유를 원하던 맹인이 예수님께 치유받는다. 맹인의 시력이 점점 회복되는 과정을 통해 제자들의 영적인 눈도 점점 밝아지기를 기대하신다.

14 제자들이 떡 가져오기를 잊었으매 배에
떡 한 개밖에 그들에게 없더라
15 예수께서 경고하여 이르시되 삼가 바리새
인들의 누룩과 헤롯의 누룩을 주의하라
하시니
16 제자들이 서로 수군거리기를 [1]이는 우리
에게 떡이 없음이로다 하거늘
17 예수께서 아시고 이르시되 너희가 어찌
떡이 없음으로 수군거리느냐 아직도 알지
못하며 깨닫지 못하느냐 너희 마음이 둔
하냐
18 너희가 눈이 있어도 보지 못하며 귀가 있
어도 듣지 못하느냐 또 기억하지 못하느
냐
19 내가 떡 다섯 개를 오천 명에게 떼어 줄
때에 조각 몇 바구니를 거두었더냐 이르
되 열둘이니이다
20 또 일곱 개를 사천 명에게 떼어 줄 때에
조각 몇 광주리를 거두었더냐 이르되 일
곱이니이다
21 이르시되 아직도 깨닫지 못하느냐 하시니
라
22 벳새다에 이르매 사람들이 맹인 한 사람
을 데리고 예수께 나아와 손 대시기를 구
하거늘
23 예수께서 맹인의 손을 붙잡으시고 마을
밖으로 데리고 나가사 눈에 침을 뱉으시
며 그에게 안수하시고 무엇이 보이느냐
물으시니
24 쳐다보며 이르되 사람들이 보이나이다 나
무 같은 것들이 걸어 가는 것을 보나이다
하거늘
25 이에 그 눈에 다시 안수하시매 그가 주목
하여 보더니 나아서 모든 것을 밝히 보는
지라
26 예수께서 그 사람을 집으로 보내시며 이
르시되 마을에는 들어가지 말라 하시니라

1) 또는 우리에게 떡이 없도다

1. 오늘 하나님께서 나에게 주신 깨달음은 무엇입니까?

2. 말씀을 어떻게 내 삶에 구체적으로 적용해야 합니까?

절별 해설

15 삼가 바리새인들의 누룩과 헤롯의 누룩을 주의하라 누룩(*헬*. 쥐메)은 신약에서 하나님나라의 확장에 비유되기도 하지만(참고. 마 13:33), 잘못된 가르침이나 악한 세력이 강력하게 확산되며 미치는 나쁜 영향력을 주로 상징한다(참고. 고전 5:6-8; 갈 5:9). 여기서는 바리새인들과 헤롯이 제자들에게 끼칠 수 있는 나쁜 영향력을 포괄적으로 지칭한다.

16 제자들이 서로 수군거리기를 이는 우리에게 떡이 없음이로다 정작 제자들은 예수님이 누룩에 대해 경고하신 의미를 깨닫지 못한 채, 떡을 가져오지 못한 당면 문제에 집착하며 서로 수군거린다. 오병이어와 제2의 오병이어 기적을 거듭 체험했음에도 떡이라는 현실 문제로 고민하며 엉뚱한 오해에 빠지는 제자들의 고질적인 어리석음을 볼 수 있다.

17-21 아직도 알지 못하며 깨닫지 못하느냐 너희 마음이 둔하냐 제자들이 예수님을 통해 주어진 하나님나라의 능력과 구원잔치의 진정한 의미를 깨닫지 못하는 안타까운 상황에 대해 예수님은 탄식어린 책망을 하신다. 예수님의 계속되는 수사적인 질문은 제자들의 더딘 깨달음을 지적한다. 그들의 문제는 예수님의 기적을 기억하지 못하는 것이 아니라, 그 기적이 갖는 영적 의미를 깨닫지 못하는 데 있다. 즉, 그들은 예수님이 누구인지 여전히 정확하게 이해하지도 깨닫지도 못하는 안타까운 상태에 있었다.

22-26 마가복음은 크게 3막으로 이루어지는데, 여기 나오는 보지 못하는 사람의 치유 기적은 제1막(1:14-8:26)과 제3막(11:1-16:20)을 이어주는 연결고리 역할을 한다. 특히 제2막은 이 맹인 치유 사건으로 시작해서 또 다른 맹인 치유 사건(10:46-52)으로 끝나기 때문에, 마치 맹인 치유 사건이 제2막 전체를 앞뒤로 감싸고 있는 것(수미쌍관 구조)처럼 보인다. 특히 맹인이 눈을 뜨는 것은 메시아의 오심을 보여주는 표적이라는 점에서(사 35:5), 맹인 치유의 기적은 예수님의 정체에 대한 영적인 깨달음과 밀접한 관련이 있다.

23-25 사람들이 보이나이다 나무 같은 것들이 걸어 가는 것을 보나이다 예수님은 맹인을 두 단계에 걸쳐 치유하신다. 1단계로 눈에 침을 뱉고 안수하신 뒤 "무엇이 보이느냐"고 물으신다. 이때 맹인의 답변이 흥미롭다. 사람이 보이는데 마치 나무가 걸어 다니는 것처럼 보인다고 답한다. 이것은 맹인의 시력이 완전히 회복되지 못한 상태를 의미한다. 그러자 예수님은 2단계로 다시 눈에 안수하신다. 그러자 시력이 회복되어 모든

쉬운성경

14 제자들이 남은 빵을 가지고 오는 것을 잊었습니다. 배에는 겨우 빵 한 조각만 있었습니다.

15 예수님께서 제자들에게 경고를 하셨습니다. "바리새파 사람들의 누룩과 헤롯의 누룩을 조심하여라."

16 제자들은 빵이 없어서 그런가 하고 서로 수군거렸습니다.

17 예수님께서 이것을 아시고 물으셨습니다. "어째서 너희가 빵이 없는 것에 대해서 수군거리느냐? 너희가 아직도 알지 못하고 깨닫지 못하느냐? 너희의 마음이 굳어졌느냐?

18 너희는 눈이 있어도 보지 못하고, 귀가 있어도 듣지 못하느냐? 기억하지 못하느냐?

19 다섯 개의 빵을 오천 명에게 나누어 주었을 때, 너희가 남은 빵을 몇 광주리*에 모았느냐?" 제자들이 대답했습니다. "열두 광주리*입니다."

20 "일곱 개의 빵을 사천 명에게 나누어 주었을 때, 너희가 몇 광주리에 거두었느냐?" 제자들이 대답했습니다. "일곱 광주리입니다."

21 예수님께서 "아직도 깨닫지 못하느냐?" 하고 그들에게 물으셨습니다.

22 예수님과 제자들이 벳새다로 갔습니다. 거기서 사람들이 예수님께 보지 못하는 사람을 데리고 와서 손을 대어 주시기를 간청하였습니다.

23 예수님께서 그 사람의 손을 붙잡고 마을 밖으로 데리고 가셨습니다. 그리고 그 사람의 눈에 침을 뱉으셨습니다. 그리고 손을 그 사람에게 얹고 물으셨습니다. "무엇이 보이느냐?"

24 그러자 그 사람의 눈이 떠졌습니다. 그가 말했습니다. "사람이 보입니다. 마치 나무가 걸어다니는 것 같습니다."

* 8:19 바구니

것을 분명히 볼 수 있게 된다. 이렇게 맹인이 치유되는 과정은, 예수님의 제자들과 무리가 영적으로 맹인 같은 상태에서 예수님을 분명하게 볼 수 있는 시력 회복(깨달음)의 단계로 나아가야 할 것을 상징적으로 보여준다.

쉬운성경

25 다시 예수님께서 손을 그 사람의
눈에 얹으셨습니다. 그 사람이 쳐다보
려고 하였습니다. 그의 시력은 회복되
어 모든 것을 분명하게 볼 수 있게 되
었습니다.
26 예수님께서 그를 집으로 보내시며
마을로 들어가지 말라고 말씀하셨습니
다.

저자의 묵상

예수님이 누구인지 제자들이 제대로 깨닫지 못하는 안타까운 상태에 빠진 이유는, 그들이 예수님의 놀라운 기적을 보지 못하고 듣지 못했기 때문이 아니라, 누구보다도 가까이서 듣고 보고 실제로 동참했음에도 '눈이 있어도 보지 못하고, 귀가 있어도 듣지 못하고, 기억하지 못하는' 영적으로 '둔한 마음'(17절)을 가졌기 때문이다. 사실 보고 듣고 말하는 것은 인간의 가장 중요한 의사전달 수단이다. 이 부분에 문제가 있는 장애인을 치유하시는 사건은 특별한 영적 의미를 담고 있다. 이런 치유 사건을 통해 주님이 정말로 기대하신 것은, 제자들과 무리 그리고 더 나아가 모든 그리스도인이 영적으로 눈이 열리고 귀가 들려서 예수 그리스도를 바르게 이해하고 바르게 보게 하는 데 있다.

우리도 당면한 현실 문제에 대해 기도응답과 기적을 구할 때가 많다. 그러나 어쩌면 제자들처럼 둔한 마음이어서 눈으로 보고 귀로 듣고 실제로 그런 역사를 체험했음에도 깨닫지 못하는 것은 아닌지 돌아봐야 한다.

무릎 기도 하나님 아버지, 어두운 눈을 밝히시고 닫힌 귀를 열어주시어 주님을 올바로 보게 하소서. 그래서 당면한 문제를 넘어 모든 상황 뒤에 계신 주님을 따르게 하소서.

ESV - Mark 8

14 Now they had forgotten to bring bread, and
they had only one loaf with them in the boat.
15 And he cautioned them, saying, "Watch out;
beware of the leaven of the Pharisees and
the leaven of Herod."*
16 And they began discussing with one another
the fact that they had no bread.
17 And Jesus, aware of this, said to them, "Why
are you discussing the fact that you have no
bread? Do you not yet perceive or under-
stand? Are your hearts hardened?
18 Having eyes do you not see, and having ears
do you not hear? And do you not remember?
19 When I broke the five loaves for the five
thousand, how many baskets full of broken
pieces did you take up?" They said to him,
"Twelve."
20 "And the seven for the four thousand, how
many baskets full of broken pieces did you
take up?" And they said to him, "Seven."
21 And he said to them, "Do you not yet under-
stand?"
22 And they came to Bethsaida. And some
people brought to him a blind man and
begged him to touch him.
23 And he took the blind man by the hand and
led him out of the village, and when he had
spit on his eyes and laid his hands on him, he
asked him, "Do you see anything?"
24 And he looked up and said, "I see people, but
they look like trees, walking."
25 Then Jesus* laid his hands on his eyes
again; and he opened his eyes, his sight was
restored, and he saw everything clearly.
26 And he sent him to his home, saying, "Do not
even enter the village."

* 8:15 Some manuscripts *the Herodians*
* 8:25 Greek *he*

15 caution 주의시키다 watch out 조심하다, 경계하다 beware of ~ ~에 주의하라 leaven 누룩, 효모 16 discuss with ~ ~와 논의하다 17 (be) aware of ~ ~을 알아차리다 not yet ~ 아직도 ~않다 22 blind 눈먼 23 lead out of ~ 인도하여 ~에서 벗어나게 하다 25 sight 시각, 시력 restore 회복시키다 clearly 뚜렷하게

• MEMO •

27 너희는 나를 누구라 하느냐

월 일

마가복음 8:27-38 • 새찬송 341장 | 통일 367장

• 말씀묵상 전에 성령님의 인도하심을 구하는 기도를 드리십시오.

본문요약 l 예수님은 사람들이 자신을 누구로 보는지 제자들에게 물으신 후, 제자들에게도 동일한 질문을 던지신다. 그때 베드로가 주님의 기대에 부응하는 답을 한다. 그러나 예수님이 처음으로 자신의 고난과 죽음과 부활에 대해 예고하자, 베드로는 엄청난 충격을 받고 예수님을 말린다. 그러자 예수님은 베드로를 꾸짖고 십자가의 길을 통한 제자도를 강조하신다.

27 예수와 제자들이 빌립보 가이사랴 여러
마을로 나가실새 길에서 제자들에게 물어
이르시되 사람들이 나를 누구라고 하느냐
28 제자들이 여짜와 이르되 [1]세례 요한이라
하고 더러는 엘리야, 더러는 선지자 중의
하나라 하나이다
29 또 물으시되 너희는 나를 누구라 하느냐
베드로가 대답하여 이르되 주는 그리스도
시니이다 하매
30 이에 자기의 일을 아무에게도 말하지 말
라 경고하시고
31 인자가 많은 고난을 받고 장로들과 대제
사장들과 서기관들에게 버린 바 되어 죽
임을 당하고 사흘 만에 살아나야 할 것을
비로소 그들에게 가르치시되
32 드러내 놓고 이 말씀을 하시니 베드로가
예수를 붙들고 항변하매
33 예수께서 돌이키사 제자들을 보시며 베드
로를 꾸짖어 이르시되 사탄아 내 뒤로 물
러가라 네가 하나님의 일을 생각하지 아
니하고 도리어 사람의 일을 생각하는도다
하시고
34 무리와 제자들을 불러 이르시되 누구든지
나를 따라오려거든 자기를 부인하고 자기
십자가를 지고 나를 따를 것이니라
35 누구든지 자기 목숨을 구원하고자 하면
잃을 것이요 누구든지 나와 복음을 위하
여 자기 목숨을 잃으면 구원하리라
36 사람이 만일 온 천하를 얻고도 자기 목숨
을 잃으면 무엇이 유익하리요
37 사람이 무엇을 주고 자기 목숨과 바꾸겠
느냐
38 누구든지 이 음란하고 죄 많은 세대에서
나와 내 말을 부끄러워하면 인자도 아버
지의 영광으로 거룩한 천사들과 함께 올
때에 그 사람을 부끄러워하리라

1) 헬, 또는 침례

1. 오늘 하나님께서 나에게 주신 깨달음은 무엇입니까?

2. 말씀을 어떻게 내 삶에 구체적으로 적용해야 합니까?

절별 해설

27-28 사람들이 나를 누구라고 하느냐 예수님은 대중이 자신을 어떻게 인식하고 있는지 물으신다. 사람들은 예수님을 세례 요한의 환생으로 보거나(6:14-16), 엘리야나 선지자 가운데 한 사람으로 보았지만, 그분을 메시아로 보지는 않았다. 이는 아마도 자신들이 기대하는 정치적 군사적 메시아의 표적을 예수님에게서 찾을 수 없었기 때문일 것이다.

29-30 주는 그리스도시니이다 예수님은 동일한 질문을 제자들에게 물으시며 더 나은 대답을 기대하신다. 이때 베드로는 예수님의 기대에 부응하는 답을 한다. 마태복음에는 베드로를 향한 예수님의 칭찬과 교회 설립에 대한 비전이 언급되어 있다(마 16:16-20).

31 인자가 많은 고난을 받고 … 비로소 그들에게 가르치시되 예수님은 처음으로 자신의 고난과 죽음과 부활에 대한 예언을 제자들에게 말씀하신다. 이 예언을 예루살렘에 이를 때까지 두 번이나 더 말씀하신다(9:31; 10:32-34). 제자들은 큰 충격을 받는데, 특히 예수님을 죽음으로 몰아넣는 주동자들이 다름 아닌 "장로들과 대제사장들과 서기관들", 즉 당시 이스라엘의 정치적 종교적 지도자들이라는 사실에 더 큰 충격을 받는다. 이스라엘을 구원하러 오신 메시아를 오히려 이스라엘의 대표적인 지도자들이 죽인다는 사실은 아이러니가 아닐 수 없다.

32 베드로가 예수를 붙들고 항변하매 상상치 못한 충격적인 예고에 베드로는 예수님을 "붙들고 항변"했다(*헬.* 에피티만). 원문대로 직역하면 꾸짖었다는 뜻이다. 사실 제자가 스승을 꾸짖는 것은 상식을 벗어난 행동인데, 그만큼 충격이 컸다는 의미로 볼 수 있다. 예수님의 운명에 자기 운명을 걸고 있는 제자 입장에서 그분의 수난 선언은, 자신의 기대와 미래가 한꺼번에 무너지는 충격으로 다가왔을 것이다.

33 사탄아 내 뒤로 물러가라 네가 하나님의 일을 생각하지 아니하고 도리어 사람의 일을 생각하는도다 베드로의 꾸짖음에 예수님도 꾸짖음으로 대응하신다. 꾸짖음의 핵심은 베드로의 반응이 "하나님의 일"을 생각하지 않고 자신의 유익, 즉 "사람의 일"을 생각하는 것이며, 결과적으로 십자가의 길을 가로막는 짓이라는 것이다. 그런 행동이 예수님을 위하는 길처럼 보이나, 실상은 사탄이 좋아하는 길이기에 그를 가리켜 "사탄"이라고 표현하신다.

34-35 누구든지 나를 따라오려거든 자기를 부인하고 … 자기 목숨을 잃으면 구원하리라 예수님은 십자가의 길이 자신만이 아니라 자기의 모든 제자들이 따라야 할 길임을 선언하신다. 이것

쉬운성경

27 예수님께서 제자들과 함께 가이사랴 빌립보에 있는 마을로 가셨습니다. 가시는 도중에 예수님께서 제자들에게 물으셨습니다. "사람들은 나를 누구라고 하느냐?"

28 제자들이 대답했습니다. "세례자 요한이라고 합니다. 어떤 사람들은 엘리야라고도 합니다. 그리고 또 어떤 사람들은 예언자 가운데 한 사람이라고 합니다."

29 예수님께서 제자들에게 물으셨습니다. "그러면 너희는 나를 누구라고 하느냐?" 베드로가 대답했습니다. "주님은 그리스도이십니다."

30 예수님께서 제자들에게 아무에게도 자신에 대해서 말하지 말라고 엄히 이르셨습니다.

31 예수님께서, 인자가 많은 고통을 받고, 장로들과 대제사장과 율법학자들에게 배척을 당하며, 죽임을 당하고, 삼 일 뒤에 다시 살아날 것을 제자들에게 가르치셨습니다.

32 예수님께서 드러내 놓고 말씀을 하시니, 베드로가 예수님을 붙들고 말렸습니다.

33 예수님께서 돌아서서 제자들을 보시고 베드로를 꾸짖으셨습니다. "사탄아 내 뒤로 썩 물러나라! 너는 하나님의 일은 생각지 않고 사람들의 일을 생각하는구나."

34 예수님께서 제자들과 사람들을 불러 말씀하셨습니다. "누구든지 나를 따르려면 자기를 부인하고, 자기 십자가를 지고 나를 따라오너라.

35 누구든지 자기 목숨을 구하고자 하면 잃을 것이다. 누구든지 나와 복음을 위하여 자기 목숨을 버리면 목숨을 구할 것이다.

36 만일 온 세상을 얻고도 자기의 생명을 잃는다면 무슨 유익이 있겠느냐?

은 완전히 새로운 제자도를 의미한다. 한마디로 "사람의 일"을 생각하면 "자기 목숨"을 잃게 되고, 반대로 "하나님의 일"을 위해 자기 목숨을 버리면 "구원"(영원한 생명)을 얻는다.

36-37 예수님은 "온 천하"와 "자기 목숨"을 비교함으로써 영원한 생명(영생)의 중요성을 강조하신다. 자기 생명, 자기 영혼이 천하보다 귀하다는 것이다. 생명을 위해서라면 모든 것을 포기할 수 있어야 하고, 그것이 바로 진정한 제자도임을 역설적으로 가르쳐주신다.

37 사람이 자기 영혼을 무엇과 바꾸겠느냐?

38 누구든지 이 음란하고 죄가 많은 세대에서 나와 내 말을 부끄럽게 여기면 인자도 아버지의 영광으로 천사들과 함께 올 때 그를 부끄럽게 여길 것이다."

저자의 묵상

본문은 두 가지를 강조한다. 하나는, 예수님에 대한 올바른 신앙고백의 중요성이고, 다른 하나는 십자가와 제자도의 의미다. 예수님의 수난 예고는 단순히 자신의 고난과 죽음과 부활만을 염두에 둔 것이 아니라, 그분에 대한 올바른 신앙고백을 가진 모든 제자의 삶을 염두에 둔 말씀이었다. 이것은 완전히 새로운 의미의 제자도다. 그리스도의 제자는 더 이상 "사람의 일" 곧 세상적인 관심사나 인간적인 가치 기준에 따라 판단하고 행동해서는 안 된다. 철저히 "하나님의 일", 즉 그분의 뜻과 목적에 자신의 목숨까지도 헌신할 수 있어야 한다. 그것이 곧 자기를 부인하고 자기 십자가를 지고 그분을 따르는 길이다. 이런 제자도는 베드로를 비롯한 제자들에게 크나큰 충격이었을 뿐 아니라, 오늘 우리에게도 엄청난 울림으로 다가온다. 그러나 이것은 선택의 문제가 아니라 생사의 기로가 걸린 문제다. "자기 목숨을 구원하고자 하면 잃을 것이요 … 나와 복음을 위하여 자기 목숨을 잃으면 구원하리라"(8:35)는 예수님의 선언이 지금 우리에게 거대한 울림으로 다가온다.

무릎기도 고난의 주님, 우리가 주님에 대한 확실한 신앙고백을 가지고, 주님이 가신 십자가의 길을 따라갈 수 있도록 도우소서. 사람의 일보다 하나님의 일을 생각하게 하소서.

27 And Jesus went on with his disciples to the
villages of Caesarea Philippi. And on the way
he asked his disciples, "Who do people say
that I am?"
28 And they told him, "John the Baptist; and
others say, Elijah; and others, one of the
prophets."
29 And he asked them, "But who do you say
that I am?" Peter answered him, "You are the
Christ."
30 And he strictly charged them to tell no one
about him.
31 And he began to teach them that the Son of
Man must suffer many things and be rejected
by the elders and the chief priests and the
scribes and be killed, and after three days
rise again.
32 And he said this plainly. And Peter took him
aside and began to rebuke him.
33 But turning and seeing his disciples, he
rebuked Peter and said, "Get behind me,
Satan! For you are not setting your mind on
the things of God, but on the things of man."
34 And calling the crowd to him with his
disciples, he said to them, "If anyone would
come after me, let him deny himself and take
up his cross and follow me.
35 For whoever would save his life* will lose it,
but whoever loses his life for my sake and
the gospel's will save it.
36 For what does it profit a man to gain the
whole world and forfeit his soul?
37 For what can a man give in return for his
soul?
38 For whoever is ashamed of me and of my
words in this adulterous and sinful gener-
ation, of him will the Son of Man also be
ashamed when he comes in the glory of his
Father with the holy angels."

* 8:35 The same Greek word can mean either *soul or life*, depending on the context; twice in this verse and once in verse 36 and once in verse 37

30 strictly 엄중히 31 suffer 당하다, 겪다 scribe 서기관 32 plainly 명백히 rebuke 꾸짖다 33 set one's mind on ~ ~을 열망하다, ~을 늘 마음에 두다 34 deny oneself 자기를 버리다 35 for one's sake ~를 위하여 36 profit 득이 되다 forfeit 박탈당하다 37 in return for ~ ~와 맞바꾸어 38 ashamed of ~ ~을 부끄러워하여 adulterous 불륜의, 간통의

• MEMO •

28 예수님의 영광스러운 변화

월 일

마가복음 9:1-13 • 새찬송 428장 | 통일 488장

• 말씀묵상 전에 성령님의 인도하심을 구하는 기도를 드리십시오.

본문요약 | 예수님은 수제자들을 데리고 산에 올라 영광스러운 모습으로 변하신다. 이때 모세와 엘리야도 함께한다. 이를 통해 예수님이 메시아임을 제자들이 확실히 믿게 된다. 그러나 제자들은 엘리야가 메시아보다 먼저 와야 하지 않냐고 묻고, 예수님은 세례 요한이 곧 그 시대의 엘리야였다고 말씀하신다.

1 또 그들에게 이르시되 내가 진실로 너희
에게 이르노니 여기 서 있는 사람 중에는
죽기 전에 하나님의 나라가 권능으로 임
하는 것을 볼 자들도 있느니라 하시니라
2 엿새 후에 예수께서 베드로와 야고보와
요한을 데리시고 따로 높은 산에 올라가
셨더니 그들 앞에서 변형되사
3 그 옷이 광채가 나며 세상에서 빨래하는
자가 그렇게 희게 할 수 없을 만큼 매우
희어졌더라
4 이에 엘리야가 모세와 함께 그들에게 나
타나 예수와 더불어 말하거늘
5 베드로가 예수께 고하되 랍비여 우리가
여기 있는 것이 좋사오니 우리가 초막 셋
을 짓되 하나는 주를 위하여, 하나는 모세
를 위하여, 하나는 엘리야를 위하여 하사
이다 하니
6 이는 그들이 몹시 무서워하므로 그가 무
슨 말을 할지 알지 못함이더라
7 마침 구름이 와서 그들을 덮으며 구름 속
에서 소리가 나되 이는 내 사랑하는 아들
이니 너희는 그의 말을 들으라 하는지라
8 문득 둘러보니 아무도 보이지 아니하고
오직 예수와 자기들뿐이었더라
9 그들이 산에서 내려올 때에 예수께서 경
고하시되 인자가 죽은 자 가운데서 살아
날 때까지는 본 것을 아무에게도 이르지
말라 하시니
10 그들이 이 말씀을 마음에 두며 서로 문의
하되 죽은 자 가운데서 살아나는 것이 무
엇일까 하고
11 이에 예수께 묻자와 이르되 어찌하여 서
기관들이 엘리야가 먼저 와야 하리라 하
나이까
12 이르시되 엘리야가 과연 먼저 와서 모든
것을 회복하거니와 어찌 인자에 대하여
기록하기를 많은 고난을 받고 멸시를 당
하리라 하였느냐
13 그러나 내가 너희에게 이르노니 엘리야가
왔으되 기록된 바와 같이 사람들이 함부
로 대우하였느니라 하시니라

1. 오늘 하나님께서 나에게 주신 깨달음은 무엇입니까?

2. 말씀을 어떻게 내 삶에 구체적으로 적용해야 합니까?

절별 해설

1 여기 서 있는 사람 중에는 죽기 전에 하나님의 나라가 권능으로 임하는 것을 볼 자들도 있느니라 이 말씀을 세상 끝날에 일어날 예수님의 재림 사건으로 주로 해석한다. 그러나 "죽기 전에" 그것을 보는 이도 있을 것이라는 말씀에 근거할 때, 오히려 바로 다음에 이어지는 예수님의 변화 사건(2-8절)을 예견하는 것으로 볼 수 있다. 그러나 그 사건도 어디까지나 "하나님의 나라가 권능으로 임하는 것"의 맛보기라고 할 수 있다.

2-3 예수님의 변하신 모습은 부활하신 예수님의 모습을 미리 보여주는 것이다. 특히 이 변화는 출애굽기 24장에 나오는 모세의 시내산 경험과 여러 가지로 유사하다. 이로써 마가는 예수님을 새로운 모세로, 또 예수님의 구원 사건을 제2의 출애굽으로 제시하려 한 것 같다.

4-6 하나는 모세를 위하여, 하나는 엘리야를 위하여 하사이다 유대인들에게 종말과 관련된 인물로 여겨지던 엘리야와 모세가 함께 등장한 사실은 예수님의 신분과 정체를 더욱 확고히 해준다. 이들의 등장을 본 베드로의 어이없는 제안은, 그가 예수님과 자신들의 본분을 제대로 이해하지 못했음을 반영한다. 심지어 "주는 그리스도시니이다"(8:29)라고 고백했던 베드로가 이번에는 "랍비여"라는 어색한 호칭을 사용한 것으로 보아 제정신이 아닌 듯하다.

7 이는 내 사랑하는 아들이니 하나님은 다시금 예수님이 당신의 아들임을 직접 선언하신다. 이미 예수님이 세례받을 때도 이 선언을 하셨고(1:11), 중간 부분인 오늘 본문에(9:7), 그리고 결말(15:39)에 또 다시 선언하심으로써, 이것이 본서의 핵심 주제임을 부각한다.

9-10 인자가 죽은 자 가운데서 살아날 때까지는 본 것을 아무에게도 이르지 말라 이 변화 사건을 비밀로 하신 이유는, 왜곡된 방향으로 예수님을 몰아가려는 대중의 열기를 걱정하셨기 때문으로 보인다. 그런데 비밀 유지의 시한을 "죽은 자 가운데서 살아날 때까지", 즉 예수님의 부활 때까지로 한정하신다. 예수님의 고난과 죽음으로 구원 사역이 성취된 후에는 그분을 정치적 군사적 메시아로 보려는 시도가 더 이상 무의미하기 때문인 것 같다.

11 어찌하여 서기관들이 엘리야가 먼저 와야 하리라 하나이까 말라기 선지자는 여호와의 날이 이르기 전에 엘리야가 먼저 올 것을 예언했다(말 4:5-6). 변화 사건을 통해 예수님을 종말에 오실 메시아로 확실히 믿게 된 제자들이 볼 때, 변화 사건에 엘리야가 나타난 것을 보고 메시아보다 앞이 아닌 뒤에 왔다

쉬운성경

1 예수님께서 말씀하셨습니다. "내가 너희에게 진정으로 말한다. 여기 서 있는 사람 가운데서, 몇 사람은 죽기 전에 하나님 나라가 권세 있게 오는 것을 볼 것이다."

2 육 일 뒤에 예수님께서 베드로, 야고보 그리고 요한을 데리고 높은 산에 올라가셨습니다. 이 제자들 앞에서 예수님의 모습이 변하였습니다.

3 예수님의 옷이 하얗게 빛났습니다. 세상의 어떤 사람도 그렇게 희게 빨 수 없을 정도로 새하얗게 되었습니다.

4 엘리야가 모세와 함께 제자들 앞에 나타나 예수님과 더불어 말씀을 나누었습니다.

5 베드로가 예수님께 말했습니다. "선생님, 우리가 여기 있는 것이 좋겠습니다. 우리가 천막 셋을 세우겠습니다. 하나는 선생님을 위해, 하나는 모세를 위해, 그리고 또 하나는 엘리야를 위해서입니다."

6 베드로는 무엇을 말하는지 알지 못했습니다. 왜냐하면 그들이 두려움에 빠져 있었기 때문입니다.

7 구름이 그들을 덮었습니다. 그리고 그 구름 가운데서 목소리가 들렸습니다. "이 사람은 내가 사랑하는 아들이다. 그의 말을 들어라!"

8 그 즉시 제자들이 주위를 둘러보았습니다. 그러나 예수님 외에는 아무도 볼 수 없었습니다.

9 예수님께서 제자들과 함께 산 아래로 내려오시면서, 인자가 죽은 자 가운데서 다시 살아나기 전까지는, 그들이 본 것을 아무에게도 말하지 말라고 명령하셨습니다.

10 제자들은 아무에게도 말하지 않았습니다. 그러나 제자들은 죽은 자 가운데서 다시 살아난다는 것이 무슨 뜻인가 서로에게 물었습니다.

고 생각하며 순서상의 혼란을 느꼈던 것 같다.

12-13 엘리야가 왔으되 기록된 바와 같이 사람들이 함부로 대우하였느니라 제자들의 질문에 예수님은, 엘리야가 이미 왔지만 사람들이 그를 알아보지 못하고 자기들 마음대로 대했다고 지적하신다. 이것은 세례 요한을 염두에 두고 하신 말씀이다. 실제로 요한은 "엘리야의 심령과 능력"을 가진 선지자(눅 1:17)였으나 사람들이 그를 제대로 인정하지 않았으며, 심지어 헤롯에게 어처구니없는 죽임을 당한다(6:14-29).

11 제자들이 예수님께 물었습니다. "어째서 율법학자들은 엘리야가 먼저 와야 한다고 말을 합니까?"

12 예수님께서 대답하셨습니다. "엘리야가 먼저 와서 모든 것을 회복시킨다. 그런데 인자가 많은 고통을 받고 멸시를 받을 것이라고 기록된 것은 어찌된 것이냐?

13 내가 너희에게 말한다. 엘리야는 이미 왔다. 그런데 성경에 그를 두고 쓰여진 것처럼, 사람들이 그를 자기들 마음대로 대했다."

저자의 묵상

예수님의 변하신 모습은 부활의 모습을 미리 보여주는 것이며, 모세와 엘리야가 함께 있는 것은 예수님의 메시아 되심을 증명하는 것이다. 그러나 그런 놀라운 광경을 목격한 베드로는 예수님의 메시아 되심을 믿으면서도 "우리가 여기 있는 것이 좋사오니"(9:5)라며 횡설수설하는 등 현실에 안주하는 태도를 보인다. 게다가 메시아인 예수님이 고난받아야 한다고 말씀하실 때 도무지 이해하지 못한다. 그런 제자들에게 예수님은 변화산 위에 초막을 지을 때가 아니라, 지상으로 내려가 십자가를 져야 할 때임을 강조하신다. 이런 제자들의 모습은 깨달음이 더디다는 사실을 단적으로 보여준다. 그런데 이런 베드로와 제자들의 모습에서 우리의 자화상을 보게 된다. 제자훈련을 받고, 제자도를 배우고, 큐티를 반복하면서도 여전히 마음 한편으로는 현실에 안주하면서 제자의 사명을 힘들어하는 우리의 모습이 그들에게서 나타난다. 지금이야말로 부활의 영광스러운 모습을 소망으로 간직하고, 현실에서 십자가를 지며 주님을 따라야 할 때임을 기억하자.

무릎기도 하나님 아버지, 현실에 안주하려는 연약함을 용서하시고, 주님과 함께 고난받고 십자가를 지고자 하는 마음을 가질 수 있도록 용기와 믿음을 더하소서.

ESV - Mark 9

1 And he said to them, "Truly, I say to you, there are some standing here who will not taste death until they see the kingdom of God after it has come with power."
2 And after six days Jesus took with him Peter and James and John, and led them up a high mountain by themselves. And he was transfigured before them,
3 and his clothes became radiant, intensely white, as no one* on earth could bleach them.
4 And there appeared to them Elijah with Moses, and they were talking with Jesus.
5 And Peter said to Jesus, "Rabbi,* it is good that we are here. Let us make three tents, one for you and one for Moses and one for Elijah."
6 For he did not know what to say, for they were terrified.
7 And a cloud overshadowed them, and a voice came out of the cloud, "This is my beloved Son;* listen to him."
8 And suddenly, looking around, they no longer saw anyone with them but Jesus only.
9 And as they were coming down the mountain, he charged them to tell no one what they had seen, until the Son of Man had risen from the dead.
10 So they kept the matter to themselves, questioning what this rising from the dead might mean.
11 And they asked him, "Why do the scribes say that first Elijah must come?"
12 And he said to them, "Elijah does come first to restore all things. And how is it written of the Son of Man that he should suffer many things and be treated with contempt?
13 But I tell you that Elijah has come, and they did to him whatever they pleased, as it is written of him."

* 9:3 Greek *launderer (gnapheus)*
* 9:5 *Rabbi* means *my teacher*, or *my master*
* 9:7 Or *my Son, my* (or *the*) *Beloved*

2 transfigure 변모시키다 3 radiant 빛나는 intensely 몹시, 심하게 bleach 표백하다 4 appear to ~ ~에게 나타나다 6 terrified 무서워하는 7 overshadow 가리다 10 keep ~ to oneself ~을 비밀로 간직하다[간직해 두다] 12 be treated with contempt 괄시[천대]를 받다

• MEMO •

□ 묵상 체크

29 믿는 자에게는 능히 하지 못할 일이 없다

월 일

마가복음 9:14-29 • 새찬송 361장 | 통일 480장

• 말씀묵상 전에 성령님의 인도하심을 구하는 기도를 드리십시오.

본문요약 I 예수님이 산에 있는 동안 밑에 있던 제자들은 귀신 들린 소년을 고치지 못한다. 예수님은 그러한 모습을 보며 탄식하신다. 낙심한 소년의 아버지는 예수님께 다시 요청하면서 불신감을 드러낸다. 예수님은 믿는 사람에게 능히 하지 못할 일이 없다고 선포하신 뒤 귀신을 쫓아내신다. 그리고 이런 일은 오직 기도로만 가능하다고 교훈하신다.

14 이에 그들이 제자들에게 와서 보니 큰 무
리가 그들을 둘러싸고 서기관들이 그들과
더불어 변론하고 있더라
15 온 무리가 곧 예수를 보고 매우 놀라며 달
려와 문안하거늘
16 예수께서 물으시되 너희가 무엇을 그들과
변론하느냐
17 무리 중의 하나가 대답하되 선생님 말 못
하게 귀신 들린 내 아들을 선생님께 데려
왔나이다
18 귀신이 어디서든지 그를 잡으면 거꾸러져
거품을 흘리며 이를 갈며 그리고 파리해
지는지라 내가 선생님의 제자들에게 내쫓
아 달라 하였으나 그들이 능히 하지 못하
더이다
19 대답하여 이르시되 믿음이 없는 세대여
내가 얼마나 너희와 함께 있으며 얼마나
너희에게 참으리요 그를 내게로 데려오라
하시매
20 이에 데리고 오니 귀신이 예수를 보고 곧
그 아이로 심히 경련을 일으키게 하는지
라 그가 땅에 엎드러져 구르며 거품을 흘
리더라
21 예수께서 그 아버지에게 물으시되 언제부
터 이렇게 되었느냐 하시니 이르되 어릴
때부터니이다
22 귀신이 그를 죽이려고 불과 물에 자주 던
졌나이다 그러나 무엇을 하실 수 있거든
우리를 불쌍히 여기사 도와 주옵소서
23 예수께서 이르시되 할 수 있거든이 무슨
말이냐 믿는 자에게는 능히 하지 못할 일
이 없느니라 하시니
24 곧 그 아이의 아버지가 소리를 질러 이르
되 내가 믿나이다 나의 믿음 없는 것을 도
와 주소서 하더라
25 예수께서 무리가 달려와 모이는 것을 보
시고 그 더러운 귀신을 꾸짖어 이르시되
말 못하고 못 듣는 귀신아 내가 네게 명하
노니 그 아이에게서 나오고 다시 들어가
지 말라 하시매
26 귀신이 소리 지르며 아이로 심히 경련을
일으키게 하고 나가니 그 아이가 죽은 것
같이 되어 많은 사람이 말하기를 죽었다
하나
27 예수께서 그 손을 잡아 일으키시니 이에
일어서니라
28 집에 들어가시매 제자들이 조용히 묻자오
되 우리는 어찌하여 능히 그 귀신을 쫓아
내지 못하였나이까
29 이르시되 기도 외에 다른 것으로는 이런
종류가 나갈 수 없느니라 하시니라

1. 오늘 하나님께서 나에게 주신 깨달음은 무엇입니까?

2. 말씀을 어떻게 내 삶에 구체적으로 적용해야 합니까?

절별 해설

14-18 예수님이 산에서 내려오실 때, 산 아래 있던 제자들이 서기관들과 논쟁하고 있었다. 이유인즉, 한 아버지가 귀신들린 아들을 고쳐달라고 했으나 제자들이 실패했기 때문이다.

19-20 믿음이 없는 세대여 내가 얼마나 너희와 함께 있으며 얼마나 너희에게 참으리요 여기서 "세대"는 일반적인 대상을 가리키지만, 문맥상 귀신 축출에 실패한 제자들도 포함된다. 예수님은 앞에서 제자들의 더딘 깨달음에 탄식하신 바 있는데 (8:17-21), 이번에는 그들의 믿음 없음을 안타까워하신다. 아마도 예수님의 떠날 시간은 점점 다가오는데, 여전히 준비되지 못한 제자들의 모습이 매우 안타까우셨을 것이다.

21-23 귀신이 그를 죽이려고 불과 물에 자주 던졌나이다 귀신이 예수님을 보자 아이에게 간질 같은 발작을 일으켜 거품을 물고 나뒹굴게 한다. 아이의 아버지는 이런 현상이 어릴 때부터 시작되었다고 설명한다. 이것을 통해 귀신의 파괴적인 활동을 엿볼 수 있다.

무엇을 하실 수 있거든 우리를 불쌍히 여기사 도와주옵소서 예수께서 이르시되 할 수 있거든이 무슨 말이냐 믿는 자에게는 능히 하지 못할 일이 없느니라 아들의 절망적인 상태와 제자들의 실패를 목격한 소년의 아버지는 아마도 심한 좌절감과 불신에 사로잡혔을 것이다. 그래서 예수님께 도움을 요청하면서도 "하실 수 있거든"이라는 단서를 붙인다. 이런 그의 상태를 꿰뚫어보신 예수님은 "믿는 자에게는 능히 하지 못할 일이 없느니라"는 강한 선언으로 그의 믿음을 독려하신다. 이 말씀은 예수님의 기적과 그것을 바라는 사람의 믿음 사이에 존재하는 긴밀한 상관관계를 보여준다. 여기서의 믿음은 결국 예수님에 대한 신뢰를 뜻한다.

24 내가 믿나이다 나의 믿음 없는 것을 도와주소서 예수님의 책망을 들은 소년의 아버지는 부르짖듯 도움을 요청한다. 그런데 그의 요청은 자기 모순적이다. 즉, 믿는다고 하면서 자신의 믿음 없음을 도와달라고 한다. 믿음과 믿음 없음을 동시에 말하고 있다. 아마도 그는 제자들의 실패를 본 뒤 믿음이 사라졌다가 예수님의 강한 책망을 듣고 회복하게 된 것 같다.

28-29 기도 외에 다른 것으로는 이런 종류가 나갈 수 없느니라 귀신 축사에 실패한 제자들은 은밀히 주님께 실패의 이유를 묻는다. 사실 제자들은 이전에 예수님으로부터 귀신 쫓는 능력을 받아 성공적으로 임무를 수행한 적도 있다(6:13). 그런데 이번에 실패하게 된 원인은 무엇일까? 예수님은 기도하지 않았

쉬운성경

14 예수님과 세 제자들이 나머지 다른 제자들에게 돌아왔을 때, 이들은 많은 사람들에게 둘러싸여 몇몇 율법학자들과 논쟁을 벌이고 있었습니다.

15 모여 있던 모든 사람들이 예수님을 보자 놀라워하며, 예수님께 인사하러 달려왔습니다.

16 예수님께서 물으셨습니다. "율법학자들과 무엇 때문에 논쟁하고 있었느냐?"

17 무리 중에 한 사람이 대답했습니다. "선생님, 더러운 귀신이 들려서 말을 못하는 제 아들을 데리고 왔습니다.

18 그 귀신이 아들을 사로잡으면, 아이가 땅에 넘어집니다. 그러면 입에 거품을 물고 이를 갈면서 몸이 뻣뻣해집니다. 제가 제자들에게 귀신을 쫓아 달라고 했는데 하지 못하였습니다."

19 예수님께서 대답하셨습니다. "이 믿음 없는 세대여! 내가 얼마나 너희와 함께 있어야 하느냐? 내가 너희를 얼마나 더 두고 보아야 하느냐? 그를 내게로 데리고 와라!"

20 제자들이 소년을 예수님께 데리고 왔습니다. 악한 귀신이 예수님을 보자마자 소년에게 경련을 일으켰습니다. 소년은 넘어져서 입에 거품을 물며 땅에 나뒹굴었습니다.

21 예수님께서 그 소년의 아버지에게 물으셨습니다. "이렇게 된 지가 얼마나 되었느냐?" "어려서부터입니다.

22 귀신이 자주 아이를 죽이려고 불 속이나 물 속에 내던지기도 하였습니다. 할 수만 있다면 불쌍히 여기시고 도와주십시오."

23 예수님께서 그에게 말씀하셨습니다. "'할 수만 있다면'이 무슨 말이냐? 믿는 사람에게는 모든 것이 가능하다."

24 소년의 아버지가 즉시 소리쳤습니다

기 때문이라고 말씀하신다. 여기서 "기도"는 예수님에 대한 신뢰, 즉 그분의 권위를 전적으로 믿고 의지하는 것을 의미한다. 제자들 자신의 능력으로 귀신을 쫓아내는 것이 아니라, 하나님의 능력을 의지해야만 가능하다는 것을 보여준다.

다. "제가 믿습니다! 제 믿음 없는 것을 도와주십시오!"

25 예수님께서 많은 사람들이 달려와 모여드는 것을 보시고 더러운 귀신을 꾸짖으셨습니다. "이 듣지 못하고 말 못하게 하는 귀신아, 내가 너에게 명령한다. 소년에게서 나와 다시는 들어가지 마라!"

26 더러운 귀신은 소리를 지르고, 소년에게 경련을 일으키게 하고 나갔습니다. 소년은 마치 시체처럼 되었습니다. 그래서 사람들이 "죽었다!"라고 말했습니다.

27 그러나 예수님께서 손을 잡고 일으키자 소년이 일어났습니다.

28 예수님께서 집으로 들어가셨을 때, 제자들이 조용히 여쭈었습니다. "어째서 우리는 내쫓지 못했습니까?"

29 예수님께서는 "이런 종류의 귀신은 오직 기도로만 쫓아낼 수 있다"고 대답하셨습니다.

저자의 묵상

예수님이 산에 계시는 동안 산 아래 있던 제자들은 귀신 들린 아들을 고쳐달라는 요청을 받고 축사를 시도했으나 결국 실패하여 논쟁에 휩싸이고 만다. 실패한 제자들을 향해 예수님은 크게 탄식하며 안타까워하신다. 더딘 깨달음에 이어 믿음 없는 모습까지, 한마디로 제자들의 영적 상태가 미숙함 그 자체였다. 그런데 오늘 본문에 등장하는 사건은 단순히 예수님의 능력만을 강조하는 것이 아니라, 믿음과 기도의 관계성을 일깨워 준다. 주목할 것은, 귀신 축출에 실패한 제자들이 과거에는 예수님의 권세를 위임받아 성공적으로 귀신을 쫓아낸 적이 있었다(6:13,30). 그런데 이번에는 실패하고 말았다. 예수님은 그 원인이 기도에 있다고 진단하신다. 어쩌면 제자들이 마치 주문처럼 기도문을 되뇌었을지 모른다. 예수님이 말씀하신 기도는 하나님에 대한 전적인 신뢰와 믿음을 표현하는 기도다. 이 믿음은 비단 제자들뿐 아니라 귀신 들린 소년의 아버지에게도 요구하신 사항이다. 우리의 기도가 하나님에 대한 전적인 신뢰와 믿음을 표현하는 기도가 되어야 할 것이다.

무릎기도 | 하나님 아버지, 형식적인 기도에서 벗어나 진정으로 하나님을 신뢰하는 믿음의 기도를 드리게 하소서. 그리고 그 기도를 통해 놀라운 하나님의 은혜와 능력을 경험하게 하소서.

14 And when they came to the disciples, they
saw a great crowd around them, and scribes
arguing with them.
15 And immediately all the crowd, when they
saw him, were greatly amazed and ran up to
him and greeted him.
16 And he asked them, "What are you arguing
about with them?"
17 And someone from the crowd answered him,
"Teacher, I brought my son to you, for he has
a spirit that makes him mute.
18 And whenever it seizes him, it throws him
down, and he foams and grinds his teeth and
becomes rigid. So I asked your disciples to
cast it out, and they were not able."
19 And he answered them, "O faithless gener-
ation, how long am I to be with you? How
long am I to bear with you? Bring him to me."
20 And they brought the boy to him. And when
the spirit saw him, immediately it convulsed
the boy, and he fell on the ground and rolled
about, foaming at the mouth.
21 And Jesus asked his father, "How long has
this been happening to him?" And he said,
"From childhood.
22 And it has often cast him into fire and into
water, to destroy him. But if you can do
anything, have compassion on us and help
us."
23 And Jesus said to him, "'If you can'! All things
are possible for one who believes."
24 Immediately the father of the child cried out*
and said, "I believe; help my unbelief!"
25 And when Jesus saw that a crowd came
running together, he rebuked the unclean
spirit, saying to it, "You mute and deaf spirit, I
command you, come out of him and never
enter him again."
26 And after crying out and convulsing him
terribly, it came out, and the boy was like a
corpse, so that most of them said, "He is
dead."
27 But Jesus took him by the hand and lifted him
up, and he arose.
28 And when he had entered the house, his
disciples asked him privately, "Why could we
not cast it out?"
29 And he said to them, "This kind cannot be
driven out by anything but prayer."*

* 9:24 Some manuscripts add *with tears*
* 9:29 Some manuscripts add *and fasting*

14 argue 논쟁하다 15 amazed 깜짝 놀란 greet 인사하다, 맞이하다 17 mute 말 못하는 18 seize 사로잡다 foam 거품이 일다 grind (이를) 갈다 rigid 굳은, 경직된 cast ~ out ~을 몰아내다, 내쫓다 19 bear with ~ ~을 참아주다, 참다 20 convulse 경련시키다 roll about 뒹굴다 22 have compassion on ~ ~을 불쌍히 여기다 24 unbelief 불신, 믿음이 없음 26 terribly 지독하게 corpse 시체 27 take ~ by the hand ~의 손을 잡다 28 privately 남몰래 29 drive out 떨쳐버리다, 몰아내다 (not) anything but ~ ~ 이외는 아무것도 (~않다)

• MEMO •

30 수난 예고와 자리다툼

월 일

마가복음 9:30-41 • 새찬송 461장 | 통일 519장

• 말씀묵상 전에 성령님의 인도하심을 구하는 기도를 드리십시오.

본문요약 | 예수님의 두 번째 수난 예고를 들은 제자들은 오히려 누가 더 큰가를 놓고 자리다툼을 벌인다. 이를 아신 예수님은 첫째가 되려면 모두의 종이 되어야 한다는 섬김의 리더십을 말씀하신다. 또 제자들의 집단 이기주의와 배타성을 책망하시며 개방적인 공동체 의식을 요구하신다.

30 그곳을 떠나 갈릴리 가운데로 지날새 예
수께서 아무에게도 알리고자 아니하시니
31 이는 제자들을 가르치시며 또 인자가 사
람들의 손에 넘겨져 죽임을 당하고 죽은
지 삼 일만에 살아나리라는 것을 말씀하
셨기 때문이더라
32 그러나 제자들은 이 말씀을 깨닫지 못하
고 묻기도 두려워하더라
33 가버나움에 이르러 집에 계실새 제자들에
게 물으시되 너희가 길에서 서로 토론한
것이 무엇이냐 하시되
34 그들이 잠잠하니 이는 길에서 서로 누가
크냐 하고 쟁론하였음이라
35 예수께서 앉으사 열두 제자를 불러서 이
르시되 누구든지 첫째가 되고자 하면 뭇
사람의 끝이 되며 뭇 사람을 섬기는 자가
되어야 하리라 하시고
36 어린아이 하나를 데려다가 그들 가운데
세우시고 안으시며 제자들에게 이르시되
37 누구든지 내 이름으로 이런 어린아이 하
나를 영접하면 곧 나를 영접함이요 누구
든지 나를 영접하면 나를 영접함이 아니
요 나를 보내신 이를 영접함이니라
38 요한이 예수께 여짜오되 선생님 우리를
따르지 않는 어떤 자가 주의 이름으로 귀
신을 내쫓는 것을 우리가 보고 우리를 따
르지 아니하므로 금하였나이다
39 예수께서 이르시되 금하지 말라 내 이름
을 의탁하여 능한 일을 행하고 즉시로 나
를 비방할 자가 없느니라
40 우리를 반대하지 않는 자는 우리를 위하
는 자니라
41 누구든지 너희가 그리스도에게 속한 자라
하여 물 한 그릇이라도 주면 내가 진실로
너희에게 이르노니 그가 결코 상을 잃지
않으리라

1. 오늘 하나님께서 나에게 주신 깨달음은 무엇입니까?

2. 말씀을 어떻게 내 삶에 구체적으로 적용해야 합니까?

절별 해설

30 아무에게도 알리고자 아니하시니 갈릴리는 예수님이 주로 사역하시던 지역이었으나, 십자가 고난을 앞둔 예수님은 제자들을 집중적으로 가르치기 위해 조용히 그 지역을 통과하신다.

31-32 예수님의 두 번째 수난 예고를 들은 제자들은 그것이 자신들의 기대와 매우 달랐기에, 사실상 받아들이기 힘들었을 뿐 아니라 이해가 되지 않았다. 게다가 첫 번째 수난 예고 때 베드로가 강력하게 항의하다가 "사탄"(8:33)이라는 책망을 들었던 터라 다시 묻는 것조차 두려웠던 것 같다. 어쩌면 예수님의 입에서 자신들이 원하지 않는 답이 나올까 두려워서 질문을 꺼렸는지도 모른다.

33-34 이는 길에서 서로 누가 크냐 하고 쟁론하였음이라 제자들은 예수님께 질문하는 대신 자기들끼리 논쟁을 벌인다. 그 주제는 "누가 크냐"였다. 예수님은 다가오는 십자가의 고난과 죽음에 초점을 맞추고 있는 반면, 안타깝게도 제자들은 세속적인 지위와 권력에만 혈안이 되어 있었다. 예수님은 이것을 알고 그들이 얼마나 잘못된 논쟁을 하고 있는지 지적하기 위해 일부러 질문을 던지셨고, 부끄러움을 느낀 제자들은 묵묵부답으로 답변을 대신한다.

35-37 누구든지 첫째가 되고자 하면 뭇 사람의 끝이 되며 뭇 사람을 섬기는 자가 되어야 하리라 자리다툼을 하는 제자들에게 예수님은 진정한 제자도의 원리를 제시하신다. 그것은 한마디로 다른 사람보다 자신을 낮추는 종의 리더십, 섬김의 리더십이다. 진정한 '첫째', 즉 리더는 다른 사람 위에 군림하는 자가 아니라 모든 사람의 종이 되는 사람이다. 그리고 이런 섬김의 리더십 원리를 설명하기 위해 예수님은 어린아이를 예로 드신다. 어린아이처럼 힘도 권력도 없는 자를 예수님의 이름으로 영접하면 그 아이는 예수님을 대신하는 것이 되고, 결국 예수님을 영접하는 것이나 다름없다.

38-40 우리를 반대하지 않는 자는 우리를 위하는 자니라 예수님이 제시한 제자도의 또 다른 원리는 바로 개방적인 공동체 의식이다. 제자들은 귀신 축출의 능력이 자신들만의 전유물인 양 생각했던 것 같다. 그래서 제자 그룹에 속하지 않으면서 예수님의 이름으로 귀신을 쫓는 자들에게 배타적인 태도를 취한다. 예수님은 이를 일종의 폐쇄적인 특권의식이자 집단이기주의로 보셨다. 그래서 오히려 개방적이고 관용적인 태도를 역설하신다.

쉬운성경

30 예수님과 제자들이 그곳을 떠나 갈릴리를 지나가셨습니다. 예수님께서는 이것을 알리기를 꺼려 하셨습니다.

31 예수님께서 제자들을 가르치셨습니다. "인자가 사람들의 손에 넘겨질 것이고, 그들은 인자를 죽일 것이다. 그러나 죽은 지 삼 일 뒤에 다시 살아날 것이다."

32 그러나 제자들은 이 말씀을 이해하지 못했습니다. 그리고 예수님께 묻기를 두려워했습니다.

33 예수님과 제자들이 가버나움으로 갔습니다. 예수님께서 집에 계실 때 제자들에게 물으셨습니다. "너희가 오는 길에 무엇을 두고 논쟁을 벌였느냐?"

34 제자들은 잠잠했습니다. 왜냐하면 그들이 자기들 중에서 누가 가장 높은가를 두고 길에서 다투었기 때문입니다.

35 예수님께서는 앉으셔서 열두 제자를 부르셨습니다. 그리고 말씀하셨습니다. "누구든지 첫째가 되려면 다른 모든 사람보다 나중이 되어야 하고, 모든 사람의 종이 되어야 한다."

36 그리고 한 어린이를 데려와 제자들 가운데 세우셨습니다. 그 아이를 팔에 안으시고 말씀하셨습니다.

37 "누구든지 내 이름으로 이런 어린이 하나를 받아들이면 나를 받아들이는 것이다. 또 누구든지 나를 받아들이는 사람은 나를 받아들인 것이 아니라 나를 보내신 분을 받아들인 것이다."

38 요한이 예수님께 말했습니다. "선생님, 선생님의 이름으로 귀신을 내쫓는 사람을 보고 하지 못하게 하였습니다. 그것은 그 사람은 우리를 따르지 않는 사람이기 때문입니다."

39 예수님께서 말씀하셨습니다. "그를 막지 마라. 내 이름으로 기적을 행하고, 곧바로 나에 대해서 나쁜 말을 하는 사람은 없다.

40 우리에게 반대하지 않는 사람은 우리 편이다.

41 내가 너희에게 진정으로 말한다. 누구든지 너희가 그리스도의 사람이기 때문에 마실 물 한 잔을 건네 주는 사람은 결코 상을 잃지 않을 것이다."

41 누구든지 너희가 그리스도에게 속한 자라 하여 물 한 그릇이라도 주면 내가 진실로 너희에게 이르노니 그가 결코 상을 잃지 않으리라 관용의 원리에 입각하여 예수님은 물 한 잔을 대접하는 지극히 작은 도움도 하나님께 보상받는다고 말씀하신다. 그리고 이 말씀 이면에는 이런 작은 대접도 상을 받는다면, 귀신을 쫓아내는 일 같은 큰 도움은 더더욱 보상을 받을 것이라는 뜻이 담겨 있다.

저자의 묵상

제자들은 예수님께 두 번째 수난 예고와 더불어 그분이 추구하는 하나님나라의 원리, 즉 제자도의 원리를 들을 수 있었다. 먼저 예수님은 자신의 십자가 죽음을 통해 본을 보여주신 종의 리더십을 말씀하신다. 진정한 리더는 모든 사람의 종이 되려는 마음을 가져야 하며, 심지어 무기력하고 연약한 어린아이까지도 포용하는 사람이어야 한다. 두 번째로 제자 공동체의 폐쇄성과 집단이기주의를 지적하시면서 개방적이고 우호적인 공동체 의식을 요구하신다. 예수 그리스도의 이름으로 이루어지는 일이라면 얼마든지 수용하고 호의를 베풀어야 한다고 가르치신다. 이런 제자도의 원리는 당시 제자들뿐 아니라 오늘날 우리도 받아들이기 힘들다. 그러나 그 길이 바로 주님이 가신 길이고 우리에게 바라시는 길이다. 이기심과 폐쇄적인 태도를 내려놓고 오늘도 섬김을 실천하는 삶을 이어가야겠다.

무릎기도 하나님, 주님이 십자가에서 보여주신 종의 리더십, 섬김의 리더십을 본받는 삶을 살게 하소서. 남에게 대접을 받으려 하기보다는 먼저 베푸는 자가 되게 하소서.

ESV - Mark 9

30 They went on from there and passed through
Galilee. And he did not want anyone to know,
31 for he was teaching his disciples, saying to
them, "The Son of Man is going to be deliv-
ered into the hands of men, and they will kill
him. And when he is killed, after three days
he will rise."
32 But they did not understand the saying, and
were afraid to ask him.
33 And they came to Capernaum. And when he
was in the house he asked them, "What
were you discussing on the way?"
34 But they kept silent, for on the way they had
argued with one another about who was the
greatest.
35 And he sat down and called the twelve. And
he said to them, "If anyone would be first, he
must be last of all and servant of all."
36 And he took a child and put him in the midst
of them, and taking him in his arms, he said
to them,
37 "Whoever receives one such child in my
name receives me, and whoever receives
me, receives not me but him who sent me."
38 John said to him, "Teacher, we saw someone
casting out demons in your name,* and we
tried to stop him, because he was not
following us."
39 But Jesus said, "Do not stop him, for no one
who does a mighty work in my name will be
able soon afterward to speak evil of me.
40 For the one who is not against us is for us.
41 For truly, I say to you, whoever gives you a
cup of water to drink because you belong to
Christ will by no means lose his reward.

* 9:38 Some manuscripts add *who does not follow us*

31 deliver into ~ ~에 넘겨주다 36 midst (한)가운데, 중앙 37 receive 받다, 환영하다 39 afterward 그 뒤 speak evil of ~ ~을 비방하다, ~을 나쁘게 말하다 41 by no means~ 결코 ~이 아닌 reward (보)상

31
월 일

범죄자의 삶과 소금의 삶

마가복음 9:42-50 • 새찬송 320장 | 통일 350장

• 말씀묵상 전에 성령님의 인도하심을 구하는 기도를 드리십시오.

본문요약 | 예수님은 자리다툼을 벌이는 제자들을 향해 어린아이같이 연약한 영혼으로 하여금 죄를 짓게 하는 것이 얼마나 심각한 죄인지 강조하신다. 나아가 스스로 죄를 짓는 것 또한 대단히 심각한 죄임을 강조하면서, 오히려 소금처럼 화목하게 하는 사명을 감당하라고 당부하신다.

42 또 누구든지 나를 믿는 이 작은 자들 중
하나라도 실족하게 하면 차라리 연자맷돌
이 그 목에 매여 바다에 던져지는 것이 나
으리라
43 만일 네 손이 너를 [1]범죄하게 하거든 찍어
버리라 장애인으로 [2]영생에 들어가는 것
이 두 손을 가지고 지옥 곧 꺼지지 않는
불에 들어가는 것보다 나으니라
44 [3](없음)
45 만일 네 발이 너를 [1]범죄하게 하거든 찍어
버리라 다리 저는 자로 [2]영생에 들어가는
것이 두 발을 가지고 지옥에 던져지는 것
보다 나으니라
46 [3](없음)
47 만일 네 눈이 너를 [1]범죄하게 하거든 빼버
리라 한 눈으로 하나님의 나라에 들어가
는 것이 두 눈을 가지고 지옥에 던져지는
것보다 나으니라
48 거기에서는 구더기도 죽지 않고 불도 꺼
지지 아니하느니라
49 사람마다 불로써 소금 치듯 함을 받으리
라
50 소금은 좋은 것이로되 만일 소금이 그 맛
을 잃으면 무엇으로 이를 짜게 하리요 너
희 속에 소금을 두고 서로 화목하라 하시
니라

1) 또는 실족하게 2) 헬, 생애
3) 어떤 사본에, 44, 46 양 절에, 48절과 같은 문구가 있음

1. 오늘 하나님께서 나에게 주신 깨달음은 무엇입니까?

2. 말씀을 어떻게 내 삶에 구체적으로 적용해야 합니까?

절별 해설

42 또 누구든지 나를 믿는 이 작은 자들 중 하나라도 실족하게 하면 차라리 연자맷돌이 그 목에 매여 바다에 던져지는 것이 나으리라 예수님은 어린아이를 영접하는 것이 중요하듯(37절), 그를 죄짓게 하는 것도 대단히 심각한 문제라고 말씀하신다. 이 사실을 통해 하나님은 세상적으로 아무런 힘이 없는 어린아이 같은 영혼도 소중하게 여기신다는 원리를 강조한다. 여기서 '실족하게 한다'(*헬.* 스칸달리조)는 말은 '덫에 걸려 넘어지게 하다' '감정을 상하게 하다'라는 뜻으로, 죄를 짓게 몰아가거나 감정을 상하게 하는 것을 의미한다. 이런 죄에 대한 처벌이 얼마나 중한지, 차라리 수장형(水葬刑)을 당하는 것이 나을 정도라고 말씀하신다.

43-47 네 손, 네 발, 네 눈이 너를 범죄하게 하거든 빼버리라 이번에는 남이 아닌 자기 자신으로 하여금 죄를 짓게 하는 경우를 다룬다. 특히 손, 발, 눈과 같이 신체에서 가장 중요한 부분이 죄를 지을 때 차라리 제거해 버리라고 명령하신다. 그만큼 죄가 얼마나 심각한지, 그리고 그 형벌이 얼마나 엄중한지 강조하신다. 예수님 당시에 이처럼 불구로 만드는 형벌이 존재했다는 사실을 들어 이 구절을 문자 그대로 해석하는 학자들도 있으나, 대부분의 학자들은 이 명령을 과장법적인 표현으로 해석한다. 본질적으로는 스스로 짓는 죄를 심각하게 여기고 철저히 다루어야 한다는 사실이다. 그렇지 않으면 영원한 생명과 하나님나라에서 멀어질 뿐 아니라 지옥에 던져지는 치명적인 결과를 맞이할 것이다.

없음 신약성경의 고대 사본이라 할 수 있는 시내 사본, 바티칸 사본, 레기우스 사본 등이 이 구절들을 생략하고 있기 때문에 대부분의 번역본들이 이것을 따라 이 구절들을 생략한다. 그러나 알렉산드리아 사본과 베자 사본 등은 48절과 동일한 내용을 44절과 46절에 포함시킴으로써, 세 가지 범죄 뒤에 세 번에 걸쳐 지옥의 실상을 더욱 생생하게 강조한다.

48 거기에서는 구더기도 죽지 않고 불도 꺼지지 아니하느니라 지옥의 실상은 한마디로 고통이 영원히 계속되는 곳이다. 따라서 지옥에 떨어지는 형벌은 결코 가볍게 생각할 수 없는 대단히 심각한 문제이기에 신체를 절단할 각오로 범죄와 싸워 이겨야 한다.

49-50 사람마다 불로써 소금 치듯 함을 받으리라 소금은 좋은 것이로되 만일 소금이 그 맛을 잃으면 무엇으로 이를 짜게 하리요 너희 속에 소금을 두고 서로 화목하라 여기서 소금과 불은 정결과 정화의 의미다. 그래서 예수님의 결론은 소금이 되라는 것이다. 단순히 지옥에 가지 않기 위해 죄를

쉬운성경

42 "또 나를 믿는 어린아이들 가운데 하나를 죄짓게 하는 사람은 차라리 커다란 연자 맷돌을 목에 걸고 바다에 빠지는 것이 더 낫다.

43 만일 네 손이 죄짓게 한다면, 그것을 잘라 버려라. 두 손을 가지고 지옥의 꺼지지 않는 불 속으로 던져지는 것보다, 장애인으로 영원한 생명을 누리는 곳에 들어가는 것이 훨씬 낫다.

44 (없음)*

45 만일 네 발이 죄짓게 한다면, 그것을 잘라 버려라. 두 발을 가지고 지옥에 던져지는 것보다 저는 발로 하늘나라에 들어가는 것이 더 낫다.

46 (없음)*

47 만일 네 눈이 죄짓게 한다면, 그것을 뽑아 버려라. 두 눈을 가지고 지옥에 던져지는 것보다, 한 눈만 가지고 하나님 나라에 들어가는 것이 더 낫다.

48 지옥에서는 벌레도 죽지 않으며, 불이 꺼지지도 않는다.

49 모든 사람이 소금 절이듯 불로 절여질 것이다.

50 소금은 좋은 것이다. 그러나 만일 소금이 짠맛을 잃으면 무엇으로 다시 짜게 하겠느냐? 서로가 소금을 지니고 화목하게 지내라."

* 9:44, 46 어떤 사본에는 48절과 같은 내용이 있다.

범하지 않는 차원을 넘어, 진정한 그리스도의 제자로서 세상에 진정한 맛을 주고, 서로 화목한 삶을 살도록 이끄는 역할을 하라는 명령이다. '누가 큰 자인가' 하는 논쟁의 결론으로 매우 적절하다. 큰 자가 되기 위해 싸우다가 서로 죄짓게 함으로 함께 지옥에 떨어지기보다는, 서로 진정한 화목을 이루는 것이 주님이 바라시는 참된 제자의 모습이다.

저자의 묵상

'누가 큰가' 하는 제자들의 논쟁에 예수님의 충격적인 훈계와 결론이 주어진다. 먼저 예수님은 한 영혼, 특히 어린아이같이 세상적으로 연약한 영혼의 소중함을 다시 강조하신다. 이어서 범죄의 심각성과 그에 대한 처벌의 엄중함을 역설하신다. 타인뿐 아니라 자기 자신으로 하여금 죄를 짓게 하는 행위는 지옥에 떨어질 만큼 심각한 죄다. 따라서 그런 형벌을 당하느니 차라리 죄를 짓게 만든 신체(손, 발, 눈)를 제거하는 것이 더 낫다고 말씀하심으로써 죄에 단호한 태도를 취할 것을 강조하신다. 그리고 더 나아가 단순히 죄와 형벌을 면하기 위해 죄를 짓지 않는 차원을 넘어 진정한 제자의 삶, 즉 소금의 삶을 살라고 권면하신다. 소금이 맛을 내듯, 그리스도인은 세상을 살맛나게 화목하게 만드는 역할을 감당해야 한다. 이것이 큰 자가 되는 것보다 더 중요한 사명임을 주님은 몸소 보여주셨다.

무릎 기도 | 하나님, 큰 자가 되려는 유혹과 죄를 이기고 소금처럼 세상을 살맛나게 하는 사명을 감당하게 하소서. 이 죄악 된 세상에서 빛과 소금의 역할을 감당할 능력을 주소서.

ESV - Mark 9

42 "Whoever causes one of these little ones who
believe in me to sin,* it would be better for
him if a great millstone were hung around his
neck and he were thrown into the sea.
43 And if your hand causes you to sin, cut it off.
It is better for you to enter life crippled than
with two hands to go to hell,* to the unquen-
chable fire.*
45 And if your foot causes you to sin, cut it off. It
is better for you to enter life lame than with
two feet to be thrown into hell.
47 And if your eye causes you to sin, tear it out.
It is better for you to enter the kingdom of
God with one eye than with two eyes to be
thrown into hell,
48 'where their worm does not die and the fire is
not quenched.'
49 For everyone will be salted with fire.*
50 Salt is good, but if the salt has lost its
saltiness, how will you make it salty again?
Have salt in yourselves, and be at peace with
one another."

* 9:42 Greek *to stumble;* also verses 43, 45, 47
* 9:43 Greek *Gehenna;* also verse 47
* 9:43 Some manuscripts add verses 44 and 46 (which are identical with verse 48)
* 9:49 Some manuscripts add *and every sacrifice will be salted with salt*

42 millstone 맷돌 throw into ~ ~에 던져넣다 43 crippled 불구의 unquenchable 끌 수 없는 45 lame 절름발이의 47 tear ~ out ~을 잡아 뜯다 48 worm 벌레, 구더기 quench (불을) 끄다 49 salt 소금(을 치다) 50 at peace with ~ ~와 사이좋게

32 이혼과 간음

월 일

마가복음 10:1-12 • 새찬송 197장 | 통일 178장

• 말씀묵상 전에 성령님의 인도하심을 구하는 기도를 드리십시오.

본문요약 | 바리새인들은 모세의 이혼 규정을 통해 예수님을 시험하려 한다. 그러나 그 규정은 하나님의 명령이 아니라 부득이한 허락이었다. 예수님은 이 사실을 지적하면서, 창조 원리에 근거하여 '이혼 불가'라는 혁명적인 선언을 하시고, 나아가 이혼은 곧 간음이라고 단언하신다.

1 예수께서 거기서 떠나 유대 지경과 요단
강 건너편으로 가시니 무리가 다시 모여
들거늘 예수께서 다시 전례대로 가르치시
더니
2 바리새인들이 예수께 나아와 그를 시험하
여 묻되 사람이 아내를 버리는 것이 옳으
니이까
3 대답하여 이르시되 모세가 어떻게 너희에
게 명하였느냐
4 이르되 ㄱ모세는 이혼 증서를 써주어 버리
기를 허락하였나이다
5 예수께서 그들에게 이르시되 너희 마음이
완악함으로 말미암아 이 명령을 기록하였
거니와
6 창조 때로부터 사람을 남자와 여자로 지
으셨으니
7 이러므로 사람이 그 부모를 떠나서
8 그 둘이 한 몸이 될지니라 이러한즉 이제
둘이 아니요 한 몸이니
9 그러므로 하나님이 짝지어 주신 것을 사
람이 나누지 못할지니라 하시더라
10 집에서 제자들이 다시 이 일을 물으니
11 이르시되 누구든지 그 아내를 버리고 다
른 데에 장가 드는 자는 본처에게 간음을
행함이요
12 또 아내가 남편을 버리고 다른 데로 시집
가면 간음을 행함이니라

ㄱ. 신 24:1, 3

1. 오늘 하나님께서 나에게 주신 깨달음은 무엇입니까?

2. 말씀을 어떻게 내 삶에 구체적으로 적용해야 합니까?

절별 해설

2 사람이 아내를 버리는 것이 옳으니이까 이전에 안식일 문제로 예수님을 시험한 바리새인들이 이번에는 이혼 문제로 예수님을 시험한다. 이 간단한 질문 속에는 교묘한 함정이 있다. 만약 예수님이 그 시대의 통념대로 옳다고 대답하면, 당시에 헤롯의 이혼과 재혼을 반대하다가 죽은 세례 요한을 반대하고 부정하는 정치적 의미를 띠게 된다. 반대로 옳지 않다고 대답하면 이혼을 허용한 모세 율법을 부정하는 것이 될 뿐 아니라, 세례 요한처럼 헤롯의 박해를 받을 수도 있는 상황이었다. 바리새인들은 예수님을 진퇴양난의 상황으로 몰고갔다.

3-4 모세가 어떻게 너희에게 명하였느냐 이르되 모세는 이혼 증서를 써주어 버리기를 허락하였나이다 바리새인들의 답변은 신명기에 나오는 모세의 율법에 근거한 것이다(신 24:1-4). 여기서 주목할 것은, 예수님은 모세가 어떻게 "명령하였느냐"(*헬.* 에네테일라토)라고 물으셨는데, 바리새인들은 "허락하였나이다"(*헬.* 에페트렙센)라고 답한 점이다. 그들은 이혼이 모세의 명령이 아니라 허락이라는 점을 스스로 인정한 것이고, 여기서 이미 예수님을 시험하려는 의도가 빗나가기 시작했다.

5 너희 마음이 완악함으로 말미암아 이 명령을 기록하였거니와 예수님은 모세가 이혼을 허락한 이유를 분명히 지적하신다. 그것은 바로 사람들의 완악함 때문이다. 즉, 완악한 인간들이 식은 죽 먹듯 함부로 이혼하고 간음하여 하나님의 규범을 거역하는 일이 벌어질까 염려하여 이혼 증서 규정을 정한 것이다. 그럼으로써 최대한 하나님의 규범을 지키게 하려는 일종의 고육지책(苦肉之策)이자 차선책이었던 셈이다.

6-9 그 둘이 한 몸이 될지니라 이러한즉 이제 둘이 아니요 한 몸이니 그러므로 하나님이 짝지어 주신 것을 사람이 나누지 못할지니라 예수님은 여기서 한 걸음 더 나아가 하나님의 창조 원리를 제시함으로써 이혼의 부당성을 더욱 확고하게 말씀하신다. 예수님이 강조하신 것을 살펴보면 이렇다. (1) 창세기 1장 27절에 근거하여 남자와 여자를 창조하신 분은 하나님이다. (2) 창세기 2장 24절에 근거하여 결혼은 사회적 풍습이 아니라 하나님의 창조 질서의 본질적인 요소이며, 부부는 한 몸이다. (3) 그러므로 하나님이 맺어주신 결합을 깨는 것은 하나님이 미워하고 금하시는 것이다(참고. 출 20:14; 말 2:16). 이와 같은 예수님의 절대적인 이혼 금지 선언은 바리새인들뿐 아니라 제자들에게도 큰 충격이었다.

11-12 아내를 버리고 다른 데에 장가 드는 자는 본처에게 간음을 행함이요 또 아내가 남편을 버리고 다른 데로 시집가면 간음을 행함이니라 예수님의 충격적인 선언에 놀란 제자들은 사

쉬운성경

1 예수님께서는 그곳을 떠나 유대 지방으로 가셨습니다. 다시 많은 사람들이 예수님께로 몰려들었습니다. 다른 때와 마찬가지로 예수님께서 그들을 가르치셨습니다.

2 몇몇 바리새파 사람들이 예수님께 와서 예수님을 시험하려고 물었습니다. "사람이 아내와 이혼하는 것이 옳습니까?"

3 예수님께서 대답하셨습니다. "모세가 너희에게 어떻게 명령하였느냐?"

4 그들이 말했습니다. "모세는 남자가 이혼 증서를 써 준 다음에 여자를 보내라고 허락하였습니다."

5 예수님께서 말씀하셨습니다. "너희의 마음이 굳어 있어서 모세가 이런 명령을 썼다.

6 그러나 하나님께서 세상을 만드실 때부터 남자와 여자를 만드셨다.

7 '그러므로 남자가 자기 아버지와 어머니를 떠나 아내와 더불어

8 둘이 한 몸이 될 것이다.' 따라서 더 이상 둘이 아니라 한 몸이다.

9 그러므로 하나님께서 하나로 만드신 것을 사람이 가르지 마라."

10 제자들이 집에서 예수님께 이혼에 대해 다시 물었습니다.

11 예수님께서 대답하셨습니다. "자기 아내를 버리고, 다른 여자와 결혼하는 사람은 간음죄를 짓는 것이다.

12 자기의 남편을 버리고, 다른 남자와 결혼하는 여자 또한 간음죄를 짓는 것이다."

적으로 그 말씀에 대한 설명을 부탁한다. 예수님은 여기서 더욱 강력한 메시지를 전하신다. 즉, 이혼은 곧 간음죄를 짓는 것이라고 선언하신다. 이것은 당시의 대중적인 분위기와 완전히 반대되는 입장으로, 가히 혁명적인 절대 윤리를 제시한 것이나 다름없다.

저자의 묵상

바리새인들은 모세의 이혼 증서 규정에 따라 쉽게 이혼할 수 있다는 통념이 있었고, 제자들마저 그런 사회적 풍조에 영향을 받고 있었다. 이혼이 만연하고 간통죄마저 폐지된 현대 사회는 그 시대보다 더하면 더했지 결코 덜하지 않을 것이다. 과거 모세는 그런 상황 속에서 고육지책으로 이혼 증서 규정을 만들어 가정을 지키려고 노력했다. 그러나 예수님은 창조 원리를 통해 결혼을 제정하신 하나님의 본래 의도를 강조함으로써, 가정을 지키고 약자인 여성을 보호하며, 무분별한 이혼과 재혼이 만연한 사회적 타락에 경종을 울리셨다. 이것은 결코 시대착오적인 가르침이 아니다. 예나 지금이나 배우자의 불륜과 이로 인한 가족 간의 갈등과 아픔을 치유하는 길은 예수님의 용서의 원리뿐이다. 지금이야말로 그리스도인의 가정이 회개와 용서를 통해 '한 몸의 원리'를 지키려고 노력하는 모습을 보여주어야 할 때다.

무릎 기도 | 하나님, 우리 가정이 하나님의 창조 원리와 예수님의 용서의 원리를 통해 하나 되게 하소서. 하나님의 사랑으로 충만한 가정이 되게 하소서.

ESV - Mark 10

1 And he left there and went to the region of Judea and beyond the Jordan, and crowds gathered to him again. And again, as was his custom, he taught them.
2 And Pharisees came up and in order to test him asked, "Is it lawful for a man to divorce his wife?"
3 He answered them, "What did Moses command you?"
4 They said, "Moses allowed a man to write a certificate of divorce and to send her away."
5 And Jesus said to them, "Because of your hardness of heart he wrote you this commandment.
6 But from the beginning of creation, 'God made them male and female.'
7 'Therefore a man shall leave his father and mother and hold fast to his wife,*
8 and the two shall become one flesh.' So they are no longer two but one flesh.
9 What therefore God has joined together, let not man separate."
10 And in the house the disciples asked him again about this matter.
11 And he said to them, "Whoever divorces his wife and marries another commits adultery against her,
12 and if she divorces her husband and marries another, she commits adultery."

* 10:7 Some manuscripts omit *and hold fast to his wife*

1 custom 습관, 관례　2 divorce 이혼(하다)　4 certificate 증명서　5 commandment 계명, 명령　8 one flesh 일심동체, 부부　9 join together 합치다　separate 분리하다　11 commit adultery 간음[간통]하다

33 누가 하나님나라에 들어가는가

월 일

마가복음 10:13-22 • 새찬송 430장 | 통일 456장

• 말씀묵상 전에 성령님의 인도하심을 구하는 기도를 드리십시오.

본문요약 | 어린아이들이 예수님께 다가오자 제자들은 이들을 꾸짖는다. 그러나 예수님은 오히려 제자들을 꾸짖으시며, 어린아이 같은 사람이 하나님나라에 들어간다고 말씀하신다. 또 부유한 청년이 영생의 길을 묻자 모든 것을 버리고 주님을 따르라는 제자도의 원리를 요구하신다.

13 사람들이 예수께서 만져 주심을 바라고 어린아이들을 데리고 오매 제자들이 꾸짖거늘

14 예수께서 보시고 노하시어 이르시되 어린아이들이 내게 오는 것을 용납하고 금하지 말라 하나님의 나라가 이런 자의 것이니라

15 내가 진실로 너희에게 이르노니 누구든지 하나님의 나라를 어린아이와 같이 받들지 않는 자는 결단코 그곳에 들어가지 못하리라 하시고

16 그 어린아이들을 안고 그들 위에 안수하시고 축복하시니라

17 예수께서 길에 나가실새 한 사람이 달려와서 꿇어 앉아 묻자오되 선한 선생님이여 내가 무엇을 하여야 영생을 얻으리이까

18 예수께서 이르시되 네가 어찌하여 나를 선하다 일컫느냐 하나님 한 분 외에는 선한 이가 없느니라

19 네가 계명을 아나니 [ㄱ]살인하지 말라, 간음하지 말라, 도둑질하지 말라, 거짓 증언 하지 말라, 속여 빼앗지 말라, 네 부모를 공경하라 하였느니라

20 그가 여짜오되 선생님이여 이것은 내가 어려서부터 다 지켰나이다

21 예수께서 그를 보시고 사랑하사 이르시되 네게 아직도 한 가지 부족한 것이 있으니 가서 네게 있는 것을 다 팔아 가난한 자들에게 주라 그리하면 하늘에서 보화가 네게 있으리라 그리고 와서 나를 따르라 하시니

22 그 사람은 재물이 많은 고로 이 말씀으로 인하여 슬픈 기색을 띠고 근심하며 가니라

ㄱ. 출 20:12-16; 신 5:16-20

1. 오늘 하나님께서 나에게 주신 깨달음은 무엇입니까?

2. 말씀을 어떻게 내 삶에 구체적으로 적용해야 합니까?

절별 해설

13 예수께서 만져 주심을 바라고 어린아이들을 데리고 오매 제자들이 꾸짖거늘 정치적 군사적 메시아관을 지닌 제자들의 눈에는 여자와 아이들이 하찮게 보였을 것이다. 실제로 유대인들은 여자와 아이는 계수하지도 않았다(마 14:21; 15:38). 예수님의 제자들 역시 이런 세상 가치관에 사로잡혀 있었기 때문에 아이들과 부모들을 꾸짖었다.

14-15 어린아이들이 내게 오는 것을 용납하고 금하지 말라 하나님의 나라가 이런 자의 것이니라 제자들의 태도에 예수님은 되레 노하시며, 하나님나라가 이런 어린아이 같은 사람들의 소유가 될 것이라는 놀라운 말씀을 하신다. 즉, 어린아이가 부모를 절대적으로 의존하는 존재라는 점에서, 이것이 바로 하나님나라에 들어가는 겸손한 마음을 가진 사람들의 특징이며, 이러한 사람들이 그 나라를 소유한다는 것을 분명하게 밝히신다.

17 선한 선생님이여 내가 무엇을 하여야 영생을 얻으리이까 본 절의 "한 사람"은 마태와 누가에 따르면, 부유한 청년 관원이었다(마 19:20; 눅 18:18). 그는 영생에 대한 뜨거운 관심과 갈급함이 있었다. 예수님을 영생에 대해 가르쳐줄 정도의 권위 있는 "선한 선생님"으로 본 것이다.

18 네가 어찌하여 나를 선하다 일컫느냐 하나님 한 분 외에는 선한 이가 없느니라 예수님의 대답은 선에 대한 기존의 통념을 깨뜨린다. 어려서부터 율법을 준수해 온 이 사람은 선하다는 자부심이 있었고, 따라서 선을 행하는 사람이 구원을 얻는다는 일종의 선행 구원 개념을 가졌던 것 같다. 그러나 예수님은 인간의 선이 아무리 뛰어나다 해도 하나님의 절대 선에 이를 수 없고, 결국 모든 인간은 죄인이며(롬 5:12) 선행으로는 영생을 얻을 수 없음을 시사하신다.

19-20 이어서 예수님은 십계명의 후반부(5-9계명)를 지키라고 말씀하신다. 이것은 율법을 지킴으로 구원을 얻을 수 있다는 선행 구원을 의미하는 것처럼 들린다. 구약성경 특히 신명기는 율법(계명)을 지켜 행하라고 명령하며, 그것이 하나님의 사랑과 구원을 받는 길이라고 말한다. 다만 그것을 완벽하게 지킬 수 있는 사람이 없을 뿐이다. 계명을 지키라는 명령에 "지켰나이다"라는 그 사람의 대답에서 그의 성실성을 느낄 수 있다.

20-22 네게 있는 것을 다 팔아 가난한 자들에게 주라 그리하면 하늘에서 보화가 네게 있으리라 그리고 와서 나를 따르라 하시니 그 사람은 재물이 많은 고로 이 말씀으로 인하여 슬

쉬운성경

13 사람들이 자기의 아이들을 데리고 예수님께 와서 어루만져 주시기를 원했습니다. 그러나 제자들이 이들을 꾸짖었습니다.

14 예수님께서 이것을 보시고 노하시며 제자들에게 말씀하셨습니다. "어린이들이 내게로 오게 놔 두어라. 그들을 막지 마라. 하나님 나라는 이런 어린이와 같은 사람들의 것이다.

15 내가 너희에게 진정으로 말한다. 어린이처럼 하나님 나라를 받아들이지 않는 사람은 결코 그곳에 들어가지 못할 것이다."

16 그리고 예수님께서 어린이들을 팔에 안으시고 손을 얹어 축복하셨습니다.

17 예수님께서 길을 떠나시려고 할 때, 한 사람이 달려와서 예수님 앞에 무릎을 꿇었습니다. 그리고 여쭈었습니다. "선하신 선생님, 영원한 생명을 상속받으려면 무엇을 해야 합니까?"

18 예수님께서 대답하셨습니다. "왜 나를 선하다고 하느냐? 오직 하나님 외에는 아무도 선하지 않다.

19 네가 계명을 안다. '살인하지 마라. 간음하지 마라. 도둑질하지 마라. 거짓 증거를 대지 마라. 속이지 마라. 네 부모를 공경하여라.'"

20 그 사람이 말했습니다. "선생님, 저는 어려서부터 이 모든 계명들을 다 지켰습니다."

21 예수님께서 그 사람을 보시고 사랑스럽게 여기셨습니다. 그리고 말씀하셨습니다. "네게 부족한 것 하나가 있다. 가서 네가 가진 것을 모두 팔아 가난한 사람들에게 주어라. 그러면 하늘에서 보화가 있을 것이다. 그리고 와서 나를 따라라."

22 이 말씀을 듣고, 그 사람은 매우 슬퍼하며 떠나갔습니다. 그것은 그 사람이 많은 재물을 가지고 있었기 때문입니다.

픈 기색을 띠고 근심하며 가니라 그의 대답을 들으신 예수님은 오히려 부족한 것이 하나 있다고 말씀하시면서 일련의 세 가지 행동을 요구하신다. 재산을 팔고, 가난한 자들에게 나눠주고, 예수님을 따르라는 것이다. 그 명령에 이 사람은 매우 슬퍼하며 떠나갔다. 비록 계명을 지키고 선행에 힘쓰기는 하였으나, 적어도 그에게는 물질이 우상이요 걸림돌이었다.

저자의 묵상

'누가 하나님나라에 들어갈 수 있는가'라는 중대한 질문에 예수님은 두 가지 사례를 들어 설명하신다. 하나는 어린아이처럼 비록 어리고 미숙해도 겸손하게 기쁨으로 하나님나라의 원리, 즉 제자도의 원리를 받아들이는 사람이 하나님나라에 들어간다고 말씀하신다. 다른 하나는, 부유한 청년 관원의 경우를 통해 율법의 계명을 지키는 선행만으로는 하나님나라에 들어갈 수 없음을 분명하게 밝히신다. 오히려 부족한 것이 '하나' 있다고 하시면서 모든 재물을 팔아 가난한 자들에게 주고 예수님을 따르라고 명령하신다. 이에 결국 청년은 슬퍼하며 떠나고 만다. 그의 부유함이 오히려 그에게는 '부족함'의 원인이자 영생의 걸림돌이 되었다. 그렇다면 내게 '부족한 하나'는 무엇일까? 그것을 찾아서 채우는(혹은 내려놓는) 것이 바로 오늘을 살아가는 신자의 태도일 것이다.

무릎 기도 | 하나님, 어린아이 같은 마음으로 주님을 항상 의지하고, 물질이나 세상을 의지하지 않게 하소서. 세상 모든 만물을 주관하시는 하나님 한 분만으로 만족하게 하소서.

ESV - Mark 10

13 And they were bringing children to him that he might touch them, and the disciples rebuked them.
14 But when Jesus saw it, he was indignant and said to them, "Let the children come to me; do not hinder them, for to such belongs the kingdom of God.
15 Truly, I say to you, whoever does not receive the kingdom of God like a child shall not enter it."
16 And he took them in his arms and blessed them, laying his hands on them.
17 And as he was setting out on his journey, a man ran up and knelt before him and asked him, "Good Teacher, what must I do to inherit eternal life?"
18 And Jesus said to him, "Why do you call me good? No one is good except God alone.
19 You know the commandments: 'Do not murder, Do not commit adultery, Do not steal, Do not bear false witness, Do not defraud, Honor your father and mother.'"
20 And he said to him, "Teacher, all these I have kept from my youth."
21 And Jesus, looking at him, loved him, and said to him, "You lack one thing: go, sell all that you have and give to the poor, and you will have treasure in heaven; and come, follow me."
22 Disheartened by the saying, he went away sorrowful, for he had great possessions.

14 indignant 분개한 hinder (가로)막다 17 set out on one's journey 여행을 떠나다 knee 무릎을 꿇다 inherit 상속받다 eternal 영원한 19 murder 살인하다 steal 도둑질하다 bear false witness 위증하다, 거짓 증언하다 defraud 속여서 빼앗다 21 lack ~이 없다 treasure 보물 22 disheartened 낙담한 sorrowful 슬픈 possession 재산, 소유물

34 구원의 역설

월 일

마가복음 10:23-31 • 새찬송 94장 | 통일 102장

• 말씀묵상 전에 성령님의 인도하심을 구하는 기도를 드리십시오.

본문요약 | 부자 청년이 슬퍼하며 돌아가는 모습을 보고, 예수님은 부자가 하나님나라에 들어가는 것이 낙타가 바늘귀를 통과하는 것만큼 불가능하다고 말씀하심으로 통념을 뒤집으신다. 아울러 진정한 구원은 하나님 손에 달려 있다고 하면서 영적 우선순위를 바르게 세우라고 하신다.

23 예수께서 둘러 보시고 제자들에게 이르시
되 재물이 있는 자는 하나님의 나라에 들
어가기가 심히 어렵도다 하시니
24 제자들이 그 말씀에 놀라는지라 예수께서
다시 대답하여 이르시되 얘들아 [1]하나님
의 나라에 들어가기가 얼마나 어려운지
25 낙타가 바늘귀로 나가는 것이 부자가 하
나님의 나라에 들어가는 것보다 쉬우니라
하시니
26 제자들이 매우 놀라 서로 말하되 그런즉
누가 구원을 얻을 수 있는가 하니
27 예수께서 그들을 보시며 이르시되 사람으
로는 할 수 없으되 하나님으로는 그렇지
아니하니 하나님으로서는 다 하실 수 있
느니라
28 베드로가 여짜와 이르되 보소서 우리가
모든 것을 버리고 주를 따랐나이다
29 예수께서 이르시되 내가 진실로 너희에게
이르노니 나와 복음을 위하여 집이나 형
제나 자매나 어머니나 [2]아버지나 자식이
나 전토를 버린 자는
30 현세에 있어 집과 형제와 자매와 어머니
와 자식과 전토를 백 배나 받되 박해를 겸
하여 받고 내세에 영생을 받지 못할 자가
없느니라
31 그러나 먼저 된 자로서 나중 되고 나중 된
자로서 먼저 될 자가 많으니라

1) 어떤 사본에, 재물을 의지하는 자는 하나님의 나라에
2) 어떤 사본에는, '아버지나' '아내나'가 있음

1. 오늘 하나님께서 나에게 주신 깨달음은 무엇입니까?

2. 말씀을 어떻게 내 삶에 구체적으로 적용해야 합니까?

절별 해설

23-25 낙타가 바늘귀로 나가는 것이 부자가 하나님의 나라에 들어가는 것보다 쉬우니라 유대인들은 신명기 28장 1-11절을 근거로, 부자는 율법을 잘 지켜 복을 받은 사람이기 때문에 하나님나라에 들어가는 1순위라는 통념을 가지고 있었다. 그러나 예수님은 이런 통념을 뒤집으신다. 신명기 말씀은 하나님의 율법을 바르게 지키는 사회를 전제로 한 것인데, 예수님의 시대는 불의와 불법과 압제가 난무하던 시대였다. 따라서 그런 시대에는 부를 축적하려고 율법을 어기는 경우가 허다했고, 이렇게 얻은 부는 결코 하나님이 주신 축복의 결과라 할 수 없었다. 그런 까닭에 예수님은 부자가 하나님나라에 들어가는 것을, 당시 주변에서 볼 수 있는 큰 동물인 낙타가 가장 작은 물건인 바늘귀를 통과하는 것에 비유하셨다. 이것은 한마디로 그들의 구원이 불가능하다는 뜻이다.

26 그런즉 누가 구원을 얻을 수 있는가 전통적인 통념을 뒤집는 예수님의 말씀은 제자들에게도 큰 충격으로 다가왔다. 예수님의 말씀을 들은 제자들은 인간의 부와 노력으로는 구원이 불가능하다는 결론에 이른다. 여기서 영원한 생명(영생)을 상속받는 것(17절)과 하나님나라에 들어가는 것(23,25절)이 구원받는 것과 같은 뜻으로 쓰이고 있다.

27 사람으로는 할 수 없으되 하나님으로는 그렇지 아니하니 하나님으로서는 다 하실 수 있느니라 예수님은 구원이 하나님만이 하실 수 있는, 하나님의 절대 주권의 영역에 속한 것임을 천명하신다. 따라서 인간에게 필요한 것은 어린아이처럼 하나님을 겸손하게 절대적으로 의존하는 것뿐이다. 부자 청년에게 부족한 것이 바로 이것이었다. 그는 결국 하나님과 물질 사이에서 후자를 의지하는 쪽을 택하고 만다.

28-30 예수님은 "우리가 모든 것을 버리고 주를 따랐나이다"라는 베드로의 말을 긍정적으로 평가하면서 두 가지 보상을 약속하신다. 이 세상에서는 핍박과 함께 백 배의 보상이 주어지고, 오는 세대에서는 영원한 생명을 얻을 것이다. 여기서 '버린다'(헬. 아피에미)는 말은 지나치게 문자적으로 해석하기보다는 삶의 우선순위의 전환, 또는 자신의 소유권을 포기하고 하나님의 소유로 돌리는 것으로 이해하는 것이 자연스럽다. 그리고 이것 역시 본인의 힘으로 되는 것이 아니라 하나님의 능력을 힘입을 때 가능하다.

31 먼저 된 자로서 나중 되고 나중 된 자로서 먼저 될 자가 많으니라 이 말은 베드로의 대답에 대한 결론이자 제자들을 향한 경고의 의미를 띤다. 여기서 "먼저 된 자"는 문맥상 부자를 가리키거나, 베드로처럼 스스로 우월하다고 느끼는 사람을 가리킨다. 이 한마디를 통해 예수님은 제자들의 신앙적 우월감과 자리다툼을 경계하신다.

쉬운성경

23 예수님께서 제자들을 보시며 말씀하셨습니다. "부유한 사람이 하나님 나라에 들어가는 것이 얼마나 어려운가!"

24 제자들은 예수님의 말씀에 놀랐습니다. 예수님께서 다시 말씀하셨습니다. "얘들아, 하나님 나라에 들어가는 것이 얼마나 어려운지,

25 부자가 하나님 나라에 들어가는 것보다 낙타가 바늘귀를 지나가는 것이 더 쉬울 것이다!"

26 제자들은 더욱더 놀라며 서로 말하였습니다. "그러면 과연 누가 구원받을 수 있을까?"

27 예수님께서 제자들을 바라보시며 말씀하셨습니다. "사람은 할 수 없으나, 하나님께서는 할 수 있다. 하나님께는 모든 것이 가능하다."

28 베드로가 예수님께 말했습니다. "보십시오. 우리는 선생님을 따르려고, 모든 것을 버렸습니다."

29 예수님께서 말씀하셨습니다. "내가 너희에게 진정으로 말한다. 나와 복음을 위해 자기 집과 형제, 자매, 어머니, 아버지, 자식 또는 밭을 버린 사람은

30 이 세상에서 핍박과 함께 집, 형제, 자매, 어머니, 자녀 그리고 밭을 백 배로 받을 것이다. 그리고 오는 세대에서는 영원한 생명을 얻을 것이다.

31 첫째가 꼴찌가 되고, 꼴찌가 첫째가 되는 사람이 많을 것이다."

저자의 묵상

물질적인 부는 하나님의 축복이고, 따라서 부자는 구원받는 1순위라는 통념을 가졌던 예수님 당시의 유대인들과 제자들에게, "낙타가 바늘귀로 나가는 것이 부자가 하나님의 나라에 들어가는 것보다 쉬우니라"(25절)라는 예수님의 말씀은 시대적 통념을 뒤집는 엄청난 충격이었다. 이것은 예수만 믿으면 물질의 복을 받고 쉽게 구원을 얻을 수 있다고 가르치는 오늘날의 설교자나 전도자들도 새겨 들어야 할 말씀이다. 부유함이 구원의 조건이 될 수 없듯 가난함도 마찬가지다. "하나님으로서는 다 하실 수 있느니라"(27절)라는 예수님의 말씀을 통해 결국 구원의 열쇠는 하나님의 손에 달려 있음을 다시금 확인한다. 그래서 예수님은 특별히 두 가지를 강조하신다. 하나는 예수님을 따르기 위해 모든 것을 버릴 수 있는 헌신과 결단이다. 다른 하나는, 그런 헌신과 결단이 신앙적 우월감으로 왜곡되지 않게 경계해야 한다는 점이다.

무릎 기도 하나님, 삶의 소유권과 우선순위를 바르게 정립하여 진정한 영적 구원의 소유자가 되게 하소서. 또 내가 다른 사람보다 낫다는 영적 우월감을 경계하게 하소서.

ESV - Mark 10

23 And Jesus looked around and said to his disciples, "How difficult it will be for those who have wealth to enter the kingdom of God!"
24 And the disciples were amazed at his words. But Jesus said to them again, "Children, how difficult it is* to enter the kingdom of God!
25 It is easier for a camel to go through the eye of a needle than for a rich person to enter the kingdom of God."
26 And they were exceedingly astonished, and said to him,* "Then who can be saved?"
27 Jesus looked at them and said, "With man it is impossible, but not with God. For all things are possible with God."
28 Peter began to say to him, "See, we have left everything and followed you."
29 Jesus said, "Truly, I say to you, there is no one who has left house or brothers or sisters or mother or father or children or lands, for my sake and for the gospel,
30 who will not receive a hundredfold now in this time, houses and brothers and sisters and mothers and children and lands, with persecutions, and in the age to come eternal life.
31 But many who are first will be last, and the last first."

* 10:24 Some manuscripts add *for those who trust in riches*
* 10:26 Some manuscripts *to one another*

23 look around 둘러보다 wealth 재산, 재물 24 be amazed at ~ ~에 깜짝 놀라다 25 camel 낙타 the eye of a needle 바늘귀;울타리가 있는 활모양의 소문(小門) 26 exceedingly 몹시 astonished 깜짝 놀란 29 for one's sake ~을 위하여 30 hundredfold 백 배 persecution 박해

35 세 번째 수난 예고와 섬김의 길

월 일

마가복음 10:32-45 • 새찬송 321장 | 통일 351장

• 말씀묵상 전에 성령님의 인도하심을 구하는 기도를 드리십시오.

본문요약 | 예수님의 세 번째 수난 예고를 들은 제자들은 또다시 자리다툼을 벌인다. 특히 야고보와 요한은 예수님의 가장 가까이에 있게 해달라 부탁하고, 이것은 다른 제자들의 분노를 산다. 그러나 인자로 오신 예수님은 여호와의 고난받는 종으로서 섬김의 본을 보여주신다.

32 예루살렘으로 올라가는 길에 예수께서 그
들 앞에 서서 가시는데 그들이 놀라고 따
르는 자들은 두려워하더라 이에 다시 열
두 제자를 데리시고 자기가 당할 일을 말
씀하여 이르시되
33 보라 우리가 예루살렘에 올라가노니 인자
가 대제사장들과 서기관들에게 넘겨지매
그들이 죽이기로 결의하고 이방인들에게
넘겨 주겠고
34 그들은 능욕하며 침 뱉으며 채찍질하고
죽일 것이나 그는 삼 일 만에 살아나리라
하시니라
35 세베대의 아들 야고보와 요한이 주께 나
아와 여짜오되 선생님이여 무엇이든지 우
리가 구하는 바를 우리에게 하여 주시기
를 원하옵나이다
36 이르시되 너희에게 무엇을 하여 주기를
원하느냐
37 여짜오되 주의 영광 중에서 우리를 하나
는 주의 우편에, 하나는 좌편에 앉게 하여
주옵소서
38 예수께서 이르시되 너희는 너희가 구하는
것을 알지 못하는도다 내가 마시는 잔을
너희가 마실 수 있으며 내가 받는 [1]세례를
너희가 받을 수 있느냐
39 그들이 말하되 할 수 있나이다 예수께서
이르시되 너희는 내가 마시는 잔을 마시
며 내가 받는 [1]세례를 받으려니와
40 내 좌우편에 앉는 것은 내가 줄 것이 아
니라 누구를 위하여 준비되었든지 그들이

1) 헬, 또는 침례

얻을 것이니라
41 열 제자가 듣고 야고보와 요한에 대하여
화를 내거늘
42 예수께서 불러다가 이르시되 이방인의 집
권자들이 그들을 임의로 주관하고 그 고
관들이 그들에게 권세를 부리는 줄을 너
희가 알거니와
43 너희 중에는 그렇지 않을지니 너희 중에
누구든지 크고자 하는 자는 너희를 섬기
는 자가 되고
44 너희 중에 누구든지 으뜸이 되고자 하는
자는 모든 사람의 종이 되어야 하리라
45 인자가 온 것은 섬김을 받으려 함이 아니
라 도리어 섬기려 하고 자기 목숨을 많은
사람의 대속물로 주려 함이니라

1. 오늘 하나님께서 나에게 주신 깨달음은 무엇입니까?

2. 말씀을 어떻게 내 삶에 구체적으로 적용해야 합니까?

절별 해설

33 보라 우리가 예루살렘에 올라가노니 인자가 대제사장들과 서기관들에게 넘겨지매 그들이 죽이기로 결의하고 예수님의 세 번째 수난 예고는 이전 예고보다 더욱 구체적으로 주어진다. 먼저, 고난과 죽음의 장소가 예루살렘이라고 밝히신다. 메시아로 오신 예수님이 이스라엘의 종교 중심지인 예루살렘에서 환영은 고사하고 죽임을 당하게 된다는 사실은 충격과 아이러니다. 두 번째로, 예수님의 죽음과 관련된 일련의 절차가 세부적으로 묘사된다. 자신이 유대 종교지도자들에 이어 이방 나라인 로마 당국에 넘겨질 것을 예고하신다.

34 그는 삼 일 만에 살아나리라 세 번째로, 로마 군인들이 예수님을 고문하는 과정을 정확하고 실감나게 묘사한다. 이는 놀랍게도 15장 15-25절에서 그대로 이루어진다. 무엇보다 가장 두드러진 대목은 예수님의 부활 예언이다. 예수님은 고난 끝에 무기력한 죽음이 아닌 영광스러운 부활로 절정을 맞게 될 것을 예고하신다.

37 주의 영광 중에서 우리를 하나는 주의 우편에, 하나는 좌편에 앉게 하여 주옵소서 두 번째 수난 예고 때처럼 이번에도 제자들은 또다시 자리다툼을 벌인다. 베드로에게 첫째가 꼴찌가 될 거라는 경고가 주어지자, 아마도 요한과 야고보는 베드로가 수제자의 자리를 박탈당한 것으로 판단한 것 같다. 그래서 그 기회를 틈타 예수님의 가장 가까운 자리에 앉고자 한 것 같다.

38 내가 마시는 잔을 너희가 마실 수 있으며 내가 받는 세례를 너희가 받을 수 있느냐 여기서 "잔"과 "세례"는 죄에 대한 심판으로 주어지는 고난과 죽음을 다른 각도에서 상징적으로 표현한 말이다. 구약에서 "잔"은 축복의 상징으로 사용되기도 하지만(시 23:5), 심판의 고난을 상징하기도 한다(사 51:17-23). 또 "세례"는 온 몸이 물속에 잠기는 것에 착안하여 재난이나 위험에 압도되는 것을 상징한다. 특히 바울은 세례를 예수님의 죽으심과 연결한다(롬 6:3-4).

40 좌우편에 앉는 것은 내가 줄 것이 아니라 이것은 하나님 나라의 영광스러운 자리가 인간의 노력이나 욕심으로 얻는 것이 아니라, 오직 하나님의 절대 주권에 달려 있음을 의미한다. 신성을 가진 예수님도 이것만큼은 하나님 뜻에 오로지 순종하겠다는 의지를 보여주신다.

43-44 너희 중에 누구든지 으뜸이 되고자 하는 자는 모든 사람의 종이 되어야 하리라 자리다툼으로 불화에 빠진 제자들에게 예수님은 섬김의 중요성을 강조하신다. 특히 "종"(*헬.*

쉬운성경

32 예루살렘으로 올라가는 길에 예수님께서 사람들보다 먼저 걸어가셨습니다. 제자들이 놀랐고 뒤따르던 사람들도 두려워했습니다. 예수님께서 열두 제자를 따로 부르셔서 어떤 일이 예수님에게 일어날지 말씀하시기 시작하셨습니다.

33 "보아라. 우리는 지금 예루살렘으로 간다. 인자가 대제사장과 율법학자들에게 넘겨질 것이다. 그들은 인자에게 사형을 선고하고, 이방 사람들에게 넘겨 줄 것이다.

34 이방 사람들은 인자를 조롱하고, 침을 뱉고, 채찍으로 때리고, 죽일 것이다. 그러나 인자는 삼 일 뒤에 다시 살아날 것이다."

35 세베대의 두 아들인 야고보와 요한이 예수님께 와서 말했습니다. "선생님, 우리의 소원을 들어주시기 원합니다."

36 예수님께서 물으셨습니다. "너희가 내게 무엇을 원하느냐?"

37 그들이 대답했습니다. "저희가 주의 영광스러운 나라에서 선생님의 오른쪽과 왼쪽에 앉게 허락해 주십시오."

38 예수님께서 대답하셨습니다. "너희가 요구하는 것이 무엇인지를 알지 못하는구나. 너희는 내가 마시는 잔을 마실 수 있느냐? 그리고 내가 받는 세례를 받을 수 있느냐?"

39 그들이 대답했습니다. "예, 우리는 할 수 있습니다!" 예수님께서 그들에게 말씀하셨습니다. "내가 마시는 잔을 너희가 마시며 내가 받는 세례를 너희가 받을 것이다.

40 그러나 내 오른쪽이나 왼쪽에 앉는 것은 내가 허락하는 것이 아니다. 이 자리들은 정해 놓은 사람에게 돌아갈 것이다."

41 이 말을 듣고, 나머지 열 명의 제자들이 야고보와 요한에게 화를 내기 시작했습니다.

둘로스)이라는 표현을 사용해 진정한 섬김은 겸손의 차원을 넘어 종이나 노예처럼 복종하는 자리까지 낮아져야 한다는 점을 강조하신다. 이것은 자리다툼을 벌이는 제자들의 생각을 뒤집는 놀라운 제자도의 원리일 뿐 아니라, 오늘 우리가 여전히 따라야 할 제자도다.

45 인자가 온 것은 섬김을 받으려 함이 아니라 도리어 섬기려 하고 자기 목숨을 많은 사람의 대속물로 주려 함이니라 이 말씀은 예수님 자신이 영광스러운 인자(단 7:13-14)로 오셨음에도 불구하고, 여호와의 고난받는 종(사 53장)으로서 하나님의 뜻에 따라 죽기까지 복종하사 대속의 죽음을 당할 것을 극적으로 표현하신 말씀이다. 예수님은 스스로 모든 사람의 종이 되어 진정한 섬김의 귀감이 되었다.

42 예수님께서 제자들을 부르시고 말씀하셨습니다. "너희가 아는 것처럼 이방 사람들의 통치자라는 사람들은 사람들을 지배하려고 한다. 고관들도 사람들에게 세도를 부린다.

43 그러나 너희는 그래서는 안 된다. 누구든지 너희 중에서 높아지려거든 종이 되어야 한다.

44 누구든지 너희 중에서 첫째가 되려거든 모든 사람의 종이 되어야 한다.

45 인자도 섬김을 받으러 온 것이 아니라 섬기러 왔다. 인자는 자기 생명을 많은 사람의 대속물로 주려고 왔다."

저자의 묵상

예수님의 세 번째 수난 예고는 구체적이고 세부적인 내용을 담고 있을 뿐 아니라 예수님의 부활까지도 예고한다. 그러나 그분의 말씀을 들은 제자들은 생각이 다른 곳에 가 있었다. 자리다툼을 통해 여전히 세속적인 영광을 추구하는 실망스러운 모습을 보여주고 있다. 예수님은 그들에게 진정한 섬김의 도를 가르쳐주면서, 자신이 직접 여호와의 고난받는 종이 되어 대속의 죽음을 통해 몸소 섬김을 실천할 것을 말씀하셨다. 아무것도 모른 채 예수님이 받으실 잔과 세례를 받겠다고 했던 야고보와 요한도 결국 진정한 의미를 깨닫고 순교(행 12:2)와 유배(계 1:9)의 길을 따라갔다. 그러므로 시대를 초월해 예수님을 따르는 모든 제자는 세속적인 권력과 부를 탐하지 말고, 그분처럼 진정한 섬김의 삶을 실천하기 위해 날마다 자기 십자가를 지는 수고를 감당해야 할 것이다.

무릎 기도 하나님, 고난받는 종의 삶을 사신 예수님을 본받아 진정한 섬김의 길을 따라가게 하소서. 날마다 십자가를 지며 성령의 기름부으심을 사모하는 자가 되게 하소서.

32 And they were on the road, going up to
Jerusalem, and Jesus was walking ahead of
them. And they were amazed, and those
who followed were afraid. And taking the
twelve again, he began to tell them what was
to happen to him,
33 saying, "See, we are going up to Jerusalem,
and the Son of Man will be delivered over to
the chief priests and the scribes, and they will
condemn him to death and deliver him over
to the Gentiles.
34 And they will mock him and spit on him, and
flog him and kill him. And after three days he
will rise."
35 And James and John, the sons of Zebedee,
came up to him and said to him, "Teacher,
we want you to do for us whatever we ask of
you."
36 And he said to them, "What do you want me
to do for you?"
37 And they said to him, "Grant us to sit, one at
your right hand and one at your left, in your
glory."
38 Jesus said to them, "You do not know what
you are asking. Are you able to drink the cup
that I drink, or to be baptized with the baptism
with which I am baptized?"
39 And they said to him, "We are able." And
Jesus said to them, "The cup that I drink you
will drink, and with the baptism with which I
am baptized, you will be baptized,
40 but to sit at my right hand or at my left is not
mine to grant, but it is for those for whom it
has been prepared."
41 And when the ten heard it, they began to be
indignant at James and John.
42 And Jesus called them to him and said to
them, "You know that those who are con-
sidered rulers of the Gentiles lord it over
them, and their great ones exercise authority
over them.
43 But it shall not be so among you. But who-
ever would be great among you must be your
servant,*
44 and whoever would be first among you must
be slave* of all.
45 For even the Son of Man came not to be
served but to serve, and to give his life as a
ransom for many."

* 10:43 Greek *diakonos*

* 10:44 Or *bondservant*, or *servant* (for the contextual rendering of the Greek word *doulos*, see Preface)

33 deliver over 넘겨주다 condemn ~형을 선고하다 gentile 이방인 34 mock 조롱하다 spit on ~ ~에 침을 뱉다 flog 채찍질하다 37 grant 주다 40 prepare 준비하다 41 indignant 분개한 42 lord it over ~ ~을 지배하다 exercise authority over ~ ~에 대해 권력을 휘두르다 43 servant 하인, 섬기는 자 44 slave 노예 45 ransom 속전

• MEMO •

36 바디매오의 행동하는 믿음

월 일

마가복음 10:46-52 • 새찬송 134장 | 통일 84장

• 말씀묵상 전에 성령님의 인도하심을 구하는 기도를 드리십시오.

본문요약 I 여리고의 맹인 바디매오는 예수님을 향해 다윗의 자손이라고 부르며 치유를 간구한다. 무리는 그를 책망했지만, 예수님은 그에게 긍휼을 베푸사 만나주시고 그의 요구를 들어주신다. 예수님에 대한 확실한 믿음을 통해 구원을 얻게 된 바디매오는 그 즉시 예수님을 따른다.

46 그들이 여리고에 이르렀더니 예수께서 제
자들과 허다한 무리와 함께 여리고에서
나가실 때에 디매오의 아들인 맹인 거지
바디매오가 길 가에 앉았다가
47 나사렛 예수시란 말을 듣고 소리 질러 이
르되 다윗의 자손 예수여 나를 불쌍히 여
기소서 하거늘
48 많은 사람이 꾸짖어 잠잠하라 하되 그가
더욱 크게 소리 질러 이르되 다윗의 자손
이여 나를 불쌍히 여기소서 하는지라
49 예수께서 머물러 서서 그를 부르라 하시
니 그들이 그 맹인을 부르며 이르되 안심
하고 일어나라 그가 너를 부르신다 하매
50 맹인이 겉옷을 내버리고 뛰어 일어나 예
수께 나아오거늘
51 예수께서 말씀하여 이르시되 네게 무엇을
하여 주기를 원하느냐 맹인이 이르되 선
생님이여 보기를 원하나이다
52 예수께서 이르시되 가라 네 믿음이 너를
구원하였느니라 하시니 그가 곧 보게 되
어 예수를 길에서 따르니라

1. 오늘 하나님께서 나에게 주신 깨달음은 무엇입니까?

2. 말씀을 어떻게 내 삶에 구체적으로 적용해야 합니까?

절별 해설

46-47 여리고에서 나가실 때에 여리고는 갈릴리에서 예루살렘으로 올라가는 순례자들이 부정한 지역인 사마리아를 거치지 않고 예루살렘으로 가기 위해 반드시 거쳐야 하는 동네로, 마지막 쉼터 같은 곳이었다. 이곳에서부터 예루살렘까지는 줄곧 오르막길로 걸어서 하룻길(약 40km)이 걸린다. 이제 예수님의 순례가 막바지에 다다랐음을 보여준다.

디매오의 아들인 맹인 거지 바디매오가, 소리 질러 이르되 다윗의 자손 예수여 나를 불쌍히 여기소서 하거늘 맹인이며 거지임에도 부친과 본인의 이름이 함께 언급된 것으로 보아, 이 사건이 당시 사람들에게 널리 알려져 있었을 것으로 보인다. 더욱이 그는 예수님을 향해 "다윗의 자손"이라고 불렀다. 이 호칭은 이전까지 등장한 적 없는 호칭이며, 유대인들에게는 '그리스도'와 같은 뜻으로 메시아를 가리키는 호칭이었다. 아마도 그의 믿음은 들음에서 났을 것이다(참고. 롬 10:17). 눈으로 볼 수 없었지만, 예수님이 다른 맹인들을 고치신 일과 수많은 표적에 관한 소식을 귀로 들으면서, 그분에 대한 확실한 믿음을 갖게 되었을 것이다. 이런 모습은 예수님을 직접 눈으로 보면서도 메시아임을 믿지 못하는 제자들과 대조된다.

48 많은 사람이 꾸짖어 잠잠하라 하되 그가 더욱 크게 소리 질러 이르되 이제까지 제자들을 비롯한 많은 사람이 여성, 어린아이, 부자와 가난한 자, 병자, 그리고 자리다툼을 벌일 정도로 권력에 대한 편견을 가지고 있었다. 그들이 그런 맥락에서 바디매오를 꾸짖은 것이다. 그러나 바디매오는 절대로 뜻을 굽히지 않고 더욱 적극적으로 예수님을 찾았다. 이는 믿음의 진정성을 보여준다.

49 예수께서 머물러 서서 그를 부르라 하시니 여기서 예수님은 자신을 믿는 자들에게 긍휼을 베푸는 자비로운 메시아임을 분명하게 보여주신다. 그분은 우리의 필요에 관심을 가지신다.

50 맹인이 겉옷을 내버리고 뛰어 일어나 예수께 나아오거늘 그는 자신의 전 재산과 다름없는 겉옷을 버리고 예수님의 부르심에 곧바로 응답하며 나아갔다. 그는 맹인이라는 이유로 앉아서 기다린 것이 아니라, 보이지 않음에도 부르심을 향해 나아간 것이다.

52 예수께서 이르시되 가라 네 믿음이 너를 구원하였느니라 하시니 그가 곧 보게 되어 예수를 길에서 따르니라 바디매오가 가진 믿음이 예수님의 치유를 이끌어냈다. 그의 믿음

쉬운성경

46 예수님과 제자들이 여리고에 왔습니다. 예수님께서 제자들과 많은 사람들과 함께 여리고를 떠나실 때, 디매오의 아들인 바디매오라고 하는 앞을 보지 못하는 거지가 길가에 앉아 있었습니다.

47 나사렛 예수님이라는 소리를 듣고 그는 소리 지르기 시작했습니다. "다윗의 자손 예수님! 제게 자비를 베풀어 주십시오!"

48 많은 사람들이 그에게 조용히 하라고 엄하게 말했습니다. 그러나 그는 더욱더 크게 소리쳤습니다. "다윗의 자손이시여, 제게 자비를 베풀어 주십시오!"

49 예수님께서 멈추셔서 말씀하셨습니다. "그 사람을 이리 데리고 오너라." 사람들이 그를 불렀습니다. "안심하고 일어나게! 예수님께서 자네를 부르고 계시네."

50 그는 겉옷을 거기에 두고 벌떡 일어나 예수님께로 갔습니다.

51 예수님께서 그에게 물으셨습니다. "무엇을 해 주길 원하느냐?" 보지 못하는 자가 대답했습니다. "선생님, 다시 보기를 원합니다."

52 예수님께서 "가거라. 네 믿음이 너를 낫게 하였다"라고 말씀하셨습니다. 그 즉시 그는 보게 되었고, 예수님을 따라나섰습니다.

은 예수님을 메시아로 고백하는 믿음이었을 뿐 아니라, 예수님이 자신의 문제를 분명히 해결해 주시리라는 확신 있는 믿음이었다. 이런 믿음은 행동으로 이어졌다. 그는 '나를 따르라'는 예수님의 말씀이 없었음에도, 그 길로 예수님을 따르는 행동하는 믿음을 보여준다.

저자의 묵상

본서의 제2막(8:27-10:52)이 벳세다의 맹인 치유 사건으로 시작해 맹인 바디매오 치유 사건으로 끝난다. 이 사실은 상징적인 메시지를 던져준다. 즉, 십자가의 길을 깨닫지 못하는 제자들과 무리가 영적 맹인의 상태에서 진정한 깨달음의 자리로 나아가야 할 것을 강조한다. 그런 맥락에서, 사회적으로나 경제적으로 전혀 부족함이 없던 부자 청년이 예수님의 부르심에 응답하지 못한 채 영적 어둠에 빠져 슬픔 가운데 떠난 것에 반해, 최하위층이나 다름없던 바디매오가 예수님을 만나 눈을 뜨고 곧바로 그분을 따르는 제자가 되었다는 사실은 그야말로 인생역전의 드라마를 보는 것 같다. 이것을 통해 먼저 된 자로서 나중 되고 나중 된 자로서 먼저 되는 역전의 원리(10:31)가 실제로 일어났고, 앞으로도 일어날 것을 보여준다. 예수님은 우리 한 사람 한 사람이 영적 맹인에서 제자로 거듭나 인생역전의 주인공이 되기를 간절히 바라신다.

무릎 기도 하나님, 영적 어둠에서 벗어날 뿐 아니라 십자가의 길을 따르는 제자의 삶을 살게 하소서. 우리의 눈과 귀를 열어주셔서 참된 진리를 바라보는 삶을 살게 하소서.

ESV - Mark 10

46 And they came to Jericho. And as he was leaving Jericho with his disciples and a great crowd, Bartimaeus, a blind beggar, the son of Timaeus, was sitting by the roadside.
47 And when he heard that it was Jesus of Nazareth, he began to cry out and say, "Jesus, Son of David, have mercy on me!"
48 And many rebuked him, telling him to be silent. But he cried out all the more, "Son of David, have mercy on me!"
49 And Jesus stopped and said, "Call him." And they called the blind man, saying to him, "Take heart. Get up; he is calling you."
50 And throwing off his cloak, he sprang up and came to Jesus.
51 And Jesus said to him, "What do you want me to do for you?" And the blind man said to him, "Rabbi, let me recover my sight."
52 And Jesus said to him, "Go your way; your faith has made you well." And immediately he recovered his sight and followed him on the way.

46 beggar 거지 47 have mercy on ~ ~을 불쌍히 여기다 49 take heart 힘내다, 용기를 내다 50 throw off (옷 등을) 벗어 던지다 cloak 겉옷, 외투 spring 벌떡 일어서다 51 recover 회복하다 52 go one's way 그 자리를 떠나다 recover one's sight 시력을 회복하다

37 나귀를 타신 겸손의 왕

월 일

마가복음 11:1-11 • 새찬송 141장 | 통일 132장

• 말씀묵상 전에 성령님의 인도하심을 구하는 기도를 드리십시오.

본문요약 I 예수님은 아무도 탄 적 없는 나귀 새끼를 타고 예루살렘에 입성하신다. 그때 군중은 겉옷을 벗어 길에 깔고 종려가지를 들고 호산나를 외치며 예수님을 구세주로, 왕으로, 메시아로 열렬히 환영하며 환호한다. 이것이 고난주간의 시작을 알리는 종려주일의 기원이 된다.

1 그들이 예루살렘에 가까이 와서 감람 산
벳바게와 베다니에 이르렀을 때에 예수께
서 제자 중 둘을 보내시며
2 이르시되 너희는 맞은편 마을로 가라 그
리로 들어가면 곧 아직 아무도 타 보지 않
은 나귀 새끼가 매여 있는 것을 보리니 풀
어 끌고 오라
3 만일 누가 너희에게 왜 이렇게 하느냐 묻
거든 주가 쓰시겠다 [1]하라 그리하면 즉시
이리로 보내리라 하시니
4 제자들이 가서 본즉 나귀 새끼가 문 앞 거
리에 매여 있는지라 그것을 푸니
5 거기 서 있는 사람 중 어떤 이들이 이르되
나귀 새끼를 풀어 무엇 하려느냐 하매
6 제자들이 예수께서 이르신 대로 말한대
이에 허락하는지라
7 나귀 새끼를 예수께로 끌고 와서 자기들
의 겉옷을 그 위에 얹어 놓으매 예수께서
타시니
8 많은 사람들은 자기들의 겉옷을, 또 다른
이들은 들에서 벤 나뭇가지를 길에 펴며
9 앞에서 가고 뒤에서 따르는 자들이 소리
지르되 호산나 찬송하리로다 주의 이름으
로 오시는 이여
10 찬송하리로다 오는 우리 조상 다윗의 나
라여 가장 높은 곳에서 호산나 하더라
11 예수께서 예루살렘에 이르러 성전에 들어
가사 모든 것을 둘러 보시고 때가 이미 저
물매 열두 제자를 데리시고 베다니에 나
가시니라

1) 또는 즉시 돌려 보내리라 하라 하시니

1. 오늘 하나님께서 나에게 주신 깨달음은 무엇입니까?

2. 말씀을 어떻게 내 삶에 구체적으로 적용해야 합니까?

절별 해설

1 감람 산 벳바게와 베다니에 이르렀을 때에 감람산은 유대인들이 여호와의 날에 메시아가 강림하실 곳으로 여겼던 장소다(슥 14:4). 또 베다니는 여리고에서 예루살렘으로 가는 길 가에 위치한 동네로서, 마리아 마르다 나사로 삼남매의 집과 나병환자 시몬의 집이 있었기에 예수님이 자주 숙소로 사용하셨다.

2 아무도 타 보지 않은 나귀 새끼 이 표현은 나귀의 순결성을 암시하며, 평화의 왕으로 오신 예수님의 이미지와도 부합한다. 예수님이 나귀를 타려고 하신 이유는, 메시아로 오시는 왕이 나귀를 타고 오신다는 스가랴의 예언을 성취하기 위함이다(슥 9:9). 예수님의 이러한 행동을 통해 사람들은 그분을 예언대로 오신 온유한 평화의 왕 메시아로 쉽게 이해했을 것이다.

3 주가 쓰시겠다 하라 여기서 "주"(*헬.* 퀴리오스)라는 칭호가 누구를 가리키는지를 놓고 학자들 간에 논쟁이 있다. 이전에 예수님은 자신을 가리켜 '주'라고 표현한 적이 없으며, 오직 하나님께만 그 칭호를 사용하셨기 때문이다. 가장 유력한 해석은 예수님이 마침내 메시아로서의 정체성을 보여주기 위해 이 칭호를 사용하셨다는 것이다. 따라서 "주"는 메시아인 예수님을 가리키는 기독론적인 칭호이며, 마가는 이 사실을 보여주기 위해 이 칭호를 의도적으로 사용한 것 같다.

4-6 마가는 예수님의 예고대로 모든 일이 진행되었음을 자세히 정확하게 기록한다. 이것은 그의 기록이 목격자의 증언을 토대로 했을 가능성을 보여주며, 따라서 이 심부름을 수행한 제자들 중 하나가 마가와 친분이 깊은 베드로였을 가능성이 높다고 추측할 수 있다.

7-8 예수님이 나귀 새끼를 타고 예루살렘 성에 입성하시는 모습을 묘사한다. 특히 옷을 펼쳐 길에 까는 행동은 과거 예후를 왕으로 선포하며 환호할 때 무리가 보인 반응을 배경으로 삼는다(왕하 9:13). 로마인들도 왕이나 개선장군을 맞이할 때 존경과 예우의 표시로 이런 행동을 했다. 이것은 곧 예루살렘에 입성하시는 예수님을 왕으로 선포하는 행위였다.

9-10 호산나 찬송하리로다 주의 이름으로 오시는 이여 무리의 환호성은 시편 말씀에 근거해 유대인들이 절기 때 외치던 구호다(시 118:25-26). "호산나"는 '지금 우리를 구원하소서'라는 뜻이다. 이런 외침은 그분을 다윗 같은 강력한 통치자로서, 이스라엘을 이방 나라들로부터 구원해 줄 정치적 메시아로 기대했다는 뜻이다. 그런데 기대와 달리 평화의 왕으로 오셔서 겸손의 길을 선택하자, 무리는 돌변하여 예수님을 십자가에 못 박으라고 외친다.

쉬운성경

1 예수님과 제자들이 예루살렘 근처, 곧 올리브 산 가까이에 있는 벳바게와 베다니 마을에 이르렀습니다. 그곳에서 예수님은 두 제자들을 보내셨습니다.

2 예수님께서 그들에게 말씀하셨습니다. "건너편 마을로 가거라. 거기에 가면, 지금까지 아무도 탄 적이 없는 나귀 새끼 한 마리가 매여 있는 것을 볼 것이다. 그것을 풀어서 이리로 가지고 오너라.

3 누가 너희에게 '왜 이러십니까?'라고 물으면 이렇게 말하여라. '주님께서 필요하시답니다. 곧 이리로 돌려보내실 것입니다.'"

4 제자들이 마을로 들어가서 길 쪽으로 있는 문에 묶여 있는 나귀 새끼를 발견하였습니다. 제자들이 나귀를 풀었습니다.

5 서 있던 사람이 제자들에게 물었습니다. "나귀를 풀다니, 무엇을 하려는 것이오?"

6 제자들이 예수님께서 알려 주신 대로 대답했습니다. 그러자 허락해 주었습니다.

7 제자들이 예수님께 나귀 새끼를 끌고 왔습니다. 그들이 겉옷을 나귀 위에 얹었고, 예수님께서 거기에 앉으셨습니다.

8 많은 사람들이 자기들의 겉옷을 펴서 길 위에 펼쳤습니다. 어떤 사람들은 들에서 꺾은 나뭇가지를 펼쳤습니다.

9 예수님 앞에서 걸어가던 사람들과 뒤에서 따라가던 사람들이 소리쳤습니다. "호산나! 주님의 이름으로 오시는 이가 복이 있다!"

10 "다가오는 우리 조상 다윗의 나라가 복이 있다. 가장 높은 곳에서 호산나!"

11 예수님께서 예루살렘에 가셔서 성전으로 들어가셨습니다. 그리고 모든 것을 둘러보신 후, 날이 이미 저물었기 때문에 열두 제자들과 함께 베다니로 돌아가셨습니다.

11 때가 이미 저물매 … 베다니에 나가시니라 나귀를 타고 예루살렘에 입성하여 성전에서 하루를 보낸 예수님은 다시 베다니로 내려가 유숙하신다.

저자의 묵상

2천여 년 전, 예수님은 유대인의 종교적 중심지인 예루살렘에 나귀 새끼를 타고 입성하셨다. 군중은 종려가지를 들고 호산나를 외치며 그분을 구세주로, 왕으로, 메시아로 열렬히 환호하였다. 그러나 그분은 유대인들의 기대처럼 정치적 메시아로서 다윗의 나라를 회복하는 길을 가지 않고, 평화의 왕으로 겸손의 길을 가시려 했다. 그러자 군중은 돌변하여 예수님을 십자가에 못 박으라고 외친다. 환호성이 아우성으로 변한 것이다. 여기서 민족적 구원만을 원했던 이기적인 유대인의 두 얼굴을 본다. 우리에게도 이런 두 얼굴이 나타날 수 있다. 자기의 기대, 자기의 요구, 자기의 유익에 따라 예수님이 움직여주지 않는다고 원망할 때가 바로 그때다. 그러나 한 개인이나 민족의 유익이 아닌, 온 인류를 위해 희생의 길을 가신 예수님이야말로 오늘 우리의 입을 통해 '호산나' 찬양받기에 합당하신 분이다.

무릎 기도 하나님, 우리가 겸손의 왕으로 오신 주님을 본받아 겸손을 실천하게 하소서. 전쟁과 싸움과 승패에 집착하는 마음을 내려놓고 평화를 구하는 기도자가 되게 하소서.

ESV - Mark 11

1 Now when they drew near to Jerusalem, to Bethphage and Be-thany, at the Mount of Olives, Jesus* sent two of his disciples

2 and said to them, "Go into the village in front of you, and immediately as you enter it you will find a colt tied, on which no one has ever sat. Untie it and bring it.

3 If anyone says to you, 'Why are you doing this?' say, 'The Lord has need of it and will send it back here immediately.'"

4 And they went away and found a colt tied at a door outside in the street, and they untied it.

5 And some of those standing there said to them, "What are you doing, untying the colt?"

6 And they told them what Jesus had said, and they let them go.

7 And they brought the colt to Jesus and threw their cloaks on it, and he sat on it.

8 And many spread their cloaks on the road, and others spread leafy branches that they had cut from the fields.

9 And those who went before and those who followed were shouting, "Hosanna! Blessed is he who comes in the name of the Lord!

10 Blessed is the coming kingdom of our father David! Hosanna in the highest!"

11 And he entered Jerusalem and went into the temple. And when he had looked around at everything, as it was already late, he went out to Bethany with the twelve.

* 11:1 Greek *he*

1 draw near to ~ ~에 다가오다 2 colt 망아지 3 have need of ~ ~을 필요로 하다 4 untie 풀다, 끄르다 8 spread 펼치다 leafy 잎이 무성한 branch 가지 11 temple 성전

38 저주받은 무화과나무와 더럽혀진 성전

월 일

마가복음 11:12-26 • 새찬송 374장 | 통일 423장

• 말씀묵상 전에 성령님의 인도하심을 구하는 기도를 드리십시오.

본문요약 | 월요일 아침, 예루살렘으로 향하던 예수님은 잎이 무성하나 열매 없는 무화과나무를 보시고 이스라엘의 영적 상태를 떠올리며 저주하신다. 예루살렘에서 예수님은 장사치들로 인해 기도의 집이 강도의 소굴로 변했음을, 즉 성전이 타락했음을 안타까워하며 청결케 하신다. 다음 날 뿌리째 마른 무화과나무를 통해 믿음과 기도와 용서를 주제로 교훈하신다.

12 이튿날 그들이 베다니에서 나왔을 때에 예수께서 시장하신지라
13 멀리서 잎사귀 있는 한 무화과나무를 보시고 혹 그 나무에 무엇이 있을까 하여 가셨더니 가서 보신즉 잎사귀 외에 아무것도 없더라 이는 무화과의 때가 아님이라
14 예수께서 나무에게 말씀하여 이르시되 이제부터 영원토록 사람이 네게서 열매를 따 먹지 못하리라 하시니 제자들이 이를 듣더라
15 그들이 예루살렘에 들어가니라 예수께서 성전에 들어가사 성전 안에서 매매하는 자들을 내쫓으시며 돈 바꾸는 자들의 상과 비둘기 파는 자들의 의자를 둘러 엎으시며
16 아무나 물건을 가지고 성전 안으로 지나다님을 허락하지 아니하시고
17 이에 가르쳐 이르시되 기록된 바 ㄱ내 집은 만민이 기도하는 집이라 칭함을 받으리라고 하지 아니하였느냐 너희는 ㄴ강도의 소굴을 만들었도다 하시매
18 대제사장들과 서기관들이 듣고 예수를 어떻게 죽일까 하고 꾀하니 이는 무리가 다 그의 교훈을 놀랍게 여기므로 그를 두려워함일러라
19 그리고 날이 저물매 그들이 성 밖으로 나가더라
20 그들이 아침에 지나갈 때에 무화과나무가 뿌리째 마른 것을 보고
21 베드로가 생각이 나서 여짜오되 랍비여 보소서 저주하신 무화과나무가 말랐나이다
22 예수께서 그들에게 대답하여 이르시되 하나님을 믿으라
23 내가 진실로 너희에게 이르노니 누구든지 이 산더러 들리어 바다에 던져지라 하며 그 말하는 것이 이루어질 줄 믿고 마음에 의심하지 아니하면 그대로 되리라
24 그러므로 내가 너희에게 말하노니 무엇이든지 기도하고 구하는 것은 받은 줄로 믿으라 그리하면 너희에게 그대로 되리라
25 서서 기도할 때에 아무에게나 혐의가 있거든 용서하라 그리하여야 하늘에 계신 너희 아버지께서도 너희 허물을 사하여 주시리라 하시니라
26 [1](없음)

ㄱ. 사 56:7 ㄴ. 렘 7:11

1) 어떤 사본에, 26 '만일 너희가 용서하지 아니하면 하늘에 계신 너희 아버지도 너희 허물을 사하지 아니하시리라'가 있음

1. 오늘 하나님께서 나에게 주신 깨달음은 무엇입니까?

2. 말씀을 어떻게 내 삶에 구체적으로 적용해야 합니까?

절별 해설

13-14 잎사귀 외에 아무 것도 없더라 … 이제부터 영원토록 사람이 네게서 열매를 따 먹지 못하리라 구약에서 무화과나무는 포도원과 더불어 하나님의 백성인 이스라엘을 종종 상징한다. 따라서 잎사귀만 무성하고 열매가 없다는 말은, 하나님과 이스라엘 사이에 외형적으로는 활발한 제사의식이 있는 듯 보이나, 하나님이 기대하시는 영적 열매를 맺지 못한 상태를 의미한다. 즉, 무화과나무에 대한 예수님의 저주는 이스라엘의 열매 없는 외식적인 삶과 타락한 예루살렘 성전의 멸망을 암시하는 상징적 메시지다.

15 성전 안에서 매매하는 자들 … 돈 바꾸는 자들 … 비둘기 파는 자들 당시 종교지도자들은 성전 뜰에 시장을 열어 제사에 쓸 제물을 거래하도록 허락했다. 또 외국에서 온 사람들이 성전세를 내거나 제물을 살 수 있도록 외국돈을 유대화폐로 바꿔주는 환전상들이 자리했다. 예수님은 하나님의 집이 부당 거래를 하는 시장으로 전락한 것에 분노하셨다.

17 내 집은 만민이 기도하는 집이라 … 너희는 강도의 소굴을 만들었도다 이 말씀은 이사야 56장 7절과 예레미야 7장 11절을 인용한 것으로, 성전의 본질과 목적을 설명해 준다. 상인들이 예배자를 상대로 부정한 거래를 일삼는 모습을 보신 예수님은 성전의 제사가 형식화되고 타락함으로써 "기도하는 집"에서 "강도의 소굴"로 변했다고 질책하신다.

18 성전 타락의 직접적인 책임자는 다름 아닌 대제사장과 서기관들이다. 예수님의 성전 청결 사건은 역으로 성전 타락의 책임자들을 화나게 하여 예수님을 죽일 계획을 세우게 한다.

20-23 무화과나무가 말랐나이다 … 하나님을 믿으라 … 마음에 의심하지 아니하면 그대로 되리라 전날 저주받은 무화과나무가 뿌리째 마른 것을 보고하자, 예수님은 갑자기 믿음이라는 주제를 언급하신다. 여기서 "이 산"은 성전이 서 있던 시온산으로 성전과 동일시된다. 또 '바다에 던져진다'는 말은 심판당하는 모습을 연상시킨다. 즉, 열매 없는 무화과나무가 저주받아 죽게 되었듯, 부패한 성전을 향해 파괴를 선언하고 믿으면 그대로 된다는 말씀이다.

24 무엇이든지 기도하고 구하는 것은 받은 줄로 믿으라 그리하면 너희에게 그대로 되리라 예수님의 믿음에 대한 교훈은 자연스럽게 기도 응답의 확신이라는 주제로 연결된다. 이 교훈 역시 성전 파괴와 무관하지 않다. 눈에 보이는 성전이

쉬운성경

12 이튿날 예수님과 제자들이 베다니에서 출발하여 오는 길에, 예수님께서 배고픔을 느끼셨습니다.

13 멀리서 잎이 무성한 무화과나무를 보시고, 거기에서 열매를 얻으려고 다가가셨습니다. 그러나 무화과는 없고 잎사귀만 무성할 뿐이었습니다. 그것은 아직 무화과가 열릴 때가 아니었기 때문입니다.

14 예수님께서 나무에게 말씀하셨습니다. "다시는 아무도 네 열매를 먹지 못할 것이다." 제자들이 이 말씀을 들었습니다.

15 예수님과 제자들이 예루살렘에 왔습니다. 예수님께서 성전에 들어가셔서, 성전에서 사고파는 사람들을 내쫓으셨습니다. 그리고 돈 바꾸어 주는 사람들의 책상과 비둘기 파는 사람들의 자리를 뒤엎으셨습니다.

16 예수님께서 그 누구도 물건을 가지고 성전의 뜰을 가로질러 가지 못하게 하셨습니다.

17 그리고 사람들을 가르치셨습니다. "성경에 이렇게 쓰여 있다. '나의 집은 모든 민족의 기도하는 집이라고 불릴 것이다.'* 그런데 너희는 '강도의 소굴'*로 바꾸었다."

18 대제사장들과 율법학자들이 이 소식을 들었습니다. 그들은 예수님을 죽일 방법을 찾기 시작했습니다. 그것은 사람들이 예수님의 가르침에 놀라워하므로, 그들이 예수님을 두려워했기 때문입니다.

19 밤이 되자 예수님과 제자들은 성을 떠났습니다.

20 아침에 지나가다가 제자들이 무화과나무가 뿌리부터 말라 버린 것을 보았습니다.

21 베드로가 생각이 나서 예수님께 말했습니다. "선생님, 보세요! 저주하셨던 무

* 11:17 사 56:7과 렘 7:11에 기록되어 있다.

기도하는 집의 기능을 상실하고 강도의 소굴로 변하여 파괴될 운명에 처했다. 따라서 이제는 영적 성전이신 예수님 안에서 무엇이든지 기도할 수 있게 되었고, 그분의 뜻대로 구한 기도라면 다 응답될 줄로 믿어야 한다.

25 용서하라 그리하여야 하늘에 계신 너희 아버지께서도 너희 허물을 사하여 주시리라 기도 응답의 보장에 이어 예수님은 용서의 중요성을 강조하신다. 이 말씀은 주기도문에 대한 마태의 부연설명(마 6:14-15)과 매우 유사하다. 용서의 주도권은 전적으로 하나님께 있으며, 그분의 용서를 받은 제자라면 당연히 형제를 용서한다는 뜻으로 하신 말씀이다.

화과나무가 말라 죽어 있습니다!"

22 예수님께서 대답하셨습니다. "하나님을 믿어라.

23 내가 너희에게 진정으로 말한다. 누구든지 이 산을 향하여 '뽑혀서 바다에 던져져라' 하고 말하고, 마음속에 아무 의심 없이 말한 대로 될 줄 믿으면, 그대로 이루어질 것이다.

24 그러므로 내가 너희에게 말한다. 너희가 기도하고 구한 모든 것은 받은 줄로 믿어라. 그러면 이루어질 것이다.

25 너희가 서서 기도할 때, 다른 사람과 원수 된 일이 있으면 그를 용서하여라. 그래야 하늘에 계신 너희 아버지께서도 너희의 죄를 용서하실 것이다."

26 (없음)*

* 11:26 어떤 사본에는 다름과 같은 구절이 있다. "너희가 용서하지 않으면, 하늘에 계신 너희 아버지께서도 너희의 죄를 용서하지 않으실 것이다."

저자의 묵상

예수님이 무화과나무를 저주하신 이유는 시장기를 채울 과일을 하나도 얻지 못해 화가 났기 때문이 아니라, 제자들과 무리에게 교훈을 주기 위함이었다. 예수님이 보시기에, 열매 없이 잎만 무성한 무화과나무는 화려한 제사의식만 남아 있고 마음은 하나님에게서 멀어진 이스라엘 백성의 타락한 모습과, 외형은 웅장하고 화려하나 기도하는 집에서 강도의 소굴로 변한 성전의 타락한 모습과 흡사했다. 이 말씀을 들은 사람들은 이런 예수님의 가르침에 놀라고 두려워하기까지 한다. 그러나 정작 제일 먼저 회개해야 할 영적 지도자들은 아이러니하게도 이 사건을 계기로 예수님을 죽일 방법을 찾기 시작한다. 오늘 한국 교회 지도자들과 성도들도 예수님의 저주와 책망에서 예외일 수 없다. 화려하고 멋진 예배당이나 쏟아지는 헌금과 각종 사회복지 활동을 자랑할 것이 아니라, "기도하는 집"이라는 교회의 본 모습을 회복하는 데 더욱 힘써야 할 때다.

무릎 기도 하나님 아버지, 열매 없는 무화과나무 같은 교회와 성도들을 회복시키시어 참 열매를 맺게 하시고, 외식적인 예배에서 벗어나 믿음과 기도와 용서가 있는 진정한 예배를 드리게 하소서.

12 On the following day, when they came from
Bethany, he was hungry.
13 And seeing in the distance a fig tree in leaf,
he went to see if he could find anything on it.
When he came to it, he found nothing but
leaves, for it was not the season for figs.
14 And he said to it, "May no one ever eat fruit
from you again." And his disciples heard it.
15 And they came to Jerusalem. And he
entered the temple and began to drive out
those who sold and those who bought in the
temple, and he overturned the tables of the
money-changers and the seats of those who
sold pigeons.
16 And he would not allow anyone to carry
anything through the temple.
17 And he was teaching them and saying to
them, "Is it not written, 'My house shall be
called a house of prayer for all the nations'?
But you have made it a den of robbers."
18 And the chief priests and the scribes heard it
and were seeking a way to destroy him, for
they feared him, because all the crowd was
astonished at his teaching.
19 And when evening came they* went out of
the city.
20 As they passed by in the morning, they saw
the fig tree withered away to its roots.
21 And Peter remembered and said to him,
"Rabbi, look! The fig tree that you cursed has
withered."
22 And Jesus answered them, "Have faith in
God.
23 Truly, I say to you, whoever says to this
mountain, 'Be taken up and thrown into the
sea,' and does not doubt in his heart, but
believes that what he says will come to pass,
it will be done for him.
24 Therefore I tell you, whatever you ask in
prayer, believe that you have received* it, and
it will be yours.
25 And whenever you stand praying, forgive, if
you have anything against anyone, so that
your Father also who is in heaven may
forgive you your trespasses."*

* 11:19 Some manuscripts *he*
* 11:24 Some manuscripts *are receiving*
* 11:25 Some manuscripts add verse 26: *But if you do not forgive, neither will your Father who is in heaven forgive your trespasses*

13 in the distance 멀리서 fig 무화과 nothing but ~ 오직 ~밖에 없는 15 drive out ~ ~을 몰아내다 overturn 뒤엎다 changer 바꾸는 사람 pigeon 비둘기 17 prayer 기도 den 소굴 robber 강도 18 be astonished at ~ ~에 놀라다 20 wither 시들다 to the[one's] root(s) 뿌리[근원]까지, 철저하게 21 curse 저주하다 22 have faith in ~ ~을 믿다, 신뢰하다 23 doubt 의심하다 come to pass 발생하다, 생기다 25 trespass 죄, 부정

• MEMO •

39 예수님의 권위에 대한 질의응답

월 일

마가복음 11:27-33 • 새찬송 499장 | 통일 277장

• 말씀묵상 전에 성령님의 인도하심을 구하는 기도를 드리십시오.

본문요약 | 예수님의 성전 청결 사건을 접한 산헤드린 공회의 유대 종교지도자들은 예수님이 무슨 권세로 그런 일을 했는지 질문하며 도전한다. 이에 예수님은 역으로 요한의 세례가 어디서 온 것인지 물으신다. 진퇴양난에 빠진 종교지도자들은 모른다는 수치스러운 대답을 하기에 이른다.

27 그들이 다시 예루살렘에 들어가니라 예수께서 성전에서 거니실 때에 대제사장들과 서기관들과 장로들이 나아와

28 이르되 무슨 권위로 이런 일을 하느냐 누가 이런 일할 권위를 주었느냐

29 예수께서 이르시되 나도 한 말을 너희에게 물으리니 대답하라 그리하면 나도 무슨 권위로 이런 일을 하는지 이르리라

30 요한의 [1]세례가 하늘로부터냐 사람으로부터냐 내게 대답하라

31 그들이 서로 의논하여 이르되 만일 하늘로부터라 하면 어찌하여 그를 믿지 아니하였느냐 할 것이니

32 그러면 사람으로부터라 할까 하였으나 모든 사람이 요한을 참 선지자로 여기므로 그들이 백성을 두려워하는지라

33 이에 예수께 대답하여 이르되 우리가 알지 못하노라 하니 예수께서 이르시되 나도 무슨 권위로 이런 일을 하는지 너희에게 이르지 아니하리라 하시니라

1) 헬, 또는 침례

1. 오늘 하나님께서 나에게 주신 깨달음은 무엇입니까?

2. 말씀을 어떻게 내 삶에 구체적으로 적용해야 합니까?

절별 해설

27 대제사장들과 서기관들과 장로들이 나아와 이들은 유대인의 대표 기구인 산헤드린 공회의 구성원으로서 유대인의 종교적 정치적 지도자 역할을 자처했다. 게다가 예수님을 줄곧 대적했고 마지막에는 그분을 십자가에 못 박으라고 요구했다(15:11-15).

28 무슨 권위로 이런 일을 하느냐 누가 이런 일할 권위를 주었느냐 여기서 "이런 일"은 예수님이 성전에서 상인들과 환전상들을 쫓아내시고 성전을 정결케 하신 일(15-19절)을 가리킨다. 그런 상인들의 장사를 허용한 장본인이 바로 이 질문을 하는 유대 지도자들이었다. 그들은 예수님의 행동을 자신들의 권위에 도전하는 것으로 여겼으며, 이로 인해 몹시 자존심이 상했을 것이다. 다만 예수님의 행동이 많은 사람에게 지지를 받았기 때문에, 그런 행동의 정당성 여부를 따질 수 없다고 판단했다. 그래서 그 행동을 한 권한의 근거를 질문함으로써 예수님의 행동이 적법하지 않다는 점을 부각하려 했다.

29-30 나도 한 말을 너희에게 물으리니 대답하라 그리하면 나도 무슨 권위로 이런 일을 하는지 이르리라 그들의 질문에 예수님은 답변 대신 역으로 반문하신다. 얼핏 보기에 질문을 회피하는 듯 보이지만, 당시 랍비들이 논쟁에서 즐겨 사용하던 방식이다. **요한의 세례가 하늘로부터냐 사람으로부터냐 내게 대답하라** 이 질문은 예수님의 권위와 깊이 연관되어 있다. 일찍이 요한은 자신의 사역이 주의 길을 예비하는 것이며(1:2-8), 예수님은 자신보다 능력이 많고 성령으로 세례를 주실 분이라고 설명했다(1:7-8). 따라서 요한의 세례를 인정하면 그가 인정한 예수님의 권위도 함께 인정하는 셈이 된다.

31-32 그들은 예수님의 질문에 어떻게 대답할지 서로 의논한다. 하늘로부터 왔다고 하면 결국 예수님의 권위를 인정하는 것이 되고, 반대로 자신들의 속내대로 사람에게서 왔다고 하면 요한을 선지자로 여기는 백성으로부터 거센 반발을 받을 것이 뻔했다. 결국 그들은 예수님의 허를 찌르는 질문 앞에 진퇴양난에 빠질 수밖에 없었고, 심사숙고하기에 이른다.

33 우리가 알지 못하노라 하니 예수께서 이르시되 나도 무슨 권위로 이런 일을 하는지 너희에게 이르지 아니하리라 백성의 지도자를 자처하는 그들이 결국 선택한 답변은 '모른다'였다. 그들은 백성 앞에서 예수님의 권위의 불법성을 밝히려다가, 되레 자신들의 무지함을 시인하는 치명적인 명예의 손상을 입는다. 결과적으로 이 논쟁은 예수님의 권위를 더욱 부각시키는 역할만 한 셈이다.

쉬운성경

27 예수님과 제자들이 다시 예루살렘으로 갔습니다. 예수님께서 성전에서 거니실 때, 대제사장들과 율법학자들과 장로들이 예수님께 왔습니다.

28 그들이 예수님께 말했습니다. "당신이 무슨 권한으로 이런 일을 하는 것이오? 누가 당신에게 이런 권한을 주었소?"

29 예수님께서 이들에게 대답하셨습니다. "내가 한 가지를 너희들에게 묻겠다. 만일 나에게 대답하면, 내가 무슨 권한으로 이런 일을 하는지 말해 주겠다.

30 요한의 세례가 하늘로부터 온 것이냐, 아니면 사람에게서 온 것이냐? 대답해 보아라!"

31 그들이 자기들끼리 의논하였습니다. "만일 우리가 하늘로부터 왔다고 하면, 그가 '어째서 너희는 요한을 믿지 않았느냐?' 하고 말할 것이다.

32 그렇다고 사람에게서 왔다고 할 수도 없지 않은가?" 이들은 백성들을 두려워했습니다. 그것은 모든 사람들이 진정으로 요한을 예언자로 생각하고 있었기 때문입니다.

33 그래서 예수님께 "우리는 모르오" 하고 대답했습니다. 예수님께서도 "그러면 나도 너희에게, 내가 무슨 권한으로 이런 일을 하는지 말하지 않겠다"라고 말씀하셨습니다.

저자의 묵상

산헤드린 공회로 대표되는 유대 종교지도자들은 처음부터 예수님과 대립각을 세운다. 그들은 끊임없이 예수님의 권위를 떨어뜨려 구석으로 몰아가려 했다. 그러나 그들의 시도는 늘 실패했고, 이는 예수님의 권위와 명성만 드높이는 결과를 초래한다. 그도 그럴 것이 예수님의 권위는 하늘로부터 온 것이기 때문이다. 손바닥으로 태양을 가릴 수 없듯 예수님의 권위를 가릴 수는 없다. 그러므로 진정한 그리스도인은 예수님의 권위를 인정하고, 그분을 따르는 제자도의 삶을 살아야 한다. 안타깝게도 유대 종교지도자들은 정작 두려워할 대상인 예수님보다 백성을 더 두려워했다. 오늘날도 예수님의 뜻보다는 사람들의 반응과 인기에 더 목말라하는 교회와 지도자들이 있다. 교인들도 예외는 아니다. 그리스도인의 진정한 푯대는 예수 그리스도와 십자가뿐이다. 당신은 지금 어디를, 누구를 바라보고 있는가?

무릎기도 하나님, 예수님의 진정한 권위를 인정하고 주님의 뜻을 따르는 제자의 삶을 살게 하소서. 사람들의 눈이 아닌 하나님을 의식하며 살게 하소서.

ESV - Mark 11

27 And they came again to Jerusalem. And as he was walking in the temple, the chief priests and the scribes and the elders came to him,
28 and they said to him, "By what authority are you doing these things, or who gave you this authority to do them?"
29 Jesus said to them, "I will ask you one question; answer me, and I will tell you by what authority I do these things.
30 Was the baptism of John from heaven or from man? Answer me."
31 And they discussed it with one another, saying, "If we say, 'From heaven,' he will say, 'Why then did you not believe him?'
32 But shall we say, 'From man'?"—they were afraid of the people, for they all held that John really was a prophet.
33 So they answered Jesus, "We do not know." And Jesus said to them, "Neither will I tell you by what authority I do these things."

28 authority 권위 30 baptism 세례 31 discuss … with ~ ~와 함께 …를 논의하다 32 hold 여기다 32 prophet 예언자, 선지자

☐ 묵상 체크

40 포도원 농부의 비유

월 일

마가복음 12:1-12 • 새찬송 53장 | 통일 59장

• 말씀묵상 전에 성령님의 인도하심을 구하는 기도를 드리십시오.

본문요약 | 예수님은 '포도원 농부 비유'를 통해 자신이 포도원 주인인 하나님의 사랑하는 아들이며, 그런 자신을 소작농으로 비유되는 이스라엘 지도자들이 죽일 것이라고 예고하신다. 그러나 버린 돌이 머릿돌이 되듯 예수님은 죽음을 이기고 부활하사 영광스러운 자리에 계실 것이다.

1 예수께서 비유로 그들에게 말씀하시되 한
사람이 포도원을 만들어 산울타리로 두르
고 즙 짜는 틀을 만들고 망대를 지어서 농
부들에게 세로 주고 타국에 갔더니
2 때가 이르매 농부들에게 포도원 소출 얼
마를 받으려고 한 종을 보내니
3 그들이 종을 잡아 심히 때리고 거저 보내
었거늘
4 다시 다른 종을 보내니 그의 머리에 상처
를 내고 능욕하였거늘
5 또 다른 종을 보내니 그들이 그를 죽이고
또 그 외 많은 종들도 더러는 때리고 더러
는 죽인지라
6 이제 한 사람이 남았으니 곧 그가 사랑하
는 아들이라 최후로 이를 보내며 이르되
내 아들은 존대하리라 하였더니
7 그 농부들이 서로 말하되 이는 상속자니
자 죽이자 그러면 그 유산이 우리 것이 되
리라 하고
8 이에 잡아 죽여 포도원 밖에 내던졌느니
라
9 포도원 주인이 어떻게 하겠느냐 와서 그
농부들을 진멸하고 포도원을 다른 사람들
에게 주리라
10 너희가 성경에 ㄱ건축자들이 버린 돌이 모
퉁이의 머릿돌이 되었나니
11 이것은 주로 말미암아 된 것이요 우리 눈
에 놀랍도다 함을 읽어 보지도 못하였느
냐 하시니라

ㄱ. 시 118:22 이하

12 그들이 예수의 이 비유가 자기들을 가리
켜 말씀하심인 줄 알고 잡고자 하되 무리
를 두려워하여 예수를 두고 가니라

1. 오늘 하나님께서 나에게 주신 깨달음은 무엇입니까?

2. 말씀을 어떻게 내 삶에 구체적으로 적용해야 합니까?

절별 해설

1 예수께서 비유로 그들에게 말씀하시되 성전 청결 사건으로 인해 권위에 대해 논쟁을 벌이신 예수님이 '포도원 농부의 비유'로 사실상 결론을 대신하신다. '포도원의 노래'로 알려진 이사야 5장 1-7절의 비유를 배경으로 삼아, 예수님은 당시 이스라엘의 상황을 반영하여 비유를 새롭게 재구성하신다. 여기서 포도원 주인은 자비로운 하나님을, 포도원은 이스라엘을, 농부는 이스라엘의 종교지도자들을, 종들은 이스라엘의 선지자들을, 다른 농부(9절)는 열두 제자를 비롯한 새 이스라엘을 각각 가리킨다. 그리고 마지막에 보낸 사랑하는 아들은 예수님 자신을 비유한다.

2 때가 이르매 농부들에게 포도원 소출 얼마를 받으려고 한 종을 보내니 예수님 당시 땅을 소유한 지주가 소작농에게 토지를 임대한 후 일정 기간이 지나 소출이 발생할 경우, 소작료를 징수하는 일은 흔히 볼 수 있는 광경이었다.

3-5 그 외 많은 종들도 더러는 때리고 더러는 죽인지라 소작농들이 주인의 종에게 폭행을 가하는 일은 당시에 드문 일이 아니었다. 그런 일이 반복해서 일어났다는 사실도 충격이지만, 심지어 죽이기까지 했다는 사실은 농부들의 극악무도함을 보여준다. 그런데 이 비유와 마찬가지로 이스라엘의 긴 역사에서 하나님이 보낸 종인 선지자를 이스라엘 백성이 때리고 내쫓고 죽이는 일은 비일비재했다(참고. 렘 26:20-23). 예수님 당시에도 세례 요한이 그런 죽임을 당했다(6:14-29).

6 곧 그가 사랑하는 아들이라 최후로 이를 보내며 이르되 내 아들은 존대하리라 주인의 가장 비현실적인 결정은 유일한 상속자인 아들을 잔인한 소작농에게 보낸 일이었다. 특히 "사랑하는 아들"이라는 표현은 예수님이 세례 받으실 때(1:11)와 변화산에서 변하셨을 때(9:7) 하나님이 부르시던 호칭이다. 이렇게 하나뿐인 아들을 보내는 주인의 모습을 통해 이스라엘을 향한 하나님의 아가페적인 사랑을 엿볼 수 있다.

7-9 소작농들이 상속자를 죽인 후 포도밭 밖으로 던져버리는 모습은, 하나님의 아들 예수님이 이스라엘 지도자들과 백성의 손에 죽임을 당하게 될 것을 미리 예고하는 것이다.

10-11 건축자들이 버린 돌이 모퉁이의 머릿돌이 되었나니 상속자인 아들의 죽음이 끝이 아님을 보여주기 위해 예수님은 시편 118편 22-23절을 인용하여 버림받은 돌이 머릿돌이 되는, 즉 영광스러운 자리에 있게 될 것을 말씀하신다. 이 돌은 결국 배척과 죽임을 당한 뒤 부활하여 영광스러운 하나님의 보좌 우편에 앉게 될 하나님의 아들 예수 그리스도를

쉬운성경

1 예수님께서는 비유로 사람들에게 말씀하기 시작하셨습니다. "어떤 사람이 포도밭을 가꾸었다. 그리고 주위에 담장을 치고, 포도즙을 짤 구덩이를 파고, 망대를 세웠다. 그리고 포도밭을 농부들에게 빌려 주고 여행을 떠났다.

2 때가 되자, 주인은 농부들에게 종을 보내어 포도밭에서 난 자기 몫의 수확물을 가져오게 했다.

3 그러나 농부들은 그 종을 붙잡아 때린 후, 빈손으로 쫓아 버렸다.

4 다시 주인은 다른 종을 그들에게 보냈다. 그러자 그들은 그의 머리를 때리고 깔보고 업신여겼다.

5 다시 주인은 다른 종을 보냈다. 그러자 그들은 그 하인을 죽였다. 다른 많은 종들을 보냈지만, 농부들은 때리기도 하고 죽이기도 하였다.

6 주인에게는 한 사람이 더 있었는데, 바로 그의 사랑하는 아들이었다. 결국 주인은 아들을 농부들에게 보내면서 말했다. '농부들이 내 아들은 존중할 것이다.'

7 그러나 농부들은 서로 말했다. '이 사람은 주인의 상속자이다. 어서 그를 죽이자. 그러면 유산이 우리의 것이 될 것이다.'

8 농부들은 아들을 잡아다 죽인 후, 포도밭 밖으로 던져 버렸다.

9 포도밭의 주인이 이제 어떻게 하겠느냐? 그는 포도밭에 가서 농부들을 다 죽이고, 포도밭을 다른 농부들에게 줄 것이다.

10 이런 성경 말씀을 읽어 보지 못했느냐? '건축자들이 버린 돌이 집 모퉁이의 머릿돌이 되었다.

11 이는 주님께서 하신 일이다. 이것이 우리 눈에 놀랍지 않은가?'*"

12 그들은 이 비유가 자기들을 빗대어 하신 것임을 알고, 예수님을 체포하길 원했습니다. 그러나 백성들을 두려워하여, 예수님을 두고 떠나가 버렸습니다.

*12:10-11 시 118:22-23에 기록되어 있다.

상징한다. 특히 '아들'(*헬.* 벤)이라는 헬라어 단어와 발음이 비슷한 단어인 '돌'(*헬.* 에벤)을 비유의 소재로 사용함으로써 상징적인 효과를 극대화하신다.

저자의 묵상

성전 청결 사건으로 촉발된 예수님의 권위에 대한 논쟁은 '포도원 농부의 비유'를 통해 결론을 맺는다. 이 비유를 통해 예수님은 자신이 포도원 주인인 하나님의 사랑하는 아들임을 보여줌과 동시에, 소작농으로 등장하는 이스라엘 종교지도자들의 손에 잔인하게 죽임당할 것을 예고하신다. 그러나 건축자의 버린 돌이 머릿돌이 된다는 말씀을 인용함으로써, 죽음이 끝이 아니라 영광스러운 결과가 있을 것을 강조하신다. 이 비유를 들은 유대 종교지도자들은 예수님의 비유가 자신들에 관한 것임을 알면서도 회개의 길 대신 예수님을 대적하는 어리석은 길을 선택한다. 오늘도 주님은 우리에게 소작농의 전철을 밟지 않기를 바라실 뿐 아니라, 꼴찌가 첫째가 되고 버린 돌이 머릿돌이 되는 역설의 원리를 본으로 보여주심으로 영광스러운 삶을 살기를 기대하신다.

무릎기도 하나님, 버린 돌이 머릿돌이 되는 역설의 원리를 바탕으로 삼아 십자가의 길을 가게 하소서. 하나님의 시각으로 세상을 바라보며 영광스러운 제자의 삶을 살기 원합니다.

ESV - Mark 12

1 And he began to speak to them in parables. "A man planted a vineyard and put a fence around it and dug a pit for the winepress and built a tower, and leased it to tenants and went into another country.

2 When the season came, he sent a servant* to the tenants to get from them some of the fruit of the vineyard.

3 And they took him and beat him and sent him away empty-handed.

4 Again he sent to them another servant, and they struck him on the head and treated him shamefully.

5 And he sent another, and him they killed. And so with many others: some they beat, and some they killed.

6 He had still one other, a beloved son. Finally he sent him to them, saying, 'They will respect my son.'

7 But those tenants said to one another, 'This is the heir. Come, let us kill him, and the inheritance will be ours.'

8 And they took him and killed him and threw him out of the vineyard.

9 What will the owner of the vineyard do? He will come and destroy the tenants and give the vineyard to others.

10 Have you not read this Scripture: "'The stone that the builders rejected has become the cornerstone;*

11 this was the Lord's doing, and it is marvelous in our eyes'?"

12 And they were seeking to arrest him but feared the people, for they perceived that he had told the parable against them. So they left him and went away.

* 12:2 or *bondservant*; also verse 4
* 12:10 Greek *the head of the corner*

1 plant 심다 vineyard 포도원 fence 담, 울타리 dig 파다, 파내다 pit 구덩이 winepress 포도즙 틀 lease 임대하다 tenant 소작인 3 empty-handed 빈손의 4 strike 때리다 treat 대우하다 shamefully 부끄럽게도 5 beat 때리다 6 respect 존중하다 7 heir 상속인 inheritance 유산 10 Scripture 성경 reject 버리다 cornerstone 주춧돌, 초석 11 marvelous 놀라운 12 arrest 체포하다 perceive 알아채다

41 가이사의 것과 하나님의 것

월 일

마가복음 12:13-17 • 새찬송 575장 | 통일 302장

• 말씀묵상 전에 성령님의 인도하심을 구하는 기도를 드리십시오.

본문요약 | 바리새인과 헤롯 당원 몇 명이 예수님을 궁지에 몰아넣기 위해 세금에 관해 질문한다. 세금을 내야 한다고 하면 유대인들의 반감을 사고, 내지 말아야 한다고 하면 로마의 고발을 당하는 진퇴양난의 상황에서, 주님은 가이사의 것은 가이사에게 하나님은 것은 하나님께 바치라는 명답을 제시하신다.

13 그들이 예수의 말씀을 책잡으려 하여 바
리새인과 헤롯당 중에서 사람을 보내매
14 와서 이르되 선생님이여 우리가 아노니
당신은 참되시고 아무도 꺼리는 일이 없
으시니 이는 사람을 외모로 보지 않고 오
직 진리로써 하나님의 도를 가르치심이니
이다 가이사에게 세금을 바치는 것이 옳
으니이까 옳지 아니하니이까
15 우리가 바치리이까 말리이까 한대 예수께
서 그 외식함을 아시고 이르시되 어찌하
여 나를 시험하느냐 [1]데나리온 하나를 가
져다가 내게 보이라 하시니
16 가져왔거늘 예수께서 이르시되 이 형상과
이 글이 누구의 것이냐 이르되 가이사의
것이니이다
17 이에 예수께서 이르시되 가이사의 것은
가이사에게, 하나님의 것은 하나님께 바
치라 하시니 그들이 예수께 대하여 매우
놀랍게 여기더라

1) 은전의 명칭

1. 오늘 하나님께서 나에게 주신 깨달음은 무엇입니까?

2. 말씀을 어떻게 내 삶에 구체적으로 적용해야 합니까?

절별 해설

13 그들이 예수의 말씀을 책잡으려 하여 바리새인과 헤롯당 중에서 사람을 보내매 유대 종교지도자들은 율법전문가인 바리새인과 정치전문가인 헤롯 당원을 보내어 조세 문제로 예수님을 궁지에 몰아넣고 책잡으려 한다. 본래 이 두 부류는 종교적 정치적으로 적대 관계였으나, 예수님을 제거하려는 일에는 하나가 된다.

14 가이사에게 세금을 바치는 것이 옳으니이까 옳지 아니하니이까 당시 로마의 지배를 받던 유대인들은 하나님의 백성이 로마 황제에게 세금을 바쳐야 한다는 사실에 큰 반감을 가지고 있었다. 따라서 세금 징수를 찬성할 경우 대중의 인기와 지지를 잃게 되는 반면, 반대할 경우 로마 제국에 도전하는 것으로 간주되어 고발당할 위기에 처할 수 있다. 어느 쪽으로 대답하든 올무에 걸릴 수밖에 없는 질문이다.

15 어찌하여 나를 시험하느냐 데나리온 하나를 가져다가 내게 보이라 예수님은 그들이 자신을 시험하기 위해 이렇게 질문했음을 당당히 밝히시며 그들의 위선적인 태도를 지적하신다. 그리고 당시 통용되던 데나리온 한 개를 가져오라 명하신다. 이 동전의 앞면에는 황제의 흉상과 함께 '신성한 아우구스투스의 아들 티베리우스 황제 카이사르'라는 글귀가 적혀 있고, 뒷면에는 '최고의 사제'라는 말과 함께 황태후의 화상이 새겨져 있었다. 이것은 결국 황제숭배 사상을 부추기는 것이며, 이 화폐가 사용되는 곳은 곧 황제를 숭배하는 곳이라는 의미를 갖는다.

16 이 형상과 이 글이 누구의 것이냐 이르되 가이사의 것이니이다 예수님은 가져온 동전을 가리키며 문제의 핵심을 짚는 질문을 던지신다. 그들은 "가이사의 것이니이다"라고 대답함으로써 자신들의 종교적인 신념을 철저히 지키지 못한 채 황제의 동전을 사용하는 위선적인 면모를 고백하게 된다. 그러나 예수님은 오히려 그것을 문제 삼지 않으시고, 한 걸음 더 나아가 황제의 동전을 사용한다면 황제에게 세금을 바치는 것 또한 마땅하다는 논리를 전개하신다.

17 가이사의 것은 가이사에게, 하나님의 것은 하나님께 바치라 예수님의 이 답변은 함정 같은 질문을 완전히 무너뜨리는 탁월한 수사학적 답변이었다. 그뿐 아니라 하나님의 통치와 주권의 우월성을 강조함으로써 예수님의 놀라운 지혜와 신적인 능력을 보여주는 위대한 답변이다. 이 답변을 여러 의미로 이해할 수 있으나 간단히 요약하면, 하나님의 요구와 세속 정권의 요구가 조화를 이룰 때는 두 체제를 모두 따를 수 있으나, 상충될 경우 하나님의 백성은 하나님의 주권을 따라야 한다는 의미를 담는다.

쉬운성경

13 그들은 예수님의 말씀에서 트집을 잡으려고, 바리새파 사람과 헤롯 당원 몇 명을 예수님께 보냈습니다.

14 그들이 와서 말했습니다. "선생님, 우리는 선생님께서 진실한 분이시며, 아무에게도 얽매이지 않으신다고 알고 있습니다. 선생님께서는 아무도 부당하게 대하지 않으시고, 하나님의 길을 진리로 가르치십니다. 가이사*에게 세금을 내는 것이 옳습니까? 내지 않는 것이 옳습니까?

15 세금을 내야 합니까? 내지 말아야 합니까?" 예수님께서는 이 사람들의 속셈을 아시고 말씀하셨습니다. "어째서 나를 시험하느냐? 데나리온 한 개를 가져와서 나에게 보여라."

16 그들이 은전 한 개를 가져왔습니다. 예수님께서 물으셨습니다. "이것은 누구의 얼굴이며, 누구라고 씌어 있느냐?" 그들이 대답했습니다. "가이사입니다."

17 예수님께서 그들에게 말씀하셨습니다. "가이사의 것은 가이사에게 주어라. 그리고 하나님의 것은 하나님께 바쳐라." 그들은 예수님의 말씀에 놀랐습니다.

* 12:14 '로마 황제'라는 뜻이다.

저자의 묵상

예수님을 궁지로 몰아넣을 빌미를 찾기 위해 유대 종교지도자들은 제일 먼저 바리새인과 헤롯 당원을 보내어 조세 문제에 관한 곤혹스러운 질문을 예수님께 던진다. 그러나 오히려 예수님은 "가이사의 것은 가이사에게, 하나님의 것은 하나님께 바치라"고 말씀하심으로 조세 문제를 통해 하나님의 주권을 더욱 드러내신다. 결국 유대 종교지도자들은 겉으로는 하나님만을 신실하게 믿는 것처럼 주장했지만, 현실에서는 로마 황제의 형상이 새겨진 화폐를 사용함으로써 우상숭배에 해당하는 죄를 짓고 있었다. 예수님은 그런 현실을 부정하기보다는 오히려 그런 현실에서 하나님의 주권을 더욱 인정하고 그분을 바르게 섬길 것을 교훈하신다. 오늘 우리도 세상과 하나님나라라는 두 세계 앞에서 살아가고 있지만, 하나님나라에 속한 시민으로서 본분을 잃지 않는 바른 신앙의 정체성을 가진 그리스도인으로 살아야겠다.

무릎 기도 하나님, 비록 세상에 살지만 하나님나라의 시민임을 잊지 않게 하소서. 눈앞의 세상적인 문제와 염려에 매여 하나님의 얼굴을 보지 못하는 무지함을 깨우쳐주소서.

ESV - Mark 12

13 And they sent to him some of the Pharisees
and some of the Herodians, to trap him in his
talk.
14 And they came and said to him, "Teacher, we
know that you are true and do not care about
anyone's opinion. For you are not swayed by
appearances,* but truly teach the way of
God. Is it lawful to pay taxes to Caesar, or
not? Should we pay them, or should we
not?"
15 But, knowing their hypocrisy, he said to them,
"Why put me to the test? Bring me a denar-
ius* and let me look at it."
16 And they brought one. And he said to them,
"Whose likeness and inscription is this?"
They said to him, "Caesar's."
17 Jesus said to them, "Render to Caesar the
things that are Caesar's, and to God the
things that are God's." And they marveled at
him.

* 12:14 Greek *you do not look at people's faces*
* 12:15 A *denarius* was a day's wage for a laborer

13 trap 함정에 빠뜨리다 14 do not care about ~ ~을 마음에 두지 않다 opinion 의견, 견해 sway 동요하다 appearance 외모 pay taxes 조세를 바치다 15 hypocrisy 위선 put ~ to the test ~를 시험하다 16 likeness 초상 inscription 새긴 글씨 17 render 납부하다 marvel at ~ ~에 놀라다

42 산 자의 하나님

월 일

마가복음 12:18-27 • 새찬송 165장 | 통일 155장

• 말씀묵상 전에 성령님의 인도하심을 구하는 기도를 드리십시오.

본문요약 I 다시 예수님을 궁지에 몰아넣기 위해 이번에는 부활을 믿지 않는 사두개인 몇 명이 구약에 나오는 형사취수 제도를 근거로 부활 신앙을 조롱하는 질문을 예수님께 던진다. 이에 예수님은 사두개파가 절대적으로 신뢰하는 모세의 글을 인용하여 산 자의 하나님을 증거하신다.

18 부활이 없다 하는 사두개인들이 예수께 와서 물어 이르되
19 선생님이여 ㄱ모세가 우리에게 써 주기를 어떤 사람의 형이 자식이 없이 아내를 두고 죽으면 그 동생이 그 아내를 취하여 형을 위하여 상속자를 세울지니라 하였나이다
20 칠 형제가 있었는데 맏이가 아내를 취하였다가 상속자가 없이 죽고
21 둘째도 그 여자를 취하였다가 상속자가 없이 죽고 셋째도 그렇게 하여
22 일곱이 다 상속자가 없었고 최후에 여자도 죽었나이다
23 일곱 사람이 다 그를 아내로 취하였으니 부활 때 곧 그들이 살아날 때에 그중의 누구의 아내가 되리이까
24 예수께서 이르시되 너희가 성경도 하나님의 능력도 알지 못하므로 오해함이 아니냐
25 사람이 죽은 자 가운데서 살아날 때에는 장가도 아니 가고 시집도 아니 가고 하늘에 있는 천사들과 같으니라
26 죽은 자가 살아난다는 것을 말할진대 너희가 모세의 책 중 가시나무 떨기에 관한 글에 하나님께서 모세에게 이르시되 ㄴ나는 아브라함의 하나님이요 이삭의 하나님이요 야곱의 하나님이로라 하신 말씀을 읽어보지 못하였느냐
27 하나님은 죽은 자의 하나님이 아니요 산 자의 하나님이시라 너희가 크게 오해하였도다 하시니라

ㄱ. 신 25:5 ㄴ. 출 3:6

1. 오늘 하나님께서 나에게 주신 깨달음은 무엇입니까?

2. 말씀을 어떻게 내 삶에 구체적으로 적용해야 합니까?

절별 해설

18 부활이 없다 하는 사두개인들이 예수께 와서 물어 이르되 사두개파는 오직 모세오경만이 절대적인 권위가 있다고 믿는 성경해석 전문가들이다. 그 때문에 이사야 26장 19절과 다니엘 12장 2절을 근거로 한 바리새인들의 부활교리를 거부한다.

19-23 일곱 사람이 다 그를 아내로 취하였으니 부활 때 곧 그들이 살아날 때에 그중의 누구의 아내가 되리이까 사두개인들은 신명기에 나오는 형사취수제(兄死娶嫂制), 즉 죽은 형제의 유업을 잇기 위해 남은 형제가 미망인과 결혼하는 관례(신 25:5-10)를 인용한다. 아들 없이 죽은 일곱 형제와 차례로 결혼한 미망인의 예를 들어 부활신앙을 조롱하며 예수님께 질문을 던진다.

25 사람이 죽은 자 가운데서 살아날 때에는 장가도 아니 가고 시집도 아니 가고 하늘에 있는 천사들과 같으니라 사두개인들의 질문에는 부활 이후의 삶이 현세의 삶과 동일할 것이라는 전제가 깔려 있다. 그러나 하나님은 부활 이후의 삶이 현세와는 완전히 다른 삶이 될 것을 말씀하신다(참고. 고전 15:35-54). 모두 한 가정의 형제와 자매 같은 관계가 되기 때문에 더 이상 결혼 관계가 필요 없다. 또 부활 이후에는 영원한 삶을 살기 때문에 더 이상 자녀를 낳아서 번성할 필요가 없다. 이런 모습을 가리켜 천사처럼 될 것이라고 표현하신다.

26 하나님께서 모세에게 이르시되 나는 아브라함의 하나님이요 이삭의 하나님이요 야곱의 하나님이로라 하신 말씀을 읽어보지 못하였느냐 부활이 없다고 주장하는 사두개인들의 잘못된 신앙관을 바로잡기 위해 예수님은 그들이 절대적으로 신뢰하는 모세의 글인 출애굽기 3장 6절 말씀을 인용하신다. 여기서 하나님은 오래 전에 죽은 아브라함, 이삭, 야곱을 들어 자신의 정체를 밝히신다. 비록 그들이 죽었지만, 그들의 존재는 그것으로 끝난 것이 아니라 때가 되면 다시 살아나리라는 부활의 원리를 여기서 보여주신다.

27 하나님은 죽은 자의 하나님이 아니요 산 자의 하나님이시라 예수님은 부활의 원리를 위에 언급된 격언과 연결지어 놀라운 답변으로 마무리하신다. 이 말은 결국 하나님이 아브라함과 이삭과 야곱을 죽은 자로 여기지 않으시고 영원히 살아 있는 자로 간주하신다는 뜻이다. 비록 그들의 육신은 죽었지만, 영혼은 계속 살아 있어서 하나님과 신비한 교제를 나눈다는 사실을 암시한다. 나아가 마지막 날에 그 육체까지 부활함으로써 새로운 몸을 입게 될 것을 의미한다. 따라서 예수님은 이 격언이 담고 있는 부활신앙을 분명하게 보여주심으로 사두개인들의 잘못된 신앙을 지적하신다.

쉬운성경

18 부활이 없다고 주장하는 사두개파 사람 몇 명이 예수님께 왔습니다. 그리고 예수님께 질문을 했습니다.

19 "선생님, 모세는 '형이 자식이 없이 아내만 남겨 두고 죽으면, 동생이 그 형수와 결혼하고 형을 위하여 자식을 낳아 주어라' 하고 기록했습니다.

20 일곱 형제가 있었는데, 맏형이 결혼하고 자식이 없이 죽었습니다.

21 그래서 둘째가 형수와 결혼을 했는데 역시 자식이 없이 죽었습니다. 셋째도 마찬가지였습니다.

22 일곱 형제 모두가 자식을 남기지 못했습니다. 나중에 여자도 죽었습니다.

23 그러면 다시 살아날 때, 그 여자는 그들 중에 누구의 아내가 되겠습니까? 일곱 형제가 모두 그를 아내로 맞이했으니 말입니다."

24 예수님께서 대답하셨습니다. "너희가 성경도 모르고 하나님의 능력도 몰라서 잘못 생각하는 것이 아니냐?

25 사람들이 죽은 사람들 중에서 다시 살아날 때에는 장가도 가지 않고 시집도 가지 않는다. 그들은 마치 하늘에 있는 천사처럼 될 것이다.

26 죽은 사람이 다시 살아나는 것에 대해서는, 모세의 책에 기록된 떨기나무 대목에서 하나님께서 모세에게 어떻게 말씀하셨는지를 읽어 보지 못했느냐? 하나님께서 모세에게 '나는 아브라함의 하나님, 이삭의 하나님, 그리고 야곱의 하나님이다'라고 말씀하시지 않았느냐?

27 하나님께서는 죽은 사람들의 하나님이 아니라 살아 있는 사람들의 하나님이다. 너희가 크게 잘못 생각하고 있다."

저자의 묵상

또 다시 예수님을 궁지로 몰아넣을 빌미를 찾기 위해 이번에는 사두개인들이 예수님께 와서 곤혹스러운 질문을 던진다. 부활을 믿지 않는 사두개인들은 구약에 나오는 형사취수 제도를 근거로 부활 신앙을 조롱하는 질문을 던진다. 이에 대해 예수님은 먼저 부활 이후의 삶이 현세의 삶의 방식과 전혀 다른 새로운 삶이 될 것이며, 마치 천사 같은 존재로 살게 될 것이라고 말씀하신다. 이어서 사두개인들이 절대적으로 신뢰하는 모세의 글을 인용하여 하나님은 죽은 자의 하나님이 아니라 산 자의 하나님임을 선포하신다. 아브라함, 이삭, 야곱이 이미 육체적으로는 죽었지만 영혼은 살아 있어서 하나님과 신비한 교제를 나눈다는 사실을 말씀하심으로 부활의 확신을 보여주신다. 오늘 우리도 현세가 전부가 아니라, 우리에게 영원한 내세와 영생의 축복이 있음을 믿고 세상을 이기는 신앙의 삶을 살아야 할 것이다.

무릎 기도 | 하나님, 하나님이 산 자의 하나님이심을 믿고 부활 신앙으로 승리하는 삶을 살게 하소서. 이 세상의 삶에 일희일비하지 않고 제게 주어진 하루를 감사하게 하소서.

ESV - Mark 12

18 And Sadducees came to him, who say that there is no resurrection. And they asked him a question, saying,
19 "Teacher, Moses wrote for us that if a man's brother dies and leaves a wife, but leaves no child, the man* must take the widow and raise up offspring for his brother.
20 There were seven brothers; the first took a wife, and when he died left no offspring.
21 And the second took her, and died, leaving no offspring. And the third likewise.
22 And the seven left no offspring. Last of all the woman also died.
23 In the resurrection, when they rise again, whose wife will she be? For the seven had her as wife."
24 Jesus said to them, "Is this not the reason you are wrong, because you know neither the Scriptures nor the power of God?
25 For when they rise from the dead, they neither marry nor are given in marriage, but are like angels in heaven.
26 And as for the dead being raised, have you not read in the book of Moses, in the passage about the bush, how God spoke to him, saying, 'I am the God of Abraham, and the God of Isaac, and the God of Jacob'?
27 He is not God of the dead, but of the living. You are quite wrong."

* 12:19 Greek *his brother*

18 resurrection 부활 19 widow 과부 offspring 자손 21 likewise 마찬가지로 25 rise from the dead 부활하다 26 as for ~ ~에 관해 말하자면 passage 한 구절 bush 관목, 떨기나무

43 가장 중요한 계명

월 일

마가복음 12:28-37 • 새찬송 218장 | 통일 369장

• 말씀묵상 전에 성령님의 인도하심을 구하는 기도를 드리십시오.

본문요약 | '모든 계명 중에 가장 중요한 계명이 무엇인가?'라는 한 서기관의 질문에, 예수님은 하나님 사랑과 이웃 사랑을 말씀하심으로 이 둘이 불가분의 관계에 있음을 보여주신다. 나아가 그리스도가 다윗의 '자손'일 뿐 아니라 다윗의 '주님'임을 바르게 지적하신다.

28 서기관 중 한 사람이 그들이 변론하는 것
을 듣고 예수께서 잘 대답하신 줄을 알고
나아와 묻되 모든 계명 중에 첫째가 무엇
이니이까
29 예수께서 대답하시되 첫째는 이것이니
ㄱ이스라엘아 들으라 주 곧 우리 하나님은
유일한 주시라
30 네 마음을 다하고 목숨을 다하고 뜻을 다
하고 힘을 다하여 주 너의 하나님을 사랑
하라 하신 것이요
31 둘째는 이것이니 ㄴ네 이웃을 네 자신과
같이 사랑하라 하신 것이라 이보다 더 큰
계명이 없느니라
32 서기관이 이르되 선생님이여 옳소이다 하
나님은 한 분이시요 그 외에 다른 이가 없
다 하신 말씀이 참이니이다
33 또 마음을 다하고 지혜를 다하고 힘을 다
하여 하나님을 사랑하는 것과 또 이웃을
자기 자신과 같이 사랑하는 것이 전체로
드리는 모든 번제물과 기타 제물보다 나
으니이다
34 예수께서 그가 지혜 있게 대답함을 보시
고 이르시되 네가 하나님의 나라에서 멀
지 않도다 하시니 그 후에 감히 묻는 자가
없더라
35 예수께서 성전에서 가르치실새 대답하여
이르시되 어찌하여 서기관들이 그리스도
를 다윗의 자손이라 하느냐
36 다윗이 성령에 감동되어 친히 말하되
ㄷ주께서 내 주께 이르시되 내가 네 원
수를 네 발 아래에 둘 때까지 내 우편에
앉았으라
하셨도다 하였느니라
37 다윗이 그리스도를 주라 하였은즉 어찌
그의 자손이 되겠느냐 하시니 많은 사람
들이 즐겁게 듣더라

ㄱ. 신 6:4 이하 ㄴ. 레 19:18 ㄷ. 시 110:1

1. 오늘 하나님께서 나에게 주신 깨달음은 무엇입니까?

2. 말씀을 어떻게 내 삶에 구체적으로 적용해야 합니까?

28 모든 계명 중에 첫째가 무엇이니이까 당시 유대 랍비들은 모세오경에 613가지 율법조항이 있으며, 그 가운데 '하라'는 명령이 248가지, '하지 말라'는 금지 조항이 365가지로 나누어진다고 가르쳤다. 따라서 어떤 계명이 가장 중요한지는 매우 중요한 관심사였다.

29-30 네 마음을 다하고 목숨을 다하고 뜻을 다하고 힘을 다하여 주 너의 하나님을 사랑하라 하신 것이요 예수님은 신명기 말씀을 인용하여 전인격을 다해 하나님을 사랑하는 것이 가장 중요하다고 말씀하신다(신 6:4-5). 마가는 하나님 사랑을 수식하는 목록에 "뜻"(*헬.* 디아노이아)을 추가한다. 이는 아마도 "마음"에 해당하는 히브리어 '레바브'가 감정과 지성을 모두 포함하므로, 이것을 좀 더 분명하게 표현하기 위해 "뜻"을 첨가함으로써 지성적 의지적 요소를 강조하고자 한 것 같다. 그러나 마음, 영혼, 뜻, 힘은 각각의 구별된 의미보다는 인간의 총체성을 강조하는 표현으로 볼 수 있다.

31 둘째는 이것이니 네 이웃을 네 자신과 같이 사랑하라 예수님은 레위기에서 이웃 사랑의 계명을 두 번째 중요한 계명으로 언급하신다(레 19:18). 전인격을 다해 하나님을 사랑하는 일은 이웃 사랑의 동기가 되며, 또한 이웃을 내 몸같이 사랑하는 것은 하나님을 사랑하는 척도의 표현이라고 할 수 있다. 그래서 훗날 요한은 보이는 이웃을 사랑하지 않으면서 보지 못하는 하나님을 사랑한다고 말하는 것은 거짓이라고 핵심을 찌른다(요일 4:20).

32-33 하나님을 사랑하는 것과 또 이웃을 자기 자신과 같이 사랑하는 것이 전체로 드리는 모든 번제물과 기타 제물보다 나으니이다 예수님의 답변을 들은 서기관은 거기에 자신의 해석을 덧붙인다. 그는 유일신 신앙을 강조할 뿐 아니라, 두 계명을 지키는 것이 제사보다도 더 중요하다는 입장을 제시한다. 아마도 호세아 6장 6절을 염두에 둔 해석으로 여겨진다.

34 네가 하나님의 나라에서 멀지 않도다 예수님은 서기관의 대답을 지혜롭다고 인정하시면서 긍정적인 말씀을 하신다. 그러나 이 말씀이 그가 하나님나라를 소유했다는 뜻은 아니다. 왜냐하면 그리스도를 하나님의 아들로 고백하고 그분의 통치를 받아들여야만 그 나라를 소유하기 때문이다. 그런 의미에서 멀지 않다고 표현하신다.

35 어찌하여 서기관들이 그리스도를 다윗의 자손이라 하느냐 예수님은 당시 서기관들이 "다윗의 자손"에 대해 가졌던 신학의 문제점을 제기하신다. 사실 예수님은 "주는 그리스도시니이다"(8:29)라는 베드로의 고백을 칭찬하셨고, 맹인 바

쉬운성경

28 율법학자 가운데 한 사람이 다가와서 논쟁하는 것을 들었습니다. 예수님께서 사두개파 사람들에게 잘 대답하시는 것을 보고 그가 물었습니다. "모든 계명 중에 어떤 것이 가장 중요합니까?"

29 예수님께서 대답하셨습니다. "가장 중요한 계명은 이것이다. '이스라엘아, 들어라! 주 우리 하나님은 한 분이시다.

30 네 모든 마음과 모든 영혼과 모든 뜻과 모든 힘을 다하여 주 너희 하나님을 사랑하여라.'

31 두 번째로 중요한 계명은 이것이다. '네 이웃을 네 몸같이 사랑하여라.' 이 계명들보다 더 중요한 계명은 없다."

32 율법학자가 예수님께 말했습니다. "옳습니다, 선생님. 하나님께서는 한 분이시고, 그 외에는 다른 신이 없습니다.

33 모든 마음과 모든 지식과 모든 힘을 다하여 하나님을 사랑하고, 이웃을 자기 자신처럼 사랑하는 것이 다른 모든 번제물이나 희생 제물보다 더 중요합니다."

34 예수님께서는 이 사람이 지혜롭게 대답하는 것을 보시고 말씀하셨습니다. "너는 하나님 나라에 가깝구나." 그 뒤로는 아무도 감히 예수님께 더 묻지 않았습니다.

35 예수님께서 성전에서 가르치고 계실 때, 이렇게 물으셨습니다. "어째서 율법학자들은 그리스도가 다윗의 자손이라고 말하느냐?

36 다윗 자신은 성령으로 이렇게 말하였다.

> '여호와께서 내 주님에게 말씀하셨다. 내가 네 원수들을 네 발 아래 굴복시킬 때까지 내 오른쪽에 앉아 있어라.'*

37 다윗 자신도 그리스도를 주님이라고 부른다. 그런데 어떻게 그리스도가 다윗의 자손이 되겠느냐?" 많은 무리가 예수님의 말씀을 기쁘게 들었습니다.

* 12:36 시 110:1에 기록되어 있다.

디매오가 "다윗의 자손 예수여"(10:47-48) 하고 부르던 외침을 당연한 듯 받아들이셨다. 따라서 이 질문은 다윗의 자손이라는 신앙을 부정하려는 것이 아니라, 그 신앙만으로는 부족하다는 뜻을 담고 있다.

36-37 다윗이 그리스도를 주라 하였은즉 예수님이 강조하시려는 핵심은 바로 그리스도가 다윗의 "자손"일 뿐 아니라 다윗의 "주"도 된다는 것이다. 예수님은 다윗의 시인 시편 110편 1절을 인용함으로써, 다윗이 자기 입으로 그리스도를 자신보다 훨씬 위대한 분으로 고백했다는 점을 밝히신다. 그럼으로써 그리스도를 단순히 정치적 민족적 메시아로 보려는 시각을 바로잡으신다.

저자의 묵상

'모든 계명들 중에 어떤 것이 가장 중요합니까?'라는 서기관의 질문에 예수님은 오히려 두 가지 계명을 강조해서 말씀하신다. 유대인들이 '쉐마'라고 부르며 어릴 때부터 교육하는 신명기 말씀을 근거로(신 6:4-5) 하나님에 대한 사랑을 첫째 계명으로 꼽으셨고, 이어서 레위기에 바탕을 둔 이웃 사랑(레 19:18)을 둘째 계명으로 꼽으셨다. 하나에 둘로 답하신 것은 결국 이 두 계명이 불가분의 관계에 있음을 보여주기 위해서다. 이 두 계명은 십계명을 요약하는 계명으로서, 하나님 앞에서의 개인 윤리와 사회 공동체 안에서의 사회 윤리를 포괄한다. 특히 예수님은 하나님의 사랑에서 비롯된 '네 이웃을 네 자신과 같이 사랑하라'는 계명을 몸소 보여주기 위해 이 땅에 오셨다. 이웃으로 대변되는 온 인류를 위해 자기 몸을 십자가에서 희생함으로 우리의 귀감이 되셨다. 특히 원수까지 사랑하는 주님의 사랑은 사랑에 한계가 없음을 분명히 보여준다.

무릎 기도 하나님, 주님이 보여주신 하나님 사랑과 이웃 사랑, 이 둘을 오늘도 실천할 수 있게 붙들어주소서. 죄인인 우리를 위해 자기 몸을 주신 예수님을 본받아 원수조차 사랑할 수 있는 마음을 주소서.

ESV - Mark 12

28 And one of the scribes came up and heard
them disputing with one another, and seeing
that he answered them well, asked him,
"Which commandment is the most important
of all?"
29 Jesus answered, "The most important is,
'Hear, O Israel: The Lord our God, the Lord is
one.
30 And you shall love the Lord your God with all
your heart and with all your soul and with all
your mind and with all your strength.'
31 The second is this: 'You shall love your
neighbor as yourself.' There is no other
commandment greater than these."
32 And the scribe said to him, "You are right,
Teacher. You have truly said that he is one,
and there is no other besides him.
33 And to love him with all the heart and with all
the understanding and with all the strength,
and to love one's neighbor as oneself, is
much more than all whole burnt offerings and
sacrifices."
34 And when Jesus saw that he answered
wisely, he said to him, "You are not far from
the kingdom of God." And after that no one
dared to ask him any more questions.
35 And as Jesus taught in the temple, he said,
"How can the scribes say that the Christ is
the son of David?
36 David himself, in the Holy Spirit, declared,
"'The Lord said to my Lord, "Sit at my right
hand, until I put your enemies under your
feet."'
37 David himself calls him Lord. So how is he
his son?" And the great throng heard him
gladly.

28 dispute with ~ ~와 논쟁하다 30 with all one's heart 진심으로, 극진히 31 neighbor 이웃 32 besides ~외에
33 burnt offering 불에 탄 제물 sacrifice 제물 34 dare to do 건방지게 ~하다 36 sit at ~ ~에 둘러앉다 enemy 적, 원수

44 예수님의 비판과 칭찬

월 일

마가복음 12:38-44 • 새찬송 317장 | 통일 353장

• 말씀묵상 전에 성령님의 인도하심을 구하는 기도를 드리십시오.

본문요약 | 예수님은 당시에 율법 전문가로서 존경받던 서기관들의 위선과 비행을 예리하게 비판하신다. 특히 사람들의 존경과 칭찬을 듣기 위해 긴 옷을 입고 길게 기도하는 태도를 비판하신다. 이어서 부자들의 헌금보다 생활에 필요한 돈 전부를 드린 과부의 헌금을 칭찬하신다.

38 예수께서 가르치실 때에 이르시되 긴 옷
을 입고 다니는 것과 시장에서 문안 받는
것과
39 회당의 높은 자리와 잔치의 윗자리를 원
하는 서기관들을 삼가라
40 그들은 과부의 가산을 삼키며 외식으로
길게 기도하는 자니 그 받는 판결이 더욱
중하리라 하시니라
41 예수께서 헌금함을 대하여 앉으사 무리가
어떻게 헌금함에 돈 넣는가를 보실새 여
러 부자는 많이 넣는데
42 한 가난한 과부는 와서 두 [1]렙돈 곧 한 [2]
고드란트를 넣는지라
43 예수께서 제자들을 불러다가 이르시되 내
가 진실로 너희에게 이르노니 이 가난한
과부는 헌금함에 넣는 모든 사람보다 많
이 넣었도다
44 그들은 다 그 풍족한 중에서 넣었거니와
이 과부는 그 가난한 중에서 자기의 모든
소유 곧 생활비 전부를 넣었느니라 하시
니라

1) 헬과 동전의 명칭 2) 로마 동전의 명칭

1. 오늘 하나님께서 나에게 주신 깨달음은 무엇입니까?

2. 말씀을 어떻게 내 삶에 구체적으로 적용해야 합니까?

절별 해설

38-39 긴 옷을 입고 다니는 것과 시장에서 문안 받는 것과 회당의 높은 자리와 잔치의 윗자리를 원하는 서기관들을 삼가라 예수님은 한 걸음 더 나아가 서기관들을 주의하라고 경고하신다. 특히 그들이 좋아하는 것 세 가지를 언급하시는데, 이것은 그들의 과시적이고 높은 지위를 탐하는 태도를 적나라하게 보여준다. 먼저 대중의 시선을 끌기 위해 제사장의 옷처럼 긴 옷을 입고 다니기를 좋아했다. 또 사람들이 많이 왕래하는 시장 통에서 인사받기를 좋아했다. 게다가 회당의 특별석이나 잔치의 상석 같은 높은 자리를 좋아했다. 이전에 누가 더 높으냐를 두고 논쟁을 벌인(9:33-37; 10:35-45) 제자들을 책망하셨던 예수님의 눈에 서기관들은 경계의 대상으로 보일 수밖에 없었다.

40 그들은 과부의 가산을 삼키며 외식으로 길게 기도하는 자니 그 받는 판결이 더욱 중하리라 성경에서 과부는 보살핌을 받아야 할 최우선순위의 대상이다. 그래서 아마도 법에 능통한 서기관에게 과부들이 재산 관리를 부탁했던 것 같다. 그런데 오히려 그들은 그것을 착취의 기회로 삼았다. 또 다른 비행은 사람들에게 보이기 위해 길게 기도하는 행위였다. 종교적인 경건을 보여주기 위한 그런 태도는 결국 위선에 불과했다. 한마디로 서기관들은 위선과 탐욕에 깊이 빠져 있었고, 그런 그들에게는 더욱 엄중한 심판이 임할 수밖에 없다.

42 한 가난한 과부는 와서 두 렙돈 곧 한 고드란트를 넣는지라 렙돈은 크기가 1cm도 안 되는 작은 동전으로, 당시 하루 품삯이던 1데나리온의 128분의 1에 해당하는 지극히 적은 금액이다. 오늘날로 치면 500원짜리 동전쯤 된다.

43-44 이 가난한 과부는 헌금함에 넣는 모든 사람보다 많이 넣었도다 예수님은 과부의 헌금을 통해 헌금의 진정한 가치와 의미를 교훈하신다. 예수님은 부자들이 많이 헌금하는 모습을 보았으나(41절), 오히려 동전 두 개를 헌금한 과부가 더 많이 헌금했다고 평가하신다.

과부는 그 가난한 중에서 자기의 모든 소유 곧 생활비 전부를 넣었느니라 지극히 미미한 액수인에도 과부의 헌금을 칭찬하신 이유가 바로 여기 있다. 과부의 헌금은 넉넉한 중에 일부를 드린 것이 아니라 "자기의 모든 소유", 다시 말해 생활에 필요한 돈 전부를 바친 것이다. 예수님의 초점은 액수보다 그것을 드리는 자의 헌신에 맞추어져 있다.

쉬운성경

38 예수님께서 가르치시면서 말씀하셨습니다. "율법학자들을 주의하여라. 이들은 긴 옷을 입고 걸어다니기를 좋아하고, 장터에서 인사받기를 좋아한다.

39 이들은 회당에서 높은 자리를 좋아하고, 잔치에서도 윗자리를 좋아한다.

40 이들은 과부의 집을 삼키며, 사람들에게 보이기 위해 길게 기도한다. 이런 사람들은 더 큰 심판을 받을 것이다."

41 예수님께서 헌금함 맞은편에 앉으셔서, 사람들이 어떻게 헌금하는가를 보셨습니다. 여러 명의 부자들이 많은 돈을 헌금했습니다.

42 가난한 과부가 와서 렙돈 동전 두 개, 즉 한 고드란트를 넣었습니다.

43 예수님께서 제자들을 부르신 후 말씀하셨습니다. "내가 너희에게 진정으로 말한다. 이 가난한 과부가 헌금함에 돈을 넣은 다른 모든 사람들보다 더 많이 헌금을 하였다.

44 다른 모든 사람들은 넉넉한 중에서 헌금을 하였지만, 과부는 가지고 있던 모든 것, 즉 생활에 필요한 돈 전부를 바쳤다."

저자의 묵상

세상에서는 높은 자리에 앉아 사람들의 인사를 받으며 많은 돈을 내는 사람이 성공한 사람으로 인정받는다. 그러나 하나님나라에서는 지위의 높음이나 돈의 액수보다 그 사람의 경건함과 헌신에 초점을 둔다. 특히 서기관들이 겉으로는 경건한 척하면서 속으로는 과부의 재산을 가로채고 탐욕을 일삼는 모습은, 오늘날의 교회와 종교지도자들이 자기반성의 거울로 삼아야 할 대목이다. 세상 사람들은 교회와 종교지도자들이 성직을 빙자하여 존경받으려 하고 헌금을 강요한다며 손가락질한다. 지금이야말로 서기관들에 대한 책망과 과부에 대한 칭찬을 귀담아들어야 할 때다. 무엇보다 예수님은 겉이 아니라 속, 즉 헌신을 보심을 기억하자.

무릎 기도 하나님, 한국 교회와 지도자들과 성도들이 위선과 탐욕을 내려놓고 참된 헌신을 하게 하소서. 우리의 중심을 보시는 하나님임을 기억하여 회개하며 진실한 신앙생활을 하게 하소서.

ESV - Mark 12

38 And in his teaching he said, "Beware of the
scribes, who like to walk around in long
robes and like greetings in the marketplaces
39 and have the best seats in the synagogues
and the places of honor at feasts,
40 who devour widows' houses and for a pre-
tense make long prayers. They will receive
the greater condemnation."
41 And he sat down opposite the treasury and
watched the people putting money into the
offering box. Many rich people put in large
sums.
42 And a poor widow came and put in two small
copper coins, which make a penny.*
43 And he called his disciples to him and said to
them, "Truly, I say to you, this poor widow has
put in more than all those who are contrib-
uting to the offering box.
44 For they all contributed out of their abun-
dance, but she out of her poverty has put in
everything she had, all she had to live on."

* 12:42 Greek *two lepta*, which make a *kodrantes;* a *kodrantes* (Latin *quadrans*) was a Roman copper coin worth about 1/64 of a *denarius* (which was a day's wage for a laborer)

38 beware of ~ ~에 주의하라 robe 옷, 의복 greeting 인사 39 feast 연회, 잔치 40 devour 삼키다 pretense 가식 condemnation 유죄 선고 41 opposite ~의 맞은편에 treasury 금고 sum 금액, 액수 42 copper 구리 penny 한 푼, 푼돈 43 contribute 기부하다 44 abundance 풍부 poverty 가난

45

월 일

성전 파괴의 징조들

마가복음 13:1-13 • 새찬송 357장 | 통일 397장

• 말씀묵상 전에 성령님의 인도하심을 구하는 기도를 드리십시오.

본문요약 | 헤롯이 보수하는 예루살렘 성전을 보며 감탄하는 제자들에게 예수님은 성전의 철저한 파괴를 선언하신다. 나아가 그 일의 징조로, 거짓 그리스도의 출현, 전쟁, 지진, 기근, 박해 등과 같은 종교적 정치적 사회적 혼란 등을 언급하며 끝까지 견디는 자에게 구원을 약속하신다.

1 예수께서 성전에서 나가실 때에 제자 중
하나가 이르되 선생님이여 보소서 이 돌
들이 어떠하며 이 건물들이 어떠하니이까
2 예수께서 이르시되 네가 이 큰 건물들을
보느냐 돌 하나도 돌 위에 남지 않고 다
무너뜨려지리라 하시니라
3 예수께서 감람산에서 성전을 마주 대하여
앉으셨을 때에 베드로와 야고보와 요한과
안드레가 조용히 묻되
4 우리에게 이르소서 어느 때에 이런 일이
있겠사오며 이 모든 일이 이루어지려 할
때에 무슨 징조가 있사오리이까
5 예수께서 이르시되 너희가 사람의 미혹을
받지 않도록 주의하라
6 많은 사람이 내 이름으로 와서 이르되 내
가 그라 하여 많은 사람을 미혹하리라
7 난리와 난리의 소문을 들을 때에 두려워
하지 말라 이런 일이 있어야 하되 아직 끝
은 아니니라
8 민족이 민족을, 나라가 나라를 대적하여
일어나겠고 곳곳에 지진이 있으며 기근이
있으리니 이는 재난의 시작이니라
9 너희는 스스로 조심하라 사람들이 너희를
공회에 넘겨 주겠고 너희를 회당에서 매
질하겠으며 나로 말미암아 너희가 권력자
들과 임금들 앞에 서리니 이는 그들에게
증거가 되려 함이라
10 또 복음이 먼저 만국에 전파되어야 할 것
이니라
11 사람들이 너희를 끌어다가 넘겨 줄 때에
무슨 말을 할까 미리 염려하지 말고 무엇
이든지 그때에 너희에게 주시는 그 말을
하라 말하는 이는 너희가 아니요 성령이
시니라
12 형제가 형제를, 아버지가 자식을 죽는 데
에 내주며 자식들이 부모를 대적하여 죽
게 하리라
13 또 너희가 내 이름으로 말미암아 모든 사
람에게 미움을 받을 것이나 끝까지 견디
는 자는 구원을 받으리라

1. 오늘 하나님께서 나에게 주신 깨달음은 무엇입니까?

2. 말씀을 어떻게 내 삶에 구체적으로 적용해야 합니까?

절별 해설

2 돌 하나도 돌 위에 남지 않고 다 무너뜨려지리라 예수님 당시에 헤롯이 유대인들의 환심을 사기 위해 성전을 대대적으로 수리하는데, 주전 20년에 착공하여 주후 64년에 완공한다. 요세푸스의 기록에 따르면, 많은 여행객이 성전의 위용과 아름다움에 감탄했다고 한다. 제자들 역시 같은 시각으로 성전을 바라보았다(1절). 그러나 예수님은 정반대로 성전이 돌 위에 돌 하나도 남지 않을 만큼 철저히 파괴될 것이라고 분명히 밝히신다. 이 선언은 이스라엘과 성전을 향한 하나님의 진노가 얼마나 컸는지를 실감하게 한다. 실제로 헤롯 성전은 완공된 지 불과 6년 뒤인 주후 70년에 예수님의 예고대로 완전히 파괴된다.

4 어느 때에 이런 일이 있겠사오며 이 모든 일이 이루어지려 할 때에 무슨 징조가 있사오리이까 예수님의 무서운 선언을 들은 제자들은 성전 파괴의 때와 징조에 관해 질문한다. 그들이 성전 파괴를 복수형인 "모든 일"(*헬.* 타우타)로 표현한 것은 아마도 성전 파괴가 단번에 일어나기보다는 일련의 여러 사건을 통해 일어날 것으로 예상했기 때문일 것이다.

6 많은 사람이 내 이름으로 와서 이르되 내가 그라 하여 많은 사람을 미혹하리라 예수님이 언급하신 첫 번째 징조는 거짓 그리스도의 등장이다. 실제로 초대 교회 당시 드다와 갈릴리의 유다(행 5:36-37), 바예수(행 13:6) 등의 거짓 선지자가 있었으며, 요세푸스의 증언에 따르면 벨릭스(행 23:26) 총독 시절에 거짓 선지자들이 거의 매일 몇 명씩 체포되어 처형당했다고 한다.

7-8 난리, 지진, 기근 이어서 예수님은 난리와 지진과 기근을 징조로 꼽으신다. 실제로 주후 36년부터 로마와 파르티아 간에 전쟁이 있었으며, 36-37년에는 헤롯 안티파스와 나바티아의 아레타스 왕 사이에 전쟁이 있었다. 성전 파괴 역시 유대와 로마 사이의 전쟁으로 인한 결과였다. 게다가 지진도 수차례 일어났다. 라오디게아(61년), 폼페이(62년), 빌립보(행 16:26), 예루살렘(67년) 등에 지진이 일어났다는 기록이 있다. 게다가 글라우디오 황제 때 대기근이 발생하기도 한다(46년, 행 11:28). 그러나 예수님은 이것이 산통의 시작에 불과하다고 말씀하신다.

9-13 내 이름으로 말미암아 모든 사람에게 미움을 받을 것이나 끝까지 견디는 자는 구원을 받으리라 마지막 징조는 제자들의 고난과 박해다. 다양한 고난과 박해를 예고하셨는데, 크게 세 종류로 나뉜다. 먼저 예수님처럼 대적들의 손에 심

쉬운성경

1 예수님께서 성전을 떠나실 때, 한 제자가 예수님께 말했습니다. "선생님, 보십시오! 정말 아름다운 돌이지요, 정말 아름다운 건물이지요!"

2 예수님께서 "이 큰 건물을 보느냐? 돌 위에 돌 하나도 남지 않고 완전히 무너질 것이다"라고 말씀하셨습니다.

3 예수님께서 성전 맞은편 올리브 산에서 앉아 계실 때, 베드로, 야고보, 요한과 안드레가 예수님께 조용히 물었습니다.

4 "우리들에게 말씀해 주십시오. 언제 이런 일들이 일어나고, 이런 일들이 이루어질 때에 무슨 징조가 있겠습니까?"

5 예수님께서 그들에게 말씀하기 시작하셨습니다. "아무도 너희를 속이지 못하게 조심하여라.

6 많은 사람들이 내 이름으로 와서 '내가 바로 그리스도다'라고 말할 것이다. 그리고 많은 사람들을 속일 것이다.

7 너희는 전쟁에 대한 소식과 소문을 들을 것이다. 그러나 두려워하지 마라. 이런 일들은 반드시 일어나야 한다. 그러나 끝은 아직 아니다.

8 민족이 다른 민족과 싸우려고 일어나고, 나라가 나라와 싸우려고 일어날 것이다. 여러 곳에서 지진이 일어나고 기근도 있을 것이다. 이런 것들은 출산하는 진통의 시작에 불과하다.

9 너희는 주의하여라. 사람들이 너희를 법정에 넘길 것이고, 너희는 회당에서 매를 맞을 것이다. 너희가 나 때문에, 총독들과 임금 앞에 서게 되어, 그들에게 증언할 것이다.

10 그러나 먼저 복음이 모든 민족에게 전해질 것이다.

11 사람들이 너희를 체포하여 재판에 넘길 때, '무엇을 말할까' 하고 걱정하지 마라. 그때에 하나님께서 너희에게 주시는 것들을 말하여라. 말하는 것은 너희가 아니고 성령님이시다.

문받게 될 것이다(9절). 다음으로 복음이 유대인을 넘어 모든 민족에게 전해질 것이다(10절). 마지막으로 예수님 때문에 가족에게 미움받고 심지어 죽임을 당하는 상황까지 벌어질 수 있다(12-13절). 실제로 네로 황제 당시(64년) 많은 그리스도인이 가족의 밀고로 죽임을 당하기도 한다. 그럼에도 끝까지 견디는 사람은 비록 육체의 생명을 잃을지는 몰라도 영원한 생명인 구원을 얻을 것이라고 예수님은 약속하신다.

12 형이 동생을 죽게 내주고, 아버지가 자식들을 내주고, 자식들이 부모를 거역하여 일어나며 죽게 할 것이다.
13 내 이름 때문에 너희가 미움을 받을 것이다. 그러나 끝까지 견디는 사람은 구원받을 것이다.

저자의 묵상

예루살렘 성전이 기도하는 집에서 강도의 소굴로 변했다고 탄식하며 성전을 청결케 하신 예수님이, 이번에는 헤롯이 유대인의 환심을 사기 위해 수십 년에 걸쳐 지은 화려한 예루살렘 성전이 돌 위에 돌 하나 남지 않을 정도로 철저하게 파괴될 것이라고 선언하신다. 그 말씀의 저변에는 더 이상 돌로 지은 성전은 무의미하다는 뜻이 깔려 있다. 더 나아가 예수님 자신이 십자가의 죽으심과 부활을 통해 버린 돌이 머릿돌이 되듯 새로운 성전이 되신다는 깊은 의미가 담겨 있다. 그러므로 우리의 관심은 더 이상 성전 파괴 혹은 예수님의 재림에 관한 시기와 징조에 맞춰져서는 안 된다. 예수님이 언급하신 징조, 이를테면 거짓 그리스도와의 전쟁, 지진, 기근, 박해 등은 지금도 여전히 계속된다. 따라서 우리는 오직 새 성전이신 예수 그리스도를 바라보며 끝까지 견디어 구원을 얻는 데 집중해야 한다.

무릎 기도 하나님, 온갖 징조가 난무하지만 거기에 미혹되지 않고 끝까지 믿음을 지킬 힘을 주소서. 매일의 삶에서 더욱더 주님을 닮아가고자 애쓰며 분투하는 삶을 살게 하소서.

ESV - Mark 13

1 And as he came out of the temple, one of his
disciples said to him, "Look, Teacher, what
wonderful stones and what wonderful
buildings!"
2 And Jesus said to him, "Do you see these
great buildings? There will not be left here
one stone upon another that will not be
thrown down."
3 And as he sat on the Mount of Olives
opposite the temple, Peter and James and
John and Andrew asked him privately,
4 "Tell us, when will these things be, and what
will be the sign when all these things are
about to be accomplished?"
5 And Jesus began to say to them, "See that
no one leads you astray.
6 Many will come in my name, saying, 'I am
he!' and they will lead many astray.
7 And when you hear of wars and rumors of
wars, do not be alarmed. This must take
place, but the end is not yet.
8 For nation will rise against nation, and
kingdom against kingdom. There will be
earthquakes in various places; there will be
famines. These are but the beginning of the
birth pains.
9 "But be on your guard. For they will deliver you
over to councils, and you will be beaten in
synagogues, and you will stand before
governors and kings for my sake, to bear
witness before them.
10 And the gospel must first be proclaimed to all
nations.
11 And when they bring you to trial and deliver
you over, do not be anxious beforehand what
you are to say, but say whatever is given you
in that hour, for it is not you who speak, but
the Holy Spirit.
12 And brother will deliver brother over to death,
and the father his child, and children will rise
against parents and have them put to death.
13 And you will be hated by all for my name's
sake. But the one who endures to the end will
be saved.

2 throw down 무너뜨리다 4 accomplish 성취하다 5 see that 반드시 ~하도록 하다 lead ~ astray ~를 타락시키다 7 rumor 소문 alarmed 겁먹은, 불안해하는 take place 발생하다, 일어나다 8 earthquake 지진 famine 기근 9 be on one's guard 조심하다 council 의회 beat 때리다 governor 우두머리 for one's sake ~ 때문에 bear witness 증언하다 10 proclaim 선포하다 11 bring ~ to trial ~를 재판에 부치다 anxious 불안한 beforehand 미리 12 deliver over to death 죽도록 넘겨주다 put to death 처형하다, 죽이다 13 endure 견디다

• MEMO •

46

월 일

징조를 대하는 그리스도인의 태도

마가복음 13:14-27 • 새찬송 309장 | 통일 409장

• 말씀묵상 전에 성령님의 인도하심을 구하는 기도를 드리십시오.

본문요약 I 예수님은 성전이 파괴될 징조가 임할 때 그리스도인들이 어떤 태도를 취해야 할지 말씀하신다. 무엇보다 현실에 집착을 버리고 도망할 것을 말씀하신다. 아울러 거짓 그리스도와 선지자들에게 속지 않게 주의하라고 하시며, 인자의 영광스러운 임재와 구원을 약속하신다.

14 멸망의 가증한 것이 서지 못할 곳에 선 것
을 보거든 (읽는 자는 깨달을진저) 그때에
유대에 있는 자들은 산으로 도망할지어다
15 지붕 위에 있는 자는 내려가지도 말고 집
에 있는 무엇을 가지러 들어가지도 말며
16 밭에 있는 자는 겉옷을 가지러 뒤로 돌이
키지 말지어다
17 그날에는 아이 밴 자들과 젖먹이는 자들
에게 화가 있으리로다
18 이 일이 겨울에 일어나지 않도록 기도하
라
19 이는 그날들이 환난의 날이 되겠음이라
하나님께서 창조하신 시초부터 지금까지
이런 환난이 없었고 후에도 없으리라
20 만일 주께서 그날들을 감하지 아니하셨더
라면 모든 육체가 구원을 얻지 못할 것이
거늘 자기가 택하신 자들을 위하여 그날
들을 감하셨느니라
21 그때에 어떤 사람이 너희에게 말하되 보
라 그리스도가 여기 있다 보라 저기 있다
하여도 믿지 말라
22 거짓 그리스도들과 거짓 선지자들이 일어
나서 [1]이적과 기사를 행하여 할 수만 있으
면 택하신 자들을 미혹하려 하리라
23 너희는 삼가라 내가 모든 일을 너희에게
미리 말하였노라
24 그때에 그 환난 후 해가 어두워지며 달이
빛을 내지 아니하며
25 별들이 하늘에서 떨어지며 하늘에 있는
권능들이 흔들리리라

1) 또는 표적

26 그때에 인자가 구름을 타고 큰 권능과 영
광으로 오는 것을 사람들이 보리라
27 또 그때에 그가 천사들을 보내어 자기가
택하신 자들을 땅끝으로부터 하늘 끝까지
사방에서 모으리라

1. 오늘 하나님께서 나에게 주신 깨달음은 무엇입니까?

2. 말씀을 어떻게 내 삶에 구체적으로 적용해야 합니까?

절별 해설

14-18 멸망의 가증한 것이 서지 못할 곳에 선 것을 보거든 다니엘서에서 인용해 온 "멸망의 가증한 것"(단 9:27; 11:31; 12:11)이라는 표현은, 역사적으로 67-68년 겨울에 열심당원들이 성전을 점령하여 군사시설로 이용한 것을 가리킨다고 보는 주장이 있는가 하면, 70년 여름 로마의 티투스 장군이 예루살렘을 함락한 후 성소를 더럽히고 성전 뜰에 군기를 들고 들어가 제사를 드린 사건을 가리킨다는 주장도 있다. 어쨌든 이것이 "서지 못할 곳에", 즉 예루살렘 성전에 서 있다는 것은 성전의 파괴와 멸망을 상징적으로 표현한 말로 볼 수 있다. **산으로 도망할지어다 지붕 위에 있는 자는 내려가지도 말고 집에 있는 무엇을 가지러 들어가지도 말며 밭에 있는 자는 겉옷을 가지러 뒤로 돌이키지 말지어다** 예수님은 예루살렘 멸망 때 긴급히 도피할 것을 명령하신다. 특히 도망할 때 세상에 미련을 두지 말라고 말씀하신다. 아울러 임신한 여인들과 젖먹이를 둔 산모들은 피난생활이 어렵다는 점을 지적하시고, 계절 또한 겨울이 되지 않게 기도하라고 당부하신다. 실제로 초대 교회의 역사를 쓴 유세비우스는 예루살렘 멸망 때 그리스도인이 요단 건너편 베레아 지방 북쪽의 '펠라'라는 곳으로 도피했다고 전한다.

20 자기가 택하신 자들을 위하여 그날들을 감하셨느니라 하나님은 택함받은 성도들을 위하여 환난의 기간을 줄여주심으로 자비와 긍휼을 보여주신다. 실제 역사에서 예루살렘은 5개월 정도 포위되어 있었다. 마가는 예루살렘 함락과 성전 파괴는 한마디로 로마가 승리한 결과라기보다는, 그리스도를 거절하고 죽인 이스라엘에 대한 심판의 결과로 묘사한다.

21-23 이런 혼란의 시기에 나타나는 특징은 바로 거짓 그리스도와 거짓 선지자들의 출현이다. 그들은 결국 하나님께 선택받은 사람들을 잘못된 길로 인도하려고 한다. 그래서 성전 파괴에 대한 예수님의 교훈(5-23절)은 "주의하라"는 명령으로 시작하여 끝나고 있다.

24-25 마가는 이사야 말씀을 인용하여 예루살렘의 멸망을 상징적으로 묘사한다(사 13:10; 34:4). 이사야의 예언은 각각 바벨론 제국과 에돔을 비롯한 열국을 향한 하나님의 심판을 기술했다는 점에서, 이보다 더 중요한 예루살렘 성전 파괴에 이 구절을 인용하는 것은 결코 놀랄 일이 아니다. 따라서 이 표현을 문자적으로 보기보다는 상징적인 묘사로 보는 것이 적절하다.

26-27 그가 천사들을 보내어 자기가 택하신 자들을 땅끝으로부터 하늘 끝까지 사방에서 모으리라 이 구절은 다니엘 말

쉬운성경

14 멸망케 하는 혐오할 만한 것이 서 있지 않아야 할 곳에 서 있는 것을 보거든 (읽는 사람은 깨달아라) 유대에 있는 사람들은 산으로 도망하여라.

15 지붕 위에 있는 사람은 집에 있는 것을 가지고 나오려고 내려와 들어가지 마라.

16 밭에 있는 사람은 옷을 가지려고 돌아서지 마라.

17 그때에는 임신한 여자들이나 아이에게 젖을 먹이는 여자들에게 화가 있다.

18 이런 일이 겨울에 일어나지 않도록 기도하여라.

19 그때에는 환난이 있을 것인데, 이런 환난은 하나님께서 세상을 만드신 때부터 지금까지 없었던 것이며, 앞으로도 이런 환난은 없을 것이다.

20 주님께서 이날들을 줄여 주시지 않는다면, 어느 생명도 구원받지 못할 것이다. 그러나 하나님께서 선택한 사람들을 위하여 이 날들을 줄이셨다.

21 그때에 어떤 사람이 '여보시오, 그리스도가 여기 계십니다!' 또는 '저기 계십니다!' 하고 말해도 믿지 마라.

22 거짓 그리스도와 거짓 예언자들이 일어나서 증거와 기적을 보여줄 것이다. 그래서 가능하면 선택된 사람들을 잘못된 길로 인도하려고 할 것이다.

23 그러므로 조심하여라. 내가 모든 것을 미리 일러 주었다."

24 "그러나 그때에 환난이 지나가면, '해가 어두워지고, 달이 그 빛을 내지 않을 것이다.

25 별들이 하늘에서 떨어지고, 하늘에 있는 권세들이 흔들릴 것이다.'

26 사람들은 인자가 큰 능력과 영광으로 구름 가운데 오는 것을 볼 것이다.

27 그리고 인자가 천사들을 보내어 땅끝에서 하늘 끝까지, 사방에서 선택된 사람들을 모을 것이다."

씀에 바탕을 둔 표현이다(단 7:13-14). 인자가 오신다는 말은 그분의 재림을 가리키기보다는, 예수 그리스도의 왕권이 시행되는 모습을 상징적으로 표현한 것으로 볼 수 있다. 또 그분의 왕권은 이스라엘과 성전을 향한 심판으로 나타날 뿐 아니라, 그것을 대체할 새로운 하나님의 백성을 온 세상에서 불러 모으는 구원역사로 나타날 것이다(참고. 신 30:4; 시 107:2-3; 사 43:5-6).

저자의 묵상

마가는 예루살렘 성의 함락과 성전 파괴가 로마가 승리한 결과가 아니라 예수 그리스도를 거역하고 죽인 이스라엘을 향한 하나님의 심판의 결과로 묘사한다. 즉, 역사적인 사건 이면에 하나님의 보이지 않는 손이 작용함을 보여준다. 때로는 표면적인 현상이 눈을 뜨고 보기 어려울 만큼 무척이나 참혹하고 괴로워서 하나님의 존재를 부인하려는 사람들도 있다. 그렇지만 그런 환난 중에도 하나님은 선택한 사람들을 위하여 환난의 날을 줄여주시고 심판의 수위를 조절하신다. 아울러 거듭 그리스도인들에게 '주의하라'고 경고하심으로 항상 영적으로 깨어 있기를 당부하신다. 진정한 성도는 이런 환난의 징조가 예수님의 재림 때에도 임할 것을 믿고 항상 깨어 있는 마음으로 하루하루를 살아야 한다. 준비된 성도에게 육신의 구원은 물론, 영혼 구원이 주어진다는 사실을 잊지 말아야 한다.

무릎 기도 하나님, 시대의 징조를 분별할 수 있는 영적인 안목을 주셔서 바른 믿음으로 살게 하소서. 늘 성령의 기름 부으심을 사모하며 주님의 선하시고 온전하신 뜻을 알게 하소서.

ESV - Mark 13

14 "But when you see the abomination of desolation standing where he ought not to be (let the reader understand), then let those who are in Judea flee to the mountains.
15 Let the one who is on the housetop not go down, nor enter his house, to take anything out,
16 and let the one who is in the field not turn back to take his cloak.
17 And alas for women who are pregnant and for those who are nursing infants in those days!
18 Pray that it may not happen in winter.
19 For in those days there will be such tribulation as has not been from the beginning of the creation that God created until now, and never will be.
20 And if the Lord had not cut short the days, no human being would be saved. But for the sake of the elect, whom he chose, he shortened the days.
21 And then if anyone says to you, 'Look, here is the Christ!' or 'Look, there he is!' do not believe it.
22 For false christs and false prophets will arise and perform signs and wonders, to lead astray, if possible, the elect.
23 But be on guard; I have told you all things beforehand.
24 "But in those days, after that tribulation, the sun will be darkened, and the moon will not give its light,
25 and the stars will be falling from heaven, and the powers in the heavens will be shaken.
26 And then they will see the Son of Man coming in clouds with great power and glory.
27 And then he will send out the angels and gather his elect from the four winds, from the ends of the earth to the ends of heaven.

14 abomination 혐오스러운 것 desolation 황폐 ought to do 마땅히 ~해야 한다 flee 도망치다 15 housetop 지붕 17 ala 아아, 슬프다 pregnant 임태한 nurse 젖을 먹다 infant 유아의 19 tribulation 시련, 고난 20 cut short 줄이다, 단축하다 elect 선택된 shorten 단축하다 22 false 거짓의 sign 기적 wonder 경탄할 만한 것, 기적 27 four winds 사방팔방

47 항상 깨어 있어라

월 일

마가복음 13:28-37 • 새찬송 176장 | 통일 163장

• 말씀묵상 전에 성령님의 인도하심을 구하는 기도를 드리십시오.

본문요약 | 예수님은 무화과나무 비유를 통해 성전 파괴가 그 세대에 일어날 것을 예고하신다. 그러나 인자가 재림하는 시기는 오직 성부 하나님만 안다고 강조하신다. 따라서 언제 재림이 있을지 모르기에 항상 깨어 있으라고 제자들과 모든 그리스도인에게 당부하신다.

28 무화과나무의 비유를 배우라 그 가지가
연하여지고 잎사귀를 내면 여름이 가까운
줄 아나니
29 이와 같이 너희가 이런 일이 일어나는 것
을 보거든 [1]인자가 가까이 곧 문 앞에 이
른 줄 알라
30 내가 진실로 너희에게 말하노니 이 세대
가 지나가기 전에 이 일이 다 일어나리라
31 천지는 없어지겠으나 내 말은 없어지지
아니하리라
32 그러나 그날과 그때는 아무도 모르나니
하늘에 있는 천사들도, 아들도 모르고 아
버지만 아시느니라
33 주의하라 깨어 [2]있으라 그때가 언제인지
알지 못함이라
34 가령 사람이 집을 떠나 타국으로 갈 때에
그 종들에게 권한을 주어 각각 사무를 맡
기며 문지기에게 깨어 있으라 명함과 같
으니
35 그러므로 깨어 있으라 집주인이 언제 올
는지 혹 저물 때일는지, 밤중일는지, 닭
울 때일는지, 새벽일는지 너희가 알지 못
함이라
36 그가 홀연히 와서 너희가 자는 것을 보지
않도록 하라
37 깨어 있으라 내가 너희에게 하는 이 말은
모든 사람에게 하는 말이니라 하시니라

1) 또는 때가 2) 어떤 사본에, 있어 기도하라

1. 오늘 하나님께서 나에게 주신 깨달음은 무엇입니까?

2. 말씀을 어떻게 내 삶에 구체적으로 적용해야 합니까?

절별 해설

28-29 무화과나무의 비유를 배우라 그 가지가 연하여지고 잎사귀를 내면 여름이 가까운 줄 아나니 무화과나무는 4-5월경부터 잎을 내기 시작하여 여름이 되면 잎이 만발한다.
너희가 이런 일이 일어나는 것을 보거든 인자가 가까이 곧 문 앞에 이른 줄 알라 여기서 "이런 일"은 14-23절에 묘사된 현상을 가리킨다. 무화과나무 잎이 나오는 것이 여름의 징조가 되듯, 이런 현상을 보면 성전 파괴가 임박했음을 알아야 한다.

30 이 세대가 지나가기 전에 이 일이 다 일어나리라 "세대"(*헬.* 게네아)는 문자적으로 '동시대 사람들'을 가리킨다. 따라서 이 말씀은 앞에서 언급된 모든 사건이 예수님과 동시대 사람들의 세대가 지나가기 전에 일어날 것이라는 뜻이다. 그러므로 이 모든 일은 예수님의 재림 징조라기보다는 성전 파괴의 징조로 이해할 수 있다. 실제로 주후 70년에 그 예언이 정확하게 성취된다. 예수님께 이 예언을 들은 그 세대에 속한 많은 사람이 그 사건을 분명히 목격했을 것이다.

31 천지는 없어지겠으나 내 말은 없어지지 아니하리라 설령 천지가 없어지는 일이 일어나더라도 예수님의 말씀이 없어지는 일은 없을 것이라는 뜻으로, 예수님 말씀의 진실성을 강조한다.

32 그날과 그때는 아무도 모르나니 하늘에 있는 천사들도, 아들도 모르고 아버지만 아시느니라 헬라어 원문은 '그러나 ~에 대해서는'(*헬.* 페리 데)이라는 어구로 시작하는데, 이것은 주로 주제를 전환할 때 사용된다. 따라서 성전 파괴의 모든 논의는 31절에서 마무리되고, 이제 본 절에서는 새로운 주제인 "그날과 그때", 즉 인자의 재림 시기에 대한 논의가 시작된다. 특히 재림은 예수님 자신도 아는 바가 없고 오직 성부 하나님만이 안다고 강조하신다.

34-36 '여행을 떠난 집주인의 비유'는 예수님 재림의 성격과 시기를 비유적으로 잘 표현한다. 여기서 "집주인"은 인자이신 예수님을 가리키고, "종들"과 "문지기"는 제자들을 비롯한 그리스도인들을 가리킨다. 그리고 주인이 돌아오는 시점이 준비가 힘든 "밤중"이나 "닭 울 때"가 될 수도 있기 때문에, 졸거나 자지 않게 늘 깨어 있으라고 경고한다.

37 깨어 있으라 내가 너희에게 하는 이 말은 모든 사람에게 하는 말이니라 성전 파괴에 관한 징조는 미리 주어졌지만, 재림에 대해서는 아무런 징조도 주어지지 않기 때문에 항상 깨어 있어야 한다. 특히 이 경고는 제자들뿐 아니라 모두에게 주어졌다는 점에서 오늘날 우리 그리스도인들에게도 동일하게 해당된다.

쉬운성경

28 "무화과나무로부터 교훈을 배워라. 가지가 부드러워지고 새 잎을 내면 여름이 가까운 줄 안다.

29 이처럼 이런 일들이 일어나는 것을 보면, 인자가 바로 문 앞에 가까이 온 줄 알아라.

30 내가 너희에게 진정으로 말한다. 이 세대가 지나가기 전에 이 모든 일들이 일어날 것이다.

31 하늘과 땅은 없어질 것이나, 내 말은 없어지지 않을 것이다."

32 "그날과 그때는 아무도 모른다. 하늘에 있는 천사도 모르고, 아들도 모르고, 오직 아버지만이 아신다.

33 주의하여라! 항상 경계하여라! 그것은 그때가 언제인지 알지 못하기 때문이다.

34 마치 여행을 떠나는 어떤 사람과 같다. 그는 집을 떠나면서, 자기 종들에게 집을 돌보라고 맡겼다. 각각 임무를 주었는데, 문지기에게는 집을 잘 지키라고 명령했다.

35 그러므로 깨어 있어라. 집주인이 언제 돌아올지, 저녁에 혹은 밤중에 혹은 새벽 닭이 울 때 혹은 아침 무렵에 올지 모르기 때문이다.

36 그가 갑자기 돌아와서, 너희가 자고 있는 것을 보지 않게 하라.

37 내가 너희에게 말하는 것은 모두에게 하는 말이다. '항상 깨어 있어라!' "

저자의 묵상

예수님은 성전 파괴의 징조를 말씀하신 후 그 일들이 예수님과 동시대를 사는 사람들의 시대에 일어날 것이라고 예고하신다. 그리고 그 예고대로 주후 70년 성전 파괴의 참극이 일어난다. 이로써 예수님이 진정한 메시아임이 증명된다. 그러나 예수님은 재림 시기에 대해서만큼은 아무런 징조도 없을뿐더러 오직 성부 하나님만이 안다고 강조하신다. 그런데 지금까지 수많은 이단과 거짓 선지자들이 그날과 그때를 예언하며 교묘하고 거짓된 말로 사람들을 속여 왔다. 그리고 많은 사람이 그 말에 속아 큰 낭패를 겪기도 했다. 따라서 우리는 예수님의 거듭된 경고에 귀 기울여야 한다. 여행을 떠난 집주인이 예고 없이 돌아오듯, 예수님의 재림도 언제 있을지 알 수 없다. 따라서 항상 깨어 있으리라는 그분의 경고에 따라 영적 각성과 더불어 항상 준비된 그리스도인의 삶을 살아야 한다.

무릎 기도 하나님, 항상 깨어 있는 성도가 되어 주님의 재림을 준비하며 살아가게 하소서. 주님께 잘했다 칭찬받는 진정한 그리스도인이 될 수 있게 매 순간 구원을 이루는 삶 살게 하소서.

ESV - Mark 13

28 "From the fig tree learn its lesson: as soon as its branch becomes tender and puts out its leaves, you know that summer is near.
29 So also, when you see these things taking place, you know that he is near, at the very gates.
30 Truly, I say to you, this generation will not pass away until all these things take place.
31 Heaven and earth will pass away, but my words will not pass away.
32 "But concerning that day or that hour, no one knows, not even the angels in heaven, nor the Son, but only the Father.
33 Be on guard, keep awake.* For you do not know when the time will come.
34 It is like a man going on a journey, when he leaves home and puts his servants* in charge, each with his work, and commands the doorkeeper to stay awake.
35 Therefore stay awake¶"for you do not know when the master of the house will come, in the evening, or at midnight, or when the rooster crows,* or in the morning—
36 lest he come suddenly and find you asleep.
37 And what I say to you I say to all: Stay awake."

* 13:33 Some manuscripts add *and pray*
* 13:34 or *bondservants*
* 13:35 That is, the third watch of the night, between midnight and 3 A.M.

28 fig tree 무화과나무 lesson 교훈 tender 부드러운, 가냘픈 put out (새잎·싹 등이) 돋아나다 29 take place 발생하다 30 pass away 사라지다, 없어지다 32 concerning ~에 관하여 33 be on guard 경계하다 keep awake 일어나 있다 34 charge 책임 doorkeeper 문지기 stay awake 자지 않고 깨어 있다 35 rooster 수탉 crow (수탉이) 울다 36 lest ~하지 않도록

48 향유를 부은 여인

월 일

마가복음 14:1-11 • 새찬송 211장 | 통일 346장

• 말씀묵상 전에 성령님의 인도하심을 구하는 기도를 드리십시오.

본문요약 I 예수님이 베다니 시몬의 집에 계실 때 한 여인이 귀한 나드 향유를 그분의 머리에 붓는다. 이를 본 사람들이 여인을 비난하자, 예수님은 그 여인이 자신의 죽음을 준비하는 좋은 일을 했다며 칭찬하신다. 이 사건 후에 가룟 유다는 예수님을 배신하기로 결심하고 대제사장들을 찾아간다.

1 이틀이 지나면 유월절과 무교절이라 대제사장들과 서기관들이 예수를 흉계로 잡아 죽일 방도를 구하며

2 이르되 민란이 날까 하노니 명절에는 하지 말자 하더라

3 예수께서 베다니 나병환자 시몬의 집에서 [1]식사하실 때에 한 여자가 매우 값진 향유 곧 순전한 나드 한 옥합을 가지고 와서 그 옥합을 깨뜨려 예수의 머리에 부으니

4 어떤 사람들이 화를 내어 서로 말하되 어찌하여 이 향유를 허비하는가

5 이 향유를 삼백 [2]데나리온 이상에 팔아 가난한 자들에게 줄 수 있었겠도다 하며 그 여자를 책망하는지라

6 예수께서 이르시되 가만 두라 너희가 어찌하여 그를 괴롭게 하느냐 그가 내게 좋은 일을 하였느니라

7 가난한 자들은 항상 너희와 함께 있으니 아무 때라도 원하는 대로 도울 수 있거니와 나는 너희와 항상 함께 있지 아니하리라

8 그는 힘을 다하여 내 몸에 향유를 부어 내 장례를 미리 준비하였느니라

9 내가 진실로 너희에게 이르노니 온 천하에 어디서든지 복음이 전파되는 곳에는 이 여자가 행한 일도 말하여 그를 기억하리라 하시니라

10 열둘 중의 하나인 가룟 유다가 예수를 넘겨 주려고 대제사장들에게 가매

1) 2:15 난하주를 보라 2) 은전의 명칭

11 그들이 듣고 기뻐하여 돈을 주기로 약속하니 유다가 예수를 어떻게 넘겨 줄까 하고 그 기회를 찾더라

1. 오늘 하나님께서 나에게 주신 깨달음은 무엇입니까?

2. 말씀을 어떻게 내 삶에 구체적으로 적용해야 합니까?

절별 해설

1-2 대제사장들과 서기관들이 예수를 흉계로 잡아 죽일 방도를 구하며 당시 최고 종교지도자인 대제사장들과 서기관들은 예수님이 성전을 강도의 소굴로 만들었다고 지적하자(11-12장), 회개하기는커녕 자신들의 권력을 이용해 예수님을 죽이고 자신들의 죄를 덮으려 한다. 그리고 그들은 자신들의 죄보다 민심을 더 두려워한다.

3 한 여자가 매우 값진 향유 곧 순전한 나드 한 옥합을 가지고 와서 그 옥합을 깨뜨려 예수의 머리에 부으니 무명의 한 여자는 아마도 예수님이 하나님의 아들 그리스도이심을 믿었기에 매우 값진 향유를 그분의 머리에 부었을 것이다. 그 행동은 예수님을 가장 사랑하고 존경하는 마음의 표현이었다. '나드'는 인도에서 수입하는 극상품 향유로서 대개 죽은 자를 위해 사용한다. 이 여인은 그 향유가 자기 같은 죄인이 바르기보다는 예수 그리스도께 더 합당하다고 생각했던 것 같다.

4-5 일부 사람들은 향유의 가격을 운운하며 그녀의 행동을 낭비로 간주했다. 1데나리온이 당시 노동자의 하루 품삯이었으므로, 300데나리온은 거의 1년 연봉에 해당하는 큰 돈이었다. 이 돈이면 가난한 자들을 구제할 수 있었을 것이라는 그들의 주장도 일리가 있다. 그런 이유로 그들은 그녀를 호되게 책망한다. 요한복음에 따르면, 가룟 유다의 경우는 그 돈에 대한 욕심 때문에 그렇게 책망했다고 묘사한다(요 12:6). 어쩌면 일부 사람들은 불순한 동기로 그런 책망을 했을 거라는 인상을 지우기 어렵다.

6-8 그가 내게 좋은 일을 하였느니라, 그는 힘을 다하여 내 몸에 향유를 부어 내 장례를 미리 준비하였느니라 반면 예수님은 그녀의 행동을 "좋은 일"로 여기셨다. 그녀의 행동이 예수님의 장례를 준비하는 일이었기 때문이다. 따라서 그녀의 행동은 돈이 많다고 할 수 있는 행동이 아니었다. 예수님을 진심으로 사랑하며, 그분께 가장 귀한 것을 드리고자 하는 마음이 있을 때 가능한 행동이다. 그 여인은 단순히 귀한 향유를 예수님의 머리에 부었지만, 예수님은 그 행동에 자신의 장례를 준비하는 것이라는 의미를 부여하셨다.

9 복음이 전파되는 곳에는 이 여자가 행한 일도 말하여 그를 기억하리라 이 구절에서 여인의 행동을 향한 예수님의 칭찬이 절정을 이룬다. 예수님은 복음이 온 세상에 전파될 것을 아시고, 그때 이 여인의 헌신도 함께 전파될 것이라고 예고하신다. 그리고 실제로 이 말씀은 지금까지도 예수님의 죽으심을 준비한 헌신의 사례로 손꼽힌다.

쉬운성경

1 유월절과 무교절이 되기 이틀 전이었습니다. 대제사장들과 율법학자들이 흉계를 꾸며, 예수님을 아무도 모르게 잡아서 죽이려고 하였습니다.

2 이들이 말했습니다. "명절 동안에는 안 돼. 사람들이 소동을 일으킬 수 있어."

3 예수님께서 베다니 마을에 있는, 문둥병에 걸렸던 시몬의 집에서 음식을 드시고 계셨습니다. 한 여자가 매우 비싼 나드 향유 한 병을 가지고 왔습니다. 그리고 병을 열고 향유를 예수님의 머리에 부었습니다.

4 그러자 몇몇 사람이 화를 내면서 서로 말했습니다. "어째서 향유를 낭비하는 거지?

5 이 향유는 삼백 데나리온에 팔 수 있고, 그 돈으로 가난한 사람들을 도울 수도 있었을 텐데." 그리고 여자를 호되게 나무랐습니다.

6 예수님께서 말씀하셨습니다. "가만두어라. 어째서 여자를 괴롭히느냐? 그는 내게 좋은 일을 했다.

7 가난한 사람들은 항상 너희와 함께 있으므로 원하면 언제든지 좋은 일을 할 수 있다. 그러나 나는 항상 너희와 함께 있는 것이 아니다.

8 여자는 자기가 할 수 있는 일을 했다. 죽기 전에 내 장례를 위해 내 몸에 향유를 부어 준 것이다.

9 내가 너희에게 진정으로 말한다. 복음이 온 세상에 전해질 때, 이 여인이 한 일도 알려져서 사람들이 기억하게 될 것이다."

10 열두 제자 가운데 한 사람인 가룟 유다가 예수님을 넘겨 주려고 대제사장들에게 갔습니다.

11 대제사장들은 이 말을 듣고 기뻐했습니다. 그리고 유다에게 돈을 주기로 약속했습니다. 그래서 유다는 예수님을 넘겨 줄 좋은 기회를 엿보기 시작했습니다.

10-11 열둘 중의 하나인 가룟 유다가 예수를 넘겨 주려고 대제사장들에게 가매 한 여인은 자신의 전 재산과 다름없는 귀한 향유를 예수님께 부어드렸으나, 그분의 제자인 가룟 유다는 자기 발로 대제사장들을 찾아가 돈을 받고 예수님을 넘겨주기로 약속한다. 유다의 배신은 비단 돈 때문만이 아니라, 자신이 기대했던 메시아상과 예수 그리스도의 모습이 너무나 다른 것을 보며 극심한 실망감에 빠져 저지른 일인지도 모른다.

저자의 묵상

무명의 한 여인이 예수님께 향유를 부어 그분이 그리스도 메시아임을 고백하고 선포한 후에, 예수님의 열두 제자 중 하나인 가룟 유다가 그분을 배신하고 대제사장들에게 넘기기로 약속한 후 돈을 받는다. 한 여인은 돈을 포기하고 예수님을 메시아로 고백한 반면, 예수님의 제자인 한 남자는 돈을 받고 스승을 배신하는 일을 저지른다. 이런 대조적인 두 사람의 모습을 통해 헌신과 배신의 양극단을 본다. 여인의 경우처럼 때로는 자기의 헌신이 다른 사람들에게 비난을 받거나 오해를 불러일으킬 수도 있다. 그러나 예수님만은 그 마음을 정확히 아신다. 반면 남들 앞에서는 헌신하는 척하면서 뒤로는 배신을 일삼는 이들도 있을 수 있다. 예수님의 이름을 팔아 자신의 유익을 구하는 자들이 바로 그런 사람들이다. 오늘도 헌신과 배신의 두 갈래 길에서 우리는 진정한 헌신으로 나아가는 바른 선택을 해야 할 것이다.

무릎기도 하나님, 입으로는 주여 주여 하면서 배신하는 자가 되지 않고 참된 헌신을 하게 하소서. 이 땅의 것들이 아닌 영원한 하나님나라를 바라보는 자가 되게 하소서.

ESV - Mark 14

1 It was now two days before the Passover and the Feast of Unleavened Bread. And the chief priests and the scribes were seeking how to arrest him by stealth and kill him,
2 for they said, "Not during the feast, lest there be an uproar from the people."
3 And while he was at Bethany in the house of Simon the leper,* as he was reclining at table, a woman came with an alabaster flask of ointment of pure nard, very costly, and she broke the flask and poured it over his head.
4 There were some who said to themselves indignantly, "Why was the ointment wasted like that?
5 For this ointment could have been sold for more than three hundred denarii* and given to the poor." And they scolded her.
6 But Jesus said, "Leave her alone. Why do you trouble her? She has done a beautiful thing to me.
7 For you always have the poor with you, and whenever you want, you can do good for them. But you will not always have me.
8 She has done what she could; she has anointed my body beforehand for burial.
9 And truly, I say to you, wherever the gospel is proclaimed in the whole world, what she has done will be told in memory of her."
10 Then Judas Iscariot, who was one of the twelve, went to the chief priests in order to betray him to them.
11 And when they heard it, they were glad and promised to give him money. And he sought an opportunity to betray him.

* 14:3 *Leprosy* was a term for several skin diseases; see Leviticus 13
* 14:5 A *denarius* was a day's wage for a laborer

1 Passover 유월절 Feast of Unleavened Bread 무교절 stealth 은밀, 비밀 2 uproar 소동, 소란 3 leper 나병환자 recline 기대다 alabaster flask 설화 석고로 만든 병 ointment 연고 nard 고대의 연고 원료, 히말라야 산 방향 식물 costly 값비싼 pour 쏟다, 붓다 4 indignantly 분개하여 waste 낭비하다 5 scold 꾸짖다 6 leave ~ alone ~을 내버려두다 8 anoint 기름을 바르다 beforehand 미리 burial 장례 9 in memory of ~ ~를 기념하여 10 in order to ~ ~하려고 betray 배반하다

☐ 묵상 체크

49 최후의 만찬

월 일

마가복음 14:12-21 • 새찬송 290장 | 통일 412장

• 말씀묵상 전에 성령님의 인도하심을 구하는 기도를 드리십시오.

본문요약 | 예수님은 유월절을 맞아 제자들과 함께 유월절 만찬을 준비하신다. 제자들을 보내어 미리 정해 놓은 장소를 찾게 하시고, 그날 밤 그들과 최후의 만찬을 나누신다. 거기서 예수님은 그들 가운데 하나가 자신을 배신할 것과, 그 일이 이미 성경에 예언되었음을 밝히신다.

12 무교절의 첫날 곧 유월절 양 잡는 날에 제
자들이 예수께 여짜오되 우리가 어디로
가서 선생님께서 유월절 음식을 잡수시게
준비하기를 원하시나이까 하매
13 예수께서 제자 중의 둘을 보내시며 이르
시되 성내로 들어가라 그리하면 물 한 동
이를 가지고 가는 사람을 만나리니 그를
따라가서
14 어디든지 그가 들어가는 그 집주인에게
이르되 선생님의 말씀이 내가 내 제자들
과 함께 유월절 음식을 먹을 나의 객실이
어디 있느냐 하시더라 하라
15 그리하면 자리를 펴고 준비한 큰 다락방
을 보이리니 거기서 우리를 위하여 준비
하라 하시니
16 제자들이 나가 성내로 들어가서 예수께서
하시던 말씀대로 만나 유월절 음식을 준
비하니라
17 저물매 그 열둘을 데리시고 가서
18 다 [1]앉아 먹을 때에 예수께서 이르시되 내
가 진실로 너희에게 이르노니 너희 중의
한 사람 곧 나와 함께 먹는 자가 나를 팔
리라 하신대
19 그들이 근심하며 하나씩 하나씩 나는 아
니지요 하고 말하기 시작하니
20 그들에게 이르시되 열둘 중의 하나 곧 나
와 함께 그릇에 손을 넣는 자니라
21 인자는 자기에 대하여 기록된 대로 가거
니와 인자를 파는 그 사람에게는 화가 있
으리로다 그 사람은 차라리 나지 아니하
였더라면 자기에게 좋을 뻔하였느니라 하
시니라

1) 2:15 난하주를 보라

1. 오늘 하나님께서 나에게 주신 깨달음은 무엇입니까?

2. 말씀을 어떻게 내 삶에 구체적으로 적용해야 합니까?

절별 해설

12 무교절의 첫날 곧 유월절 양 잡는 날에 제자들이 예수께 여짜오되 일반적으로 유대인들은 저녁 일몰부터 다음날 일몰 전까지를 하루로 친다. 따라서 유월절은 니산월 14일 낮에 유월절 양을 잡으면서 시작되어 해가 진 뒤, 즉 니산월 15일 저녁에 유월절 식사와 더불어 끝이 나고, 이어서 21일까지 7일 동안을 무교절로 지낸다. 그래서 유월절과 무교절을 연결된 하나의 축제로 보기도 한다. 따라서 유월절 양을 잡는 날로 설명된 무교절의 첫 번째 날은 니산월 14일이다.

우리가 어디로 가서 선생님께서 유월절 음식을 잡수시게 준비하기를 원하시나이까 제자들의 질문은 이튿날, 즉 니산월 15일 저녁에 있게 될 정식 유월절 식사를 염두에 둔 것으로 보인다. 예루살렘에서 유월절 식사를 정식으로 준비하는 일은 쉽지 않기 때문에 제자들은 상당한 시간이 걸릴 것으로 예상하여 그런 질문을 하였다.

13-15 예수님은 유월절 만찬이 다음날 저녁이 아닌 당일 저녁에 있을 것을 전제하고 준비를 지시하신다. 특히 식사할 장소를 구하는 과정은 예루살렘에 입성하기 위해 나귀를 준비하던 과정과 유사하다. 두 명의 제자를 보내시고, 성에 들어가 물동이를 든 사람을 따라가서 그 집주인에게 방이 어디냐고 물으면, 다락방을 보여줄 것이라고 말씀하신다. 예수님은 주도적으로 유월절 만찬을 준비하시고, 나아가 자신이 친히 유월절 어린양이 되어 십자가에 죽을 것을 내다보셨다. 그리고 그 모든 과정을 통해 하나님의 구원 계획을 차질 없이 진행해 나가셨다.

18 너희 중의 한 사람 곧 나와 함께 먹는 자가 나를 팔리라 유월절 만찬이 무르익어갈 무렵 예수님은 폭탄 같은 선언을 하신다. 가족처럼 여기며 함께 식사를 나누는 사람들 가운데 하나가 자신을 배신할 것이라는 말씀이다. 시편 41편 9절을 염두에 두신 이 선언은 "내가 진실로 너희에게 이르노니"라는 표현에서 보듯 매우 확실한 사실이었다.

19-20 그들이 근심하며 하나씩 하나씩 나는 아니지요 하고 말하기 시작하니 그들에게 이르시되 열둘 중의 하나 곧 나와 함께 그릇에 손을 넣는 자니라 제자들은 각자 자신을 의심하면서 "나는 아니지요"(*헬.* 메티 에고)라는 부정적 반응을 보였고, 예수님은 "나와 함께 그릇에 손을 넣는 자니라"고 말씀하심으로 자신을 배신할 자가 식사 자리에 함께 있음을 나타내신다. 요한복음에 따르면, 예수님이 떡 한 조각을 적셔서 가룟 유다에게 주셨다고 한다(요 13:26-30). 예수님의 이런 공개적인 행동에도 불구하고 제자들은 가룟 유다의 배신을 확신하지 못한 듯하다.

쉬운성경

12 무교절의 첫 번째 날, 즉 유월절 양을 잡는 날에 제자들이 예수님께 여쭈었습니다. "유월절 음식을 어디에 가서 준비할까요?"

13 예수님께서 제자들 가운데서 두 명을 보내시면서 말씀하셨습니다. "성으로 들어가거라. 물병을 든 사람을 만나면 그를 따라가거라.

14 그가 들어가는 집의 주인에게 '선생님께서 제자들과 함께 유월절 음식을 먹을 수 있는 방이 어디냐고 물으십니다'라고 하여라.

15 그러면 집주인이 너희에게 준비된 커다란 다락방을 보여줄 것이다. 그곳에서 음식을 준비하여라."

16 제자들이 떠나서 성으로 들어갔습니다. 예수님께서 말씀하신 그대로였습니다. 그래서 유월절을 준비했습니다.

17 저녁이 되자 예수님께서 열두 제자들과 함께 그 집으로 가셨습니다.

18 식사를 하는 동안 예수님께서 말씀하셨습니다. "내가 너희에게 진정으로 말한다. 나와 함께 음식을 먹고 있는 너희 가운데 한 사람이 나를 배반할 것이다."

19 제자들이 근심하면서 한 사람씩 예수님께 말했습니다. "설마 제가 그 사람입니까?"

20 예수님께서 대답하셨습니다. "열두 제자 가운데 한 사람이며, 나와 함께 그릇에 손을 넣는 사람이다.

21 인자는 성경에 기록된 대로 죽지만, 인자를 넘겨 주는 사람에게는 화가 있다. 그 사람은 차라리 태어나지 않았더라면, 자신에게 더 좋았을 것이다."

21 인자는 자기에 대하여 기록된 대로 가거니와 인자를 파는 그 사람에게는 화가 있으리로다 예수님은 자신의 죽음이 제자의 배신에서 비롯된 결과가 아니라, 이미 성경의 예언에 따라 하나님의 뜻 가운데 이루어지는 결과임을 분명하게 밝히신다. 그러나 그 뜻을 이루는데 필요한 역할을 한 배신자의 행동 역시 변명의 여지 없이 화를 입게 될 것이라고 말씀하신다. 아마도 가룟 유다는 예수님의 선언 후 곧 모임에서 이탈하여 예수님을 체포할 음모를 꾸몄을 것이다.

저자의 묵상

예수님의 생전 마지막 주간이 유월절과 연결되어 있다는 사실은 특별한 의미를 갖는다. 본래 유월절은 이스라엘이 애굽에서 탈출할 때 열 번째 재앙을 면하기 위해 어린양을 잡아 그 피를 문지방과 문설주에 발랐던 구원 의식에서 유래된 축제다. 따라서 유월절의 구원은 어린양의 희생을 바탕으로 한다. 예수님의 유월절 만찬은 바로 자신이 어린양으로서 십자가에 달려 죽게 될 것을 미리 내다보고 준비하신 의식이었다. 비록 표면적으로는 가룟 유다의 배신으로 그 일이 벌어진 것처럼 보이지만, 예수님은 인자가 "자기에 대하여 기록된 대로" 죽는다고 선언하심으로, 자신의 죽음이 하나님의 구원 계획의 일환임을 분명히 밝히셨다. 그리고 그 희생을 통해 온 인류를 구원하는 역사가 일어날 것을 내다보고 의연하게 그 사명을 받아들이셨다. 결코 사명을 회피하지 않는 주님의 모습은 우리의 귀감이 되고도 남는다.

무릎 기도 하나님, 예수님이 유월절 어린양으로서 우리를 위해 희생하시어 영원한 구원을 얻게 하시니 감사합니다. 받은 구원의 은혜에 합당히 반응하는 자가 되게 하소서.

ESV - Mark 14

12 And on the first day of Unleavened Bread,
when they sacrificed the Passover lamb, his
disciples said to him, "Where will you have
us go and prepare for you to eat the Pass-
over?"
13 And he sent two of his disciples and said to
them, "Go into the city, and a man carrying a
jar of water will meet you. Follow him,
14 and wherever he enters, say to the master of
the house, 'The Teacher says, Where is my
guest room, where I may eat the Passover
with my disciples?'
15 And he will show you a large upper room
furnished and ready; there prepare for us."
16 And the disciples set out and went to the city
and found it just as he had told them, and
they prepared the Passover.
17 And when it was evening, he came with the
twelve.
18 And as they were reclining at table and
eating, Jesus said, "Truly, I say to you, one of
you will betray me, one who is eating with
me."
19 They began to be sorrowful and to say to him
one after another, "Is it I?"
20 He said to them, "It is one of the twelve, one
who is dipping bread into the dish with me.
21 For the Son of Man goes as it is written of
him, but woe to that man by whom the Son of
Man is betrayed! It would have been better
for that man if he had not been born."

12 sacrifice 제물로 바치다 lamb 어린 양 prepare 준비하다 13 jar 단지, 항아리 15 upper room 윗방, 다락방 furnished 가구가 비치된 16 set out 착수하다, 나서다 19 sorrowful 수심을 띤 one after another 차례로 20 dip into ~ ~에 손을 집어넣다 dish 접시, 식기 21 woe to ~ ~에게 화가 미칠진저

50 성만찬의 제정과 베드로의 부인 예고

월 일

마가복음 14:22-31 • 새찬송 232장 | 통일 282장

• 말씀묵상 전에 성령님의 인도하심을 구하는 기도를 드리십시오.

본문요약 | 예수님은 떡과 포도주를 취하여 자신의 몸과 피라고 선언하신 후 제자들과 함께 나누심으로 성만찬 의식을 제정하신다. 이를 통해 자신의 죽음이 인류를 위한 대속의 죽음이며, 새 언약이 맺어질 것을 선언하신다. 아울러 제자들이 예수님을 배신하고 떠날 것도 예고하신다.

22 그들이 먹을 때에 예수께서 떡을 가지사
축복하시고 떼어 제자들에게 주시며 이르
시되 받으라 이것은 내 몸이니라 하시고
23 또 잔을 가지사 감사 기도 하시고 그들에
게 주시니 다 이를 마시매
24 이르시되 이것은 많은 사람을 위하여 흘
리는 나의 피 곧 언약의 피니라
25 진실로 너희에게 이르노니 내가 포도나무
에서 난 것을 하나님 나라에서 새 것으로
마시는 날까지 다시 마시지 아니하리라
하시니라
26 이에 그들이 찬미하고 감람산으로 가니라
27 예수께서 제자들에게 이르시되 너희가 다
[1]나를 버리리라 이는 기록된 바 [ㄱ]내가 목
자를 치리니 양들이 흩어지리라 하였음이
니라
28 그러나 내가 살아난 후에 너희보다 먼저
갈릴리로 가리라
29 베드로가 여짜오되 다 [2]버릴지라도 나는
그리하지 않겠나이다
30 예수께서 이르시되 내가 진실로 네게 이
르노니 오늘 이 밤 닭이 두 번 울기 전에
네가 세 번 나를 부인하리라
31 베드로가 힘있게 말하되 내가 주와 함께
죽을지언정 주를 부인하지 않겠나이다 하
고 모든 제자도 이와 같이 말하니라

1) 또는 나로 말미암아 실족하리라 2) 헬, 실족할지라도
ㄱ. 슥 13:7

1. 오늘 하나님께서 나에게 주신 깨달음은 무엇입니까?

2. 말씀을 어떻게 내 삶에 구체적으로 적용해야 합니까?

절별 해설

22 예수께서 떡을 가지사 축복하시고 떼어 제자들에게 주시며 이르시되 받으라 이것은 내 몸이니라 예수님이 떡을 자신의 몸이라고 말씀하신 것은 그분이 우리에게 참된 생명의 양식이 됨을 의미한다. 또 이스라엘 백성이 유월절 음식을 먹음으로 출애굽의 의미를 되새기고 구원의 결과를 누렸듯이, 제자들 그리고 나아가 이 성찬식을 거행하는 모든 그리스도인이 떡을 먹음으로써 예수님의 구속적 죽으심을 되새기고 그 효력을 누려야 한다.

23-24 또 잔을 가지사 감사 기도 하시고 그들에게 주시니 다 이를 마시매 이르시되 이것은 많은 사람을 위하여 흘리는 나의 피 곧 언약의 피니라 잔에 대한 예수님의 설명은 구약의 여러 본문과 깊이 연결되어 있다. 먼저 "많은 사람을 위하여 흘리는 나의 피"는 이사야 53장 12절을 배경으로 하며, 예수님의 죽으심에 대속의 의미가 있음을 보여준다. 즉, 많은 사람의 죄를 사하기 위해 대신 담당하는 대속의 제물로서 당하는 죽음이라는 뜻이다. 또 "언약"과 "언약의 피"는 예레미야 말씀을 비롯하여 출애굽기, 스가랴 등과 관련이 있다(출 24:8; 렘 31:31-34; 슥 9:11). 이 구절은 예수님의 죽으심이 하나님과 맺는 새 언약을 통해 새로운 이스라엘 백성을 세우기 위한 죽음이라는 사실을 보여준다. 종합하면, 예수님의 죽으심은 새로운 이스라엘 백성을 세우기 위한 대속의 희생이며, 그 희생을 통해 새 언약이 수립된다는 뜻이다.

25 내가 포도나무에서 난 것을 하나님 나라에서 새 것으로 마시는 날까지 다시 마시지 아니하리라 이 말씀은 제자들과의 만찬이 지상에서 마지막 만찬이라는 뜻일 뿐 아니라, 장차 도래할 하나님 나라에서 새로운 만찬을 열고 새로운 잔을 마시겠다는 결연한 의지적 표현으로 볼 수 있다.

27-28 너희가 다 나를 버리리라 이는 기록된 바 내가 목자를 치리니 양들이 흩어지리라 하였음이니라 그러나 내가 살아난 후에 너희보다 먼저 갈릴리로 가리라 스가랴 13장 7절을 인용하여 제자들이 모두 자신을 버리고 흩어질 것을 예고하신다. 그러나 부활 후에 그들보다 먼저 갈릴리로 갈 것이라고 예언하신다. 예수님이 갈릴리에서 제자들을 처음 부르셨고 거기서 사역이 시작되었다는 점에서, 예수님은 다시 그곳에서 그들의 사명감을 새롭게 불러일으키고 자신의 사역을 마무리하길 원하셨다.

29-31 오늘 이 밤 닭이 두 번 울기 전에 네가 세 번 나를 부인하리라 베드로는 진심으로 주님을 버리지 않겠다고 고백한다. 베드로의 고백은 진심이었지만, 자신의 연약함을 알

쉬운성경

22 식사를 하는 동안, 예수님께서는 빵을 들고 감사 기도를 드리셨습니다. 그리고 떼어서 제자들에게 주시며 말씀하셨습니다. "받아라. 이것은 나의 몸이다."

23 또 잔을 들고 감사 기도를 드리셨습니다. 그리고 제자들에게 잔을 주어, 제자들이 마셨습니다.

24 예수님께서 말씀하셨습니다. "이것은 많은 사람들을 위해 쏟는 나의 피, 곧 언약의 피다.

25 내가 진정으로 너희에게 말한다. 내가 하나님 나라에서 새 것으로 마실 그날이 올 때까지는 결코 다시 포도나무에서 난 것을 마시지 않을 것이다."

26 예수님과 제자들은 찬송을 부른 뒤, 올리브 산으로 올라갔습니다.

27 예수님께서 제자들에게 말씀하셨습니다. "너희는 모두 나를 버릴 것이다. 성경에 이렇게 쓰여 있다. '내가 목자를 치리니, 양들은 흩어질 것이다.'

28 그러나 내가 살아난 후 너희보다 먼저 갈릴리로 갈 것이다."

29 베드로가 말했습니다. "모두가 버릴지라도 저는 그렇지 않을 것입니다."

30 예수님께서 대답하셨습니다. "내가 너에게 진정으로 말한다. 오늘 밤 닭이 두 번 울기 전에, 네가 나를 모른다고 세 번 말할 것이다."

31 베드로는 강조하여 말했습니다. "주님과 함께 죽을지언정 결코 모른다고 하지 않을 것입니다!" 다른 모든 제자들도 같은 말을 했습니다.

지 못했다. 그러나 예수님은 베드로의 연약함을 꿰뚫어보시고 베드로가 자신을 세 번 부인할 것을 예고하신다. 그러자 베드로는 더욱 강하게 주님과 함께 죽을지언정 부인하지 않겠다고 대답하고, 다른 제자들도 거기에 동조한다. 이런 확고한 대답에도 불구하고 결국 제자들은 모두 도망갔고, 베드로는 예수님을 세 번 부인한다. 그들에게 필요한 것은 자신감이 아니라, 자기를 부인하고 주님을 더욱 철저히 의지하는 태도였다.

저자의 묵상

최후의 만찬의 절정은 바로 성만찬 의식의 제정이다. 예수님은 떡을 자신의 몸으로, 포도주를 자신의 피로 표현하시면서 그 몸과 피를 먹으라고 권하셨다. 이것은 단순한 음식의 차원을 넘어 예수님의 죽으심이 갖는 깊은 구원의 의미를 우리에게 보여준다. 예수님은 우리의 영원한 생명 양식이며, 그분의 죽으심은 많은 사람을 대신하는 대속의 죽으심이다. 또 하나님과 이 성만찬에 참여하는 사람들 사이에 새로운 언약이 맺어지고, 이것을 통해 새로운 이스라엘 백성이 세워진다. 이제 새로운 이스라엘 백성에게 요구되는 태도는 자신을 의지하는 교만함을 내려놓고 철저히 주님을 의지하는 태도다. 베드로를 비롯한 제자들은 아직 그 의미를 깨닫지 못한 채 예수님을 결코 부인하지도 않고 떠나지도 않겠다고 장담하지만, 결과는 그 반대였다. 오늘 우리도 자기를 부인하고 예수님을 철저히 의지해야 한다.

무릎 기도 | 하나님, 예수님이 우리를 위해 십자가에서 피 흘리신 대속의 은혜를 베풀어주시니 감사합니다. 우리가 늘 십자가의 보혈을 의지하며 참된 신자로 살게 하소서.

ESV - Mark 14

22 And as they were eating, he took bread, and after blessing it broke it and gave it to them, and said, "Take; this is my body."

23 And he took a cup, and when he had given thanks he gave it to them, and they all drank of it.

24 And he said to them, "This is my blood of the* covenant, which is poured out for many.

25 Truly, I say to you, I will not drink again of the fruit of the vine until that day when I drink it new in the kingdom of God."

26 And when they had sung a hymn, they went out to the Mount of Olives.

27 And Jesus said to them, "You will all fall away, for it is written, 'I will strike the shepherd, and the sheep will be scattered.'

28 But after I am raised up, I will go before you to Galilee."

29 Peter said to him, "Even though they all fall away, I will not."

30 And Jesus said to him, "Truly, I tell you, this very night, before the rooster crows twice, you will deny me three times."

31 But he said emphatically, "If I must die with you, I will not deny you." And they all said the same.

* 14:24 Some manuscripts insert *new*

23 give thanks (식전에) 감사기도를 드리다 24 covenant 언약 pour 쏟다, 흘리다 25 vine 포도나무 26 hymn 찬송가 27 fall away 사라지다, 저버리다 shepherd 목자 be scattered 뿔뿔이 흩어지다 28 go before ~ ~에 앞서가다 29 even though ~ 비록 ~일지라도 30 rooster 수탉 crow (수탉이) 울다 deny 부인하다 31 emphatically 강조하여

☐ 묵상 체크

51 겟세마네 동산에서 기도하시는 예수님

월 일

마가복음 14:32-42 • 새찬송 324장 | 통일 360장

• 말씀묵상 전에 성령님의 인도하심을 구하는 기도를 드리십시오.

본문요약 | 예수님의 겟세마네 기도는 그분의 인간적인 고뇌와 고통을 보여준다. 인류를 위해 십자가의 고통을 감당해야 하는 사명과 인간의 몸을 입고 당하게 될 고통 사이에서, 예수님은 땀이 핏방울같이 흐를 정도로 기도하신다. 그러나 결국 자신의 뜻이 아닌 하나님 아버지의 뜻에 순종하신다.

32 그들이 겟세마네라 하는 곳에 이르매 예수께서 제자들에게 이르시되 내가 기도할 동안에 너희는 여기 앉아 있으라 하시고
33 베드로와 야고보와 요한을 데리고 가실새 심히 놀라시며 슬퍼하사
34 말씀하시되 내 마음이 심히 고민하여 죽게 되었으니 너희는 여기 머물러 깨어 있으라 하시고
35 조금 나아가사 땅에 엎드리어 될 수 있는 대로 이때가 자기에게서 지나가기를 구하여
36 이르시되 아빠 아버지여 아버지께는 모든 것이 가능하오니 이 잔을 내게서 옮기시옵소서 그러나 나의 원대로 마시옵고 아버지의 원대로 하옵소서 하시고
37 돌아오사 제자들이 자는 것을 보시고 베드로에게 말씀하시되 시몬아 자느냐 네가 한 시간도 깨어 있을 수 없더냐
38 시험에 들지 않게 깨어 있어 기도하라 마음에는 원이로되 육신이 약하도다 하시고
39 다시 나아가 동일한 말씀으로 기도하시고
40 다시 오사 보신즉 그들이 자니 이는 그들의 눈이 심히 피곤함이라 그들이 예수께 무엇으로 대답할 줄을 알지 못하더라
41 세 번째 오사 그들에게 이르시되 이제는 자고 쉬라 그만 되었다 때가 왔도다 보라 인자가 죄인의 손에 팔리느니라
42 일어나라 함께 가자 보라 나를 파는 자가 가까이 왔느니라

1. 오늘 하나님께서 나에게 주신 깨달음은 무엇입니까?

2. 말씀을 어떻게 내 삶에 구체적으로 적용해야 합니까?

절별 해설

32 겟세마네 이 지명은 히브리어로 '올리브기름을 짜는 곳'이라는 뜻으로, 감람나무로 유명한 감람산 서쪽 경사면에 위치해 있다. 아마도 이 부근에 기름을 짜는 착유기들이 설치된 데서 그 이름이 유래된 것 같다. 기름을 짜는 그곳에서 예수님은 땀이 핏방울같이 흐르도록(눅 22:44) 힘을 다해 간절히 기도하셨다.

33-34 내 마음이 심히 고민하여 죽게 되었으니 예수님은 다른 제자들을 뒤에 남겨둔 채 베드로, 야고보, 요한, 이 세 명의 제자를 데리고 기도하러 가신다. 그들은 예수님과 죽음의 잔을 마시겠다고 호언장담하던 이들이다(10:39; 14:29). 주님은 근심과 괴로움의 감정을 그들과 공유하면서, 인류의 죄를 대속하는 죽음이 얼마나 큰 고통인지 보여주신다.

36 아빠 아버지여 아버지께는 모든 것이 가능하오니 이 잔을 내게서 옮기시옵소서 그러나 나의 원대로 마시옵고 아버지의 원대로 하옵소서 '아빠'라는 말은 아버지를 친근하게 부르는 아람어로, 유대인들은 그 용어를 불경하게 여겨 오히려 사용하지 않았다. 그러나 예수님은 이 용어를 사용하심으로 하나님과의 특별한 관계, 즉 그분의 독생자임을 보여주신다. 그리고 "잔"은 일반적으로 인간에게 주어진 운명을 가리키는데, 여기서는 하나님의 진노의 잔을 의미하며, 이것은 곧 인류를 대속하기 위한 죽음으로 이어진다. 여기에 나오는 예수님의 기도에는 그분의 인간적인 의지와 신적인 의지가 동시에 등장한다. 인간적으로는 그 잔을 피하고 싶지만, 인류를 구원하고자 하는 신적인 의지 앞에 인간적인 의지를 기꺼이 복종시키신다.

37-38 네가 한 시간도 깨어 있을 수 없더냐 시험에 들지 않게 깨어 있어 기도하라 제자들은 매우 피곤한 상태고 늦은 밤이기에 잠들 수밖에 없었다. 그럼에도 예수님에게는 매우 중요한 시간이었기에 그들이 함께 깨어 기도하기를 기대하셨다. 여기에 사용된 "깨어 있어"와 "기도하라"가 모두 명령형이라는 점에서, 제자들을 향한 예수님의 그와 같은 마음을 엿볼 수 있다. 특히 임박한 시험, 즉 예수님의 체포와 심문과 죽으심으로 이어지는 위기 상황을 극복하기 위해서는 무엇보다 깨어 기도하는 것이 필요했다. 그러나 제자들은 육체의 피곤함을 이기지 못하고 결국 시험에 빠지는 결과를 낳고 만다.

41 그만 되었다 때가 왔도다 보라 인자가 죄인의 손에 팔리느니라 세 번의 간절한 기도를 마치고 오신 예수님은 아직도 자고 있는 제자들을 깨우신다. 그리고 자신이 가룟 유다의 배신으로 체포되어 죽임당할 시간이 다가왔음을 알리신다. 지금까지 죽음에 대해 많이 고심하셨으나, 세 번의 기도를 통해 영적인

쉬운성경

32 예수님과 제자들이 겟세마네라고 하는 곳으로 갔습니다. 예수님께서 제자들에게 말씀하셨습니다. "내가 기도하는 동안에 여기 앉아 있어라."

33 예수님께서는 베드로와 야고보 그리고 요한을 데리고 가셨습니다. 예수님께서는 매우 근심하며 괴로워하셨습니다.

34 예수님께서 말씀하셨습니다. "내 영혼이 심히 괴로워 죽을 지경이다. 여기서 머무르면서 깨어 있어라."

35 예수님께서 조금 더 가셔서 땅에 엎드리셨습니다. 그리고 할 수만 있다면, 그때가 지나가 버리기를 기도하셨습니다.

36 예수님께서 기도하셨습니다. "아바* 아버지! 아버지께서는 모든 것을 하실 수 있으시니, 이 잔을 없애 주십시오. 그러나 제 뜻대로 하지 마시고 아버지의 뜻대로 하십시오."

37 예수님께서 제자들에게 오셔서 자고 있는 것을 보시고 베드로에게 말씀하셨습니다. "시몬아, 자고 있느냐? 나와 함께 한 시간도 깨어 있을 수 없더냐?

38 시험에 들지 않도록 깨어서 기도하여라. 영은 원하지만 몸이 연약하구나."

39 다시 예수님께서 제자들을 떠나서 같은 말씀으로 기도하셨습니다.

40 그리고 다시 제자들에게 오셔서 자고 있는 모습을 보셨습니다. 그것은 제자들이 너무 졸렸기 때문입니다. 제자들은 예수님께 무슨 말을 해야 할지 몰랐습니다.

41 세 번째 예수님께서 오셔서 말씀하셨습니다. "아직도 자고 있느냐? 아직도 쉬고 있느냐? 그만하면 됐다! 이제 시간이 되었다. 보아라! 인자가 죄인들의 손에 넘겨진다.

42 일어나자! 가자! 보아라! 나를 넘겨줄 사람이 가까이에 와 있다."

* 14:36 '아바'는 아람어로 '아버지'를 뜻한다.

담대함을 얻으신 예수님이 의연하게 능동적으로 고난을 맞으시는 모습을 볼 수 있다. 이런 모습이야말로 깨어 기도해야 할 이유를 보여준다.

저자의 묵상

예수님의 겟세마네 기도는 우리에게 큰 교훈과 감동을 준다. 예수님은 제자인 가룟 유다의 배신과 십자가에서 죽음의 잔을 마셔야만 하는 괴로움으로 인해 매우 근심하며 괴로워하셨으나, 세 번에 걸친 기도로 영적 무장을 하신다. 이런 예수님의 기도에서 우리는 세 가지 교훈을 얻을 수 있다. 먼저, 하나님과의 친밀한 관계에 근거한 기도였음을 알 수 있다. 예수님은 하나님을 '아빠 아버지'로 부르셨다. 둘째로, 하나님의 뜻에 자신의 뜻을 복종시키는 기도였다. 즉, 올바른 기도는 자신의 소원과 간구를 하나님께 아뢰되 그분의 온전하신 뜻을 신뢰하고 맡기는 기도다. 마지막으로 시험을 이기는 진정한 힘은 깨어 기도하는 데서 우러나온다. 기도를 통해 죽음을 담대히 맞으신 예수님과 달리, 잠자던 제자들의 모습이 우리의 자화상이 되지 않게 깨어 기도해야 할 것이다.

무릎 기도 | 하나님, 겟세마네에서 기도하시던 주님처럼 우리도 깨어 기도할 수 있도록 힘을 더하여 주소서. 무엇보다 기도할 때 제 뜻이 아니라 하나님의 뜻을 온전히 구하게 하소서.

ESV - Mark 14

32 And they went to a place called Gethsemane. And he said to his disciples, "Sit here while I pray."
33 And he took with him Peter and James and John, and began to be greatly distressed and troubled.
34 And he said to them, "My soul is very sorrowful, even to death. Remain here and watch."*
35 And going a little farther, he fell on the ground and prayed that, if it were possible, the hour might pass from him.
36 And he said, "Abba, Father, all things are possible for you. Remove this cup from me. Yet not what I will, but what you will."
37 And he came and found them sleeping, and he said to Peter, "Simon, are you asleep? Could you not watch one hour?
38 Watch and pray that you may not enter into temptation. The spirit indeed is willing, but the flesh is weak."
39 And again he went away and prayed, saying the same words.
40 And again he came and found them sleeping, for their eyes were very heavy, and they did not know what to answer him.
41 And he came the third time and said to them, "Are you still sleeping and taking your rest? It is enough; the hour has come. The Son of Man is betrayed into the hands of sinners.
42 Rise, let us be going; see, my betrayer is at hand."

* 14:34 Or *keep awake;* also verses 37, 38

33 greatly 대단히, 매우 distressed 괴로워하는 troubled 불안해하는 34 watch 자지 않다 35 pass from ~ ~에서 옮겨지다 36 remove 치우다 38 temptation 유혹 will 바라다, 원하다 weak 약한 40 heavy 기운 없는, 졸린 42 betrayer 배신자 at hand (시간·거리상) 가까이에 있는

52 체포당하시는 예수님

월 일

마가복음 14:43-52 • 새찬송 261장 | 통일 195장

• 말씀묵상 전에 성령님의 인도하심을 구하는 기도를 드리십시오.

본문요약 | 가룟 유다는 무리를 이끌고 예수님을 체포하러 겟세마네 동산으로 온다. 그리고 입맞춤을 신호로 예수님을 체포한다. 그러자 예수님은 강도를 잡는 것처럼 칼과 몽둥이를 가져 왔느냐고 책망하신다. 예수님이 체포되는 모습을 본 제자들은 모두 도망치고 만다.

43 예수께서 말씀하실 때에 곧 열둘 중의 하
나인 유다가 왔는데 대제사장들과 서기관
들과 장로들에게서 파송된 무리가 검과
몽치를 가지고 그와 함께하였더라
44 예수를 파는 자가 이미 그들과 군호를 짜
이르되 내가 입맞추는 자가 그이니 그를
잡아 단단히 끌어 가라 하였는지라
45 이에 와서 곧 예수께 나아와 랍비여 하고
입을 맞추니
46 그들이 예수께 손을 대어 잡거늘
47 곁에 서 있는 자 중의 한 사람이 칼을 빼
어 대제사장의 종을 쳐 그 귀를 떨어뜨리
니라
48 예수께서 무리에게 말씀하여 이르시되 너
희가 강도를 잡는 것같이 검과 몽치를 가
지고 나를 잡으러 나왔느냐
49 내가 날마다 너희와 함께 성전에 있으면
서 가르쳤으되 너희가 나를 잡지 아니하
였도다 그러나 이는 성경을 이루려 함이
니라 하시더라
50 제자들이 다 예수를 버리고 도망하니라
51 한 청년이 벗은 몸에 베 홑이불을 두르고
예수를 따라가다가 무리에게 잡히매
52 베 홑이불을 버리고 벗은 몸으로 도망하
니라

1. 오늘 하나님께서 나에게 주신 깨달음은 무엇입니까?

2. 말씀을 어떻게 내 삶에 구체적으로 적용해야 합니까?

절별 해설

43 유다가 왔는데 대제사장들과 서기관들과 장로들에게서 파송된 무리가 검과 몽치를 가지고 그와 함께하였더라 유다가 데리고 온 무리는 대제사장들과 서기관들과 장로들로 구성된 산헤드린 공회의 명령을 받은 성전 경비병들이었을 것이다. 이렇게 많은 무리가 검과 몽치를 들고 온 것을 보면, 아마도 체포 과정에서 폭동이나 저항이 있을 것을 예상했던 것 같다.

44-46 내가 입맞추는 자가 그이니 그를 잡아 단단히 끌어 가라 한밤중이고 더군다나 숲 속에서 누가 예수님인지 식별하기는 쉽지 않았을 것이다. 따라서 예수님을 알려주는 신호로 유다는 입맞춤을 사용한다. 본래 사랑과 존경의 표시인 입맞춤을 배신의 신호로 삼았다는 사실은 유다의 배반이 얼마나 철저했는지 보여준다. 그리고 마침내 예수님을 발견한 유다는 "랍비여"라는 가식적인 인사와 더불어 입맞춤으로 무리에게 예수님을 표시해 주었고, 곧바로 그들은 예수님을 체포한다.

48 너희가 강도를 잡는 것같이 검과 몽치를 가지고 나를 잡으러 나왔느냐 유대 종교지도자들이 예수님을 죽이기로 결심한 결정적 이유는 다름 아닌 성전을 강도의 소굴로 만들었다는 예수님의 책망과 성전 청결 사건 때문이었다. 그런데 역으로 그들은 예수님을 마치 강도처럼 여기고 검과 몽치를 들고 잡으러 왔다. 게다가 마지막에는 강도들과 더불어 십자가에 못 박았다. 예수님에 대한 그들의 잘못된 이해를 여실히 보여준다.

49 그러나 이는 성경을 이루려 함이니라 예수님은 이렇게 강도 취급을 받아가며 모욕적인 체포를 당하는 것이 성경의 예언을 성취하는 과정이라고 묘사하신다. 이사야 53장 12절을 염두에 두고 하신 말씀 같다.

50-52 예수님이 체포되는 광경을 목격한 제자들은 예수님의 예고대로(27절 참고. 슥 13:7) 그분을 버리고 도망친다. 예수님의 모습이 자신들이 기대했던 승리자의 모습과 정반대되는 패배자의 모습이기 때문인지도 모른다. 한때는 주님과 함께 죽겠다던 제자들의 호언장담(29,31절)은 온데간데없고, 심지어 벌거벗은 채로 도망가는 수치스러운 모습까지 보여준다. 특히 홑이불을 걸친 채 왔다가 붙잡히자 벌거벗은 채로 도망친 인물을 두고 본서의 저자인 마가일 것이라는 주장도 있다. 제자들은 자신감에 넘쳐 입으로만 주님을 따르겠다고 외쳤을 뿐, 실제로는 잠에 빠져 기도로 준비하지 못했던 데 따른 당연한 결과라고 볼 수 있다.

쉬운성경

43 예수님께서 아직 말씀하고 계실 때, 열두 제자 가운데 한 사람인 유다가 다가왔습니다. 대제사장들과 율법학자들과 장로들이 보낸 많은 무리들이 칼과 몽둥이를 들고 유다와 함께 왔습니다.

44 예수님을 넘겨 주는 자가 사람들과 신호를 정했습니다. "내가 입맞추는 사람이 바로 그 사람이니 체포하여 데리고 가시오."

45 유다가 예수님께 와서 "선생님!"이라고 말하면서 입을 맞추었습니다.

46 그러자 그들이 예수님에게 손을 대어 체포했습니다.

47 그러나 곁에 있던 사람 가운데 한 명이 칼을 뽑아 대제사장의 종을 내리쳐 귀를 잘랐습니다.

48 예수님께서 말씀하셨습니다. "마치 강도를 잡는 것처럼 나를 잡으려고 칼과 몽둥이를 가지고 왔느냐?

49 내가 매일 성전에서 너희들과 함께 있으면서 가르칠 때에는 너희가 나를 잡지 않았다. 그러나 일어난 이 모든 것은 성경을 이루려고 일어난 것이다."

50 예수님의 제자들이 모두 예수님을 떠나 도망갔습니다.

51 어떤 젊은 사람이 맨몸에 홑이불을 걸친 채 예수님을 따라가고 있었습니다. 사람들이 그를 잡았습니다.

52 그러자 홑이불을 벗어 던진 채 벌거벗고 도망쳤습니다.

저자의 묵상

유월절 만찬 석상에서 예수님께 배신에 대한 예고를 들은 가룟 유다는 즉시 실행에 옮겨 예수님을 체포하러 온다. 게다가 예수님을 보고 "랍비여!" 하며 입맞춤하지만, 그것은 무리에게 예수님을 알려주려는 가식적인 신호였다. 반면 다른 제자들은 예수님과 함께 죽겠다고 호언장담했으나, 막상 예수님이 체포되는 현실에 부닥치자 뿔뿔이 도망치는 비겁함을 보인다. 기도해야 할 순간에 기도하지 못하고 잠에 취한 당연한 결과라고 볼 수 있다. 이를 통해 두 가지 교훈을 얻을 수 있다. 먼저, 입술로만 주님을 위하는 성도가 되지 않게 주의해야 한다. 유다의 거짓된 입맞춤이나 제자들의 호언장담이 다 그런 말뿐인 허사였다. 또 하나, 위기의 순간을 대비하여 항상 기도로 무장해야 한다. 홀로 기도를 통해 영적 무장을 하신 후 의연하게 체포되신 예수님을 생각하며 기도에 힘쓰는 삶을 살아야겠다.

무릎 기도 하나님, 위기의 순간이 닥쳐도 도망치지 않고 맞설 수 있게 기도로 무장하게 하소서. 그리하여 영적 전쟁에서 당당히 승리하여 승리하는 성도로 살게 하소서.

ESV - Mark 14

43 And immediately, while he was still speaking, Judas came, one of the twelve, and with him a crowd with swords and clubs, from the chief priests and the scribes and the elders.
44 Now the betrayer had given them a sign, saying, "The one I will kiss is the man. Seize him and lead him away under guard."
45 And when he came, he went up to him at once and said, "Rabbi!" And he kissed him.
46 And they laid hands on him and seized him.
47 But one of those who stood by drew his sword and struck the servant* of the high priest and cut off his ear.
48 And Jesus said to them, "Have you come out as against a robber, with swords and clubs to capture me?
49 Day after day I was with you in the temple teaching, and you did not seize me. But let the Scriptures be fulfilled."
50 And they all left him and fled.
51 And a young man followed him, with nothing but a linen cloth about his body. And they seized him,
52 but he left the linen cloth and ran away naked.

* 14:47 or *bondservant*

43 sword 검 club 곤봉 44 seize 붙잡다 lead ~ away ~를 끌고 가다 guard 감시하다 47 draw one's sword 칼을 뽑다
48 robber 강도 capture 붙잡다 49 day after day 매일 fulfill 실행하다 51 linen 아마포, 베 52 naked 벌거벗은

53 심문받으시는 예수님

월 일

마가복음 14:53-65 • 새찬송 585장 | 통일 384장

• 말씀묵상 전에 성령님의 인도하심을 구하는 기도를 드리십시오.

본문요약 I 대제사장을 비롯한 유대 공회원들은 예수님을 사형에 처하기로 결정하고 증거를 짜 맞추려 하지만 번번이 실패한다. 결국 대제사장이 예수님에게 "네가 찬송 받을 이의 아들 그리스도냐"라고 묻고 거기에 "내가 그니라"고 예수님이 대답하시자 신성모독 죄로 사형을 선고한다.

53 그들이 예수를 끌고 대제사장에게로 가니
대제사장들과 장로들과 서기관들이 다 모
이더라
54 베드로가 예수를 멀찍이 따라 대제사장의
집 뜰 안까지 들어가서 아랫사람들과 함
께 앉아 [1]불을 쬐더라
55 대제사장들과 온 공회가 예수를 죽이려고
그를 칠 증거를 찾되 얻지 못하니
56 이는 예수를 쳐서 거짓 증언하는 자가 많
으나 그 증언이 서로 일치하지 못함이라
57 어떤 사람들이 일어나 예수를 쳐서 거짓
증언하여 이르되
58 우리가 그의 말을 들으니 손으로 지은 이
성전을 내가 헐고 손으로 짓지 아니한 다
른 성전을 사흘 동안에 지으리라 하더라
하되
59 그 증언도 서로 일치하지 않더라
60 대제사장이 가운데 일어서서 예수에게 물
어 이르되 너는 아무 대답도 없느냐 이 사
람들이 너를 치는 증거가 어떠하냐 하되
61 침묵하고 아무 대답도 아니하시거늘 대제
사장이 다시 물어 이르되 네가 찬송 받을
이의 아들 그리스도냐
62 예수께서 이르시되 내가 그니라 인자가
권능자의 우편에 앉은 것과 하늘 구름을
타고 오는 것을 너희가 보리라 하시니
63 대제사장이 자기 옷을 찢으며 이르되 우
리가 어찌 더 증인을 요구하리요
64 그 신성모독 하는 말을 너희가 들었도다
너희는 어떻게 생각하느냐 하니 그들이
다 예수를 사형에 해당한 자로 정죄하고
65 어떤 사람은 그에게 침을 뱉으며 그의 얼
굴을 가리고 주먹으로 치며 이르되 선지
자 노릇을 하라 하고 하인들은 손바닥으
로 치더라

1) 헬, 빛을 쬐더라

1. 오늘 하나님께서 나에게 주신 깨달음은 무엇입니까?

2. 말씀을 어떻게 내 삶에 구체적으로 적용해야 합니까?

절별 해설

53 그들이 예수를 끌고 대제사장에게로 가니 대제사장들과 장로들과 서기관들이 다 모이더라 예수님을 붙잡은 무리는 그 분을 대제사장에게 데리고 가서 대제사장들과 장로들과 서기관들에게 인계한다. 이미 예수님이 예고하신 그대로 일이 진행된다(8:31; 10:33). 겉으로는 예수님이 붙잡혀 가신 모양새지만, 본질적으로는 예수님이 십자가의 길을 가기로 결정하고 따르신 것이다.

54 베드로가 예수를 멀찍이 따라 대제사장의 집 뜰 안까지 들어가서 아랫사람들과 함께 앉아 불을 쬐더라 마가는 예수님 앞에서 죽기까지 따르겠다고 말하던 베드로의 모습을 추적한다. 비록 그의 말처럼 당당하게 주님을 따르지는 못했지만, 은밀하게 뒤따르는 그의 모습을 관심 있게 묘사한다.

55-56 예수를 죽이려고 그를 칠 증거를 찾되 얻지 못하니 이는 예수를 쳐서 거짓 증언하는 자가 많으나 그 증언이 서로 일치하지 못함이라 예수님을 심문하는 대제사장들과 모든 유대 의회원들은 이미 예수님을 사형에 처하기로 내부적으로 결정한 상태였다. 그리고 거기에 맞춰 고소할 증거를 찾으려고 거짓 증거를 동원한다. 짜 맞추기식 심문이다. 합법적인 판결을 내리기 위해 적어도 두세 증인의 일치된 증언이 필요하나(참고. 민 35:30; 신 17:6), 그런 증언이 거짓된 조작이기에 서로 일치하기가 어려웠다.

58 손으로 지은 이 성전을 내가 헐고 손으로 짓지 아니한 다른 성전을 사흘 동안에 지으리라 거짓 증언으로 예수님이 성전을 헐고 삼 일 만에 다시 짓겠다고 한 주장을 내세운다. 그러나 복음서 어디에도 예수님이 이렇게 말씀하신 기록이 없다. 이것 역시 거짓이다.

61-62 네가 찬송 받을 이의 아들 그리스도냐 예수께서 이르시되 내가 그니라 예수님은 계속되는 심문에 침묵으로 일관하신다. 그러자 대제사장이 결정적인 질문을 던진다. 여기서 "찬송 받을 이"는 유대인들이 하나님의 이름을 완곡하게 표현하는 말이다. 따라서 이 말은 '하나님의 아들 그리스도'인지 묻는 질문이다. 아마도 대제사장은 모든 추종자에게 버림받은 채 홀로 남겨진 예수님을 조롱하는 의미에서 이런 질문을 했는지 모르지만, 침묵으로 일관하던 예수님은 이 질문에 대해서만큼은 "내가 그니라"(*헬.* 에고 에이미)라고 분명하게 거침없이 대답하신다. 이는 자신이 하나님의 아들 그리스도임을 공개적으로 밝힌 것이다.

63-65 미쉬나[구전(口傳)된 유대인들의 율법을 문서로 만든 것]에 따르면, 법정에서 하나님을 모독하는 일이 발생하면 최고

쉬운성경

53 사람들은 예수님을 대제사장에게로 데리고 갔습니다. 그러자 대제사장들과 장로들 그리고 율법학자들이 모두 모여들었습니다.

54 베드로가 멀찍이 예수님을 따라와서, 대제사장의 공관 마당으로 들어갔습니다. 거기서 불을 쬐면서 경비원들과 함께 앉아 있었습니다.

55 대제사장들과 모든 유대 의회원들이 예수님을 죽이려고 고소할 증거를 찾으려 했습니다. 그러나 아무런 증거도 찾을 수 없었습니다.

56 많은 사람들이 예수님에 대해 거짓 증거를 대었습니다. 그러나 그들의 말은 서로 맞지가 않았습니다.

57 어떤 사람들이 일어나서 예수님에 대해 거짓 증언을 하였습니다.

58 "우리는 이 사람이 '내가 손으로 지은 성전을 헐고, 삼 일 만에 손으로 짓지 않은 다른 성전을 세우겠다'고 하는 것을 들었습니다."

59 그러나 그들의 증언은 서로 맞지 않았습니다.

60 대제사장이 일어나 그들 앞에 서서 예수님을 심문했습니다. "아무 대답도 하지 않을 것이오? 이 사람들이 당신에게 불리한 증거를 대고 있지 않소?"

61 그러나 예수님께서는 묵묵히 아무런 말씀도 하지 않으셨습니다. 다시 대제사장이 예수님께 질문을 던졌습니다. "당신이 찬양받으실 분의 아들 그리스도요?"

62 예수님께서 대답하셨습니다. "그렇다. 인자가 전능하신 분의 오른쪽에 앉아 있는 것과, 하늘에서 구름을 타고 오는 것을 볼 것이다."

63 대제사장이 자기 옷을 찢으며 말했습니다. "무슨 증인이 더 필요하겠는가?

재판장은 일어나서 자신의 옷을 찢도록 규정하고 있다. 그리고 이 경우 더 이상의 증인 없이 정죄 선언이 가능했다. 결과적으로 공회원들은 모두 예수님을 사형시켜야 한다고 입을 모았고, 이 죄목이 확정되자 사람들은 예수님께 침을 뱉고 때리기 시작한다. 그러나 이런 모습은 이미 예수님이 예고하신 결과(10:33-34)이자 구약 예언(사 50:6)의 성취다.

64 너희는 하나님을 모독하는 소리를 들었다. 너희는 어떻게 생각하느냐?" 그러자 모두가 예수님을 사형시켜야 한다고 했습니다.

65 어떤 사람들은 예수님께 침을 뱉기 시작했습니다. 또 예수님의 눈을 가리고 주먹으로 때리면서 말했습니다. "예언자처럼 누가 너를 때리는지 맞춰 보아라!" 경비원들도 예수님을 끌고 가서 때렸습니다.

저자의 묵상

"하나님의 아들 예수 그리스도의 복음의 시작이라"(1:1)는 구절로 시작하는 본서는 하나님의 아들이신 예수 그리스도를 주제로 다룬다. 그런데 대제사장은 예수님을 심문하는 결정적인 상황에서 "네가 찬송 받을 이의 아들 그리스도냐"라고 질문함으로써, 예수님이 하나님의 아들 그리스도임을 간접적으로 확인해 주고 있다. 또 모든 질문에 침묵으로 일관하시던 예수님도 이 질문에 대해서만큼은 확실한 어조로 "내가 그니라"라고 대답하심으로 자신의 신분을 공개적으로 밝히셨다. 유대 종교지도자들은 예수님의 신분에 대한 대답을 듣고도 그 말을 오히려 신성모독 죄로 몰아붙여 예수님께 사형을 선고한다. 그들의 불신앙이 얼마나 깊은지 보여주는 대목이다. 결국 불신앙은 진실에 눈이 멀게 하고, 자신의 이익에 눈을 뜨게 만듦을 알 수 있다.

무릎 기도 | 하나님, 하나님의 아들이신 예수 그리스도에 대한 확실한 믿음을 가지고 살게 하소서. 그 예수님의 이름으로 우리가 하나님 앞에 담대히 나아가 교제하게 하시니 감사합니다.

53 And they led Jesus to the high priest. And all the chief priests and the elders and the scribes came together.
54 And Peter had followed him at a distance, right into the courtyard of the high priest. And he was sitting with the guards and warming himself at the fire.
55 Now the chief priests and the whole council* were seeking testimony against Jesus to put him to death, but they found none.
56 For many bore false witness against him, but their testimony did not agree.
57 And some stood up and bore false witness against him, saying,
58 "We heard him say, 'I will destroy this temple that is made with hands, and in three days I will build another, not made with hands.'"
59 Yet even about this their testimony did not agree.
60 And the high priest stood up in the midst and asked Jesus, "Have you no answer to make? What is it that these men testify against you?"*
61 But he remained silent and made no answer. Again the high priest asked him, "Are you the Christ, the Son of the Blessed?"
62 And Jesus said, "I am, and you will see the Son of Man seated at the right hand of Power, and coming with the clouds of heaven."
63 And the high priest tore his garments and said, "What further witnesses do we need?
64 You have heard his blasphemy. What is your decision?" And they all condemned him as deserving death.
65 And some began to spit on him and to cover his face and to strike him, saying to him, "Prophesy!" And the guards received him with blows.

* 14:55 Greek *Sanhedrin*
* 14:60 Or *Have you no answer to what these men testify against you?*

54 at a distance 좀 떨어져서 courtyard 안뜰 guard 보초, 파수병 warm oneself at the fire 불을 쬐다 55 testimony 증거 56 bear false witness 거짓 증언을 하다 60 testify against ~ ~에게 불리한 증언을 하다 62 seat 앉히다 63 garment 옷 64 blasphemy 신성모독 condemn ~형을 선고하다 deserve death 죽어 마땅하다 65 spit 침을 뱉다 prophesy 예언하다

• MEMO •

54 예수님을 부인하는 베드로

월 일

마가복음 14:66-72 • 새찬송 353장 | 통일 391장

• 말씀묵상 전에 성령님의 인도하심을 구하는 기도를 드리십시오.

본문요약 I 예수님을 몰래 뒤쫓아 간 베드로는 심문 광경을 지켜보다가 여종에게 두 번이나 질문을 받고, 두 번 다 예수님을 모른다고 부인한다. 세 번째로 사람들의 질문을 받자 저주하고 맹세하며 부인한다. 그때 닭이 울었고, 예수님의 예언을 기억한 베드로는 회개의 눈물을 흘린다.

66 베드로는 아랫뜰에 있더니 대제사장의 여종 하나가 와서
67 베드로가 불 쬐고 있는 것을 보고 주목하여 이르되 너도 나사렛 예수와 함께 있었도다 하거늘
68 베드로가 부인하여 이르되 나는 네가 말하는 것이 무엇인지 알지도 못하고 깨닫지도 못하겠노라 하며 앞뜰로 나갈새[1)]
69 여종이 그를 보고 곁에 서 있는 자들에게 다시 이르되 이 사람은 그 도당이라 하되
70 또 부인하더라 조금 후에 곁에 서 있는 사람들이 다시 베드로에게 말하되 너도 갈릴리 사람이니 참으로 그 도당이니라
71 그러나 베드로가 저주하며 맹세하되 나는 너희가 말하는 이 사람을 알지 못하노라 하니
72 닭이 곧 두 번째 울더라 이에 베드로가 예수께서 자기에게 하신 말씀 곧 닭이 두 번 울기 전에 네가 세 번 나를 부인하리라 하심이 기억되어 그 일을 생각하고 울었더라

1) 어떤 사본에는, 68절 끝에 '마침 닭이 울더라'가 있음

1. 오늘 하나님께서 나에게 주신 깨달음은 무엇입니까?

2. 말씀을 어떻게 내 삶에 구체적으로 적용해야 합니까?

절별 해설

66-67 대제사장의 여종 하나가 와서 베드로가 불 쬐고 있는 것을 보고 주목하여 이르되 너도 나사렛 예수와 함께 있었도다 하거늘 예수님이 모두 예수님을 버릴 것이라고 말씀하셨을 때, 베드로는 모두가 버릴지라도 자신은 그렇지 않을 거라고 호언장담한 바가 있다(14:27-29). 그래서 비록 당당하게 주님 곁을 따르지는 못했지만 심문당하시는 곳까지 은밀히 따라갔다. 그때 한 여자 종이 예수님과 함께 있던 베드로를 기억하고 "너도 나사렛 예수와 함께 있었도다"라고 말한다.

68 베드로가 부인하여 이르되 나는 네가 말하는 것이 무엇인지 알지도 못하고 깨닫지도 못하겠노라 힘없는 한 여종의 말에 화들짝 놀란 베드로는 질문 자체를 못 알아들은 척 시치미를 뗀다. 그리고 불을 피해 좀 더 어두운 입구 쪽으로 자리를 옮긴다. 어떤 사본에는 바로 그때 닭이 첫 번째로 울었다고 써 있다. 그러나 첫 번째 닭울음은 베드로에게 아무런 깨달음도 주지 못했다.

69-70 여종이 그를 보고 곁에 서 있는 자들에게 다시 이르되 이 사람은 그 도당이라 하되 또 부인하더라 동일한 여종인지 아니면 다른 여종인지 분명하지 않으나, 또 다시 여자 종이 베드로를 보고 주변 사람들이 모두 들으라는 듯 큰 소리로 "이 사람은 그 도당이라"고 말한다. 베드로는 보이지 않는 어두운 곳으로 숨으려 하나 오히려 그의 모습은 사람들에게 더욱 노출된다. 이번에도 역시 베드로는 그 사실을 부인하지만 전혀 효과가 없다. **조금 후에 곁에 서 있는 사람들이 다시 베드로에게 말하되 너도 갈릴리 사람이니 참으로 그 도당이니라** 이제는 한 여종이 아니라 여러 사람이 베드로를 심문하는 상황이 벌어진다. 특히 세 번째 질문은 앞선 두 질문을 종합한 것 같은 인상을 준다. 아마도 그 질문을 하는 사람들 가운데는 베드로를 알아본 사람들이 있었던 것 같다. "참으로"라는 표현이 그 사실을 뒷받침해 준다.

71 베드로가 저주하며 맹세하되 나는 너희가 말하는 이 사람을 알지 못하노라 하니 자신의 신분이 드러났다고 느낀 베드로는 더욱 강력하게 부인한다. "저주하며 맹세하되"라는 말에서 베드로가 얼마나 철저하게 부인했는지 알 수 있다. 여기서 저주의 대상이 누구인지 나와 있지는 않지만, 아마도 예수님이었을 가능성이 크다. 그는 예수님을 저주함으로써 예수의 제자라는 주장을 가장 확실하게 부정할 수 있을 것이라 생각했던 것 같다.

72 닭이 곧 두 번째 울더라 이에 베드로가, 그 일을 생각하고 울었더라 바로 그때 닭이 두 번째 울었다. 예수님의 예견대로 닭이 두 번 울기 전에 베드로는 예수님을 세 번이나 부인했고, 그 예언을 떠올린 베드로는 곧바로 엎드려 울며 회개한다. 기도로 준비하는 데 실패한 채 잠만 잤던 베드로에게 당연한 결과였다.

쉬운성경

66 베드로가 공관의 아래쪽에 있을 때, 어떤 대제사장의 여자 종이 왔습니다.

67 베드로가 불을 쬐고 있는 것을 보고 노려보며 말했습니다. "당신도 나사렛 예수와 함께 있었지요?"

68 베드로는 부인하며 말했습니다. "네가 무엇을 두고 말하는지 모르겠다." 그리고 베드로는 입구 쪽으로 옮겨 갔습니다. 그때 닭이 울었습니다.

69 또 여자 종이 베드로를 보고, 다시 한 번 거기 있던 사람들에게 말했습니다. "이 사람도 예수와 한패예요."

70 다시 베드로가 부인했습니다. 잠시 후에 거기 있던 사람들이 베드로에게 말했습니다. "확실히 당신은 예수와 한패요. 당신은 갈릴리 사람이니까."

71 베드로는 저주하며 맹세하였습니다. "당신들이 말하는 사람이 누구인지 나는 모르오!"

72 그러자 닭이 두 번째 울었습니다. 베드로는 예수님께서 자기에게 "닭이 두 번 울기 전에 네가 나를 세 번이나 모른다고 할 것이다"라고 한 말씀이 기억났습니다. 그래서 엎드려서 울었습니다.

저자의 묵상

대제사장들을 비롯한 공회원들 앞에서 당당히 심문받으시며 자신의 신분을 밝히신 예수님의 모습과 대조적으로, 베드로는 한낱 여종 앞에서조차 자신의 신분을 부인하며 시치미 떼는 비겁한 모습을 보인다. 그의 모습을 통해 인간의 호언장담과 자신감이 얼마나 연약하고 부질없는지를 엿볼 수 있다. 베드로의 세 번의 부인은 기도로 준비하는 데 실패한 결과다. 이런 베드로의 모습은 예수님을 따르다가 실패하는 우리의 단면을 보여 준다. 사람들이 약간의 위험이나 이해타산 앞에서 초라하게 그리스도인임을 감추거나 부인하는 모습이 그러하다. 그러므로 당당한 자신감은 우리 자신에게서 나오는 것이 아니라, 기도를 통해 위로부터 주어지는 것임을 깨달아야 한다. 따라서 자신의 연약함을 고백하고 성령님의 도우심을 구하는 태도가 필요하다. 아울러 실패했을 때 베드로처럼 즉시 회개하는 태도도 필요하다.

무릎 기도 하나님, 인간적인 교만함을 내려놓고 우리의 연약함을 고백하며 성령님을 의지하게 하소서. 세상에 타협하지 않는 담대함을 허락하시어 참된 그리스도인으로 살아가게 하소서.

ESV - Mark 14

66 And as Peter was below in the courtyard, one of the servant girls of the high priest came,

67 and seeing Peter warming himself, she looked at him and said, "You also were with the Nazarene, Jesus."

68 But he denied it, saying, "I neither know nor understand what you mean." And he went out into the gateway* and the rooster crowed.*

69 And the servant girl saw him and began again to say to the bystanders, "This man is one of them."

70 But again he denied it. And after a little while the bystanders again said to Peter, "Certainly you are one of them, for you are a Galilean."

71 But he began to invoke a curse on himself and to swear, "I do not know this man of whom you speak."

72 And immediately the rooster crowed a second time. And Peter remembered how Jesus had said to him, "Before the rooster crows twice, you will deny me three times." And he broke down and wept.*

* 14:68 Or *forecourt*
* 14:68 Some manuscripts omit *and the rooster crowed*
* 14:72 Or *And when he had thought about it, he wept*

67 warming 덥히기, 데우기 68 neither … nor ~ …도 아니고 ~도 아니다 gateway [어떤 곳에 들어가는] 통로, 현관
69 bystander 구경꾼 70 a little while 잠깐 certainly 확실히 71 invoke a curse on ~ ~를 심하게 욕하다 swear 맹세하다 72 break down 감정을 주체하지 못하다 weep 울다, 눈물 흘리다

55 바라바냐, 예수냐

월 일

마가복음 15:1-15 • 새찬송 348장 | 통일 388장

• 말씀묵상 전에 성령님의 인도하심을 구하는 기도를 드리십시오.

본문요약 | 종교지도자들은 "유대인의 왕"이라는 죄목으로 예수님을 빌라도에게 끌고 간다. 로마에 반역하는 정치범으로 몰아 예수님을 십자가에 죽이려 한 것이다. 그러나 빌라도는 예수님의 무죄를 인식하고 무리에게 예수님을 놓아줄지 여부를 묻는다. 그때 무리는 예수님을 십자가에 처형하라 외치고, 결국 빌라도는 십자가형을 선고한다.

1 새벽에 대제사장들이 즉시 장로들과 서기관들 곧 온 공회와 더불어 의논하고 예수를 결박하여 끌고 가서 빌라도에게 넘겨주니
2 빌라도가 묻되 네가 유대인의 왕이냐 예수께서 대답하여 이르시되 네 말이 옳도다 하시매
3 대제사장들이 여러 가지로 고발하는지라
4 빌라도가 또 물어 이르되 아무 대답도 없느냐 그들이 얼마나 많은 것으로 너를 고발하는가 보라 하되
5 예수께서 다시 아무 말씀으로도 대답하지 아니하시니 빌라도가 놀랍게 여기더라
6 명절이 되면 백성들이 요구하는 대로 죄수 한 사람을 놓아 주는 전례가 있더니
7 민란을 꾸미고 그 민란 중에 살인하고 체포된 자 중에 바라바라 하는 자가 있는지라
8 무리가 나아가서 전례대로 하여 주기를 요구한대
9 빌라도가 대답하여 이르되 너희는 내가 유대인의 왕을 너희에게 놓아 주기를 원하느냐 하니
10 이는 그가 대제사장들이 시기로 예수를 넘겨 준 줄 앎이러라
11 그러나 대제사장들이 무리를 충동하여 도리어 바라바를 놓아 달라 하게 하니
12 빌라도가 또 대답하여 이르되 그러면 너희가 유대인의 왕이라 하는 이를 내가 어떻게 하랴
13 그들이 다시 소리 지르되 그를 십자가에 못 박게 하소서
14 빌라도가 이르되 어찜이냐 무슨 악한 일을 하였느냐 하니 더욱 소리 지르되 십자가에 못 박게 하소서 하는지라
15 빌라도가 무리에게 만족을 주고자 하여 바라바는 놓아 주고 예수는 채찍질하고 십자가에 못 박히게 넘겨 주니라

1. 오늘 하나님께서 나에게 주신 깨달음은 무엇입니까?

2. 말씀을 어떻게 내 삶에 구체적으로 적용해야 합니까?

절별 해설

1 새벽에 … 예수를 결박하여 끌고 가서 빌라도에게 넘겨주니 유대인 지도자들이 새벽에 예수님을 빌라도에게 데리고 간 이유는, 다음날이 안식일이므로 그날 안으로 예수님을 십자가에 못 박아야만 했기 때문이다. 만약 그날 처리하지 못하여 예수님을 체포했다는 소문이 백성 사이에 퍼질 경우, 자신들이 원하는 대로 일이 진행되지 않을 가능성이 컸다.

2 빌라도가 묻되 네가 유대인의 왕이냐 빌라도는 주후 26-36년에 유대를 관할하던 총독이다. 그가 예수님을 향해 "유대인의 왕"이냐고 물은 이유는, 아마도 유대 종교지도자들이 예수님의 죄목을 유대인의 왕으로 정하여 고소했기 때문일 것이다. 종교지도자들은 자체적으로는 신성모독죄를 적용하여 죽이기로 결정했으나, 그 경우 돌로 쳐 죽이는 형벌만 가능할 뿐 십자가형은 불가능했다. 게다가 돌로 죽일 경우 일부 백성에게 순교자로 추앙될 소지가 있었기 때문에 예수님을 로마에 반역하는 정치범으로 몰아 십자가형을 받게 하려 한 것 같다.

6-8 바라바 유월절 같은 유대인의 명절에는 로마와 유대인 사이에 얽힌 정치적인 관계를 완화하는 의미에서 특별 사면이 있었다. 바라바는 아람어로 '아버지의 아들'이라는 뜻이다. 이것은 '하나님의 아들'이신 예수님의 신분과 대조를 이룬다. 그는 일반 죄수라기보다는 반로마 폭동을 주도한 정치범이었던 것 같다.

9-10 빌라도는 앞선 심문 과정에서 예수님의 무죄를 짐작했다. 또 고소의 진짜 이유가 예수님의 인기에 대한 유대 종교지도자들의 시기 때문이라는 사실도 알았다. 그럼에도 유대인들의 여론이 두려워 판결을 미룬 채 예수님을 풀어줄지 여부를 무리에게 묻는 소심함을 보인다.

11 대제사장들은 무리를 선동하여 바라바를 풀어달라고 요청하게 만든다. 유대 종교지도자들의 눈에는 반로마 폭동을 주도한 바라바보다 예수님이 더 큰 위협이었던 것이다.

13 그를 십자가에 못 박게 하소서 무리가 십자가형을 요구한 것은 매우 충격적이었다. 십자가형은 당시 로마 제국의 정치범에게 부과하던 극한의 처형 방식이다. 그런데 예수님을 유대인의 왕이라는 정치범으로 몰아 십자가형에 처하도록 요구한 것이다.

14 빌라도가 이르되 어찜이냐 무슨 악한 일을 하였느냐 하니 빌라도의 이 질문은 그가 예수님을 십자가에서 죽일 이유를 사실상 찾지 못했다는 뜻이다. 그러나 무리의 거센 요구 앞

쉬운성경

1 이른 아침에 대제사장들이 장로들, 율법학자, 그리고 모든 유대 의회원들과 함께 회의를 하였습니다. 이들은 예수님을 묶고 끌고 가서 빌라도에게 넘겼습니다.

2 빌라도가 예수님께 물었습니다. "당신이 유대인의 왕이오?" 예수님께서 대답하셨습니다. "네가 말한 대로다."

3 대제사장들이 여러 가지 말로 예수님을 고발했습니다.

4 빌라도가 예수님께 다시 질문했습니다. "아무 대답이 없소? 이 사람들이 당신에게 여러 가지로 고발을 하는 것을 보시오."

5 그러나 예수님께서는 더 이상 대답을 하지 않으셨습니다. 빌라도가 이것을 보고 매우 놀랐습니다.

6 명절 때마다 빌라도는 사람들이 요청하는 죄수 한 명을 풀어 주곤 했습니다.

7 바라바라고 하는 사람이, 폭동이 일어났을 때 살인을 저지른 폭도들과 함께 감옥에 있었습니다.

8 사람들이 빌라도에게 와서 지금까지 그랬던 것처럼, 죄수 한 명을 풀어 달라고 요청했습니다.

9 빌라도가 그들에게 물었습니다. "유대인의 왕을 놓아 주기를 바라느냐?"

10 빌라도는 대제사장들이 예수님을 시기해서 자기에게 넘긴 것을 알았던 것입니다.

11 대제사장들은 사람들을 선동하여 예수님 대신 바라바를 풀어 달라고 요청하게 했습니다.

12 빌라도가 사람들에게 다시 물었습니다. "그러면 너희가 유대인의 왕이라고

에서 빌라도는 선뜻 결정을 내리지 못한다.

15 빌라도가 무리에게 만족을 주고자 하여 바라바는 놓아 주고 예수는 채찍질하고 십자가에 못 박히게 넘겨 주니라 결국 빌라도는 사람을 만족시키는 결정을 내린다. 즉, 로마법보다는 무리의 집단적인 요구에 굴복해 바라바를 석방하고 예수님을 십자가에 못 박는 정치적인 결정을 내리고 만다. 그런 의미에서 빌라도는 십자가형에 대한 크나큰 책임을 면할 수 없다. 특히 예수님이 당한 채찍질은 이사야 53장 5절을 떠올리게 한다.

부르는 이 사람은 어떻게 해야 하겠느냐?"

13 사람들이 소리쳤습니다. "십자가에 못박으시오!"

14 빌라도가 물었습니다. "어째서? 그가 무슨 잘못을 했느냐?" 하지만 사람들은 더욱더 크게 소리쳤습니다. "십자가에 못박으시오!"

15 빌라도는 사람들을 만족시키려고 바라바를 놓아 주었습니다. 그리고 예수님을 채찍질하게 하고, 십자가에 못 박도록 넘겨 주었습니다.

저자의 묵상

유대 종교지도자들은 예수님을 종교지도자가 아닌 정치범으로 몰아 죽이려는 계획을 세우고 빌라도에게 예수님을 끌고 간다. 그들에게는 예수님의 진짜 정체가 무엇인지, 즉 예수님이 하나님의 아들 그리스도인지 아닌지는 중요하지 않았다. 그저 자신들의 지위와 신분을 유지하며 대중의 존경을 받는 것만 중요할 뿐이었다. 그 일에 장애물이 되는 사람은 누구든 제거하려 했다. 오늘날도 교회지도자를 자처하면서 결국 지위와 기득권을 유지하는 데만 관심을 쏟는 이들이 있다면, 유대 종교지도자들의 전철을 밟는 것이나 다름없다. 한편 하나님은 예수님을 적극적으로 구원하시기보다는 악인들의 행동을 가만히 내버려 두심으로 하나님의 뜻을 이루어 가셨다. 겉으로 볼 때는 무기력하게 십자가에 죽으신 것 같지만, 사실은 그것이 바로 하나님이 계획하신 구원의 시나리오였다. 여기서 우리는 두 가지를 기억해야 한다. 하나는, 예수님을 알아보지 못하는 교회와 교인이 되지 않도록 영적인 오감을 일깨워야 한다. 다른 하나는, 오늘도 보이지 않는 하나님의 역사가 직간접적으로 계속되고 있음을 믿어야 한다.

무릎기도 하나님 아버지, 우리가 군중심리에 휩쓸려 잘못된 판단과 선택을 하지 않도록 도와주시고, 우리를 구원하신 예수님보다 더 귀한 것이 없음을 항상 고백하게 하소서.

ESV - Mark 15

1 And as soon as it was morning, the chief
priests held a consultation with the elders
and scribes and the whole council. And they
bound Jesus and led him away and
delivered him over to Pilate.
2 And Pilate asked him, "Are you the King of
the Jews?" And he answered him, "You have
said so."
3 And the chief priests accused him of many
things.
4 And Pilate again asked him, "Have you no
answer to make? See how many charges
they bring against you."
5 But Jesus made no further answer, so that
Pilate was amazed.
6 Now at the feast he used to release for them
one prisoner for whom they asked.
7 And among the rebels in prison, who had
committed murder in the insurrection, there
was a man called Barabbas.
8 And the crowd came up and began to ask
Pilate to do as he usually did for them.
9 And he answered them, saying, "Do you
want me to release for you the King of the
Jews?"
10 For he perceived that it was out of envy that
the chief priests had delivered him up.
11 But the chief priests stirred up the crowd to
have him release for them Barabbas instead.
12 And Pilate again said to them, "Then what
shall I do with the man you call the King of
the Jews?"
13 And they cried out again, "Crucify him."
14 And Pilate said to them, "Why? what evil has
he done?" But they shouted all the more,
"Crucify him."
15 So Pilate, wishing to satisfy the crowd,
released for them Barabbas, and having
scourged* Jesus, he delivered him to be
crucified.

* 15:15 A Roman judicial penalty, consisting of a severe beating with a multi-lashed whip containing embedded pieces of bone and metal

1 hold a consultation with ~ ~와 상의하다 deliver 넘겨주다 3 accuse … of ~ …를 ~라는 죄목으로 고소하다 4 bring charges against ~ ~를 기소하다 6 feast 축제 release 석방하다 7 rebel 반도, 반역자 commit 저지르다 murder 살인 insurrection 반란, 폭동 10 perceive 알아채다 envy 시기 11 stir 선동하다, 부추기다 instead 대신에 13 crucify 십자가에 못 박다 15 satisfy 만족시키다 scourge 채찍질하다

• MEMO •

56 조롱과 모욕을 당하신 예수님

월 일

마가복음 15:16-24 • 새찬송 158장

• 말씀묵상 전에 성령님의 인도하심을 구하는 기도를 드리십시오.

본문요약 | 로마 군인들은 예수님에게 자색 옷을 입히고 가시관을 씌워 유대인의 왕이라 조롱하며 육체적인 고문을 가한다. 이어서 구레네 시몬에게 십자가를 대신 지게 한 후, 골고다에 이르러 예수님을 십자가에 못 박는다. 군인들은 예수님의 옷을 두고 제비를 뽑아 나눠 가진다.

16 군인들이 예수를 끌고 브라이도리온이라
는 뜰 안으로 들어가서 온 군대를 모으고
17 예수에게 자색 옷을 입히고 가시관을 엮
어 씌우고
18 경례하여 이르되 유대인의 왕이여 평안할
지어다 하고
19 갈대로 그의 머리를 치며 침을 뱉으며 꿇
어 절하더라
20 희롱을 다 한 후 자색 옷을 벗기고 도로
그의 옷을 입히고 십자가에 못 박으려고
끌고 나가니라
21 마침 알렉산더와 루포의 아버지인 구레네
사람 시몬이 시골로부터 와서 지나가는데
그들이 그를 억지로 같이 가게 하여 예수
의 십자가를 지우고
22 예수를 끌고 골고다라 하는 곳 (번역하면
해골의 곳)에 이르러
23 몰약을 탄 포도주를 주었으나 예수께서
받지 아니하시니라
24 십자가에 못 박고 그 옷을 나눌새 누가 어
느 것을 가질까 하여 제비를 뽑더라

1. 오늘 하나님께서 나에게 주신 깨달음은 무엇입니까?

2. 말씀을 어떻게 내 삶에 구체적으로 적용해야 합니까?

절별 해설

17 예수에게 자색 옷을 입히고 가시관을 엮어 씌우고 당시 왕들은 자주색 계통의 옷을 입었고, 머리에 왕관을 썼다. 그 때문에 아마도 왕의 옷과 왕관을 빗대어 이런 복장을 예수님에게 입힌 것으로 보인다.

18-19 유대인의 왕이여 평안할지어다 하고 갈대로 그의 머리를 치며 침을 뱉으며 꿇어 절하더라 군인들은 예수님을 조롱하는 의미로 경례하며 경배하는 모습까지 취한다. 군인들의 이런 행동은 예수님을 조롱하는 것이지만, 그들의 의도와는 상관없이 예수님은 로마 군인들의 손을 빌려 왕으로 등극하신다. 그러나 영광과 칭송을 얻는 왕이 아닌, 조롱과 모욕을 당하는 왕이 되셨다. 게다가 군인들이 조롱하고 침을 뱉고 때리는 이 모든 행위는 이미 예수님이 예고하신 수난의 모습(10:34)과 정확하게 일치한다. 이런 수난에도 전혀 저항하지 않으시는 예수님의 모습은 이사야 50장 6절의 예언을 그대로 성취하신 것이다.

21 마침 알렉산더와 루포의 아버지인 구레네 사람 시몬이 시골로부터 와서 지나가는데 그들이 그를 억지로 같이 가게 하여 예수의 십자가를 지우고 밤새도록 조롱과 육체적 학대를 당하신 예수님은 십자가를 지기가 거의 불가능한 상태였던 것 같다. 그래서 로마 군인들은 지나가던 시몬에게 강제로 십자가를 지게 한다. 마가가 그를 "알렉산더와 루포의 아버지"로 소개한 것으로 보아, 아마도 시몬의 두 아들은 초대 교회에서 잘 알려진 인물이었던 것 같다. 시몬과 그의 두 아들은 예수님의 십자가를 대신 지는 이 사건을 계기로 예수님의 제자가 된 것으로 전해진다.

22 예수를 끌고 골고다라 하는 곳 (번역하면 해골의 곳)에 이르러 예수님이 십자가형을 당하기 위해 끌려가신 곳은 '해골 지역'이라는 뜻을 가진 골고다였다. 아마도 이곳은 예루살렘 성 바깥에 위치한 넓은 처형 장소로, 예루살렘을 오가는 사람들이 모두 볼 수 있는 곳이었을 것이다.

23 몰약을 탄 포도주를 주었으나 예수께서 받지 아니하시니라 이 포도주는 십자가형을 당하는 죄수의 고통을 덜어주기 위한 일종의 마취제 같은 역할을 했다. 그러나 예수님은 모든 고통을 온전히 감당하고자 이를 거절하신다. 또 이는 유월절 만찬 때 하나님나라에서 새 것으로 마실 그날까지는 포도주를 마시지 않겠다고 하신 선언(14:25)과도 깊은 관련이 있는 것 같다.

쉬운성경

16 군인들이 예수님을 공관 뜰로 끌고 갔습니다. 그리고 온 부대원을 불러모았습니다.

17 예수님께 자주색 옷을 입히고, 가시왕관을 만들어 예수님의 머리 위에 씌웠습니다.

18 그들은 예수님에게 경례를 하며 소리쳤습니다. "유대인의 왕 만세!"

19 군인들은 갈대로 예수님의 머리를 때리고 침을 뱉었습니다. 그리고 무릎을 꿇고 절을 하였습니다.

20 실컷 놀리고 나서 군인들은 자주색 옷을 벗기고 예수님의 옷을 다시 입혔습니다. 그리고 십자가에 못박으려고 예수님을 끌고 나갔습니다.

21 그때, 시골에서 온 구레네* 출신의 시몬이 지나가고 있었습니다. 이 사람은 알렉산더와 루포의 아버지입니다. 군인들은 시몬에게 예수님의 십자가를 지게 했습니다.

22 군인들은 예수님을 '해골 지역'이라는 뜻을 가진 골고다로 끌고 갔습니다.

23 군인들은 예수님께 몰약을 탄 포도주를 마시게 하려고 했으나, 예수님께서는 마시지 않으셨습니다.

24 군인들은 예수님을 십자가에 못박았습니다. 이들은 제비를 뽑아 예수님의 옷을 누가 차지할지 결정하여 나누어 가졌습니다.

* 15:21 북아프리카에 있는 도시다.

24 그 옷을 나눌새 누가 어느 것을 가질까 하여 제비를 뽑더라 로마 군인들의 이런 행동은 시편 22편 18절을 성취하는 의미가 있다. 표면적으로는 일련의 행동이 우연히 일어난 듯 보이지만, 이미 구약의 여러 본문에서 예언된 대로 예수님은 고난의 길을 가고 십자가에 달리셨다.

저자의 묵상

비록 로마 군인들의 조롱 가운데 진행된 일이지만, 예수님은 유대인의 왕으로 등극하셨다. 마가는 계속 '유대인의 왕'이라는 표현을 사용함으로써 정치적 군사적 의미가 아닌, 진정한 영적 의미에서 예수님이 유대인의 왕이 되심을 강조하려 한 것 같다. 예수님의 언행과 그분에게 가해진 온갖 조치는 표면적으로는 우연히 일어난 듯 보이지만, 사실은 구약에 예언된 내용이 그대로 성취되는 놀라운 사건이었다. 이렇듯 하나님의 거대하고 놀라운 구원 계획은 심지어 사람들의 무지한 행동을 통해서도 유유히 진행되고 있었다. 게다가 예수님의 십자가를 진 구레네 시몬과 그의 아들들은 그 사건을 계기로 초대 교회에 잘 알려진 그리스도인이 되었다. 그런 의미에서 오늘날도 하나님의 역사는 사람들의 눈에 우연처럼 보일지 몰라도 영적인 눈으로 보면 필연이다. 그것을 볼 수 있는 영안이 열리기를 기도해야 한다.

무릎 기도 하나님, 우리의 삶 가운데 일어나는 하나님의 놀라운 역사를 볼 수 있도록 영안을 열어주소서. 이 세상을 통치하고 섭리하시는 그 뜻 가운데 참된 그리스도인으로 살아가게 하소서.

ESV - Mark 15

16 And the soldiers led him away inside the palace (that is, the governor's headquarters),* and they called together the whole battalion.*
17 And they clothed him in a purple cloak, and twisting together a crown of thorns, they put it on him.
18 And they began to salute him, "Hail, King of the Jews!"
19 And they were striking his head with a reed and spitting on him and kneeling down in homage to him.
20 And when they had mocked him, they stripped him of the purple cloak and put his own clothes on him. And they led him out to crucify him.
21 And they compelled a passerby, Simon of Cyrene, who was coming in from the country, the father of Alexander and Rufus, to carry his cross.
22 And they brought him to the place called Golgotha (which means Place of a Skull).
23 And they offered him wine mixed with myrrh, but he did not take it.
24 And they crucified him and divided his garments among them, casting lots for them, to decide what each should take.

* 15:16 Greek *the praetorium*
* 15:16 Greek *cohort;* a tenth of a Roman legion, usually about 600 men

16 headquarters 본부, 본영 call together ~ ~를 소집하다 battalion 대대, 부대 17 twist 꼬다, 엮다 thorn 가시 18 salute 경례하다 hail 만세 19 reed 갈대 spit on ~ ~에게 침을 뱉다 kneel down 꿇어앉다 in homage to ~ ~에게 경의를 표하기 위해 20 mock 조롱하다 strip … of ~ …에서 ~을 벗기다 21 compel 강요하다 passerby 지나가는 사람 22 skull 해골 23 myrrh 몰약 24 cast lots 제비를 뽑다

57 십자가와 백부장의 고백

월 일

마가복음 15:25-39 • 새찬송 439장 | 통일 496장

• 말씀묵상 전에 성령님의 인도하심을 구하는 기도를 드리십시오.

본문요약 | 예수님의 구원 사역의 절정은 십자가다. 로마 군인들은 조롱하는 뜻으로 "유대인의 왕"이라는 죄패를 붙였지만, 하나님은 예수님을 진정한 유대인의 왕으로 높이셨다. 예수님의 마지막 외침과 함께 성전 휘장이 갈라진다. 무엇보다 십자가형을 집행한 백부장은 그분을 하나님의 아들로 고백한다.

25 때가 제삼시가 되어 십자가에 못 박으니라
26 그 위에 있는 죄패에 유대인의 왕이라 썼고
27 강도 둘을 예수와 함께 십자가에 못 박으니 하나는 그의 우편에, 하나는 좌편에 있더라
28 [1](없음)
29 지나가는 자들은 자기 머리를 흔들며 예수를 모욕하여 이르되 아하 성전을 헐고 사흘에 짓는다는 자여
30 네가 너를 구원하여 십자가에서 내려오라 하고
31 그와 같이 대제사장들도 서기관들과 함께 희롱하며 서로 말하되 그가 남은 구원하였으되 자기는 구원할 수 없도다
32 이스라엘의 왕 그리스도가 지금 십자가에서 내려와 우리가 보고 믿게 할지어다 하며 함께 십자가에 못 박힌 자들도 예수를 욕하더라
33 제육시가 되매 온 땅에 어둠이 임하여 제구시까지 계속하더니
34 제구시에 예수께서 크게 소리 지르시되 엘리 엘리 라마 사박다니 하시니 이를 번역하면 나의 하나님, 나의 하나님 어찌하여 나를 버리셨나이까 하는 뜻이라
35 곁에 섰던 자 중 어떤 이들이 듣고 이르되 보라 엘리야를 부른다 하고
36 한 사람이 달려가서 해면에 신 포도주를 적시어 갈대에 꿰어 마시게 하고 이르되 가만 두라 엘리야가 와서 그를 내려 주나 보자 하더라
37 예수께서 큰 소리를 지르시고 숨지시니라
38 이에 성소 휘장이 위로부터 아래까지 찢어져 둘이 되니라
39 예수를 향하여 섰던 백부장이 그렇게 숨지심을 보고 이르되 이 사람은 진실로 하나님의 아들이었도다 하더라

1) 어떤 사본에는, 28 '불법자와 함께 인정함을 받았다 한 성경이 응하였느니라'가 있음

1. 오늘 하나님께서 나에게 주신 깨달음은 무엇입니까?

2. 말씀을 어떻게 내 삶에 구체적으로 적용해야 합니까?

절별 해설

25 때가 제삼시가 되어 십자가에 못 박으니라 예수님의 처형이 집행된 시간은 오전 9시였는데, 유대인의 시간계산법으로는 제3시였다. 유대인들은 오전 6시를 시간의 기준인 0시로 표기한다. 따라서 유대인의 시간계산법에 따르면, 예수님은 제0시(오전 6시)에 사형선고를 받고, 제3시(오전 9시)에 십자가에 달리신다. 제6시(정오)에는 어둠이 엄습했고, 제9시(오후 3시)에 운명하신다.

26 유대인의 왕 당시 관례대로 빌라도는 예수님께 "유대인의 왕"이라는 죄패를 붙여 십자가에 매달았다. 유대 지도자들과 백성, 그리고 예수님과 그 추종자들을 한꺼번에 모욕하려는 의도였던 것 같다. 요한에 따르면 이 죄패는 히브리어, 로마어, 헬라어, 이렇게 3개 국어로 적혀 있어서 디아스포라 유대인과 외국인들까지 다 읽을 수 있었다고 한다(요 19:20).

29-30 아하 성전을 헐고 사흘에 짓는다는 자여 제일 먼저 예수님을 조롱한 부류는 지나가던 군중이었다. 성전을 삼 일 만에 지을 능력이 있다면 먼저 십자가에서 내려와 자신부터 구원하는 신적 능력을 보이라는 것이다. 이를 통해 군중이 원하던 메시아는 바로 그런 초능력으로 세상을 정복하는 구원자였음을 엿볼 수 있다.

31-32 그가 남은 구원하였으되 자기는 구원할 수 없도다 종교 지도자들 역시 예수님을 조롱하는 일에 동참한다. 자신도 구원하지 못하는 주제에 어찌 남을 구원할 수 있겠느냐는 조롱과 비난을 내뱉는다.
함께 십자가에 못 박힌 자들도 예수를 욕하더라 심지어 함께 죽을 운명에 처한 강도들조차 자신들의 신세를 망각한 채 예수님을 비난한다. 한마디로 예수님은 세상 모든 사람에게 철저히 버림받으셨다. 한편, 누가복음에 따르면 강도들 중 하나가 처음에는 예수님을 비방하였으나 나중에는 죄를 뉘우치고 예수님을 구주로 고백함으로 "오늘 네가 나와 함께 낙원에 있으리라"(눅 23:39-43)는 축복을 받는다.

34-36 엘리 엘리 라마 사박다니 시편 22편 1절에 예언된 이 말씀은 성부 하나님과의 단절에서 오는 고통을 심오하게 표현한다. 그러나 사람들은 이를 엘리야를 부르는 소리로 착각한다. 죽지 않고 승천한 엘리야가 고통받는 사람들을 구원하러 돌아온다는 속설 때문이다.

37 예수께서 큰 소리를 지르시고 숨지시니라 예수님이 마지막에 큰 소리로 외친 말씀은 "다 이루었다"(*헬.* 테텔레스타이, 요 19:30)이다. 예수님은 인류 구원이라는 구체적인 목표가 있

쉬운성경

25 예수님을 십자가에 못박은 때는 아침 9시였습니다.

26 예수님의 죄패에는 '유대인의 왕'이라는 죄목이 적혀 있었습니다.

27 군인들은 예수님과 더불어 두 명의 강도를 하나는 오른쪽에 하나는 왼쪽에 매달았습니다.

28 (없음)*

29 지나가던 사람들이 고개를 흔들면서 예수님을 모욕하였습니다. "아, 성전을 헐고 삼 일 만에 다시 세우겠다던 사람아,

30 당신 자신이나 구해 보시지! 십자가에서 내려와 봐!"

31 대제사장들도 율법학자들과 함께 다른 사람들처럼 놀렸습니다. 그들은 자기들끼리 말했습니다. "저 사람이 다른 사람들은 구원하고 자기 자신은 구원하지 못하는구나.

32 이스라엘의 왕 그리스도여, 십자가에서 내려오시라. 그러면 우리가 보고 믿겠다." 함께 십자가에 못박힌 사람들도 그와 같은 비난을 예수님께 했습니다.

33 정오가 되자 온 땅에 어둠이 덮이더니 오후 3시까지 계속되었습니다.

34 오후 3시에, 예수님께서 큰 소리로 외치셨습니다. "엘리 엘리 라마 사박다니" 이 말은 "나의 하나님 나의 하나님, 어찌하여 나를 버리셨나이까?"라는 뜻입니다.

35 서 있던 사람들이 이 소리를 듣고 말했습니다. "보시오! 저 사람이 엘리

* 15:28 어떤 사본에는 다음과 같은 구절이 있다. "'그가 범법자들 중 한 사람으로 여겨졌다'고 한 말씀이 이루어졌다."

었고, 마침내 죽음으로 성취하셨다. 이는 한마디로 승리의 외침이다.

38 성소 휘장이 위로부터 아래까지 찢어져 둘이 되니라 예수님의 목적이 성취되었음을 보여주는 가장 상징적인 사건이 바로 성전 휘장이 갈라진 일이다. 성소와 지성소 사이를 가로막던 휘장이 찢어짐으로 죄인들이 거룩하신 하나님께 직접 나아갈 수 있는 길이 열렸다.

39 이 사람은 진실로 하나님의 아들이었도다 이 고백은 다름 아닌 십자가 처형을 집행한 로마 백부장의 입에서 나왔다. 이런 처형식을 수없이 반복한 그였지만 예수님의 처형만큼은 다르다는 것을 직감했기 때문이다. 백부장은 예수님의 죽음 이후 그분을 하나님의 아들로 고백한 최초의 인물이 되었다. 전승에 의하면, 그의 이름은 '롱기누스'(Longinus) 혹은 '페트로니우스'(Petronius)이며, 훗날 개종하여 갑바도기아에서 복음을 전하다 순교했다고 한다.

야를 부르고 있습니다."

36 어떤 사람이 달려가서 신 포도주를 해면에 묻혀 막대기에 매달았습니다. 그리고 예수님께 마시게 하며 말했습니다. "과연 엘리야가 와서 십자가에서 내려주는지 봅시다."

37 그러자 예수님께서 큰 소리를 지르시고 마지막 숨을 거두셨습니다.

38 그때 성전에 있던 휘장이 꼭대기에서 바닥까지 두 쪽으로 갈라졌습니다.

39 예수님 바로 앞에 서 있던 백부장이 예수님께서 마지막 숨을 거두시는 것을 보고 말했습니다. "이분은 진실로 하나님의 아들이었다!"

저자의 묵상

사탄은 예수님을 십자가에서 죽임으로써 자신이 승리한 줄 착각했다. 그러나 예수님의 "다 이루었다!"는 마지막 외침은 패배자의 절규가 아니라 승리자의 환호성이었다. 여기서 주목할 몇 가지 사실이 있다. 무엇보다 예수님의 죽으심은 그분의 지상 사역의 정점이었다. 극심한 고통과 슬픔에도 불구하고 십자가의 죽으심은 구약의 예언을 성취하고 하나님의 구원 계획을 완성하시는 성공적인 사역이었다.

또 하나, 예수님이 운명하시자 성전의 휘장이 찢어졌다. 성소와 지성소를 구별하던 휘장이 찢어짐으로 이제는 하나님을 향해 담대히 나아갈 수 있는 길이 환하게 열린 것이다(참고. 히 10:19-20). 마지막으로 백부장의 신앙고백이다. 유대인들은 정치적 군사적 메시아를 기대하며 예수님을 배척하고 십자가에 못 박았지만, 정작 그분의 십자가 처형을 집행한 이방인 백부장은 예수님을 하나님의 아들 메시아로 고백했다.

무릎 기도 하나님, 죽을 수밖에 없었던 죄인을 구원해 주시니 감사합니다. 이제 주님이 십자가의 죽으심을 통해 열어 놓으신 지성소로 가는 길을 따라 믿음의 길을 가게 하소서.

ESV - Mark 15

25 And it was the third hour* when they crucified
him.
26 And the inscription of the charge against him
read, "The King of the Jews."
27 And with him they crucified two robbers, one
on his right and one on his left.*
29 And those who passed by derided him,
wagging their heads and saying, "Aha! You
who would destroy the temple and rebuild it
in three days,
30 save yourself, and come down from the
cross!"
31 So also the chief priests with the scribes
mocked him to one another, saying, "He
saved others; he cannot save himself.
32 Let the Christ, the King of Israel, come down
now from the cross that we may see and
believe." Those who were crucified with him
also reviled him.
33 And when the sixth hour* had come, there
was darkness over the whole land until the
ninth hour.*
34 And at the ninth hour Jesus cried with a loud
voice, "Eloi, Eloi, lema sabachthani?" which
means, "My God, my God, why have you
forsaken me?"
35 And some of the bystanders hearing it said,
"Behold, he is calling Elijah."
36 And someone ran and filled a sponge with
sour wine, put it on a reed and gave it to him
to drink, saying, "Wait, let us see whether
Elijah will come to take him down."
37 And Jesus uttered a loud cry and breathed
his last.
38 And the curtain of the temple was torn in two,
from top to bottom.
39 And when the centurion, who stood facing
him, saw that in this way he* breathed his
last, he said, "Truly this man was the Son* of
God!"

* 15:25 That is, 9 A.M.
* 15:27 Some manuscripts insert verse 28: *And the Scripture was fulfilled that says, 'He was numbered with the transgressors'*
* 15:33 That is, noon
* 15:33 That is, 3 P.M.
* 15:39 Some manuscripts insert *cried out and*
* 15:39 Or *a son*

26 inscription 명문(銘文) charge 죄명, 혐의 27 robber 강도 29 deride 조롱하다 wag one's head 머리를 흔들다
32 revile 비방하다 34 forsake 버리다 35 bystander 구경꾼 36 sour 신, 시큼한 reed 갈대 take ~ down ~를 내리다
37 utter 소리 내다 breathe one's last 숨을 거두다 38 tear in two 둘로 찢다 39 centurion 백부장 facing ~에 대면하여

• MEMO •

58 예수님의 장례

월 일

마가복음 15:40-47 • 새찬송 147장 | 통일 136장

• 말씀묵상 전에 성령님의 인도하심을 구하는 기도를 드리십시오.

본문요약 I 최후의 순간까지 예수님 곁을 지킨 사람은 열한 제자가 아니라 여인들이었다. 그들의 모습에서 진정한 제자의 모습을 보게 된다. 또 사회적 신분이 높았던 아리마대 요셉은 자신에게 미칠 모든 악영향을 개의치 않고 예수님을 자신의 가족묘에 장사지내는 참된 제자의 모습을 보여준다.

40 멀리서 바라보는 여자들도 있었는데 그중
에 막달라 마리아와 또 작은 야고보와 요
세의 어머니 마리아와 또 살로메가 있었
으니
41 이들은 예수께서 갈릴리에 계실 때에 따
르며 섬기던 자들이요 또 이 외에 예수와
함께 예루살렘에 올라온 여자들도 많이
있었더라
42 이날은 준비일 곧 안식일 전날이므로 저
물었을 때에
43 아리마대 사람 요셉이 와서 당돌히 빌라
도에게 들어가 예수의 시체를 달라 하니
이 사람은 존경받는 공회원이요 하나님의
나라를 기다리는 자라
44 빌라도는 예수께서 벌써 죽었을까 하고
이상히 여겨 백부장을 불러 죽은 지가 오
래나 묻고
45 백부장에게 알아 본 후에 요셉에게 시체
를 내주는지라
46 요셉이 세마포를 사서 예수를 내려다가
그것으로 싸서 바위 속에 판 무덤에 넣어
두고 돌을 굴려 무덤 문에 놓으매
47 막달라 마리아와 요세의 어머니 마리아가
예수 둔 곳을 보더라

1. 오늘 하나님께서 나에게 주신 깨달음은 무엇입니까?

2. 말씀을 어떻게 내 삶에 구체적으로 적용해야 합니까?

절별 해설

40-41 막달라 마리아와 또 작은 야고보와 요세의 어머니 마리아와 또 살로메가 있었으니 이들은 예수께서 갈릴리에 계실 때에 따르며 섬기던 자들이요 또 이 외에 예수와 함께 예루살렘에 올라온 여자들도 많이 있었더라 예수님의 마지막 임종을 지킨 사람은 열한 제자가 아니라 여인들이었다. 열한 제자가 모두 도망친 상황에서 끝까지 남아 있던 이 여인들은 예수님의 죽음과 장사 및 부활을 증언하는 핵심 증인이 된다. 당시 여인들에게 법적인 권한이 미미했던 점을 생각하면, 예수님 곁에 마지막까지 남은 이들이 여인들이었고 그들의 이름을 자세히 밝히고 있다는 사실은 크게 다가온다. 이는 결국 진정한 제자의 자격은 사회적 법적 자격에 근거하는 것이 아니라, 예수님에 대한 변함없는 충성심뿐이라는 점을 확실히 보여준다.

42 이날은 준비일 곧 안식일 전날이므로 저물었을 때에 신명기 21장 22-23절에 따르면, 나무에 달려 죽은 시체의 경우 그날 장사하도록 규정한다. 따라서 십자가에 처형된 경우도 동일한 규정을 적용받았을 것이다. 특히 다음날이 안식일이었으므로 안식일이 시작되기 전에 서둘러 예수님의 장사를 지내야 했다.

43 아리마대 사람 요셉이 와서 당돌히 빌라도에게 들어가 예수의 시체를 달라 하니 예수님의 장례는 아리마대 출신의 요셉이 치렀다. 그는 존경받는 유대 의회원이었으며 하나님나라를 기다리는 사람이었다. 그런데 예수님이 유대 의회의 결정에 따라 십자가에 처형된 상황에서, 의회의 결정과 반대되는 행동을 취하는 것은 사회적인 신분에 큰 위협이 되는 일이었을 것이다. 그럼에도 개의치 않고 장례를 주관했다는 점에서 그는 예수님의 신실한 제자였음에 틀림없다(참고. 마 27:57).

44 빌라도는 예수께서 벌써 죽었을까 하고 이상히 여겨 백부장을 불러 죽은 지가 오래냐 묻고 일반적으로 십자가형을 당한 사람은 보통 2~3일이 경과한 후에 숨을 거둔다. 따라서 처형 당일에 예수님의 시신을 요구받은 빌라도는 그분의 죽음에 의문을 가졌고, 백부장을 불러 이를 확인한다.

46 바위 속에 판 무덤에 넣어 두고 예수님의 시신을 장사한 무덤은 바위를 깎아 만든 것이었다. 이는 주로 부자들이 사용하던 가족묘로, 입구로 들어가면 넓은 내실이 있고, 그 둘레로 시신을 안치할 수 있는 단이나 굴이 배치되어 있다. 이런 형태의 무덤은 오늘날까지 예루살렘 주변에 상당히 많이 남아 있다. 이로써 "그가 죽은 후에 부자와 함께 있었도다"(사 53:9)라는 구약의 예언이 또 다시 성취된다.

40 여자들이 약간 떨어진 곳에서 지켜보고 있었습니다. 이들은 막달라 마리아, 살로메 그리고 작은 야고보와 요세의 어머니 마리아였습니다.

41 이들은 예수님께서 갈릴리에 계실 때에 예수님을 따르며 섬기던 사람들이었습니다. 또한 예수님을 따라 예루살렘에 온 다른 여자들도 많이 있었습니다.

42 이미 날이 저물었습니다. 이날은 준비하는 날, 곧 안식일 바로 전날이었습니다.

43 아리마대 출신의 요셉이 와서 빌라도에게 예수님의 시신을 달라고 했습니다. 이 사람은 존경받는 유대 의회원이었고, 하나님 나라를 기다리는 사람이었습니다.

44 빌라도는 예수님께서 이미 죽었는지 궁금했습니다. 그래서 백부장을 불러 예수님께서 이미 죽었는지 물었습니다.

45 백부장으로부터 확답을 들은 후, 빌라도는 그 시신을 요셉에게 내어 주었습니다.

46 요셉은 긴 베를 사 가지고 와서, 예수님을 십자가에서 내려서 쌌습니다. 그리고 바위를 깎아서 만든 무덤에 시신을 모셨습니다. 그런 다음 무덤 입구를 커다란 돌을 굴려서 막았습니다.

47 막달라 마리아와 요세의 어머니 마리아가 예수님을 모신 곳을 보았습니다.

47 막달라 마리아와 요세의 어머니 마리아가 예수 둔 곳을 보더라 아마도 이 여인들은 안식일 이후에 정식 장례 절차를 밟기 위해 예수님의 무덤을 확인하느라 마지막까지 함께했던 것 같다. 이런 그들의 관심은 결국 부활의 첫 증인이 되는 결과를 낳는다.

저자의 묵상

예수님의 진정한 제자가 되는 자격은 누구에게 주어지는가? 사회적 법적 신분이나 자격 혹은 신분의 고귀함이나 활동의 기여도 등과는 별 관련이 없다. 오직 예수님 곁에 끝까지 충성하며 남아 있는 사람이 진정한 제자다. 그런 의미에서 마가는 예수님의 임종을 지킨 여인들의 이름을 열거한다. 비록 여인들이 사회적으로는 천대를 받았을지 모르나, 적어도 예수님에게는 가장 귀한 제자로 인정받았고, 그 결과 그들은 죽으심과 장례의 증인이 되었을 뿐 아니라 부활의 최초 증인이 되기도 했다. 또 유대 의회원이던 아리마대 요셉은 자신의 사회적 신분에 큰 악영향이 있을 것을 감수하면서까지 예수님의 장례를 도맡아 치른다. 이렇듯 세상은 출신 성분이나 사회적 지위 등을 따지지만, 예수님은 오직 끝까지 당신 곁을 떠나지 않고 지키는 충성스러운 제자를 원하신다.

무릎기도 하나님, 사회적인 조건을 따지지 않고 주님을 끝까지 따르는 충성스러운 제자가 되게 하소서. 그것이 가장 영광스럽고 행복한 삶임을 고백합니다.

ESV - Mark 15

40 There were also women looking on from a distance, among whom were Mary Magdalene, and Mary the mother of James the younger and of Joses, and Salome.

41 When he was in Galilee, they followed him and ministered to him, and there were also many other women who came up with him to Jerusalem.

42 And when evening had come, since it was the day of Preparation, that is, the day before the Sabbath,

43 Joseph of Arimathea, a respected member of the council, who was also himself looking for the kingdom of God, took courage and went to Pilate and asked for the body of Jesus.

44 Pilate was surprised to hear that he should have already died.* And summoning the centurion, he asked him whether he was already dead.

45 And when he learned from the centurion that he was dead, he granted the corpse to Joseph.

46 And Joseph* bought a linen shroud, and taking him down, wrapped him in the linen shroud and laid him in a tomb that had been cut out of the rock. And he rolled a stone against the entrance of the tomb.

47 Mary Magdalene and Mary the mother of Joses saw where he was laid.

* 15:44 Or *Pilate wondered whether he had already died*
* 15:46 Greek *he*

41 minister to ~ ~의 시중을 들다 42 preparation 준비 Sabbath 안식일 43 respected 훌륭한 look for ~ ~바라다, 기대하다 take courage 용기를 내다 44 summon 소환하다 45 corpse 시체 46 shroud 수의 wrap in ~ ~으로 감싸다

59 예수님의 부활과 첫 증인

월 일

마가복음 16:1-8 • 새찬송 167장 | 통일 157장

• 말씀묵상 전에 성령님의 인도하심을 구하는 기도를 드리십시오.

본문요약 | 예수님의 장례를 치른 여인들은 그분의 시신에 향료를 바르기 위해 안식일 다음날 이른 아침 무덤을 찾는다. 그들은 거기서 천사를 만나고, 예수님의 부활 소식을 처음으로 듣는다. 그리고 부활하신 예수님이 제자들보다 먼저 갈릴리로 가신다는 말을 듣고 두려워 도망친다.

1 안식일이 지나매 막달라 마리아와 야고보의 어머니 마리아와 또 살로메가 가서 예수께 바르기 위하여 향품을 사다 두었다가

2 [1]안식 후 첫날 매우 일찍이 해 돋을 때에 그 무덤으로 가며

3 서로 말하되 누가 우리를 위하여 무덤 문에서 돌을 굴려 주리요 하더니

4 눈을 들어본즉 벌써 돌이 굴려져 있는데 그 돌이 심히 크더라

5 무덤에 들어가서 흰 옷을 입은 한 청년이 우편에 앉은 것을 보고 놀라매

6 청년이 이르되 놀라지 말라 너희가 십자가에 못 박히신 나사렛 예수를 찾는구나 그가 살아나셨고 여기 계시지 아니하니라 보라 그를 두었던 곳이니라

7 가서 그의 제자들과 베드로에게 이르기를 예수께서 너희보다 먼저 갈릴리로 가시나니 전에 너희에게 말씀하신 대로 너희가 거기서 뵈오리라 하라 하는지라

8 여자들이 몹시 놀라 떨며 나와 무덤에서 도망하고 무서워하여 아무에게 아무 말도 하지 못하더라

1) 헬, 그 주간의

1. 오늘 하나님께서 나에게 주신 깨달음은 무엇입니까?

2. 말씀을 어떻게 내 삶에 구체적으로 적용해야 합니까?

절별 해설

1 안식일이 지나매 막달라 마리아와 야고보의 어머니 마리아와 또 살로메가 가서 예수께 바르기 위하여 향품을 사다 두었다가 안식일 시작이 임박해 예수님의 장례가 급히 치러졌기 때문에 향료를 바르는 의식 등이 제대로 이루어지지 않았을 것이다. 따라서 예수님을 따르던 여인들이 그분에 대한 마지막 사랑과 존경을 표하기 위해 안식일이 지난 후, 즉 토요일 밤쯤에 향료를 준비해 예수님의 무덤을 방문하려 했던 것 같다.

2 안식 후 첫날 매우 일찍이 해 돋을 때에 그 무덤으로 가며 여인들이 예수님의 무덤을 방문한 날은 일주일이 시작되는 첫째 날 이른 시간이었다. 유대인의 요일 계산법에 따르면, 해가 지는 일몰부터 다음 일몰까지를 하루로 계산한다. 따라서 안식일은 금요일 저녁부터 토요일 저녁에 해당한다. 그렇다면 예수님은 금요일 저녁에 장사되어 일요일 새벽에 부활하신 것이므로, 날짜로는 사흘이지만 시간상으로는 약 36시간 정도 무덤에 계셨던 것으로 볼 수 있다. 한편 초대 교회는 예수님이 부활하신 이날을 기념하여 '주의 날'이라고 표현하면서, 그날 모여 예배를 드렸다. 그러다가 주후 321년 콘스탄틴 대제가 일요일을 공휴일로 공포하여 오늘에 이르고 있다.

3-4 서로 말하되 누가 우리를 위하여 무덤 문에서 돌을 굴려 주리요 하더니 눈을 들어본즉 벌써 돌이 굴려져 있는데 그 돌이 심히 크더라 예수님을 향한 슬픔과 근심, 존경과 사랑 등 복잡한 마음을 안고 무덤을 향하던 여인들은 미처 무덤이 큰 돌로 막혀 있다는 사실을 잊고 있었던 것 같다. 아마도 무덤 근처에 이르러서야 그 사실을 기억하고 모두 걱정에 휩싸였던 것 같다. 그런데 도착해서 보니 이미 돌이 옮겨져 있었다. 마가는 누가 언제 왜 돌을 옮겼는지에 대해 아무런 언급도 하지 않는다. 그러나 마태는 천사가 그 돌을 옮겼다고 기록한다(마 28:2).

5 무덤에 들어가서 흰 옷을 입은 한 청년이 우편에 앉은 것을 보고 놀라매 무덤을 가로막았던 돌이 치워진 것을 본 여인들은 놀라고 기뻐하며 무덤에 들어갔을 것이다. 그런데 그들이 본 것은 "흰 옷을 입은 한 청년"이었다. 마태와 누가와 요한은 이 사람을 천사로 부르고 있다(마 28:2; 눅 24:23; 요 20:12). 예수님의 시신 대신 천상의 존재를 만난 여인들은 말할 수 없는 두려움에 사로잡힌다.

6-7 그가 살아나셨고 여기 계시지 아니하니라 보라 그를 두었던 곳이니라 가서 그의 제자들과 베드로에게 이르기를 예수께서 너희보다 먼저 갈릴리로 가시나니 전에 너희에게 말씀하신 대로 너희가 거기서 뵈오리라 하라 천사는 여인들에게 두 가지 중요한 사실을 이야기한다. 먼저 예수님이 다시 살아나셨

쉬운성경

1 안식일이 지나고, 막달라 마리아와 야고보의 어머니 마리아와 살로메가 예수님께 바르려고 향료를 샀습니다.

2 일주일이 시작되는 첫째 날 매우 이른 시간, 해가 뜰 무렵에 무덤으로 갔습니다.

3 이들은 서로 말했습니다. "입구에 있는 커다란 돌을 누가 굴려 주겠는가?"

4 그런데 눈을 들어 보니, 커다란 돌이 이미 옮겨져 있었습니다.

5 무덤에 들어가자 하얀 옷을 입은 한 젊은 사람이 오른쪽에 앉아 있었습니다. 여자들은 매우 무서웠습니다.

6 그 사람이 말했습니다. "놀라지 마십시오. 여러분들은 십자가에서 돌아가신 나사렛 예수님을 찾고 있군요. 그분은 다시 살아나셨습니다. 여기 계시지 않습니다. 보십시오. 여기가 예수님을 모셨던 곳입니다.

7 자, 이제 가서 제자들과 베드로에게 말하십시오. 말씀하신 대로 예수님께서 당신들보다 먼저 갈릴리에 가시고, 거기서 당신들이 주님을 볼 것입니다."

8 그들은 무덤에서 나와 도망쳤습니다. 그것은 무서움과 공포가 그들을 사로잡았기 때문입니다. 그들은 두려워서 아무에게도 말하지 않았습니다.

다는 부활의 소식을 전한다. 그리고 그 부활은 단순한 영적 부활이 아니라 육체적인 부활임을 강조한다. 또 하나, 다른 제자들에게 부활의 소식을 전하라고 명령한다. 그러면서 예수님이 전에 예고하신대로(14:28) 제자들보다 먼저 추억이 깃든 갈릴리로 가실 것이라고 말한다.

저자의 묵상

살아생전에 예수님은 여러 차례 부활을 말씀하셨지만, 정작 그 사실을 기억하고 준비한 제자는 아무도 없었다. 오히려 예수님을 사랑하고 존경하던 여인들이 예수님의 시신에 향료를 바르고자 이른 새벽 무덤으로 갔다. 하나님은 이 여인들의 순수하고 아름다운 행동을 귀하게 보시고 그들을 예수님 부활의 첫 증인으로 삼으신다. 이렇듯 하나님의 기적은 아무도 기대하지 않는 순간에 놀랍게 일어날 수 있다. 그런가 하면 천사는 예수님이 제자들보다 먼저 갈릴리로 가서 그들을 기다리신다는 말을 전한다. 이것은 예수님의 죽음 앞에서 그분을 버리고 도망치거나 그분을 저주했던 베드로를 비롯한 제자들을 용서하고 다시 품어주시겠다는 약속과도 같은 말씀이다. 한번 선택한 제자를 끝까지 버리지 않고 품으시는 예수님의 사랑이 부활 사건을 통해 다시금 부각된다. 그 사랑은 지금도 계속된다.

무릎기도 하나님, 변함없는 사랑으로 품어주시니 감사합니다. 순전한 마음으로 주님을 섬기게 하소서. 주님의 부활 사건이 제 삶에서 매순간 각성되며 그 사랑 안에서 살게 하소서.

ESV - Mark 16

1 When the Sabbath was past, Mary Magdalene, Mary the mother of James, and Salome bought spices, so that they might go and anoint him.
2 And very early on the first day of the week, when the sun had risen, they went to the tomb.
3 And they were saying to one another, "Who will roll away the stone for us from the entrance of the tomb?"
4 And looking up, they saw that the stone had been rolled back—it was very large.
5 And entering the tomb, they saw a young man sitting on the right side, dressed in a white robe, and they were alarmed.
6 And he said to them, "Do not be alarmed. You seek Jesus of Nazareth, who was crucified. He has risen; he is not here. See the place where they laid him.
7 But go, tell his disciples and Peter that he is going before you to Galilee. There you will see him, just as he told you."
8 And they went out and fled from the tomb, for trembling and astonishment had seized them, and they said nothing to anyone, for they were afraid.

[SOME OF THE EARLIEST MANUSCRIPTS DO NOT INCLUDE 16:9-20.]*

* Some manuscripts end the book with 16:8; others include verses 9-20 immediately after verse 8. At least one manuscript inserts additional material after verse 14; some manuscripts include after verse 8 the following: But they reported briefly to Peter and those with him all that they had been told. And after this, Jesus himself sent out by means of them, from east to west, the sacred and imperishable proclamation of eternal salvation. These manuscripts then continue with verses 9-20

1 spice 향료 anoint 기름을 바르다 5 robe 옷 alarmed 겁먹은 8 flee from ~ ~에서 달아나다 trembling 떨림, 전율 astonishment 놀람 seize 잡다, 엄습하다

60 부활 소식을 믿지 못하는 제자들

월 일

마가복음 16:9–20 • 새찬송 162장 | 통일 151장

• 말씀묵상 전에 성령님의 인도하심을 구하는 기도를 드리십시오.

본문요약 I 죽음에서 부활하신 예수님은 막달라 마리아를 통해, 그리고 이어서 시골로 가던 두 제자를 통해 자신의 부활 소식을 제자들에게 알리신다. 그러나 제자들은 여전히 불신앙의 반응을 보인다. 그러나 부활하신 주님을 직접 만나고 복음전파의 명령을 받은 뒤 부활의 증인으로 변한다.

9 [1][예수께서 안식 후 첫날 이른 아침에 살
아나신 후 전에 일곱 귀신을 쫓아내어 주
신 막달라 마리아에게 먼저 보이시니
10 마리아가 가서 예수와 함께하던 사람들이
슬퍼하며 울고 있는 중에 이 일을 알리매
11 그들은 예수께서 살아나셨다는 것과 마리
아에게 보이셨다는 것을 듣고도 믿지 아
니하니라
12 그 후에 그들 중 두 사람이 걸어서 시골로
갈 때에 예수께서 다른 모양으로 그들에
게 나타나시니
13 두 사람이 가서 남은 제자들에게 알리었
으되 역시 믿지 아니하니라
14 그 후에 열한 제자가 [2]음식 먹을 때에 예
수께서 그들에게 나타나사 그들의 믿음
없는 것과 마음이 완악한 것을 꾸짖으시
니 이는 자기가 살아난 것을 본 자들의 말
을 믿지 아니함일러라
15 또 이르시되 너희는 온 천하에 다니며 [3]만
민에게 복음을 전파하라
16 믿고 [4]세례를 받는 사람은 구원을 얻을 것
이요 믿지 않는 사람은 정죄를 받으리라
17 믿는 자들에게는 이런 [5]표적이 따르리니
곧 그들이 내 이름으로 귀신을 쫓아내며
새 방언을 말하며
18 뱀을 집어올리며 무슨 독을 마실지라도
해를 받지 아니하며 병든 사람에게 손을
얹은즉 나으리라 하시더라

1) 어떤 사본에는, 9–20절까지 없음 2) 2:15 난하주를 보라
3) 헬, 온 창조세계에 4) 헬, 또는 침례 5) 또는 이적

19 주 예수께서 말씀을 마치신 후에 하늘로
올려지사 하나님 우편에 앉으시니라
20 제자들이 나가 두루 전파할새 주께서 함
께 역사하사 그 따르는 [5]표적으로 말씀을
확실히 증언하시니라]

1. 오늘 하나님께서 나에게 주신 깨달음은 무엇입니까?

2. 말씀을 어떻게 내 삶에 구체적으로 적용해야 합니까?

절별 해설

9 전에 일곱 귀신을 쫓아내어 주신 막달라 마리아에게 먼저 보이시니 예수님이 많은 사람들 가운데 여인, 그것도 귀신 들렸던 여인을 부활의 첫 증인으로 삼으신 사실은 시사하는 바가 크다. 당시 여인들은 증인의 자격이 없었음에도 예수님이 여인을 부활의 첫 증인으로 삼으신 것은, 오히려 부활의 확실성을 보여주는 증거라고 할 수 있다. 세상적인 의미의 증인이 더 이상 필요하지 않을 만큼 예수님의 부활이 확실하다는 뜻이 된다. 또 과거에 마귀의 권세에 사로잡혀 있다가 예수님을 통해 새 사람이 된 여인에게 부활의 몸으로 나타나셨다는 사실은 부활을 통해 주시는 구원의 생명력을 더욱 부각한다.

11 그들은 예수께서 살아나셨다는 것과 마리아에게 보이셨다는 것을 듣고도 믿지 아니하니라 마리아에게서 예수님의 부활소식을 들은 제자들은 오히려 불신앙의 반응을 보인다(24:11,41). 이것이 예수님의 죽음만을 목격한 채 부활을 보지 못한 제자들의 신앙상태다.

12-13 두 사람이 걸어서 시골로 갈 때에 예수께서 다른 모양으로 그들에게 나타나시니 이것은 엠마오로 가는 두 제자 이야기(눅 24:13-35)를 요약한 것 같다. 이들의 이야기를 듣고도 다른 제자들은 계속 불신앙으로 반응한다.

15-16 너희는 온 천하에 다니며 만민에게 복음을 전파하라 믿고 세례를 받는 사람은 구원을 얻을 것이요 부활하신 예수님은 제자들을 직접 만나 그들의 불신앙을 꾸짖으신 뒤 복음 선포를 명령하신다. 이것은 마태복음 28장 18-20절의 대위임령을 요한복음 3장 18절의 주제와 연결해 요약한 것으로 보인다.

17-18 여기서는 복음 선포자에게 주어지는 능력과 특권을 신약성경의 여러 구절에서 추출하여 열거한다. 믿는 사람에게는 증거가 따라오며(요 14:12; 행 5:12), 귀신을 내쫓고(행 16:18), 새로운 말 즉 방언을 말하며(행 2:3-4; 10:46; 19:6), 뱀을 잡고 독을 마셔도 해를 받지 않고(눅 10:19; 행 28:3-6), 환자를 치유할 것이라고(행 9:12,17) 말씀하신다.

19-20 예수님은 승천하여(눅 24:51; 행 1:2-22) 하나님의 오른쪽에 앉으셨다(행 2:30-33). 그리고 제자들은 그분의 명령대로 실제 선교활동을 펼치며 부활을 증명해 보인다.

쉬운성경

9 예수님께서 일주일을 시작하는 첫 번째 날 아침에 다시 살아나셨습니다. 그리고 제일 먼저 일곱 귀신을 내쫓아 주신 적이 있는 막달라 마리아에게 나타나셨습니다.

10 마리아는 가서 예수님과 함께 지내던 제자들에게 이 사실을 알렸습니다. 그들은 슬퍼하며 울고 있었습니다.

11 마리아로부터 예수님께서 살아 계시며, 예수님을 뵈었다는 소리를 듣고도, 제자들은 믿지 않았습니다.

12 그 후 예수님께서는 다른 모습으로 두 제자에게 나타나셨습니다. 이들은 시골로 내려가는 길이었습니다.

13 두 제자는 다른 제자들에게 돌아가서 말했습니다. 이번에도 다른 제자들은 그들의 말을 믿지 않았습니다.

14 나중에 예수님께서 식사를 하고 있는 열한 명의 제자들에게 나타나셨습니다. 그리고 제자들의 믿음이 적음과 마음이 굳은 것을 꾸짖으셨습니다. 그것은 제자들이 예수님께서 다시 살아나신 후에 예수님을 만난 사람들의 말을 믿지 않았기 때문입니다.

15 예수님께서 제자들에게 말씀하셨습니다. "온 세상으로 가거라. 온 세상에 복음을 전하여라.

16 믿고 세례를 받는 사람은 구원을 받을 것이다. 그러나 믿지 않는 사람은 심판을 받을 것이다.

17 믿는 사람들에게는 이러한 증거가 따라올 것이다. 내 이름으로 귀신을 내쫓고, 배우지 않은 새로운 말을 하고,

18 손으로 뱀을 집어 들고 독을 마셔도 아무런 해를 받지 않을 것이며, 환자에게 손을 얹으면 나을 것이다."

19 주 예수님께서 제자들에게 이 말씀을 마치시고 하늘로 들려 가셨습니다. 그리고 하나님의 오른쪽에 앉으셨습니다.

20 제자들은 곳곳에 다니면서 복음을 전하였습니다. 주님께서 제자들과 함께 일하셨고, 증거를 보여주심으로 그들이 전하는 말씀이 사실임을 증명해 주셨습니다.

저자의 묵상

본서에는 예수님이 십자가에 달려 고난을 받고 죽었다가 사흘 만에 다시 살아나리라는 예고가 세 번이나 주어진다(8:31; 9:31; 10:32-33). 그것도 예수님이 친히 말씀해 주신다. 그러나 그럴 때마다 제자들은 불신앙의 반응을 보인다. 베드로가 나서서 그러시면 안 된다고 말렸는가 하면, 제자들은 서로 누가 더 크냐는 논쟁만 벌인다. 마지막 예고 때는 세베대의 두 아들 야고보와 요한이 예수님의 오른팔과 왼팔 노릇을 하겠다고 하여 제자들 사이에 분란이 일어나기까지 한다. 이런 제자들의 몰이해와 불신앙은 예수님의 부활 이후에도 계속되었다. 그랬던 그들이 부활하신 예수님을 직접 만난 뒤, 복음 전파의 명령을 받고 변화되어 놀라운 표적을 일으키며 부활의 증인이 된다. 이 사실은 우리에게 부활의 증거가 될 뿐 아니라, 우리 자신도 부활을 믿고 고백할 때 변화된 삶을 살 수 있다는 확신을 갖게 한다.

무릎 기도 하나님, 우리의 불신앙이 부활의 주님을 믿음으로써 부활신앙으로 변하게 하소서. 그리하여 주님의 마지막 명령인 복음 전파 사명을 충성스럽게 감당하게 하소서.

ESV - Mark 16

9 [[Now when he rose early on the first day of the week, he appeared first to Mary Magdalene, from whom he had cast out seven demons.
10 She went and told those who had been with him, as they mourned and wept.
11 But when they heard that he was alive and had been seen by her, they would not believe it.
12 After these things he appeared in another form to two of them, as they were walking into the country.
13 And they went back and told the rest, but they did not believe them.
14 Afterward he appeared to the eleven themselves as they were reclining at table, and he rebuked them for their unbelief and hardness of heart, because they had not believed those who saw him after he had risen.
15 And he said to them, "Go into all the world and proclaim the gospel to the whole creation.
16 Whoever believes and is baptized will be saved, but whoever does not believe will be condemned.
17 And these signs will accompany those who believe: in my name they will cast out demons; they will speak in new tongues;
18 they will pick up serpents with their hands; and if they drink any deadly poison, it will not hurt them; they will lay their hands on the sick, and they will recover."
19 So then the Lord Jesus, after he had spoken to them, was taken up into heaven and sat down at the right hand of God.
20 And they went out and preached everywhere, while the Lord worked with them and confirmed the message by accompanying signs.]]

9 appear to ~ ~에게 나타나다 cast out ~ ~을 몰아내다, 내쫓다 10 mourn 애도하다, 슬퍼하다 14 afterward 그 뒤 unbelief 불신앙 hardness 완고함 15 the whole creation 천지 만물 16 condemn 유죄 판결을 내리다 17 accompany 동반하다 tongue 언어 18 serpent 큰 뱀 deadly 치명적인 poison 독 20 preach 전도하다 confirm 확증하다 accompany 동반하다

권별주삶

아가페 주삶 GBS

- 1주(1회–5회) _ 마가복음 1:9–18
  예수님의 사역 방식
- 2주(6회–10회) _ 마가복음 3:20–35
  당신은 예수님의 가족인가?
- 3주(11회–15회) _ 마가복음 4:13–29
  네 가지 유형의 삶
- 4주(16회–20회) _ 마가복음 6:35–44
  오병이어 사건
- 5주(21회–25회) _ 마가복음 7:24–30
  간절함이 필요하다
- 6주(26회–30회) _ 마가복음 9:33–37
  누가 가장 높은가?
- 7주(31회–35회) _ 마가복음 10:17–27
  누가 구원받을 수 있는가? vs 누가 구원하시는가?
- 8주(36회–40회) _ 마가복음 11:15–19
  성전을 깨끗하게 하신 예수님
- 9주(41회–45회) _ 마가복음 12:38–44
  전적인 헌신을 배우라
- 10주(46회–50회) _ 마가복음 14:1–9
  실리 vs 진리
- 11주(51회–55회) _ 마가복음 15:1–8
  빌라도 앞에 서신 예수님
- 12주(56회–60회) _ 마가복음 15:33–39
  찢어진 성소 휘장과 백부장의 고백

* GBS 해설서는 뒷면에 있습니다

주간 그룹성경공부 • GBS

1주차 (1회~5회)

예수님의 사역 방식

마가복음 1:9-18 | 새찬송 351장 • 통일 389장

주간 말씀묵상 나눔

1 지난 한 주 동안 묵상하면서 깨달은 말씀을 그룹원들과 함께 나누어 봅시다.

2 깨달은 것을 실천함으로 삶에 변화를 가져온 것이 있다면 서로 나누어 봅시다.

• 오늘의 성경공부 목표

오늘 본문에서 예수님은 요한에게 세례를 받고 요단강에서 나오실 때 성령이 자신에게 임하는 것을 보게 됩니다. 그리고 시작되는 광야의 시기를 보낸 뒤, 하나님의 복음을 전하며 제자들을 부르십니다. 그 과정을 통해 예수님의 사역 방식에 대해 알아봅니다.

9 그때에 예수께서 갈릴리 나사렛으로부터
와서 요단 강에서 요한에게 세례를 받으
시고
10 곧 물에서 올라오실새 하늘이 갈라짐과
성령이 비둘기같이 자기에게 내려오심을
보시더니
11 하늘로부터 소리가 나기를 너는 내 사랑
하는 아들이라 내가 너를 기뻐하노라 하
시니라
12 성령이 곧 예수를 광야로 몰아내신지라
13 광야에서 사십 일을 계시면서 사탄에게
시험을 받으시며 들짐승과 함께 계시니
천사들이 수종 들더라
14 요한이 잡힌 후 예수께서 갈릴리에 오셔
서 하나님의 복음을 전파하여
15 이르시되 때가 찼고 하나님의 나라가 가
까이 왔으니 회개하고 복음을 믿으라 하
시더라
16 갈릴리 해변으로 지나가시다가 시몬과
그 형제 안드레가 바다에 그물 던지는 것
을 보시니 그들은 어부라
17 예수께서 이르시되 나를 따라오라 내가
너희로 사람을 낚는 어부가 되게 하리라
하시니
18 곧 그물을 버려 두고 따르니라

• 함께 읽어보기

예수님은 육신으로 이 땅에 오셨지만 하나님의 아들이었습니다. 그분은 마땅히 누릴 수 있는 권위나 힘을 남용하지 않으셨습니다. 요한에게 세례받고, 광야에서 금식을 선택하고, 사탄의 시험에 응하고, 시골 무명의 사람들을 직접 찾아가 제자로 초대하는 것 등 모든 모습이 우리에게 예수님의 사역 방식, 더 나아가 삶의 방식을 보여줍니다.

도입 질문

3 당신보다 어리거나, 신앙생활의 연수가 짧거나, 혹은 예전에 당신이 가르쳤던 사람이 당신이 포함된 그룹의 리더로 오게 된다면 어떨 것 같습니까?

함께 나누기

4 예수님은 요단강에서 누구에게 세례를 받으셨습니까? 9절

5 세례를 받은 예수님이 본 두 가지와 들은 음성은 무엇입니까? 10-11절

6 당신은 세례(혹은 침례)를 받았습니까? 당시의 감정, 기분 등이 어떠했는지 나누어 봅시다. 아직 세례 받지 않았다면, 세례에 대해 어떻게 생각하는지도 나누어 봅시다.

7 예수님의 세례 과정이 끝난 후 무슨 일이 일어났습니까? 12절

8 예수님이 광야에서 보낸 40일 동안 어떤 일이 있었습니까? 13절

9 예수님은 시몬과 안드레를 어떻게 만나십니까? 16절

10 사회가 다양한 권리를 주장하는 분위기로 흘러갑니다. 이는 필요한 과정이기도 하지만, 그런 상황에서 순종이라는 행동 양식은 점차 설 자리를 잃어가고 있습니다. 당신에게 순종이란 무엇입니까?

주간 그룹성경공부 • GBS

2주차 (6회~10회)

당신은 예수님의 가족인가?

마가복음 3:20-35 | 새찬송 220장 • 통일 278장

주간 말씀묵상 나눔

1 지난 한 주 동안 묵상하면서 깨달은 말씀을 그룹원들과 함께 나누어 봅시다.

2 깨달은 것을 실천함으로 삶에 변화를 가져온 것이 있다면 서로 나누어 봅시다.

• 오늘의 성경공부 목표

예수님의 어머니를 비롯한 친형제자매들이 예수님을 잘못 인식했던 모습을 거울삼아, 과연 자신은 예수님을 바르게 인식하고 있는지 살펴보고, 예수님이 말씀하시는 가족이 누구인지 생각해 봅시다.

20 집에 들어가시니 무리가 다시 모이므로
식사할 겨를도 없는지라
21 예수의 친족들이 듣고 그를 붙들러 나오
니 이는 그가 미쳤다 함일러라
22 예루살렘에서 내려온 서기관들은 그가
바알세불이 지폈다 하며 또 귀신의 왕을
힘입어 귀신을 쫓아낸다 하니
23 예수께서 그들을 불러다가 비유로 말씀
하시되 사탄이 어찌 사탄을 쫓아낼 수 있
느냐
24 또 만일 나라가 스스로 분쟁하면 그 나라
가 설 수 없고
25 만일 집이 스스로 분쟁하면 그 집이 설
수 없고
26 만일 사탄이 자기를 거슬러 일어나 분쟁
하면 설 수 없고 망하느니라
27 사람이 먼저 강한 자를 결박하지 않고는
그 강한 자의 집에 들어가 세간을 강탈하
지 못하리니 결박한 후에야 그 집을 강탈
하리라
28 내가 진실로 너희에게 이르노니 사람의
모든 죄와 모든 모독하는 일은 사하심을
얻되
29 누구든지 성령을 모독하는 자는 영원히
사하심을 얻지 못하고 영원한 죄가 되느
니라 하시니
30 이는 그들이 말하기를 더러운 귀신이 들
렸다 함이러라
31 그때에 예수의 어머니와 동생들이 와서
밖에 서서 사람을 보내어 예수를 부르니

32 무리가 예수를 둘러 앉았다가 여짜오되
보소서 당신의 어머니와 동생들과 누이
들이 밖에서 찾나이다
33 대답하시되 누가 내 어머니이며 동생들
이냐 하시고
34 둘러 앉은 자들을 보시며 이르시되 내 어
머니와 내 동생들을 보라
35 누구든지 하나님의 뜻대로 행하는 자가
내 형제요 자매요 어머니이니라

• **함께 읽어보기**

최근 우리 사회의 심각한 변화 중 하나로 가족해체와 1인 가구의 증가를 꼽을 수 있습니다. 과거 '가족'하면 떠오르던 모습, 이를테면 가족을 보호하는 믿음직한 아버지와 따뜻한 손으로 가족을 보듬는 어머니, 그리고 어린 자녀들의 해맑은 웃음소리 같은 이미지는 더 이상 찾아보기 어려워졌습니다. 여러 이유로 가족이 해체되거나 가족 간의 관계가 소원해지고 단절되면서, 점점 개인주의적인 성향으로 사회가 변하고 있습니다. 그렇다면 영적인 가족이라고 할 수 있는 교회공동체의 모습은 어떠합니까? 예수님이 기대하시는 영적인 가족의 모습은 무엇인지 생각해 봅시다.

도입 질문

3 최근 온 가족이 다함께 즐겁게 보낸 추억이 있습니까? 그것은 무엇입니까? 그때 느낀 가족에 대한 생각을 '가족은 … 이다'라는 말로 표현해 봅시다.

함께 나누기

4 예수님의 어머니와 친형제자매들이 갑자기 예수님을 찾아온 이유는 무엇입니까? **21절**

5 예루살렘에서 온 서기관들은 귀신을 쫓아내는 예수님의 능력이 어디에서 왔다고 생각했습니까? 22절

6 예수님이 귀신의 왕 바알세불의 힘을 빌려 귀신을 쫓아낸다고 주장하는 서기관들을 가리켜 예수님은 어떤 자라고 선언하십니까? 29절

7 예수님의 가족은 예수님이 미쳤다 생각했고, 서기관들은 예수님이 귀신 들렸다, 그것도 귀신의 왕 바알세불에게 사로잡혔다고 주장했습니다. 왜 이렇게 오해하고 잘못된 주장을 하는 것일까요? 혹시 당신은 예수님에 대해 잘못 생각하는 것이 없습니까?

8 예수님의 어머니와 동생들이 예수님을 붙잡으러 왔다는 말을 듣고 예수님은 뭐라고 대답하십니까? 33절

9 예수님은 누가 진정으로 형제요 자매요 어머니라고 말씀하십니까? 35절

10 예수님의 진정한 가족이 되는 길은 하나님의 뜻대로 행하는 것입니다. 지금 당신이 예수님의 가족이 되기 위해 가장 최우선으로 실천해야 할 하나님의 뜻은 무엇입니까?

주간 그룹성경공부 • GBS

3주차 (11회~15회)

네 가지 유형의 삶

마가복음 4:13-29 | 새찬송 353장 • 통일 317장

주간 말씀묵상 나눔

1 지난 한 주 동안 묵상하면서 깨달은 말씀을 그룹원들과 함께 나누어 봅시다.

2 깨달은 것을 실천함으로 삶에 변화를 가져온 것이 있다면 서로 나누어 봅시다.

• 오늘의 성경공부 목표

오늘 본문은 '씨 뿌리는 자의 비유'에 대한 예수님의 해설 부분입니다. 말씀을 듣는 네 가지 유형의 사람이 소개됩니다. 이 말씀을 통해 자신의 위치를 돌아보고, 말씀을 듣고 지키며 인내하여 열매를 맺는 사람으로 뿌리 내리시길 바랍니다.

13 또 이르시되 너희가 이 비유를 알지 못할
진대 어떻게 모든 비유를 알겠느냐
14 뿌리는 자는 말씀을 뿌리는 것이라
15 말씀이 길 가에 뿌려졌다는 것은 이들을
가리킴이니 곧 말씀을 들었을 때에 사탄
이 즉시 와서 그들에게 뿌려진 말씀을 빼
앗는 것이요
16 또 이와 같이 돌밭에 뿌려졌다는 것은 이
들을 가리킴이니 곧 말씀을 들을 때에 즉
시 기쁨으로 받으나
17 그 속에 뿌리가 없어 잠깐 견디다가 말씀
으로 인하여 환난이나 박해가 일어나는
때에는 곧 넘어지는 자요
18 또 어떤 이는 가시떨기에 뿌려진 자니 이
들은 말씀을 듣기는 하되
19 세상의 염려와 재물의 유혹과 기타 욕심
이 들어와 말씀을 막아 결실하지 못하게
되는 자요
20 좋은 땅에 뿌려졌다는 것은 곧 말씀을 듣
고 받아 삼십 배나 육십 배나 백 배의 결
실을 하는 자니라
21 또 그들에게 이르시되 사람이 등불을 가
져오는 것은 말 아래에나 평상 아래에 두
려 함이냐 등경 위에 두려 함이 아니냐
22 드러내려 하지 않고는 숨긴 것이 없고 나
타내려 하지 않고는 감추인 것이 없느니
라
23 들을 귀 있는 자는 들으라

24 또 이르시되 너희가 무엇을 듣는가 스스
로 삼가라 너희의 헤아리는 그 헤아림으
로 너희가 헤아림을 받을 것이며 더 받으
리니
25 있는 자는 받을 것이요 없는 자는 그 있
는 것까지도 빼앗기리라
26 또 이르시되 하나님의 나라는 사람이 씨
를 땅에 뿌림과 같으니
27 그가 밤낮 자고 깨고 하는 중에 씨가 나
서 자라되 어떻게 그리 되는지를 알지 못
하느니라
28 땅이 스스로 열매를 맺되 처음에는 싹이
요 다음에는 이삭이요 그 다음에는 이삭
에 충실한 곡식이라
29 열매가 익으면 곧 낫을 대나니 이는 추수
때가 이르렀음이라

• 함께 읽어보기

세상의 학문은 보통 기초 과정부터 시작해 단계별로 심화 과정까지 올라갑니다. 그러나 신앙생활은 이렇게 명확한 수준을 규정하기 어렵습니다. 물론 성장과 성숙의 개념이 존재하긴 하지만 모두가 공유하는 단계별 구분은 어렵습니다. 그럼에도 예수님은 오늘 본문에서 네 가지 유형의 사람을 설명하십니다. 이 교훈을 통해 신앙에 진일보하는 결심이 있기 바랍니다.

도입 질문

3 당신은 설교를 듣거나 성경공부를 한 후, 혹은 성경말씀을 듣거나 배운 후 어떻게 반응합니까?

함께 나누기

4 한 농부가 뿌린 씨는 무엇을 의미합니까? 14절

5 길 가에 뿌려진 씨앗이 갖는 의미는 무엇입니까? 15절

6 당신은 설교 시간에 어떤 자세로 임합니까?

7 돌밭에 뿌려진 씨는 무엇을 의미합니까? 16–17절

8 가시떨기에 뿌려진 씨는 무엇을 의미합니까? 18–19절

9 좋은 땅에 뿌려진 씨는 무엇을 의미합니까? 20절

10 좋은 땅에 뿌려진 씨처럼 말씀을 들었을 때 받아들일 수 있는 사람이 되기 위해 어떤 노력을 하겠습니까?

오병이어 사건

마가복음 6:35-44 | 새찬송 499장 • 통일 277장

주간 말씀묵상 나눔

1 지난 한 주 동안 묵상하면서 깨달은 말씀을 그룹원들과 함께 나누어 봅시다.

2 깨달은 것을 실천함으로 삶에 변화를 가져온 것이 있다면 서로 나누어 봅시다.

• 오늘의 성경공부 목표

본문에는 떡 다섯 개와 물고기 두 마리로 오천 명 이상을 배불리 먹이신 사건이 기록되어 있습니다. 이 사건 안에는 놀라운 기적과 함께 제자들의 성장 스토리가 담겨 있습니다. 제자들의 모습에 집중하며 본문을 살펴봅시다.

35 때가 저물어가매 제자들이 예수께 나아
와 여짜오되 이곳은 빈 들이요 날도 저물
어가니
36 무리를 보내어 두루 촌과 마을로 가서 무
엇을 사 먹게 하옵소서
37 대답하여 이르시되 너희가 먹을 것을 주
라 하시니 여짜오되 우리가 가서 이백 데
나리온의 떡을 사다 먹이리이까
38 이르시되 너희에게 떡 몇 개나 있는지 가
서 보라 하시니 알아보고 이르되 떡 다섯
개와 물고기 두 마리가 있더이다 하거늘
39 제자들에게 명하사 그 모든 사람으로 떼
를 지어 푸른 잔디 위에 앉게 하시니
40 떼로 백 명씩 또는 오십 명씩 앉은지라
41 예수께서 떡 다섯 개와 물고기 두 마리를
가지사 하늘을 우러러 축사하시고 떡을
떼어 제자들에게 주어 사람들에게 나누
어 주게 하시고 또 물고기 두 마리도 모
든 사람에게 나누시매
42 다 배불리 먹고
43 남은 떡 조각과 물고기를 열두 바구니에
차게 거두었으며
44 떡을 먹은 남자는 오천 명이었더라

• **함께 읽어보기**

나이가 들어가며 큰 획을 긋는 시기를 지날 때가 있습니다. 고등학교를 졸업할 때, 대학에 입학할 때, 군을 제대할 때, 결혼할 때, 자녀를 낳을 때 등입니다. 그때마다 축하와 더불어 빠짐없이 듣는 말이 있습니다. '책임질 나이가 되었다'입니다. 책임은 참 중요한 의무입니다. 그래서 희생을 무릅쓰고 책임을 감당하는 이들에게는 찬사와 존경이 따라오고, 책임을 회피하는 이들에게는 질타가 쏟아집니다.

도입 질문

3 당신은 맡은 역할에 책임을 다하는 편입니까?

함께 나누기

4 빈 들, 늦은 저녁이 되자 제자들이 예수님께 무엇을 건의했습니까? 36절

5 예수님이 제자들에게 하신 역제안은 무엇입니까? 37절

6 당신이 책임을 다하지 못해 이웃, 동료 혹은 가족이 낭패를 본 경험이 있습니까? 혹은 누군가가 책임을 다하지 않아 당신이 낭패를 본 경험이 있으면 나누어 봅시다.

7 예수님의 제안에 제자들이 무엇이라 말했습니까? 37절

8 예수님이 많은 무리를 어떻게 앉히셨습니까? 39–40절

9 예수님이 떡 다섯 개와 물고기 두 마리를 들고 하늘을 우러러 기도하신 후 제자들에게 지시하신 것은 무엇입니까? 41절

10 책임감을 배울 수 있었던 중요한 계기나 경험, 사건이 있으면 나누어 봅시다.

주간 그룹성경공부 • GBS

5주차 (21회~25회)

간절함이 필요하다

마가복음 7:24-30 | 새찬송 400장 • 통일 463장

주간 말씀묵상 나눔

1 지난 한 주 동안 묵상하면서 깨달은 말씀을 그룹원들과 함께 나누어 봅시다.

2 깨달은 것을 실천함으로 삶에 변화를 가져온 것이 있다면 서로 나누어 봅시다.

• 오늘의 성경공부 목표

예수님이 수로보니게 여인의 간절함에 응답하신 사건을 통해, 성도에게는 간절하게 주님을 찾는 것이 필요함을 배웁니다.

24 예수께서 일어나사 거기를 떠나 두로 지
방으로 가서 한 집에 들어가 아무도 모르
게 하시려 하나 숨길 수 없더라
25 이에 더러운 귀신 들린 어린 딸을 둔 한
여자가 예수의 소문을 듣고 곧 와서 그
발 아래에 엎드리니
26 그 여자는 헬라인이요 수로보니게 족속
이라 자기 딸에게서 귀신 쫓아내 주시기
를 간구하거늘
27 예수께서 이르시되 자녀로 먼저 배불리
먹게 할지니 자녀의 떡을 취하여 개들에
게 던짐이 마땅치 아니하니라
28 여자가 대답하여 이르되 주여 옳소이다
마는 상 아래 개들도 아이들이 먹던 부스
러기를 먹나이다
29 예수께서 이르시되 이 말을 하였으니 돌
아가라 귀신이 네 딸에게서 나갔느니라
하시매
30 여자가 집에 돌아가 본즉 아이가 침상에
누웠고 귀신이 나갔더라

• **함께 읽어보기**

예전에 공원에서 자녀의 이름을 애타게 부르며 정신없이 뛰어다니는 젊은 부부를 본 적이 있습니다. 자녀를 잃었다는 생각에 주변 시선에 신경 쓸 겨를이 없었습니다. 성경에도 위급한 자녀를 구하기 위해 간절하게 주님을 붙잡은 부모들의 모습이 여러 차례 언급됩니다. 그런 상황을 곱씹다 보면 주님을 어떻게 찾아야 하는지 정리됩니다. 언제나 간절함입니다. 돌아보면 간절하게 주님을 찾는 사람은 거절당한 적이 없습니다.

도입 질문

3 쉬고 싶은 순간 일을 부탁받았을 때, 자기 소관이 아니지만 일이 늘어났을 때, 당신은 어떻게 하는지 나누어 봅시다.

함께 나누기

4 예수님이 두로 지방의 한 집에서 원하셨던 것은 무엇입니까? 24절

5 예수님을 찾아온 여인에게는 어떤 사정이 있었습니까? 25절

6 나름 마음 먹고 찾아간 사람에게 외면당하거나 당혹스러운 경험을 한 적이 있습니까?

7 자기의 딸에게서 귀신을 쫓아달라는 부탁을 받고 예수님이 하신 말씀은 무엇입니까? 27절

8 예수님의 답변에 여인의 반응을 나름대로 정리해 보십시오. 28절

9 예수님은 그 여인의 답변을 듣고 "이 말을 하였으니 돌아가라 귀신이 네 딸에게서 나갔느니라"고 말씀하셨습니다. 예수님의 마음은 어떠셨을까요?

10 상황 자체가 절박하면 간절해지는 것이 수월할 수 있습니다. 그러나 그리스도인에게는 상황이 그렇지 않더라도 늘 간절함을 갖고 주님을 찾는 것이 중요합니다. 우리가 늘 주님을 간절하게 의지하려면 무엇이 필요할까요?

누가 가장 높은가?

마가복음 9:33-37 | 새찬송 218장 • 통일 369장

주간 말씀묵상 나눔

1 지난 한 주 동안 묵상하면서 깨달은 말씀을 그룹원들과 함께 나누어 봅시다.

2 깨달은 것을 실천함으로 삶에 변화를 가져온 것이 있다면 서로 나누어 봅시다.

• 오늘의 성경공부 목표

본문은 예수님의 제자들이 벌인 논쟁에서 시작됩니다. 제자들 사이에 논쟁이 일어났음을 아신 예수님이 무엇을 두고 논쟁을 벌였는지 묻자, 제자들은 아무런 답변을 하지 못합니다. 누가 가장 높은지 서로 다툰 제자들을 예수님이 어떻게 가르치시는지 살펴봅시다.

33 가버나움에 이르러 집에 계실새 제자들
에게 물으시되 너희가 길에서 서로 토론
한 것이 무엇이냐 하시되
34 그들이 잠잠하니 이는 길에서 서로 누가
크냐 하고 쟁론하였음이라
35 예수께서 앉으사 열두 제자를 불러서 이
르시되 누구든지 첫째가 되고자 하면 뭇
사람의 끝이 되며 뭇 사람을 섬기는 자가
되어야 하리라 하시고
36 어린아이 하나를 데려다가 그들 가운데
세우시고 안으시며 제자들에게 이르시되
37 누구든지 내 이름으로 이런 어린아이 하
나를 영접하면 곧 나를 영접함이요 누구
든지 나를 영접하면 나를 영접함이 아니
요 나를 보내신 이를 영접함이니라

• **함께 읽어보기**

과거에는 '손님은 왕'이라는 문구를 자주 볼 수 있었습니다. 손님맞이에 최선을 다하겠다는 의미였습니다. 그러나 최근에는 문구는 그대로지만 의미가 많이 달라진 듯합니다. 내가 손님이니 정말 왕처럼 굴겠다는 사람이 늘어나기 때문입니다. 사회는 조금의 여지만 있으면 서로 높아지겠다고 야단입니다. 종처럼 사는 것은 생각조차 하지 않는 것이 세상 풍조입니다. 예수님이라면 어떻게 하셨을까요?

도입 질문

3 요즘 사회에서 소위 '갑의 횡포'에 대한 논란이 뜨겁습니다. 이런 현상이 생기는 이유에 대해 서로 나누어 봅시다.

함께 나누기

4 예수님의 제자들이 돌아오는 길에 무슨 일이 있었습니까? 33절

5 왜 쟁론하였느냐는 예수님의 질문에 제자들의 반응은 어떠했습니까? 34절

6 당신은 부하 직원, 나이가 어린 사람, 식당에서 일하는 종업원 등을 어떻게 대하는 편입니까?

7 누가 가장 높은지 언쟁을 벌인 제자들에게 예수님은 무엇을 가르치셨습니까? 35절

8 예수님이 어린아이를 데려오신 이유는 무엇입니까? 36절

9 예수님의 이름으로 어린아이 하나를 받아들인다는 것은 누구를 받아들이는 것으로 간주됩니까? 37절

10 '모든 사람의 종이 되어야 한다'는 예수님의 가르침을 적용하기 위해 각자 할 수 있는 일이 무엇인지 나누어 봅시다.

주간 그룹성경공부 • GBS

7주차 (31회~35회)

누가 구원받을 수 있는가? vs 누가 구원하시는가?

마가복음 10:17-27 | 새찬송 310장 • 통일 410장

주간 말씀묵상 나눔

1 지난 한 주 동안 묵상하면서 깨달은 말씀을 그룹원들과 함께 나누어 봅시다.

2 깨달은 것을 실천함으로 삶에 변화를 가져온 것이 있다면 서로 나누어 봅시다.

• 오늘의 성경공부 목표

영생 얻기 원하는 한 사람에게 예수님이 주신 교훈은 제자들에게 '과연 누가 구원받을 수 있는가?' 하는 질문을 하게 합니다. 그러나 주님은 구원의 자격에 갇힌 제자들의 관심을 누가 구원하는지의 문제로 전환하십니다.

17 예수께서 길에 나가실새 한 사람이 달려
와서 꿇어 앉아 묻자오되 선한 선생님이
여 내가 무엇을 하여야 영생을 얻으리이
까
18 예수께서 이르시되 네가 어찌하여 나를
선하다 일컫느냐 하나님 한 분 외에는 선
한 이가 없느니라
19 네가 계명을 아나니 ㄱ살인하지 말라, 간
음하지 말라, 도둑질하지 말라, 거짓 증
언 하지 말라, 속여 빼앗지 말라, 네 부
모를 공경하라 하였느니라
20 그가 여짜오되 선생님이여 이것은 내가
어려서부터 다 지켰나이다
21 예수께서 그를 보시고 사랑하사 이르시
되 네게 아직도 한 가지 부족한 것이 있
으니 가서 네게 있는 것을 다 팔아 가난
한 자들에게 주라 그리하면 하늘에서 보
화가 네게 있으리라 그리고 와서 나를 따
르라 하시니
22 그 사람은 재물이 많은 고로 이 말씀으로
인하여 슬픈 기색을 띠고 근심하며 가니
라
23 예수께서 둘러 보시고 제자들에게 이르
시되 재물이 있는 자는 하나님의 나라에
들어가기가 심히 어렵도다 하시니
24 제자들이 그 말씀에 놀라는지라 예수께

서 다시 대답하여 이르시되 얘들아 하나
님의 나라에 들어가기가 얼마나 어려운
지
25 낙타가 바늘귀로 나가는 것이 부자가 하
나님의 나라에 들어가는 것보다 쉬우니
라 하시니
26 제자들이 매우 놀라 서로 말하되 그런즉
누가 구원을 얻을 수 있는가 하니
27 예수께서 그들을 보시며 이르시되 사람
으로는 할 수 없으되 하나님으로는 그렇
지 아니하니 하나님으로서는 다 하실 수
있느니라

• **함께 읽어보기**

사람들은 자격을 따집니다. 살아가면서 어떤 자격이 있는지는 참 중요합니다. 자격을 갖추면 합격도 되고, 승진도 되고, 인정도 받습니다. 그러나 반대로 자격이 미달되면 많은 낭패를 경험합니다. 이런 세상의 경험이 신앙에서도 여전히 위력을 발휘합니다. 특히 구원의 경우, 여전히 자신이 구원받을 자격이 있는지 많은 사람이 고민합니다. 구원은 자격의 문제가 아닌 전적인 하나님의 은혜로 성취되는 것임을 다시 한 번 점검하시기 바랍니다.

도입 질문

3 취업이나 자신이 하고 싶은 일을 준비하기 위해 나름대로 필요한 자격을 갖추고 준비한 경험이 있으면 나누어 봅시다.

함께 나누기

4 예수님 앞으로 달려와 무릎을 꿇은 사람이 드린 질문은 무엇입니까? 17절

5 이 사람은 자신을 어떻게 평가하고 있습니까? 19–20절

6 주님은 그 사람에게 '가진 것을 모두 팔아 가난한 사람에게 주면 하늘에서 보화가 있을 것'이라고 알려주시면서 '와서 나를 따르라'고 권하셨습니다. 주님의 이 권면에 대한 생각을 나누어 봅시다.

7 예수님은 왜 그 사람에게 재물을 팔아 가난한 자들에게 나누어주고 자신을 따르라고 권면하셨습니까? 21-22절

8 "얘들아 하나님 나라에 들어가는 것이 얼마나 어려운지 낙타가 바늘귀로 나가는 것이 부자가 하나님 나라에 들어가는 것보다 쉬우니라"고 하신 예수님의 이 말씀의 의도는 무엇입니까? 24-25절

9 과연 누가 구원받을 수 있냐며 놀라는 제자들에게 예수님이 "사람으로는 할 수 없으되 하나님으로는 그렇지 아니하니 하나님으로서는 다 하실 수 있느니라"고 말씀하신 의미는 무엇입니까? 27절

10 구원에 대한 믿음이 흔들릴 때마다 무엇에 집중해야 할지 나누어 봅시다.

성전을 깨끗하게 하신 예수님

마가복음 11:15-19 | 새찬송 208장 • 통일 246장

주간 말씀묵상 나눔

1 지난 한 주 동안 묵상하면서 깨달은 말씀을 그룹원들과 함께 나누어 봅시다.

2 깨달은 것을 실천함으로 삶에 변화를 가져온 것이 있다면 서로 나누어 봅시다.

• 오늘의 성경공부 목표

예수님이 성전에서 매매하는 자들을 내쫓으시고 성전을 청결하게 하신 이유가 무엇인지 살펴보고, 오늘 우리 교회는 주님이 보실 때 깨끗한지 점검해 봅시다.

15 그들이 예루살렘에 들어가니라 예수께서 성전에 들어가사 성전 안에서 매매하는 자들을 내쫓으시며 돈 바꾸는 자들의 상과 비둘기 파는 자들의 의자를 둘러 엎으시며
16 아무나 물건을 가지고 성전 안으로 지나다님을 허락하지 아니하시고
17 이에 가르쳐 이르시되 기록된 바 내 집은 만민이 기도하는 집이라 칭함을 받으리라고 하지 아니하였느냐 너희는 강도의 소굴을 만들었도다 하시매
18 대제사장들과 서기관들이 듣고 예수를 어떻게 죽일까 하고 꾀하니 이는 무리가 다 그의 교훈을 놀랍게 여기므로 그를 두려워함일러라
19 그리고 날이 저물매 그들이 성 밖으로 나가더라

• 함께 읽어보기

유럽을 여행할 때 한번쯤 들르는 관광 명소 중 하나가 유서 깊은 성당이나 교회입니다. 이런 성당이나 교회는 건축학적으로나 심미적으로 더 없이 화려하고 세련된 모습을 띱니다. 심지어 몇 십 년째 공사를 계속해 오고 있지만 아직 완공되지 않은 교회나 성당도 있습니다. 그런데 그런 곳이 관광 명소로는 유명할지 몰라도, 그 건물의 본질인 예배는 상대적으로 매우 미미하다는 이야기가 들려옵니다. 예수님 시대의 성전은 장사꾼들의 폭리가 난무하는 강도의 소굴이 되었고, 오늘날 유명한 교회나 성당은 사람들이 구경오는 관광 명소가 되었습니다. 아직도 교회의 본질인 "만민이 기도하는 집"이 되기에는 더 많은 시간이 필요하다는 생각이 듭니다. 지금 당신이 섬기는 교회는 주님이 보실 때 깨끗합니까?

도입 질문

3 최근에 방문한 장소 중 가장 기억에 남는 곳은 어디입니까? 그곳이 기억에 남는 이유는 무엇입니까? 함께 이야기해 봅시다.

함께 나누기

4 예수님은 예루살렘 성전에 들어가 누구를 내쫓으셨습니까? 15절

5 예수님이 매매하는 일 외에 성전에서 금하신 일은 무엇입니까? 16절

6 예수님은 성전에서 매매하는 일이 만연한 것을 보고 뭐라고 탄식하셨습니까? 17절

7 예수님이 매매하는 자들을 내쫓으시고 성전을 청결하게 만드실 때, 아무도 거역하거나 반발하지 않고 예수님의 지시를 따랐습니다. 이것은 예수님이 옳은 일을 하셨기 때문이기도 하지만, 예수님에게 남다른 권세가 있음을 사람들이 보았기 때문입니다. 그렇다면 오늘날 교회 안의 잘못된 관행이나 전통이 고쳐지지 않는 이유는 어디에 있다고 생각합니까?

8 예수님은 성전을 어떻게 정의하십니까? 반면, 당시 성전은 어떤 모습으로 타락해 있었습니까? 17절

9 예수님이 성전에서 장사하는 사람들을 모두 내쫓고 청결하게 하셨다는 소식을 들은 대제사장들과 서기관들은 어떤 반응을 보였습니까? 18절

10 대부분의 사람이 자기의 잘못을 지적당할 때 고마운 마음으로 지적을 달게 받고 고치려 하기 보다는, 자기변명과 상대방에 대한 복수심을 불태울 때가 많습니다. 당신은 고치려고 노력하는 쪽입니까, 아니면 자기변명과 방어를 하는 쪽입니까?

주간 그룹성경공부 • GBS

9주차 (41회~45회)

전적인 헌신을 배우라

마가복음 12:38-44 | 새찬송 50장 • 통일 71장

주간 말씀묵상 나눔

1 지난 한 주 동안 묵상하면서 깨달은 말씀을 그룹원들과 함께 나누어 봅시다.

2 깨달은 것을 실천함으로 삶에 변화를 가져온 것이 있다면 서로 나누어 봅시다.

• 오늘의 성경공부 목표

본문에서는 나름대로 신앙생활을 하고 있는 세 부류의 사람이 등장합니다. 서기관들, 여러 명의 부자들 그리고 가난한 과부입니다. 성경이 기록하는 이 세 부류의 사람을 살펴보고, 주님이 원하시는 모습은 무엇인지 배워봅시다.

38 예수께서 가르치실 때에 이르시되 긴 옷을 입고 다니는 것과 시장에서 문안 받는 것과
39 회당의 높은 자리와 잔치의 윗자리를 원하는 서기관들을 삼가라
40 그들은 과부의 가산을 삼키며 외식으로 길게 기도하는 자니 그 받는 판결이 더욱 중하리라 하시니라
41 예수께서 헌금함을 대하여 앉으사 무리가 어떻게 헌금함에 돈 넣는가를 보실새 여러 부자는 많이 넣는데
42 한 가난한 과부는 와서 두 렙돈 곧 한 고드란트를 넣는지라
43 예수께서 제자들을 불러다가 이르시되 내가 진실로 너희에게 이르노니 이 가난한 과부는 헌금함에 넣는 모든 사람보다 많이 넣었도다
44 그들은 다 그 풍족한 중에서 넣었거니와 이 과부는 그 가난한 중에서 자기의 모든 소유 곧 생활비 전부를 넣었느니라 하시니라

• **함께 읽어보기**

종교적인 경외감을 불러일으키는 의상, 겉으로는 크게 흠잡을 데 없는 모습, 그래서 사람들이 특별하게 대우하고 또 그런 대접받기에 익숙한 사람들. 바로 오늘 본문에서 예수님이 말씀하신 서기관들의 모습입니다. 한편, 이는 오늘날 성도들의 모습과 비슷한 면이 있다는 느낌을 지울 수 없습니다. 많이 헌금하는 부자들의 모습 또한 오늘날의 한 단면입니다. 그러나 가난한 과부가 자신이 가진 모든 재산을 헌금한 모습은 오늘날 찾아볼 수 있을까요? 사라져야 할 모습은 여전히 건재하고, 도전받아야 할 모습은 점차 사라지는 현실에서 우리는 어디쯤 서 있습니까?

도입 질문

3 성도와 목회자가 서로 지녀야 할 가장 모범적인 태도와 관계에 대해 나누어 봅시다.

함께 나누기

4 서기관들이 좋아하는 것은 무엇입니까? 38–39절

5 "과부의 가산을 삼키며 외식으로 길게 기도하는 자"라는 서기관들의 결과는 무엇입니까? 40절

6 신앙생활을 하다보면 대표로 기도할 때가 있습니다. 대표기도를 할 때 가장 신경 쓰이는 부분은 무엇입니까?

7 부자들이 드린 헌금에 대한 예수님의 평가는 무엇입니까? 44절

8 가난한 과부가 드린 헌금에 대한 예수님의 평가는 무엇입니까? 44절

9 부자와 가난한 과부의 헌금을 두고 주님이 내리신 평가는 무엇입니까? 43절

10 자신의 헌금생활에 대한 마음가짐이나 생각을 나누어 봅시다.

실리 vs 진리

마가복음 14:1-9 | 새찬송 211장 • 통일 346장

주간 말씀묵상 나눔

1 지난 한 주 동안 묵상하면서 깨달은 말씀을 그룹원들과 함께 나누어 봅시다.

2 깨달은 것을 실천함으로 삶에 변화를 가져온 것이 있다면 서로 나누어 봅시다.

• 오늘의 성경공부 목표

예수님의 머리에 향유를 부은 한 여인의 행동에 예수님의 관점과 주변 이들의 시선이 갈립니다. 이 차이를 살피면서 주님의 관점을 배우는 시간을 가져 봅시다.

1 이틀이 지나면 유월절과 무교절이라 대제사장들과 서기관들이 예수를 흉계로 잡아 죽일 방도를 구하며
2 이르되 민란이 날까 하노니 명절에는 하지 말자 하더라
3 예수께서 베다니 나병환자 시몬의 집에서 식사하실 때에 한 여자가 매우 값진 향유 곧 순전한 나드 한 옥합을 가지고 와서 그 옥합을 깨뜨려 예수의 머리에 부으니
4 어떤 사람들이 화를 내어 서로 말하되 어찌하여 이 향유를 허비하는가
5 이 향유를 삼백 데나리온 이상에 팔아 가난한 자들에게 줄 수 있었겠도다 하며 그 여자를 책망하는지라
6 예수께서 이르시되 가만 두라 너희가 어찌하여 그를 괴롭게 하느냐 그가 내게 좋은 일을 하였느니라
7 가난한 자들은 항상 너희와 함께 있으니 아무 때라도 원하는 대로 도울 수 있거니와 나는 너희와 항상 함께 있지 아니하리라
8 그는 힘을 다하여 내 몸에 향유를 부어 내 장례를 미리 준비하였느니라
9 내가 진실로 너희에게 이르노니 온 천하에 어디서든지 복음이 전파되는 곳에는 이 여자가 행한 일도 말하여 그를 기억하리라 하시니라

• **함께 읽어보기**

여인이 예수님께 부은 향유에 대하여 성경은 매우 값진 것으로, 또 삼백 데나리온 이상에 팔 수 있는 것으로 묘사합니다. 1데나리온이 당시 노동자의 하루 품삯이라고 할 때 이는 매우 큰 액수입니다. 실리적으로 접근한다면 향유를 팔아 가난한 많은 사람을 돕는 것이 훨씬 합리적입니다. 그러나 여인은 모든 것을 실리적으로만 판단하지 않았습니다. 예수님의 구원 사역을 위한 장례 과정을 예견한 듯 주님께 아낌없이 부었습니다. 실리적 판단이 항상 설득력을 얻는 이 사회에서 여인의 행동은 우리를 잠시 돌아보게 합니다.

도입 질문

3 지금까지 받은 선물 중 가장 값진 것은 무엇입니까? 혹은 당신이 선물한 것 중 가장 값진 것은 무엇입니까?

함께 나누기

4 예수님을 잡아 죽일 흉계를 꾸미던 이들이 명절에 머뭇거린 이유는 무엇입니까? 2절

5 시몬의 집으로 찾아온 여인이 예수님께 한 행동은 무엇입니까? 3절

6 당신이 그 집에 있었다면 여인처럼 행동했겠습니까, 아니면 주변 이들처럼 생각했겠습니까?

7 왜 몇몇 사람이 고가의 향유를 예수님께 부어버린 여인을 나무랐을까요? 4–5절

8 이 여인의 행동에 대한 주님의 평가는 무엇입니까? 6–8절

9 복음이 온 세상에 전해질 때 사람들이 기억하게 될 것은 무엇입니까? 9절

10 당신이 예수님을 위해 내린 결단에는 어떤 것이 있습니까?

주간 그룹성경공부 • GBS

11주차 (51회~55회)

빌라도 앞에 서신 예수님

마가복음 15:1-8 | 새찬송 461장 • 통일 519장

주간 말씀묵상 나눔

1 지난 한 주 동안 묵상하면서 깨달은 말씀을 그룹원들과 함께 나누어 봅시다.

2 깨달은 것을 실천함으로 삶에 변화를 가져온 것이 있다면 서로 나누어 봅시다.

• 오늘의 성경공부 목표

빌라도 앞에 서신 예수님의 침묵은 십자가를 통해 이루실 하나님의 구원 계획에 대한 묵묵한 순종임을 배우고, 삶의 고통 속에서도 소명을 따라 순종하는 그리스도인이 됩시다.

1 새벽에 대제사장들이 즉시 장로들과 서기관들 곧 온 공회와 더불어 의논하고 예수를 결박하여 끌고 가서 빌라도에게 넘겨 주니
2 빌라도가 묻되 네가 유대인의 왕이냐 예수께서 대답하여 이르시되 네 말이 옳도다 하시매
3 대제사장들이 여러 가지로 고발하는지라
4 빌라도가 또 물어 이르되 아무 대답도 없느냐 그들이 얼마나 많은 것으로 너를 고발하는가 보라 하되
5 예수께서 다시 아무 말씀으로도 대답하지 아니하시니 빌라도가 놀랍게 여기더라
6 명절이 되면 백성들이 요구하는 대로 죄수 한 사람을 놓아 주는 전례가 있더니
7 민란을 꾸미고 그 민란 중에 살인하고 체포된 자 중에 바라바라 하는 자가 있는지라
8 무리가 나아가서 전례대로 하여 주기를 요구한대

• 함께 읽어보기

만왕의 왕으로 오신 예수님을 제대로 보지 못하는 군중과 지도자들의 무지함과 연약함, 그럼에도 그들을 위해 독생자를 내어주시는 신실하신 하나님의 사랑, 그리고 그 하나님 아버지의 뜻을 알고 침묵으로 순종하며 자신의 길을 가는 예수님의 모습이 본문에 잘 나타나 있습니다.

도입 질문

3 우리는 주로 언제 침묵합니까? 그 침묵의 의미는 무엇입니까?

함께 나누기

4 어떤 부류의 사람들이 예수님을 결박하여 빌라도에게 넘겨주었습니까? 1절

5 1절에서 "넘겨 주니"라고 번역된 헬라어 '파라디도미'는 14장에서도 여러 번 사용되었으며(10,11,42,44절), 일차적으로는 예수님을 재판에 넘겨주는 행위를 묘사합니다. 그러나 마가복음의 저자는 반복적인 단어 사용을 통해 그들의 행위가 하나님의 크신 계획 속에서 이루어지고 있음을 암시합니다. 자신의 아들이 죄인들의 손에 의해 재판에 '넘겨지는' 광경을 지켜보신 하나님의 심정은 어떠했겠습니까?

6 예수님의 죄목은 무엇이었습니까? 2–3절

7 대제사장들이 여러 가지 죄목으로 예수님을 고발할 때 예수님의 반응은 어떠했습니까? 예수님의 그러한 반응은 어떤 의미라고 생각합니까? 3–5절

8 예수님의 침묵에 대한 빌라도의 반응은 어떠하였습니까? 5절

9 이유 없는 오해와 미움을 받아본 적이 있습니까? 그때 어떻게 대처했습니까?

10 본문에 기록된 예수님의 침묵은 무엇을 가르쳐줍니까?

찢어진 성소 휘장과 백부장의 고백

마가복음 15:33-39 | 새찬송 148장 • 통일 142장

주간 말씀묵상 나눔

1 지난 한 주 동안 묵상하면서 깨달은 말씀을 그룹원들과 함께 나누어 봅시다.

2 깨달은 것을 실천함으로 삶에 변화를 가져온 것이 있다면 서로 나누어 봅시다.

• 오늘의 성경공부 목표

예수님이 숨을 거두실 때 일어난 몇 가지 사건을 살펴보고, 그 사건을 목격한 로마 백부장의 고백을 통해 예수님의 죽으심의 의미를 다시금 되새겨 봅시다.

33 제육시가 되매 온 땅에 어둠이 임하여 제
구시까지 계속하더니
34 제구시에 예수께서 크게 소리 지르시되
엘리 엘리 라마 사박다니 하시니 이를 번
역하면 나의 하나님, 나의 하나님 어찌
하여 나를 버리셨나이까 하는 뜻이라
35 곁에 섰던 자 중 어떤 이들이 듣고 이르
되 보라 엘리야를 부른다 하고
36 한 사람이 달려가서 해면에 신 포도주를
적시어 갈대에 꿰어 마시게 하고 이르되
가만 두라 엘리야가 와서 그를 내려 주나
보자 하더라
37 예수께서 큰 소리를 지르시고 숨지시니
라
38 이에 성소 휘장이 위로부터 아래까지 찢
어져 둘이 되니라
39 예수를 향하여 섰던 백부장이 그렇게 숨
지심을 보고 이르되 이 사람은 진실로 하
나님의 아들이었도다 하더라

• **함께 읽어보기**

칭찬 중 최고의 칭찬은 아마도 적이나 경쟁자에게 듣는 칭찬일 것입니다. 자신과 싸우거나 경쟁하거나 반대하는 사람이 칭찬해 준다는 것은 그만큼 인정해 준다는 뜻이기 때문입니다. 예수님의 최후 순간에 일어난 일들 중 특별히 눈길이 가는 것은, 바로 예수님의 십자가 처형을 집행한 로마 백부장이 예수님에 대해 고백하고 있다는 점입니다. 그는 예수님이 숨을 거두시는 순간 "이 사람은 진실로 하나님의 아들이었도다"라고 고백합니다. 무엇을 보고 그렇게 고백했는지는 자세히 나와 있지 않지만, 적어도 원수였던 그 사람의 입에서 나온 고백이라면 확실히 믿을 만합니다. 우리도 주변의 적이나 경쟁자에게 칭찬과 인정을 받는 그리스도인이 되기를 기대합니다.

도입 질문

3 최근에 들은 가장 기분 좋은 칭찬은 무엇입니까? 그 칭찬이 왜 좋았는지 함께 나누어 봅시다.

함께 나누기

4 제구시에 예수님이 외치신 "엘리 엘리 라마 사박다니"는 무슨 뜻입니까? 34절

5 예수님의 이 고통스러운 외침을 들은 사람들은 그 말을 어떤 뜻으로 오해했습니까? 35-36절

6 예수님의 외침을 들은 한 사람이 취한 행동은 무엇입니까? 36절

7 예수님의 "엘리 엘리 라마 사박다니"라는 외침은 죄로 인해 하나님과 단절된 인간의 상태를 대변하는 고통의 외침이었습니다. 예수님은 이런 단절을 겪으심으로, 하나님과 단절된 인간을 다시금 하나님과 맺어주는 중보자 역할을 감당하셨습니다. 그렇다면 지금 당신과 하나님의 관계는 예수님이 중보자 역할을 감당하신 보람이 있을 만큼 친밀합니까?

8 예수님이 큰 소리를 지르고 숨을 거두시는 순간 성소에서 어떤 일이 벌어졌습니까? 38절

9 예수님이 숨지시는 모습을 지켜본 로마 백부장은 뭐라고 고백합니까? 39절

10 예수님이 숨을 거두시는 순간, 성소와 지성소를 구분하던 휘장이 위로부터 아래로 찢어졌습니다. 이것은 대제사장만 일 년에 단 한 번 들어가던 지성소를 이제는 그리스도인이라면 누구나 들어갈 수 있게 되었음을 상징합니다. 그러면 지금 당신과 하나님 사이의 휘장은 어느 정도 찢어져 있습니까? 전혀 찢어지지 않은 1부터 완전히 찢어진 10 중 어디쯤에 해당한다고 생각합니까?

권 별 주 삶

아가페 주삶 **GBS 해설서**

- 1주(1회–5회) _ 마가복음 1:9–18
  예수님의 사역 방식
- 2주(6회–10회) _ 마가복음 3:20–35
  당신은 예수님의 가족인가?
- 3주(11회–15회) _ 마가복음 4:13–29
  네 가지 유형의 삶
- 4주(16회–20회) _ 마가복음 6:35–44
  오병이어 사건
- 5주(21회–25회) _ 마가복음 7:24–30
  간절함이 필요하다
- 6주(26회–30회) _ 마가복음 9:33–37
  누가 가장 높은가?
- 7주(31회–35회) _ 마가복음 10:17–27
  누가 구원받을 수 있는가? vs 누가 구원하시는가?
- 8주(36회–40회) _ 마가복음 11:15–19
  성전을 깨끗하게 하신 예수님
- 9주(41회–45회) _ 마가복음 12:38–44
  전적인 헌신을 배우라
- 10주(46회–50회) _ 마가복음 14:1–9
  실리 vs 진리
- 11주(51회–55회) _ 마가복음 15:1–8
  빌라도 앞에 서신 예수님
- 12주(56회–60회) _ 마가복음 15:33–39
  찢어진 성소 휘장과 백부장의 고백

3 가이드》 사회에서는 후배가 자신보다 높은 지위에 오르면 암묵적으로 직장을 나가야 하는 분위기가 있기도 합니다. 여러 이유가 고려되기 때문입니다. 나이, 경험, 관계 등을 고려하여 솔직히 나누어 봅시다.

4 답》 요한

해설》 요한은 예수님에 대하여 '나보다 더 강하신 분' '나는 그분 앞에 꿇어앉아 그분의 신발 끈을 풀기에도 부족하다' '나는 너희에게 물로 세례를 주지만 그분은 너희에게 성령으로 세례를 베푸실 것이다' 등으로 설명하였습니다. 그러나 예수님은 요한에게 먼저 세례를 받으셨습니다.

5 답》 하늘이 갈라짐과 성령이 비둘기같이 자기에게 내려오는 것 / 너는 내 사랑하는 아들이라 내가 너를 기뻐하노라

해설》 우선 예수님이 보고 들은 상황은 세례의 과정이 끝나고 물에서 막 올라오는 시점입니다. 그때 예수님은 하늘이 갈라지고 성령님이 비둘기같이 자신에게 내려오는 것을 보고, 자신을 향한 하나님의 음성을 듣게 됩니다.

6 가이드》 세례는 주의 만찬과 더불어 기독교 전통이 지켜오는 소중한 예전이지만, 개신교는 세례 자체가 구원과 관련된 실효적 능력이 있다고 보지 않으며, 상징적 절차로 이해하고 있습니다. 그러나 세례 과정을 통한 감동과 느낌까지 부정할 필요는 없고, 그 감동이 신앙적 유익으로 부가되면 좋을 것이라고 생각합니다.

7 답》 성령이 곧 예수를 광야로 몰아내심

해설》 세례 직후 놀라운 영적 체험이 있었지만 그 여운과 감흥이 사라지기도 전에 성령께서는 예수님을 광야로 내보내셨습니다. 누구나 은혜와 감동이 지속되길 원하지만, 예수님이 세례 직후 광야로 내보내졌다는 것을 고려하면 영적 긴장은 언제나 지속되어야 한다는 점도 확인하게 됩니다.

8 답》 사탄에게 시험을 받으시며 들짐승과 함께 계시니 천사들이 수종을 들었음

해설》 마가복음 기록에 의하면, 사탄이 예수님을 시험한 것은 40일 금식이 끝날 즈음이므로 단회적인 사건이 아니라고 볼 수 있습니다. 40일 동안 빈번한 시험이 있었다고도 볼 수 있습니다. 또 천사들이 들짐승의 위협으로부터 쇠약해진 예수님을 보호했음을 짐작할 수 있습니다.

9 답》 갈릴리 해변으로 지나가시다가

해설》 시몬과 안드레는 예수님의 제자가 됩니다. 그런데 예수님이 당신의 제자들을 선발하실 때 오늘날처럼 여러 면접을 보고 준비된 엘리트를 뽑으신 것이 아닙니다. 누군가에게 맡기신 것도 아닙니다. 환경과 직업, 수준은 전혀 예수님의 고려 대상이 아니었습니다. 예수님의 부르심에 순종할 수만 있다면 그것으로 제자가 될 수 있었습니다.

10 가이드》 하나님과 하나님 백성의 관계, 혹은 예수님과 예수님 제자의 관계에서 독보적인 원칙은 온전한 순종입니다. 그러나 현대 사회에서는 순종이 부정적인 느낌으로 바뀌었습니다. 하나님 앞에서 어떤 순종의 자세를 가져야 할지 생각해 봅시다.

*서로 기도 제목을 나누면서 뒤에 있는 기도 노트를 활용하십시오(p.263-267).

3 가이드》 최근 '가족은 하숙생이다'라는 자조적인 말을 자주 듣습니다. 한 집에 살지만 서로 대화와 소통이 부족하고, 함께 즐거운 경험을 공유하는 일이 점점 줄어들기 때문입니다. 화목하고 올바른 가정이 되려면 무엇보다 대화가 넘치고 희로애락의 추억을 함께 쌓아가야 합니다. 가족의 소중함을 인식하고 가정을 사랑으로 세우는 일에 앞장서야 할 때입니다.

4 답》 예수님이 미쳤다는 말을 듣고 그를 붙들기 위해

해설》 예수님의 가족은 예수님이 미쳤다는 말을 듣고 그분을 "붙들러" 왔습니다. 결국 이것은 예수님이 누구인지, 그분이 무엇을 행하는지 진정으로 이해하지 못했기 때문입니다. 이런 이유로 예수님을 붙잡으러 왔다면, 엄밀한 의미에서 진정한 가족이라고 할 수 없습니다.

5 답》 귀신의 왕 바알세불을 힘입어 귀신을 쫓아낸다

해설》 서기관들은 두 가지 주장으로 예수님을 비난합니다. 하나는 예수님이 귀신의 왕 바알세불에게 사로잡혔다는 것이고, 다른 하나는 예수님이 바알세불의 힘을 빌려 귀신을 내쫓는다는 것입니다. 예수님은 이 두 가지 주장이 얼마나 잘못됐는지 비유를 들어 반박하십니다.

6 답》 성령을 모독하는 자

해설》 서기관들은 예수님의 치유와 귀신 쫓는 사역을 성령의 활동이 아닌 귀신의 활동으로 단정함으로써 성령을 모독하는 죄를 범했습니다. 이것은 예수님의 인격과 능력을 인정하지 않고 폄하하려는 잘못된 태도에서 비롯된 것입니다. 예수님은 이것이 영원한 죄가 된다고 엄하게 말씀하십니다.

7 가이드》 한마디로 예수님에 대한 올바른 인식이 부족했기 때문입니다. 예수님을 적대시한 종교지도자들은 어떻게 해서든지 예수님의 인기를 깎아내리고 흠을 찾기 위해 억지 주장을 펼쳤습니다. 반면 예수님의 혈육인 가족은 예수님을 아끼고 사랑했지만, 그분이 메시아임을 몰랐기에 미쳤다고 오해했습니다. 예수님을 가장 사랑하는 길은 그분을 올바로 인식하는 것입니다. 우리 육신의 가족도 마찬가지입니다. 서로 올바로 인식하고 이해할 때 사랑이 넘치는 가정을 이룰 수 있습니다.

8 답》 누가 내 어머니이며 동생들이냐

해설》 예수님은 자신을 오해하고 붙잡으러 온 어머니와 동생들에 대해 냉담한 반응을 보이십니다. 이것은 효심이나 형제애가 부족해서가 아닙니다. 오해와 인식부족이 이런 관계의 단절을 초래한 것입니다. 예수님은 더 이상 한 가족 안에 머물 수 없는, 온 인류를 하나의 가족으로 여기고 그들을 구원해야 할 사명을 감당할 분입니다.

9 답》 하나님의 뜻대로 행하는 자

해설》 예수님이 생각하시는 진정한 가족의 유일한 기준은 "하나님의 뜻대로 행하는 자"입니다. 이러한 선언은 혈연으로 맺어진 육신적 가족 관계마저도 초월하는 기준입니다. 우리가 이 세상에 올 때는 혈연관계를 통해 왔지만, 예수님 안에서 진정한 하나님의 가족이 된 후에는 하나님의 뜻을 행함으로 그분의 자녀이고 가족임을 증명해 보여야 합니다.

10 가이드》 예수님은 누구든지 하나님의 뜻대로 행하는 사람이 진정한 가족이라고 단호하게 선포하십니다. 그런 의미에서 우리는 더 이상 혈육에 얽매이지 말고 하나님의 뜻을 행하는 데 힘써야 합니다. 그러나 이 말씀이 가정을 소홀히 하거나 외면하라는 말씀은 결코 아닙니다. 오히려 이제는 가정을 혈연관계로만 바라볼 것이 아니라 사명의 무대로 보고, 그 속에서 우리에게 주어진 하나님의 뜻을 실천해야 합니다. 나아가 교회와 학교와 일터와 우리가 속한 공동체 역시 하나님의 뜻을 행하는 사명의 자리로 여겨야 할 것입니다.

3 가이드》 예수님은 '씨 뿌리는 자'의 비유를 통해 말씀을 들었을 때 사람들이 보이는 네 가지 반응을 가르쳐주십니다. 곧바로 말씀을 받아들여 풍성한 열매를 맺는 사람부터, 듣기는 하였으나 바로 사탄에게 마음을 빼앗기는 사람까지 존재합니다. 본인은 어떤 유형인지 돌아봅시다.

4 답》 말씀

해설》 예수님이 때를 얻을 때마다 가르치려 하신 것이 바로 말씀이었습니다. 예수님을 만난 사람은 바로 이 하나님의 말씀에 어떻게 반응하느냐에 따라 운명이 결정됩니다. 이 말씀이 열매가 아닌 씨로 비유된 것은, 말씀에 따른 사람들의 반응이 그만큼 중요한 몫을 차지하기 때문입니다. 씨가 열매로 결실을 맺는 과정에서는 말씀에 대한 전적인 받아들임이 필요합니다.

5 답》 말씀을 들었을 때 사탄이 즉시 와서 그들에게 뿌려진 말씀을 빼앗는 것

해설》 설교를 듣거나 성경공부에 참여하지만 배운 말씀을 무조건 거부하거나 부정적으로 생각하는 성도들이 적지 않습니다. 관점이 다르고, 믿음이 없고, 아직 때가 아니어서라는 식으로 생각할 수도 있지만, 예수님은 사탄의 방해가 있음을 가르치십니다. 말씀에 대한 거부 혹은 부정은 사탄이 즐기는 방식입니다.

6 가이드》 많은 성도가 규칙적으로 성경을 듣고 배울 수 있는 기회는 설교 시간입니다. 그러므로 이 설교 시간에 임하는 태도는 생각보다 중요합니다. 어떤 성도는 앞자리에 앉는 것으로, 필기하는 것으로, 반복해서 듣는 것 등으로 말씀에 진지한 자세를 유지합니다. 각자 어떤 태도로 설교 시간에 임하는지 생각해 봅시다.

7 답》 말씀을 들을 때 즉시 기쁨으로 받으나 그 속에 뿌리가 없어 잠깐 견디다가 말씀으로 인하여 환난이나 박해가 일어날 때 곧 넘어지는 사람

해설》 말씀을 들을 때 적지 않은 성도가 기쁨으로 받아들입니다. 그러나 말씀 때문에 환난이나 박해를 경험하면 인내하지 못하고 포기하는 성도들이 참 많습니다. 기복적 성향이 강하거나, 신앙을 위기 극복용으로 접근한 경우에 이럴 가능성이 큽니다.

8 답》 말씀을 듣기는 하되 세상의 염려와 재물의 유혹과 기타 욕심이 들어와 말씀을 막아 결실하지 못하게 되는 사람

해설》 꽤 많은 사람이 이 경우에 해당합니다. 세상을 살면서 염려가 없을 수 없고, 재물에 자유로운 사람이 드물며, 그 외의 여러 가지 욕심이 우리 내면에 늘 도사리고 있기 때문입니다. 예수님은 이런 것들이 말씀을 가로막는 장애물이라고 가르치십니다. 근심, 재물욕, 그밖의 욕심을 필요한 것들로 포장하고 있지는 않은지 돌아봅시다.

9 답》 말씀을 듣고 받아 삼십 배나 육십 배나 백 배의 결실을 하는 사람

해설》 예수님이 가장 강조하시는 자세는 말씀을 들었을 때 받아들이는 것입니다. 주님이 가르치시는 말씀은 토론용도 아니고, 참고용도 아니며, 관상용도 아닙니다. 성도에게 주님의 말씀은 들었을 때 즉시 순종하고 받아들여야 하는 진리입니다. 말씀을 받아들이는 사람에게만 풍성한 열매를 기대할 수 있습니다.

10 가이드》 우리는 적어도 주 1회 이상 하나님의 말씀을 듣습니다. 설교, 성경공부, 묵상의 시간 등 다양한 경로로 하나님의 말씀을 접합니다. 주님의 가르침을 온전하게 받아들이는 사람으로 성숙할 때까지 어떤 노력이 필요할지 서로 나누어 봅시다.

*서로 기도 제목을 나누면서 뒤에 있는 기도 노트를 활용하십시오(p.263-267).

3 가이드》 살다보면 자기 역할을 책임감 있게 해내는 사람도 있고, 힘들고 어려운듯 하면 여러 변명을 하며 슬그머니 사라지는 사람도 만나게 됩니다. 가정, 회사, 교회, 동호회 등 여러 환경에서 우리는 다양한 수준의 책임을 맡게 되는데, 당신은 어떤 편인지 나누어 봅시다.

4 답》 무리를 보내 두루 촌과 마을로 가서 무엇을 사 먹게 하자고 말씀 드림

해설》 남자 어른만 오천 명에 이르는 규모입니다. 제자들이 이들의 식사를 고려하면서 예수님께 드린 제안은 인근 농가나 마을로 사람들을 보내 먹을 것을 사 먹게 하자는 것이었습니다. 제자들 나름대로 고안한 방법이었지만 책임 있는 제안은 아니었습니다.

5 답》 너희가 먹을 것을 주라고 하심

해설》 예수님은 이미 날이 저문 상태에서 무리를 인근 마을이나 농가로 보내 알아서 사 먹게 하자는 제자들의 제안을 거절하셨습니다. 그 제안에는 예수님에 대한 불신도 담겨 있지만, 책임 회피라는 것도 피할 수가 없습니다. 그래서 예수님은 제자들에게 먹을 것을 주라고 말씀하셨습니다.

6 가이드》 자신이 책임을 다하지 않아서 주변이 피해를 보았다면 참으로 미안할 것입니다. 주변이 책임을 다하지 못해 당신이 낭패를 경험했다면 참으로 쓰라린 경험일 것입니다. 어떤 경우이건 일어나지 않으면 좋을 일입니다. 과거의 사례를 교훈으로 삼는 시간을 가져 보십시오.

7 답》 우리가 가서 이백 데나리온의 떡을 사다 먹이리이까

해설》 제자들의 이 답변에는 다분히 도전적인 느낌이 담겨 있습니다. 이백 데나리온이라는 큰 액수가 제자들에게 있지도 않을뿐더러 "우리가 가서" "이백 데나리온의 떡을 사다 먹이리이까" 등의 표현에서는 여전히 오천 명이 훌쩍 넘는 인원에 대한 책임을 미루려는 고의성이 느껴집니다.

8 답》 떼를 지어 푸른 잔디 위에 앉게 하시니 떼로 백 명씩 또는 오십 명씩 앉음

해설》 예수님이 남자 어른만 오천 명인 군중을 무리지어 앉으라고 하시자, 백 명 혹은 오십 명씩 무리지어 앉게 됩니다. 이렇게 앉히신 이유가 밝혀져 있지 않지만, 축사하신 후 무리에게 떡과 생선을 제대로 나누어주기 위함으로 보입니다.

9 답》 떡을 떼어 제자들에게 주어 사람들에게 나누어 주게 하심

해설》 예수님은 직접 음식을 나누어주지 않으시고 수많은 사람을 무리지어 앉히신 후 제자들이 직접 떡을 떼어 나누어주게 하셨습니다. 그들에 대한 책임을 미루는 듯 했던 제자들에게 직접 자신들의 손으로 무리의 허기를 채우게 하신 것입니다. 아무리 떼어도 없어지지 않는 떡을 손에 들고 제자들은 자신들의 잘못을 분명히 자각할 수 있었을 것입니다.

10 가이드》 우리 삶의 곳곳에 책임감으로 인한 크고 작은 감동이 있고, 책임감의 부재로 인한 가슴 아픈 사건들이 있습니다. 책임감에 대해 진지하게 배운 경험이 있으면 나누면서, 책임감 있는 성도가 될 수 있도록 서로 독려해 주십시오.

3 가이드》 본문에서 주님은 두로 지방의 어느 한 집으로 들어가 조용히 지내려 하셨습니다. 그러나 소문이 금방 퍼져 나갔고, 주님의 도움이 필요한 사람들이 찾아오기 시작합니다. 각자 쉬고 싶은 순간이 있고 더 시급한 일이 있을 수도 있는데, 그 순간 자신을 찾아온 도움의 요청에 어떻게 반응하는지 나누어 봅시다.

4 답》 한 집에 들어가 아무도 모르게 하려고 하심

해설》 주님이 그 집에 머무는 것을 아무에게도 알리지 않으신 이유를 알 수는 없습니다. 기도하기 위함이었을 수도, 쉬기 위함이었을 수도, 혹은 또 다른 사역의 연장이었을 수도 있습니다.

5 답》 더러운 귀신이 들린 딸이 있었음

해설》 주님이 계신 집을 찾아온 어떤 여자는 얼른 예수님께 와서 무릎을 꿇었습니다. 그녀는 더러운 귀신이 들린 딸을 키우는 엄마였습니다. 주님조차 조용히 계시고자 행적을 숨기셨으니 정말 소문만으로 찾아온 것입니다. 헛걸음에 대한 염려 따위는 안중에도 없을 만큼 시급했고 절박했던 것으로 보입니다.

6 가이드》 얼마 전 한 권사님이 평생 가까이 지내 온 지인에게 면전에서 차갑게 홀대를 당했다며 큰 상처를 받았다고 말씀하신 적이 있습니다. 모두 경험이 있을 것입니다. 그런 경우 어떻게 마음의 어려움을 털어내는지 서로 나누어 봅시다.

7 답》 자녀로 먼저 배불리 먹게 할지니 자녀의 떡을 취하여 개들에게 던짐이 마땅치 아니하니라

해설》 성경은 이 여인이 헬라 사람으로 수로보니게 사람이었다고 기록합니다. 특별히 출신 지역을 기록한 것으로 봐서 예수님의 냉정한 답변을 이해하기 위한 중요한 단서라고 할 수 있습니다. 즉, 그때까지는 예수님이 이방인을 향한 사역을 공식화하지 않은 시점이었다는 것입니다. 그럼에도 예수님을 찾아온 그녀가 듣기에는 매우 냉정한 답변이었을 수 있습니다.

8 답》 예수님이 하신 말씀에 불쾌해 하지 않고, 오히려 간절하고 절박한 자신의 심정을 예수님의 표현을 재사용하며 지혜롭게 전달함

해설》 여인의 입장에서 자신을 개로 묘사하는 듯한 예수님의 답변은 읽는 우리조차도 놀라게 합니다. 그러나 그 여인은 절박한 순간에 대단히 지혜로웠습니다. 예수님의 권위에 도전하지 않으면서, 오히려 예수님의 표현을 지혜롭게 활용하여 모성의 절박하고 간절한 심정을 예수님께 잘 전달했습니다.

9 답》 예수님은 여인이 보여준 순종의 모습과 지혜로운 답변에 감동하셨을 것으로 보임

해설》 주님의 엄중한 제안에 여인처럼 지혜롭게 반응한 경우도 있지만, 시름 많은 표정으로 포기하고 돌아간 부자 청년 같은 경우도 있습니다. 언제든 주님의 마음을 움직이는 것은 순종과 절박함, 간절함이라는 답으로 귀결됩니다.

10 가이드》 애굽을 탈출한 이스라엘 백성이 당시의 절박함을 잊지 않았다면 가나안 입성이 수월했을 것입니다. 군대에서 '실전은 훈련같이, 훈련은 실전같이'라는 구호를 본 적이 있습니다. 신앙생활에서도 평온한 시기조차 절박함과 간절함을 잊지 않아야 합니다.

*서로 기도 제목을 나누면서 뒤에 있는 기도 노트를 활용하십시오(p.263-267).

3 가이드》 물론 당시 상황을 충분히 고려해야겠지만, 일반적으로 갑의 횡포란 상대에 대한 배려가 부족하기 때문입니다. 지위 고하, 빈부, 역할 등의 차이와 상관없이, 사람 사이에서 지켜야 할 기본적인 것은 무엇이 있는지 나누어 봅시다.

4 답》 쟁론함

해설》 이 직전 사건, 즉 제자들은 변화산에서 예수님의 가르침을 이해하지 못했고(10절), 귀신 들린 아이를 고치지 못했으며(28절), 부활에 대해서도 이해하지 못했습니다(32절). 제자들은 예수님과 동행하며 많은 기적을 목격했지만, 실제로 예수님이 원하시는 바는 깨닫지 못한 것으로 보입니다.

5 답》 잠잠함

해설》 예수님은 가버나움에 있는 집으로 돌아오시는 중에 제자들끼리 언쟁이 있었음을 이미 아셨습니다. 그래서 집으로 돌아오신 후 그 이유를 물으셨습니다. 그러자 제자들은 할 말을 찾지 못합니다. 자신들의 대화가 예수님이 원하시는 방향이 아니었음을 직감한 것입니다.

6 가이드》 한 청년이 배우자 선택하는 기준을 말하면서, 자신은 그 사람이 식당에서 일하는 분들을 어떻게 대하는지를 본다고 말한 적이 있습니다. 대개 외모나 환경 등을 꼽기 쉬운데, 그 답변이 대견하게 느껴졌습니다. 상대적으로 약자(?)인 사람을 만날 때 자신은 어떤 사람인지 돌아보십시오.

7 답》 누구든지 첫째가 되고자 하면 뭇 사람의 끝이 되며 뭇 사람을 섬기는 자가 되어야 함

해설》 제자들은 누가 높은지 논쟁했습니다. 예수님께 선택되어 변화산에 동행한 세 명이 높은 사람일까요? 아니면 서기관들과 논쟁에서 탁월함을 보이는 이였을까요? 아니면 귀신 들린 상황에서 가장 담대하게 대처하는 이였을까요? 분명히 그런 요소들이 언급되었을 것입니다. 그러나 예수님의 관심은 전혀 다른 곳에 있었습니다.

8 답》 자신을 낮추는 사람에 대하여 가르치고자 하심

해설》 마태복음 18장에 보면, 천국에서 누가 크냐는 논쟁에서 예수님이 어린아이를 불러 세우시고 그 의미를 "자기를 낮추는 사람"(마 18:4)으로 풀어주십니다. 어린아이와 자신을 낮추는 자의 이미지가 선뜻 연결되지 않을 수도 있지만, 예수님이 말씀하시고자 한 것은 자신을 겸손히 낮추는 태도를 가진 사람임이 분명합니다. 그리고 본문 역시 동일한 선상에 있습니다.

9 답》 예수님을 받아들이는 것이 되며, 동시에 예수님을 보내신 분을 받아들이는 것이 됨

해설》 예수님은 높은 자에 대한 제자들의 논쟁을 낮은 자에 대한 태도와 관심으로 바꾸어 가십니다. 주님은 높은 자들이 자신을 낮은 자로 낮추는 것, 동시에 높은 자들이 낮은 자들에게 헌신적이고 인격적인 태도를 갖추며 받아들이는 것이 중요함을 강조하신 것입니다.

10 가이드》 예를 들면, 어린 자녀들과 시간을 보내는 두 가지 방법이 있습니다. 하나는 놀아주는 것이고, 또 하나는 함께 노는 것입니다. 전자는 말 그대로 놀아주는 것이므로 힘이 들지만, 후자는 함께 노는 것이기에 즐겁습니다. 종이 되어주려고 하면 쉽지 않고 오래 가지도 않습니다. 그러나 종이 된다면 즐겁고 흥이 날 수 있습니다. 그래서 예수님도 종이 되어주라가 아닌, 종이 되어야 한다고 가르치신 것이 아닐까요?

3 가이드》 이 시대는 무엇을 하든 능력을 증명하기 위해 자격증을 요구합니다. 그때 요구하는 자격을 갖추어 취업에 성공하거나 일을 성취할 때 느끼는 뿌듯함도 적지 않습니다. 반면, 자격을 갖추지 못할 때 드는 좌절감도 큽니다. 그때의 느낌을 나누어 봅시다.

4 답》 무엇을 하여야 영생을 얻을 수 있는지 물음

해설》 길을 떠나려던 예수님을 붙잡고 한 청년이 던진 질문은 영생에 관한 것이었습니다. 이 사람의 질문은 영생에 대하여 사람들이 품을 수 있는 매우 흔한 오해를 대변합니다. 영생을 위해 무엇을 '해야' 하는가? 번지수 자체를 잘못 찾고 있음을 알 수 있습니다.

5 답》 모든 계명을 다 지켰으므로 스스로 만족하고 있는 것으로 보임

해설》 예수님이 율법에 대해 거론하시자, 그 사람은 어려서부터 그 모든 계명을 지켰다고 즉답하였습니다. 주님은 그 사람의 태도에 대해 "사랑하사"(21절)라고 성경은 기록합니다. 주님의 반응을 고려할 때 정말 그랬던 것으로 보입니다.

6 가이드》 주님은 어려서부터 율법을 성실히 지켜왔다는 그 사람을 사랑스럽게 여기셨습니다. 그러나 그 후 칭찬이 아니라 더 파격적인 권면을 하십니다. 예수님의 이 권면을 어떻게 생각하는지 서로 나누어보고, 당신이라면 어떻게 반응했을지 생각해 봅시다.

7 답》 사람의 행함으로 선함에 이를 수 없음을 가르치시기 위함

해설》 어려서부터 모든 율법을 지키며 살았던 그 사람은 아마도 그 정도의 행함이면 영생을 논할 수 있을 것으로 기대한 듯합니다. 그러나 예수님은 그 사람에게 행함에 한계가 있음을 가르치셨습니다. 누구도 행함으로 선함에 이를 수 없다는 진리였습니다. 그 사람이 예수님을 선한 선생님으로 불렀을 때, "네가 어찌하여 나를 선하다 일컫느냐 하나님 한 분 외에는 선한 이가 없느니라"(18절)고 정정해 주신 의도도 같은 맥락입니다.

8 답》 인간의 행함과 선함으로 하나님나라에 들어가는 것은 불가능하다는 것을 의도함

해설》 이 말씀은 인간의 행함이나 선함을 통해 영생을 얻을 수 있을 것이라 생각한 그 사람의 상황 속에서 이해해야 합니다. 그는 무엇인가 해낸 결과로 영생을 얻을 수 있을 것이라고 여겼습니다. 낙타가 바늘귀를 지나가는 것은 쉽고 어려운 문제가 아니라 불가능합니다. 그만큼 부자인 그 사람이 행함과 선함으로 하나님나라를 꿈꾸는 것 자체가 불가능한 일임을 가르치신 것입니다.

9 답》 구원은 행함과 선행을 완수하여 얻는 것이 아니며, 철저히 하나님이 베푸시는 은혜임

해설》 어려서부터 율법을 다 지키고 그 모습이 예수님께 사랑스럽게 보이기까지 한 사람의 이야기입니다. 그 사람 정도면 자격이 될듯 싶었지만, 그 조차도 예수님의 관문을 통과하지 못합니다. 계속 행함과 선함이라는 관점으로 구원을 보게 되면 누구도 구원에 이를 수 없습니다. 그래서 성경은 항상 구원은 하나님의 은혜로 오는 선물이라고 선포하는 것입니다.

10 가이드》 구원이 행함과 선함으로 얻을 수 없는 것은 분명하지만, 행함과 선함의 수준이 현저하게 떨어질 경우 성도들은 자신의 신앙생활 전반에 회의가 들 수 있습니다. 열매를 믿음의 척도로 삼는 것을 고려할 때, 행함과 선함에도 노력이 필요할 수 있다는 것과 동시에, 구원은 여전히 자격의 문제를 논하지 않으며 하나님이 베푸시는 은혜의 선물이라는 측면을 다져가야 합니다.

※서로 기도 제목을 나누면서 뒤에 있는 기도 노트를 활용하십시오(p.263-267).

3 가이드》 어떤 건물을 지을 때는 그 건물의 목적을 고려하기 마련입니다. 미술관이 미술관으로서 제 역할을 하려면 멋진 미술작품이 전시되어야 합니다. 공연장이 공연장으로서 기능을 하려면, 그곳에서 멋진 공연이 상연되어야 합니다. 그래야 그 장소가 기억에 남습니다. 제 역할을 하지 못하는 장소는 결국 사람들의 기억에서 잊혀집니다. 그런 의미에서 오늘날 교회가 교회 되려면 교회의 목적, 즉 만민이 기도하는 집으로서의 목적을 온전히 회복해야 합니다.

4 답》 매매하는 자들, 돈 바꾸는 자들, 비둘기 파는 자들

해설》 본래 제사를 드리려면 예배자가 직접 기른 짐승을 가져오는 게 원칙입니다. 그러나 멀리서 여행 온 순례자들을 위해 희생제물로 바칠 동물을 판매하거나, 외국에서 온 사람들을 위해 외국돈을 유대 화폐로 환전해 주는 편의를 제공하는 사람들이 성전에 상주하는 것을 종교지도자들이 허락해 주었습니다. 문제는 이 사람들이 폭리를 취하며 성전을 더럽히고 있었다는 점입니다.

5 답》 아무나 물건을 가지고 성전 안으로 지나다니는 것

해설》 물건을 들고 성전 안을 지나다니는 행위는 성전 뜰을 시장의 통행로로 이용하는 처사입니다. 이것은 성전의 성스러운 목적을 왜곡하는 불경스런 행위입니다. 그래서 예수님은 이런 상인들을 내쫓으시고 그들의 통행을 금하셨습니다.

6 답》 내 집은 만민이 기도하는 집이라 칭함을 받으리라고 하지 아니하였느냐 너희는 강도의 소굴을 만들었도다

해설》 이 말씀은 이사야 56장 7절과 예레미야 7장 11절을 인용한 말씀으로, 성전의 본질과 목적을 설명해 줍니다. 한마디로, 성전은 상업적인 장소("도둑의 소굴", 렘 7:11)가 아니라 하나님께 예배하는 장소("기도하는 집", 사 56:7)가 되어야 한다는 뜻입니다.

7 가이드》 예수님은 상인들을 내쫓으시고 통행을 금하셨습니다. 여기에 아무런 거부반응이 없었던 것은 예수님이 하신 일이 옳았음을 의미할 뿐 아니라, 예수님의 권위가 이런 장사를 허용한 성전 지도자들의 권위보다 더 컸음을 보여주는 증거입니다. 오늘날 교회 안의 잘못된 관행이나 전통이 고쳐지지 않는 이유도 여기서 찾을 수 있습니다. 그 관행이나 전통이 잘못되었다는 것을 인식하지 못하거나, 혹은 인식한다 해도 그것을 바로잡을 권위 있고 용기 있는 지도자가 없기 때문입니다. 여기서 바르게 인식하는 권위 있는 지도자의 중요성을 다시금 실감하게 됩니다.

8 답》 만민이 기도하는 집 / 강도의 소굴

해설》 당시 성전의 지도자들과 이스라엘 백성은 거룩한 성전에서 하나님을 진정으로 예배하는 데 실패했고, 오히려 성전을 더럽혔습니다. 결국 이것을 지적한 예수님의 선언은 성전의 책임자인 대제사장들의 권위에 대한 강력한 도전인 셈이었습니다.

9 답》 예수님을 어떻게 죽일까 하고 모의함

해설》 성전 타락의 직접적 책임자인 대제사장들과 서기관들은 예수님께 강력한 도전을 받고는 회개하고 개선하는 대신 예수님을 제거하려는 계획을 세웁니다. 아이러니하게도 성전의 본질을 회복하기 위한 예수님의 성전 청결 사건이 도리어 예수님을 죽음으로 몰아가는 시발점이 되었습니다.

10 가이드》 잘못을 지적받는 것을 좋아할 사람은 아무도 없습니다. 그러나 잘못을 지적받을 때 어떻게 반응하는지는 중요합니다. 잘못을 수긍하고 개선하려 노력하는 사람에게는 변화와 향상이 있지만, 자기방어와 변명만 늘어놓는 사람에게는 아무런 변화도 없을 뿐더러 오히려 상태가 더 나빠지게 됩니다. 당신은 어느 쪽에 속합니까? 또 당신이 섬기는 교회는 어떻습니까? 예수님의 지적을 달게 받고 회개와 개선을 통해 주님을 닮아가기를 힘써야 할 것입니다.

3 가이드》 학생이 선생님에게 예의를 갖추는 것은 비단 나이 때문만은 아닙니다. 가르치고 배우는 환경이 있기 때문입니다. 교회에서 많은 성도가 목회자를 존중하는 것 역시 가르치고 배우는 서로의 역할이 있기 때문입니다. 그런데 종종 배우는 자와 추종자의 경계, 가르치는 자와 군림하는 자의 경계가 무너지곤 합니다. 당신이 생각하는 가장 바람직한 관계는 무엇입니까?

4 답》 긴 옷을 입고 다니기, 시장에서 문안받기, 회당의 높은 자리, 잔치의 윗자리

해설》 서기관들은 제사장의 의상이 연상되는 긴 옷을 입고 걸어 다녔습니다. 분명히 외부의 시선을 의식한 행동입니다. 인사받는 것이 무조건 나쁜 행위는 아니지만 시장은 아무래도 적절한 곳이 아닙니다. 회당이나 잔치에서 특별한 대우를 기대하는 모습 또한 하나님의 율법을 가르치는 이들이 보여야 할 모습이 전혀 아닙니다.

5 답》 더 큰 심판을 받을 것

해설》 과부의 가산을 삼킨다는 것은 과부의 재산을 가로챘다는 의미로 해석할 수 있습니다. 과부들이 서기관들에게 재산에 대한 관리를 위탁하거나 조언을 구할 수 있겠지요. 그런데 그 과정에서 서기관들은 가장 돌봐야 할 과부들을 대상으로 재산을 갈취하는 행태를 보입니다. 또 기도가 긴 것은 아무런 문제가 되지 않지만, 보이기 위한 기도였다는 것은 큰 문제입니다.

6 가이드》 간혹 대표기도를 매우 어려워하는 성도를 만납니다. 거기에는 참 다양한 이유가 있습니다. 습관적이고 직업적으로 대하는 자세도 문제가 있고, 너무 예민한 반응도 변화가 필요할 것으로 보입니다. 당신은 어떤 점을 가장 염두에 둡니까?

7 답》 그들은 풍족한 중에 헌금을 함

해설》 예수님이 헌금함 맞은편에 앉으셔서, 사람들이 어떻게 헌금하는지를 보셨습니다. 그때 여러 명의 부자들이 헌금함에 다가와 많은 돈을 헌금했다고 성경은 기록합니다. 여기서 주님은 부자들의 헌금을 비판하시는 것이 아닙니다. 헌금 액수 자체에 사람들의 시선과 관심이 몰리는 것을 막고, 헌금을 드린 사람의 마음이나 상황을 언급하시는 것입니다.

8 답》 자기의 모든 소유 곧 생활비 전부를 바침

해설》 가난한 과부는 렙돈 두 개, 즉 한 고드란트를 헌금합니다. '동전 한 닢 값어치의 돈'(공동번역)이니 액수 자체는 크지 않습니다. 그러나 주님께는 액수가 전혀 중요하지 않았습니다. 주님은 헌금을 드린 사람의 마음과 상황을 고려하셨습니다. 생활에 필요한 돈 전부를 헌금했다는 것은, 말 그대로 '전적인 드림'인 것입니다.

9 답》 가난한 과부가 헌금함에 돈을 넣은 다른 모든 사람보다 많이 넣었다고 보심

해설》 단지 액수가 기준이었다면 '더 많이' 헌금한 것은 부자들입니다. 그러나 주님의 관점에서 '더 많이' 헌금한 사람은 가난한 과부였습니다. 생활에 필요한 돈 전부를 헌금하는 것은 아무나 할 수 없습니다. 그것은 주님만을 의지하고 전적으로 신뢰하는 사람들의 표지입니다. 결국 헌금은 액수의 문제가 아니라 신앙고백의 문제임을 새삼 확인합니다.

10 가이드》 헌금은 액수의 문제가 아닌 신앙고백의 표현이라고 볼 수 있습니다. 그래서 주님은 과부의 헌금이 부자들의 헌금보다 더 많다고 가르치십니다. 가난한 과부가 보여준 모습은 우리가 쉽게 따라가기 어려운 수준임이 분명합니다. 그러나 헌금에 대하여 어떤 입장을 가져야 하는지는 분명히 알려줍니다.

*서로 기도 제목을 나누면서 뒤에 있는 기도 노트를 활용하십시오(p.263-267).

3 가이드》 겨울이면 오 헨리의 『크리스마스 선물』이라는 소설이 생각납니다. 선물의 의미를 눈물겹도록 아름답게 담은 이야기라 생각합니다. 우리의 인생 속에서도 선물에 얽힌 나름의 사연이 있을 것입니다. 함께 나누어 봅시다.

4 답》 민란이 날까 두려워함

해설》 유월절과 무교절이 되기 이틀 전, 대제사장들과 서기관들이 예수님을 잡아 아무도 모르게 죽이려는 흉계를 꾸몄습니다. 그러나 이들은 많은 이들이 모이는 명절을 의식합니다. 예수님이 잡혔다는 소식이 퍼진다면 소동이 일어날 수 있다는 점을 두려워했기 때문입니다. 결국 대제사장들과 서기관들의 흉계는 백성이 동의하지 않는, 소수 권력층의 독선적 행동이었음을 알 수 있습니다.

5 답》 나드 향유 한 병을 가지고 와서 예수님의 머리에 부음

해설》 이 여인의 행동은 주변에 있던 사람들의 호응을 얻지 못했습니다. 삼백 데나리온에 팔 수 있는 매우 비싼 향유였기 때문에 오히려 그것을 팔아 그 돈으로 더 선한 일에 사용할 수 있다고 생각했기 때문입니다. 그러나 이 여인은 실리적인 관점으로 접근하지 않았습니다. 그 여인에게는 예수님을 사랑하는 마음이 우선이었습니다. 그리고 이것은 결과적으로 진리를 세우는 일에 쓰임받았습니다.

6 가이드》 사람들은 가치를 재화로 환산하는 경우가 많습니다. 본문에서도 향유를 삼백 데나리온으로 환산하는 이들이 있습니다. 오병이어 사건에서도 오천 명 이상 먹일 음식을 위해 이백 데나리온이 필요하다는 제자도 있었습니다(요 6:7). 그러나 때로는 이 여인처럼 행동해야 할 경우도 있습니다. 당신이 그 집에 있었다면 어느 쪽이었을까요?

7 답》 향유를 삼백 데나리온에 팔면 가난한 사람들을 도울 수 있기 때문에 향유를 낭비하는 것이라고 생각함

해설》 여기서 등장하는 이들을 마냥 나무라기는 어렵습니다. 그들의 실리적 제안도 충분히 설득력이 있기 때문입니다. 예수님이 평소 가난한 이들에게 보이신 행보를 생각하면 칭찬받을 수도 있었습니다. 그러나 항상 실리적 분석이 정답은 아닙니다. 예수님께 집중하다 보면 때로는 진리를 세우기 위해 실리적일 수 없는 행동을 선택하기도 합니다.

8 답》 좋은 일을 했다고 격려해 주심

해설》 주님은 그 여인이 자신의 죽음, 장례를 위해 행한 것이라고 설명해 주십니다. 항상 함께 있는 가난한 이들을 위한 섬김은 언제든지 할 수 있지만, 늘 할 수 없는 일이라고 여겨질 때는 실리를 넘는 영적 감성과 결단이 필요하기도 함을 배웁니다. 그 여인의 결단을 주님께서 인정하신 것입니다.

9 답》 이 여인이 행한 일도 알려져서 기억하게 될 것

해설》 주님을 위해 내린 특단의 결정은 그 성격상 실리적이거나 합리적이지 않을 수 있습니다. 그래서 주변으로부터 비난과 조롱을 들을 수도 있습니다. 그러나 주님은 그 마음을 받아주십니다. 그래서 그 순전한 헌신을 높이 사신다는 것을 배웁니다.

10 가이드》 돌아보면 크고 작은 많은 결단이 있을 것이라고 생각됩니다. 우리 삶에 대부분의 시간은 그런 일상적인 결단들이 기적처럼 연결되어 있습니다. 때로는 여러 상황으로 인해 또다시 하기 어려운 특단의 헌신과 결심을 하기도 합니다. 각자의 경험과 생각을 나누는 시간을 통해 감동이 되살아나며, 그런 결단이 다시 시작되기를 바랍니다.

3 가이드》 우리는 때때로 지인과의 사소한 다툼이나 공동체 혹은 사회의 불합리나 모순에 저항하기 위해 침묵합니다. 본문에서 예수님은 죄가 없으심에도 침묵하셨습니다. 유대 종교지도자들의 거짓 고발과 악함을 비판하며 자신의 무죄를 주장할 수도 있었을 것입니다. 그러나 예수님은 침묵하셨고, 이는 하나님의 구원 계획을 이루기 위한 숭고한 자기희생이었습니다.

4 답》 대제사장들, 장로들, 서기관들

해설》 언급된 세 부류의 사람들은 모두 산헤드린 공의회(유대의 종교재판소)의 구성원이었습니다. 하나님께 드리는 제사의식을 담당하던 제사장들, 성전과 회당에서 율법을 가르치고 연구하던 장로들과 서기관들은 어떤 의미에서는 하나님에 대해 더 많은 지식을 겸비하고 있었습니다. 그러나 그들의 지식은 타락했고, 결국 하나님의 아들이신 예수 그리스도를 빌라도에게 넘겨줍니다. 타락한 지식은 늘 위험한 결과를 가져옵니다.

5 가이드》 내 자녀가 억울한 누명을 쓰고 재판받고 있는 광경을 상상해 봅시다. 누구라도 분노와 슬픔을 느낄 것입니다. 본문에서 하나님은 그분의 독생자가 죄인들의 손에 넘겨져 재판받고 있는 모습을 묵묵히 지켜보십니다. 하나님이 무기력해서가 아닙니다. 그것은 인간을 향한 용서와 인간의 악함과 무지함에도 구원의 약속을 이루기 위한 변함없는 신실함이었습니다.

6 답》 유대인의 왕

해설》 유대 종교지도자들은 예수님이 하나님의 아들이라 칭하며 성전을 모독했다 여겼고, 사형에 해당한다고 정죄했습니다(14:57-64). 그러나 빌라도에게 넘겨질 때 예수님의 죄명은 신성모독죄가 아닌 '유대인의 왕'이었습니다. 이 죄명은 예수님을 정치범으로 몰아서 사형을 받게 하려는 유대 종교지도자들의 숨은 의도를 보여줍니다.

7 답》 더 이상 대답하지 않으심

해설》 예수님의 침묵은 하나님의 뜻에 대한 철저한 복종의 의미로 이해할 수 있습니다. 이것은 잡히시기 전날 밤에 겟세마네에서 드린 예수님의 기도를 통해 유추해 볼 수 있습니다(14:36). 예수님은 자신이 재판에 넘겨지는 것이 하나님의 뜻임을 이미 아셨고(14:41-42) 묵묵히 그 뜻에 복종하셨습니다.

8 답》 빌라도는 매우 놀람

해설》 빌라도는 예수님의 가르침이나 행적이 로마법에 의해 재판받을 만한 사안이 아니었음을 알고 예수님을 놓아주려고 했습니다(9절). 마가복음의 저자는 빌라도의 속마음을 이렇게 묘사합니다. "이는 그가 대제사장들이 시기로 예수를 넘겨 준 줄 앎이러라"(10절). 빌라도는 예수님이 자신의 무죄를 주장하며 변호하려 할 것이라 예상했으나, 그와 달리 예수님은 침묵하셨고 빌라도는 예수님의 그런 반응에 놀랐습니다.

9 가이드》 때때로 우리의 말이나 행동은 원래의 선한 의도와 상관없이 상대방의 미움을 살 때가 있습니다. 그때마다 소리를 높여 상대방의 잘못을 지적하고 바로잡을 수도 있지만, 그리스도인들은 먼저 하나님의 뜻을 구해야 합니다. 하나님의 뜻은 오래 참고 용서하는 것입니다. 나를 미워하는 누군가와의 불편한 상황 속에서 잠잠히 하나님의 뜻을 구해 보는 것도 성숙한 그리스도인의 모습 중 하나가 될 수 있습니다.

10 가이드》 예수님의 마음에도 배신감과 억울함이 있었을 것입니다. 그러나 예수님은 그러한 과정을 통해 이루어질 하나님의 구원 역사를 바라보며 묵묵히 자신의 길을 걸어가셨습니다. 본문의 예수님은 우리에게 말씀하십니다. "네 삶 속에 하나님의 뜻이 온전히 이루어질 수 있도록 자신을 내려놓고 묵묵히 내 뒤를 따르라!"

*서로 기도 제목을 나누면서 뒤에 있는 기도 노트를 활용하십시오(p.263-267).

3 가이드》 "칭찬은 고래도 춤추게 한다"는 켄 블랜차드의 책 제목은 이제 고전 명언처럼 느껴질 정도입니다. 사실 칭찬하는 데는 아무런 돈이 들지 않는데도 많은 사람이 칭찬에 인색합니다. 칭찬이야말로 인간의 영혼을 꽃피게 하는 따뜻한 봄바람 같은 것인데, 대부분의 사람이 비난이라는 싸늘한 찬바람을 퍼붓기 일쑤입니다. 적어도 그리스도인은 칭찬과 격려로 다른 사람을 세우고 꽃피게 하는 사명자가 되어야 할 것입니다.

4 답》 "나의 하나님 나의 하나님, 어찌하여 나를 버리셨나이까"라는 뜻

해설》 예수님은 십자가 고통 중에 "엘리 엘리 라마 사박다니"라고 크게 외치셨는데, 이는 "나의 하나님, 나의 하나님 어찌하여 나를 버리셨나이까"라는 뜻의 아람어입니다. 이 외침은 시편 22편 1절에 예언된 말씀으로, 성부 하나님과의 단절에서 오는 고통을 심오하게 표현한 말입니다.

5 답》 엘리야 선지자를 부르는 것으로 오해

해설》 사람들은 "엘리"(나의 하나님)라는 예수님의 외침을 '엘리야'를 부르는 소리로 착각했습니다. 그들은 죽지 않고 승천한 엘리야가 고통받는 사람을 구원하러 돌아온다는 속설을 믿고 있었기 때문입니다. 그래서 사람들은 엘리야가 실제로 와서 예수님을 구원하는지 관심을 가지고 지켜보았습니다.

6 답》 해면에 신포도주를 적시어 갈대에 꿰어 마시게 함

해설》 예수님은 십자가에 달리기 전 사람들로부터 쓸개 탄 포도주를 받았으나, 맛만 보고 마시지는 않으셨습니다. 거기에는 진통제 역할을 하는 마취제가 들어 있기 때문입니다. 반면, 여기 신포도주는 로마 군인들이 평소 마시던 음료수 포스카(posca)인데, 그것은 신포도주에 계란과 물을 조금씩 섞어 만든 물 대용품이었습니다. 예수님은 인류의 고통을 대신 짊어지셨기에 진통제를 넣은 포도주를 거부했지만, 물 대용품인 신포도주로는 입을 축이셨습니다.

7 가이드》 예수님은 자기의 죄가 아닌 인류의 죄를 짊어지고 십자가에서 하나님과의 단절을 경험하면서 '나의 하나님 어찌하여 나를 버리시나이까'라는 절규를 외치셨습니다. 그분의 이런 외침은 역으로 하나님과 단절된 인류를 다시 하나님과 화해하도록 만드는 중보의 역할을 감당했습니다. 그런 의미에서 예수 그리스도를 구주로 고백하고 십자가의 은혜를 믿는 사람은 무엇보다 하나님과의 관계를 친밀하게 유지하는 데 최우선순위를 두어야 마땅합니다.

8 답》 성소의 휘장이 위로부터 아래까지 찢어져 둘이 됨

해설》 성소의 휘장이 둘로 찢어진 사건은 예수님이 십자가에 죽으신 목적이 성취되었음을 보여주는 가장 상징적인 사건입니다. 성소 휘장은 성소와 지성소 사이를 가로막던 것으로서, 이것이 찢어졌다는 것은 죄인이 거룩하신 하나님께 직접 나아갈 수 있는 길이 열리게 되었음을 의미합니다.

9 답》 이 사람은 진실로 하나님의 아들이었도다

해설》 이 고백이 다름 아닌 십자가 처형을 집행한 로마 백부장의 입에서 나왔다는 사실이 중요합니다. 그는 이런 십자가 처형을 수없이 반복했지만 예수님의 처형만큼은 다르다는 것을 직감했습니다. 그는 예수님의 죽음 이후 그분을 하나님의 아들로 고백한 최초의 인물이 되었습니다. 전승에 의하면, 그의 이름은 '롱기누스'(Longinus) 혹은 '페트로니우스'(Petronius)였으며, 훗날 개종하여 갑바도기아에서 복음을 전하다 순교했다고 전해집니다.

10 가이드》 예수님은 숨을 거두면서 성소의 휘장을 완전히 찢어놓으셨습니다. 그러나 우리는 오히려 그 휘장을 다시 꿰매어 붙이는 것같이 행할 때가 많습니다. 한마디로, 직접 하나님 만나기를 두려워하거나 피하거나 아니면 아무런 관심도 보이지 않습니다. 그것은 결국 예수님의 십자가 죽음을 헛되게 만드는 것입니다. 하나님은 성소의 휘장을 찢으심으로 우리가 하나님 앞에 더 가까이 더 자주 나아오기를 기다리십니다.

기도 노트 *Prayer Note*

- 하나님께서 기도에 응답하셨으면 'Yes', 거절하셨으면 'No', 보류 중이시면 'Wait'에 체크해 보세요. 시간이 흐른 뒤 하나님의 세심한 인도하심을 느낄 수 있습니다.

날짜 Date	기도 대상 Who	기도 제목 Title	응답 여부 Yes	 No	 Wait

Prayer Note

날짜 Date	기도 대상 Who	기도 제목 Title	응답 여부 Yes	응답 여부 No	응답 여부 Wait

Prayer Note

날짜 Date	기도 대상 Who	기도 제목 Title	응답 여부 Yes	 No	 Wait

Prayer Note

날짜 Date	기도 대상 Who	기도 제목 Title	응답 여부 Yes	 No	 Wait

Prayer Note

날짜 Date	기도 대상 Who	기도 제목 Title	응답 여부 Yes	 No	 Wait

권별주삶

아가페 주삶

마가복음

초판 1쇄 발행 2019년 6월 19일

지은이 김일우

펴낸이 정형철
펴낸곳 ㈜아가페출판사
등록 제21-754호
등록일 1995년 4월 12일
편집장 이수진
기획편집 방재경
디자인 박지영, 정육남

주소 (06698) 서울시 서초구 효령로8길 5 (방배동)
전화 584-4835(본사)
팩스 586-3078(본사)
홈페이지 www.iagape.co.kr

ISBN 978-89-537-9626-3 (04230)
ISBN 978-89-537-1934-7 (세트)

이 도서의 국립중앙도서관 출판시도서목록(CIP)은 서지정보유통지원시스템 홈페이지(http://seoji.nl.go.kr)와 국가자료공동목록시스템(http://nl.go.kr/kolisnet)에서 이용하실 수 있습니다. (CIP제어번호: CIP2019021354)

아가페 출판사